Karl Dietrich Bracher

Geschichte
und Gewalt

Karl Dietrich Bracher

Geschichte und Gewalt

Zur Politik im 20. Jahrhundert

Severin
und Siedler

Ausstattung: Otl Aicher, Rotis
Satz: Fotosatz Otto Gutfreund, Darmstadt
Druck und Buchbinder: May & Co, Darmstadt
Printed in Germany 1981
ISBN 3 886800245

»Die Praxis der Gewalt verändert, wie alles Handeln, die Welt; wo die Reform nicht gelingt, wird das Ergebnis schließlich sein, daß die Welt gewalttätiger geworden ist, als sie es vorher war.«

(Hannah Arendt, Macht und Gewalt,
München 1970, S. 80.)

Inhalt

Einleitung

Ein Buch über das Verhältnis von Geschichte und Gewalt, aus Erfahrungen, Gedanken und Studien der letzten Jahre erwachsen, weist über den aktuellen Bezug hinaus – auf fortdauernde Probleme. Politische Attentate und täglicher Terrorismus erregen unsere Zeit. Selten zuvor in der Geschichte ist so intensiv und kontrovers das Gewaltthema erörtert worden. Man hat es zum Kern einer Zukunfts- und Friedensforschung erhoben, die alle bisherigen Ansätze zur Erklärung und Überwindung von Gewalt in Politik und Gesellschaft hinter sich lassen will. Aber gerade die sechziger und siebziger Jahre, die von solchen Verheißungen erfüllt waren, sind Jahre einer neuen Welle des Gewaltkults gewesen. Proklamationen von Friedenspolitik und Friedenswissenschaft gehen einher mit den Illusionen und dem Mißbrauch einer vermeintlich »progressiven« Umformung des Gewaltbegriffs. Besonders einflußreich geschieht dies in der fragwürdigen Theorie von der »strukturellen Gewalt«, vor der »Gegengewalt« fast beliebig gerechtfertigt werden kann. Der Tendenz nach hat diese Auffassung die verschiedensten modernen Konflikttheorien geprägt: vom Kult der Veränderung über die Anbetung der Revolution und die Glorifizierung von Befreiungsbewegungen bis zur Begründung des Terrorismus.

Demgegenüber gewinnt nun aber wieder die ältere langfristige Beobachtung an Gewicht, daß ideologische Rechtfertigung der Gewalt, komme sie aus rechts- oder linksradikalen Quellen, aus Krisendenken oder Utopismus, nicht zuletzt mit einem gestörten Verhältnis zur geschichtlichen Erfahrung einhergeht. In den Umwälzungen, Kriegen und Gewaltregimen des 20. Jahrhunderts ist dies immer wieder schmerzhaft bestätigt worden. Die Bedrohung der überkommenen Werte und Maßstäbe abendländischer Zivilisation, die schon an der Jahrhundertwende spürbar wurde, hat im Aufstieg des totalitären Denkens und Handelns den furchtbarsten Ausdruck gefunden. Seit George Sorels »Reflexions sur la violence« (1908), die Lenins wie Mussolinis Machtergreifungspolitik beeinflußten, ist sich die ideologische – sozialistische oder nationalistische – Begründung revolutionärer Gewalt fast gleich geblieben.

In dieser Lage wird das Erleben der eigenen Zeitgeschichte

jeder Generation zu einem bestimmenden Antrieb der politischen Deutung. Auf der zunehmend erweiterten politischen Weltbühne überstürzen sich in großer Beschleunigung die Geschehnisse, die schließlich im Zeitalter der Massenmedien in jedes Haus getragen, in ihrer elementaren Bedeutung unübersehbar und doch schwer abzuschätzen sind. Die betäubend rasche Folge der Veränderungen und Brüche trägt zu einer Verwirrung der moralischen Normen bei, an denen Halt gesucht wird. Alte und neue Maßstäbe treffen aufeinander, werden von den ideologischen Fronten eines »Weltbürgerkriegs« (Sigmund Neumann) überlagert. Tiefgreifende Unterschiede im Erleben der Zeitgeschichte trennen mehr und mehr die Generationen.

Ein Rückblick auf die Veränderungen, die seit dem Ersten Weltkrieg unser Zeitgefühl prägten, trifft immer wieder auf die enge Beziehung zwischen historischer Erfahrung und politischer Perzeption des Zusammenhangs von Geschichte und Gewalt. Revolutionäre Umwälzungen stehen am Beginn der zwanziger Jahre. Die bestürzenden Ereignisse von 1930, der Einbruch der großen Wirtschaftskrise und die vergeblichen Versuche einer autoritären Bewältigung des Demokratieverfalls, markieren meine eigenen frühesten Eindrücke von der Problematik politischer Konflikte. Sie führten zur Auflösung der Weimarer Republik durch Vertrauensverlust und Gewaltdrohung, sichtbar in den Straßenkämpfen der frühen dreißiger Jahre, denen der Rechtsstaat hilflos gegenüberstand. Das bedeutete beides: wirtschaftliche Not – und moralische Verunsicherung angesichts eines Antagonismus, der tief in alle Bevölkerungsschichten hineingriff und mit dem Aufstieg militanter Kampfbewegungen die Friedensfähigkeit einer soeben erst in demokratische Bahnen gelangenden bürgerlichen Gesellschaft zerstörte.

Die zwanziger und dreißiger Jahre brachten zumal in Deutschland das Erlebnis eines politischen Vakuums mit sich, das schließlich als Machtvakuum zum Operationsfeld radikaler Ideologien und Organisationen wurde. Die Verführungskraft totalitärer »Lösungen« stand der Schwäche und dem Vertrauensverlust des demokratischen Parteienstaats gegenüber, überwältigte den Gedanken des Kompromisses, der friedlichen Konfliktlösung. Weimar scheiterte, weil es seinen Bürgern nur eine Vorbehalts-Republik war. Seither lastet auf der Generation der zwanziger und dreißiger Jahre eine Verantwortung dafür, daß solche Erfahrung bewahrt und in die Gegenwart übertragen, ein Rückfall vermieden wird. Es sind vor allem drei Einsichten, die auch unter den veränderten Verhältnissen der Gegenwart nicht verdrängt oder vergessen werden dürfen. Erstens sind die steten Unvollkommenheiten und Zerbrechlichkeiten einer freiheitlichen Demokratie zu bedenken, die gewiß keine Idealwelt schaffen, der vielmehr die unverhältnismäßige Toleranz gegen ihre Feinde zum Selbstmord werden kann. Da ist zweitens die vielfältige Gestalt der verschiedenen antidemokratischen Strömungen selbst, die sich keineswegs pauschal unter dem Slogan »Faschismus« zusammenfassen lassen, womit die fundamentalen Distinktionen zwischen konservativen, autoritären oder revolutionären Bewegungen und Regimen verwischt werden. Schließlich haben wir es mit weitreichenden Versuchungen der Totalitarismen von rechts wie von links zu tun, die bis zum ideologisch gerechtfertigten Massenmord führen können, sofern sie durch Rassismus oder Klassenkampf legitimiert und in ihrer Wirkungskraft durch Terror und Verführung immer aufs neue unterschätzt werden.

Dem zerstörerischen Einbruch zeitgeschichtlicher Gewaltregime in ein Deutschland – und Europa – des moralischen Defätismus und der nationalistischen Illusionen sind die barbarischen Geschehnisse und Folgen des Zweiten Weltkriegs und seiner revolutionären Machtverschiebungen gefolgt. Nun wurden die Lehren der zwanziger und dreißiger Jahre unerbittlich klar. Es sind die großen Entscheidungen der späten vierziger und frühen fünfziger Jahre, die den deutschland-, europa- und weltpolitischen Rahmen der Nachkriegsentwicklung bis zum heutigen Tage bilden: Marshallplan und Trumandoktrin (1947), Prager Putsch und Berlinblockade (1948), Nato und Montanunion, Koreakrieg und Pariser Verträge, deutsche Teilung und europäische Integration. Die Dekade der fünfziger Jahre führt auf einen Höhepunkt in der Diskussion des Ost-West-Konflikts und im Wiederaufbau der liberalen Demokratien Westeuropas. Aber man hat sie zugleich als die Zeit der »skeptischen Generation« (Schelsky 1957) bezeichnet und im Blick auf die tiefen Änderungen der folgenden zwei Jahrzehnte zu Recht die Bedeutung des Generationswechsels hervorgehoben.

Es ist dieser zeitgeschichtliche Rahmen, in dem auch die erneuerte Gewaltdiskussion unserer Tage zu sehen ist. Das Generationsproblem, in den zwanziger Jahren von Soziologen wie Karl Mannheim (1927) und Sigmund Neumann (1932) zur Erklärung der Kultur- und Systemkrisen der Zwischenkriegszeit hervorgehoben, bewegt aufs neue die demokratischen Gesellschaften des Westens, führt eine weitere Welle der Re-Ideologisierung herauf. Radikale Veränderung oder radikale Verneinung verbinden sich mit Gewaltphilosophien, die alte und neue Utopien im Schilde führen.

Die modernen Versuche einer Klärung des Gewaltproblems reichen von Max Webers Studien zur Machtfrage als einer Grundfrage des Politischen über Hannah Arendts Unterscheidung von Macht und Gewalt zu den Arbeiten von Ulrich Matz (Politik und Gewalt, 1975) oder Peter Graf Kielmansegg (in: Der Weg in die Gewalt, 1978), die in der Säkularisierung und Entgrenzung des Gewaltbegriffs die eigentliche Gefahr für Freiheit und Demokratie erblicken, gerade weil dies nun weltweit im Namen von Demokratie und Selbstbestimmung geschieht. Das Ringen um eine höhere »Legitimierung« von Gewalt – Zauberformel zumal der neuen Linken von der Protestbewegung bis zu »alternativen« Hausbesetzern – ist freilich im Grunde nichts anderes als eine ideologische Fortentwicklung der Revolutionsutopie, die sich auf merkwürdige und doch bezeichnende Weise mit der totalitären Unterscheidung zwischen »Legalität und Legitimität« (Carl Schmitt 1932) trifft: les extrêmes se touchent.

In der jüngsten Politik- und Sozialwissenschaft hat diese Möglichkeit der höheren Rechtfertigung einer »Gegengewalt« im Namen des Widerstands gegen Recht und Staat, law and order, große Faszination gewonnen. Ihre zerstörende Wirkung breitet sich weltweit aus. Einst war die Rechtfertigung von Gewalt als Recht zum Widerstand sehr eng bezogen auf Unrechtsherrschaft. Wird sie (wie bei Herbert Marcuse oder Johan Galtung) auf alle bestehenden Ordnungen, auch auf freiheitliche, verfassungsstaatliche Demokratien ausgedehnt, so wird in der Tat »der große zivilisatorische Versuch der Domestizierung von Gewalt ... zugunsten des Kampfes für eine vollkommene Zukunft aufgegeben« (Kielmansegg).

Den Ausgang dieses Buches bildet die Frage: Wie unvermeidlich, ja unentbehrlich ist Gewalt? Und welche Erfahrungen, Politik zu zivilisieren und Gewalt zu kontrollieren, bietet die Geschichte? Die Gegenwart leidet unter Verunsicherung und Verlust der Werte. Nach den Erschütterungen der siebziger Jahre kreist die Debatte über die Geschichte und ihre Lehren nicht zuletzt um jene Frage nach dem Verhältnis von Politik und Gewalt. Die politische Erfahrung der fünfziger und sechziger Jahre war noch sehr bewußt vom Zeitalter der Kriege und Diktaturen geprägt. Nun wird sie in Zweifel gezogen von einer jüngeren Generation, die sich im Widerstreit zwischen zwei extremen Positionen befindet: Forderung nach progressiver Veränderung im Zeichen der Emanzipation, und Abwendung von Geschichte und Gesellschaft im Namen rousseauistischer Gegenutopien. Außenpolitische Faktoren und ideelle Bedingungen der Freiheitssicherung werden dabei unterschätzt. – Angesichts vielbeschworener Grenzen des Wachstums kommt es zu einer tiefen Erschütterung der Fortschrittsgewißheit. Sie fordert eine Überprüfung der geschichtlichen Bilanz unseres Jahrhunderts und der Tendenzen an seinem Ende.

Die wichtigsten Weichenstellungen der Epoche werden in drei großen Schritten vergegenwärtigt. Zunächst gilt es die aktuelle Gewaltdiskussion in den historisch-politischen Zusammenhang der Macht- und Ideologiekämpfe und des Bemühens um ihre Befriedung zu stellen: es geht um die geschichtliche Bedeutung von Menschenrechten und Gewaltenteilung, um zentrale Begriffe und Erfahrungen der Zwischenkriegszeit, um Terrorismus und Totalitarismus.

Zweitens werden die vielschichtigen Konturen des Jahrhunderts gezeichnet: als Zeitalter der großen Ideologien, der Wirtschaft und des Bürgertums, aber auch des Antikapitalismus und der antibürgerlichen Bewegungen, als Auseinandersetzung um Krise und Wiederaufbau der Demokratie und als Wirkungsfeld von Gegenfiguren zum Kurs der Gewaltpolitik in Deutschland: Stresemann, Leber, Bonhoeffer, Adenauer.

Drittens geht es um die Perspektiven der achtziger Jahre: von der Krise des Progressivismus, die sich auch im Streit um die Medien spiegelt, führt die Betrachtung zu den Grundfragen von Bildung und Gesellschaft im Wandel der Demokratie und schließlich zu Bemühungen, in einem neuen Europa über die nationalistischen Beschränkungen der bisherigen Machtgeschichte hinauszugelangen.

Das Buch setzt die Hoffnung nicht auf ein oft schon vorschnell prophezeites Ende der Ideologien, sondern will das Bewußtsein schärfen für die Formen, in denen die Gefährdung gemäßigter Politik durch ideologische Verführung und Gewaltmißbrauch weltweit fortbesteht.

I

Gewaltprobleme

1. Zivilisierung von Gewalt – ein geschichtliches Problem

Gewalt als Motor der Geschichte?

Die Erfahrung von Kriegen und Gewaltherrschaften hat unser Jahrhundert bis zur Gegenwart in besonders einschneidender Weise geprägt. Auch der Betrachter der älteren Geschichte ist mit dem Grundproblem konfrontiert, daß Gewalt im Leben der Völker und Staaten eine oftmals bestimmende Rolle gespielt hat, und es war schon immer nicht weit bis zu dem Schluß, daß sich die Bewegung oder gar der Fortschritt in der Geschichte notwendig auf diese Weise vollziehen müsse: kurz, daß Gewalt unumgänglich sei. In der Geschichte des 20. Jahrhunderts ist diese Auffassung, mit der Geschichtsphilosophen das Handeln der Politiker und die Leidenschaften von Völkern wie Staaten erklärt und gerechtfertigt haben, in dramatischer Weise auf die Spitze getrieben, aber zugleich in Frage gestellt worden.

Auf die Spitze getrieben dadurch, daß die Gewalt als Motor der Geschichte von den großen, mit Unbedingtheitsanspruch auftretenden politischen Ideologen und Ideologien sanktioniert wurde: diese haben über die traditionellen Staaten- und Machtkonflikte hinaus mit dem Ausschließlichkeitsanspruch politischer Religionen die Menschen zu erfassen und zu instrumentalisieren gesucht, haben erstmals wahrhafte Weltkriege entfacht und sich dazu bislang ungekannter technischer Möglichkeiten zu bedienen vermocht.

Dies führte aber auch zu einem Wendepunkt, zu einer grundsätzlichen Infragestellung des Gewaltdenkens. Denn wie nie zuvor in der Geschichte sind große Teile ganzer Völker in so hohem Maße bedroht und betroffen worden, und wie nie zuvor hängt ein Fortbestehen der Menschheit in dem freiheitlichen Sinne, der allein uns lebenswert erscheint, von der Möglichkeit ab, die Beschränkung der Gewalt und die friedliche Konfliktregelung im Staate wie zwischen den Staaten zu erreichen.

Es liegt nahe, angesichts dieser Erfahrung nach den Lehren der Geschichte zu fragen. Gilt noch immer das Wort Hegels, die Geschichte lehre nur, daß die Völker nie aus der Geschichte gelernt hätten? Oder hat sich nicht etwas Grundlegendes geändert? Sind die Einbrüche der Barbarei nicht so tief und das Ausmaß der Opfer von Kriegen und Gewalt so groß geworden, daß die alte Idee des Friedens ernster genommen werden müßte als je zuvor in der Geschichte?

Sobald man diese Frage stellt, stößt man freilich an die Grenzen, die den Bemühungen um eine bessere Lösung des Gewaltproblems im Leben der Völker offenbar gezogen sind: Die neun Millionen Toten des Ersten Weltkriegs erschienen als eine unvorstellbare Zahl, vor allem auch für die Deutschen, die sich an den Krieg von 1870/71 mit seinen 120000 Gefallenen erinnerten. Anders als damals hielten 1918 viele einen neuerlichen Krieg für ganz undenkbar. Die Nachkriegsordnung, der Völkerbund und die Ächtung des Krieges im Kellog-Pakt von 1928 versprachen auch erstmals die oft ersehnte überstaatliche, weltweite Sicherung vor einem Rückfall, vor dem ewigen Auf und Ab der Geschichte zwischen Krieg und Frieden, Zerstörung und Wiederaufbau. Aber es kam der Zweite Weltkrieg, der noch einmal ein Fünffaches der Opfer des Ersten, über 50 Millionen Menschen, forderte. Der ihn verschuldete, Adolf Hitler, sah ihn geradezu als Fortsetzung, als Endstation eines dreißigjährigen Krieges seit 1914. Die Epoche schrumpfte zu einer bloßen »Zwischenkriegszeit« und zu einem »Zeitalter der Weltkriege« zusammen, wie die Historiker heute sagen.

Und wieder, nach 1945, erschien vielen die Hoffnung auf Frieden und auf freiheitlich-demokratische Staats- und Gesellschaftsverhältnisse als die einzig mögliche Antwort auf die »Epoche des Faschismus« und das unsägliche Leid, das sie über die Menschen in der ganzen Welt gebracht hat. Die Gründung der Vereinten Nationen, der Schutz der Menschenrechte, den die UN-Charta erstmals weltweit versprach, verhieß inmitten der Opfer des Krieges und der Vertreibung den Beginn einer neuen Zeit. Aber es folgten neue Rückfälle: abermals totalitäre Bedrohung, kalter Krieg, Nord-Süd-Konflikt. Es gibt keine Stunde Null in der Geschichte. Viele der alten Fehler und viele neue bestimmten das Bild der Welt und die Politik der Staaten in der zweiten Nachkriegsära. In den Ausbrüchen terroristischen Mordens und Erpressens erleben wir in jüngster Zeit einen schrecklichen neuen Höhepunkt extremer ideologisierter Gewalt.

Ist Vergegenwärtigung von Geschichte, wenn sie von Erfahrung und Lernfähigkeit spricht, wenn sie eine dauerhafte Friedenspolitik für möglich hält, also doch nur eine große Täuschung? Ist sie die Sinngebung des Sinnlosen, wie es der 1933 von den Nationalsozialisten ermordete Kulturphilosoph Theodor Lessing tief resignierend formuliert hat? Sind die Modelle der Sozialwissenschaftler und Friedensforscher, die uns Rezepte für eine stabile und weitgehend gewaltfreie Welt liefern wollen, mehr als kurzatmige Auswege oder ferne Utopien?

Die Theorie der Gewalt

Kriege sind äußerste Formen des Konflikts. Daß menschliches Zusammenleben sich in Konflikten entfaltet, daß die Entwicklung von Völkern und Staaten sich im Auf und Ab von Streit und Übereinkunft, von Konflikt und Konsens vollzieht, ist eine geschichtliche Erfahrung. Aber diese Einsicht kann leicht zu lähmendem Fatalismus oder gar zu zerstörerischem Mißbrauch führen. Wir haben in den letzten Jahren auf verschiedenen Ebenen des privaten und öffentlichen Lebens erfahren, wie ein mißverstandenes Konfliktbewußtsein in gesellschaftliche und menschliche Verwirrung führen kann. Droht hier ein Rückfall in die weit verbreitete Neigung, Politik als Freund-Feind-Verhältnis zu sehen, die der totalitären Erziehung zum Haß Vorschub leistet? Oder das alte deutsche Dilemma, von einem Extrem ins andere zu fallen und zwischen Verherrlichung und Verachtung des Staates den begehbaren Weg zu einem sicheren Staatsbewußtsein zu verfehlen? Denn dieser Weg liegt *zwischen* den beiden Extremen: zwischen der Übersteigerung des Konflikts zu Gewalttätigkeit und Kampf, und der Unterdrückung des Konflikts durch Gleichschaltung und Diktatur.

Das Umschlagen des Konfliktbegriffs in den Gewaltbegriff ist nach dem Ersten Weltkrieg durch den Nationalsozialismus mit seiner Idealisierung des Kampfes als höchstem Wert zu schrecklicher Wirkung gelangt. Der politische Gegner, ja eine ganze Rasse wurde zum totalen Feind gestempelt und zur Vernichtung verurteilt. Nach kurzem, gelähmtem Innehalten zeichnete sich aber in den Parolen und Aktionen der neuen Linken wieder ein radikales

Umschlagen von Konflikt- in Gewalttheorien ab, nun freilich mit dem Vorzeichen des Klassenfeindes anstelle des Rassenfeindes. Geblieben oder erneuert ist die totalitäre Form des Kampfdenkens, das nicht den demokratischen Kompromiß, sondern die Verabsolutierung der eigenen Position sucht.

Dabei kann man mehrere Aspekte der Gewalttheorie unterscheiden, die uns heute in verschiedenen Formen, im nationalen und internationalen Rahmen entgegentritt. Der Weg zur Gewalt wird gewiesen und gerechtfertigt:

– indem Gewalt als legitimes Instrument zum revolutionären Erfolg dargestellt wird. Als Mittel der Befreiung wird dabei die Bekämpfung des demokratischen Rechtsstaats in bewußt irreführender Weise dem Widerstand gegen totalitäre Unrechtsstaaten gleichgestellt und damit heuchlerisch das klassische Widerstandsrecht beschworen;

– zur Vollendung eines historischen Prozesses, der als geschichtsnotwendig deklariert wird, mag er auch über Leichen führen. Solche Theorien sehen im Staat das bloße Unterdrükkungsinstrument einer Klasse oder einer Gesellschaft. Sie verzerren die Institutionen der Demokratie zur »strukturellen Gewalt« und sanktionieren ihre Zerstörung als berechtigte »Gegengewalt«;

– schließlich wird Gewalt als Form existenzieller Selbstverwirklichung beansprucht – in der Verherrlichung der direkten Aktion, der Tat als solcher.

Diese Versionen der Gewaltideologie gehen vielfältig ineinander über, vor allem aber wenden sie sich durchweg gegen die freiheitliche Demokratie. Diese ist allerdings ein hochkompliziertes anspruchsvolles Gebilde; gerade damit rechnen die Gewaltanhänger und nutzen es für ihre Zwecke der Verunsicherung aus. Der moderne Staat ist in dem Maße zum demokratischen Rechtsstaat geworden, in dem es gelang, die ungeregelte Gewaltanwendung einzelner oder privilegierter Gruppen immer stärker zurückzudrängen. Nicht nur wurde dadurch die Ordnung für die Bürger sicherer und überschaubarer, sondern es wurde gleichzeitig die Ausübung von Gewalt in der gesellschaftlichen Auseinandersetzung so eingedämmt, daß der einzelne nicht mehr willkürliche Gewalt in der politischen Auseinandersetzung gewärtigen muß; was ihn schützte, war die institutionelle Regelung des

Konfliktgeschehens im Sinne des freiheitswahrenden Rechtsstaats. Dessen Ausstattung mit dem Gewaltmonopol, verknüpft mit der Erwartung gerechter Ausübung, schuf erst die Möglichkeit für eine friedliche Austragung der Konflikte unter den Bürgern und Gruppen.

Das begründet, im Vergleich mit allen autokratischen und diktatorischen Systemen, den wirklich entscheidenden Fortschritt der modernen rechtsstaatlichen Demokratie. Deshalb dürfen auch keine »rechtsfreien« Räume bestehen: das Recht muß überall gelten und herrschen – auch in der Auseinandersetzung um gesellschaftliche Veränderungen.

Die Sicherung des Friedens und die Gewährleistung des Freiheitsraums erfordern es, daß bei Aktionen, die das Interesse der Allgemeinheit auf besondere Anliegen partieller Gruppen lenken sollen, eine Wiederbelebung nichtstaatlicher, privater Gewalt vermieden wird, Nur als »wehrhafte Demokratie«, getragen vom wachen, verantwortungsbewußten Geist seiner Bürger kann der freiheitliche Staat bestehen, wie uns das verhängnisvolle Scheitern der Weimarer Republik gelehrt hat. Den fortdauernden Unterschieden in der Gesellschaft gerecht zu werden, Ungerechtigkeiten zu steuern, dafür bietet die Demokratie den Weg über Interessengruppen, Parteien und Wahlen, den Weg der friedlichen Veränderung. Hier ist auch der Raum des Konflikts – gewiß mit allen mißlichen Unzulänglichkeiten, aber doch nicht mehr auf Kosten des Lebens oder der Freiheit anderer. Wehrhafte Demokratie bedeutet daher zugleich die Sicherung *und* die Einschränkung der Freiheit, soweit diese gegen die Freiheits- und Lebensrechte anderer verstößt: bedeutet modifizierte Freiheit, um die freiheitliche Ordnung im ganzen zu erhalten.

Auch die Verhältnisse in der dritten Welt, die vielfach noch Ausbeutung und Unfreiheit möglich machen, werden nicht dadurch geheilt, daß das Streben nach rechtsstaatlich-demokratischen Ordnungen überhaupt diskreditiert und zugunsten eines vorgeblich sozialistischen Zwangssystems aufgegeben wird.

Innen- und Außenpolitik sind bei der Frage nach den Ursachen und Folgen von Gewalt aufs engste verbunden. Der Aspekt der äußeren Politik liegt darin, daß im Verhalten der Völker und Staaten zueinander Gewalt als ein sozusagen elementares Mittel betrachtet zu werden pflegt. Von einer Übertragung der Konflikts- und Friedensregeln der Demokratie auf die internationale Politik, von der Idee des allgemeinen Friedens unter einer Weltregierung – davon sind wir noch immer fast so weit entfernt wie ein Immanuel Kant, der sie vor 200 Jahren in seiner Schrift »Zum ewigen Frieden« (1795) postuliert hat. Ein Regelsystem zu entwickeln, das in gewisser Weise dem innerstaatlichen Gewalt- und Konfliktregelungssystem entspricht, das ist der Sinn der Jahrhunderte alten Bemühungen um ein verbindliches Völkerrecht. Es ist eine noch ungleich schwierigere Aufgabe in einer Zeit, in der sich die Zahl der souverän organisierten Nationalstaaten um ein Vielfaches vermehrt hat, Waffen und Ideologien schärfer denn je geworden sind. Um so mehr geht es darum, sich auf ein Minimum von Regeln zu einigen und deren Einhaltung zu erreichen.

Gewalt und Demokratie

Die Fortdauer von Gewaltanwendung zwischen den Staaten, die alle noch über bewaffnete Macht verfügen, können auch die Vereinten Nationen nicht verhindern. Weder sind sie Ersatz für Supranationalität und Weltregierung, noch vermögen sie die Konfrontation der großen Ideologien auszugleichen, die mit Ausschließlichkeitsanspruch auftreten. Das gilt vor allem für den Kommunismus, der auch unter dem Begriff der »friedlichen Koexistenz« die Fortsetzung des Kampfes im prinzipiellen ideologischen Sinne fordert.

Auch für die internationale Politik besteht die weitere Gefahr in der Fortdauer, ja in der Zunahme von Diktaturen, die in der Innenpolitik rechtsstaatliche Grundsätze nicht anerkennen oder verletzen. Da sie ein entsprechendes Rechtssystem nicht entwickelt haben, denken Diktatoren auch in ihrem Verhalten nach außen nicht daran, solchen Regeln zu folgen, sofern diese nicht von unmittelbarem machtpolitischen Nutzen sind. Freilich: auch in den Demokratien selbst, in denen der Kommunismus ja gleichfalls jeweils seine eigene Partei besitzt, dauern die Anfechtungen diktaturförmigen Denkens fort. Demokratien sind ständigen Versuchen ausgesetzt, das pluralistisch-rechtsstaatliche System einer Konfliktlösung ohne Gewalt zu revolutionieren. Revolution aber bedeutet in diesem Falle vor allem die Gewaltanwendung einer Minderheit, die sich selbst an die Stelle des Volkes oder des Staates setzt und apodiktisch-drohend oder suggestiv-verführend behauptet, daß sie das höhere Recht auf ihrer Seite hätte.

Damit ist eines der Hauptprobleme genannt, vor dem unsere zweite Demokratie steht, soviel stabiler sie auch erscheint als die unglückliche Republik von Weimar. Indem gewalttätige Gruppen gegen die gesellschaftlichen und rechtsstaatlichen Regeln verstoßen, nehmen sie gerade in Anspruch, die tiefere Legitimation, ja geradezu die Zukunft auf ihrer Seite zu haben. 1933 erlebten wir dies als Revolution von rechts, heute als Anspruch der radikalen Linken. Dabei ist die täuschende pseudodemokratische Geste wichtig, die hier wie dort eine gravierende Rolle spielte. Das Nicht-Ernst-Nehmen der ideologischen Komponente hat in der neueren Geschichte – nicht zuletzt gegenüber dem Nationalsozialismus – der so verhängnisvollen Unterschätzung Vorschub geleistet.

Die Rechtfertigung von Gewalt, in der Innen- wie in der Außenpolitik, ist heute nur noch durch Parolen möglich, die sich auf manipulative Weise emphatisch auf »das Volk« oder »die Massen« berufen. Bezeichnenderweise nicht auf die Bevölkerung, die sich beispielsweise in der Bundesrepublik so klar wie nur möglich gegen die Inanspruchnahmen durch rechts- oder linksradikale Systemgegner wendet und regelmäßig bei allen Wahlen mit rund 95 Prozent für die verfassungstreuen Parteien stimmt. Der zutiefst undemokratische Charakter der Gewaltanhänger wird dadurch kaschiert, daß sie sich auf ihre angeblich höherwertigen und volksnäheren Ziele berufen, in dem alten oft mißbrauchten Sinne: der Zweck heilige die Mittel. Freilich geschieht das auch deshalb, weil nicht mehr gleichsam naturwüchsig Gewalt um der Gewalt willen zu rechtfertigen ist. Aber man sollte ihnen entgegnen: die Mittel entheiligen den Zweck.

Historisch gesehen bestimmen vor allem zwei Arten von Gewaltanhängern das Bild: in der Zwischenkriegsphase stand eher der kriegerische Typ im Vordergrund; er ist auf Kampf nach außen gerichtet, weil er glaubt, daß Gewalt als das Recht des Stärkeren seit je das Leben der Völker bestimmt habe. Das diente aber zugleich auch stets dazu, die innere Gleichschaltung und

Mobilisierung der Bevölkerung zu erreichen. Wir kennen den Zusammenhang besonders aus der Geschichte des Faschismus und des Nationalsozialismus: die konfliktfreie Volksgemeinschaft soll hergestellt und damit von den inneren Problemen des Gewaltsystems abgelenkt werden. Der prinzipielle Unterschied zur rechtsstaatlichen Demokratie tritt klar hervor: in der Diktatur herrscht nur Gewalt, und es gibt keine Konflikte; die Demokratie jedoch lebt mit Konflikten und lehnt Gewalt ab.

Das Problem existiert freilich auch in der Demokratie: daß die übermäßige, vom Konsumgedanken abgelöste Betonung der Konfliktidee zu kompromißunfähigen und schließlich konfliktüberschreitenden Handlungen führt, die in Gewalthandlungen münden können. Darauf deutet auch die Erfahrung der letzten Jahre: der Durchbruch extremistischer und terroristischer Impulse zumal an den Universitäten und in einigen Bürgerinitiativen; die Steigerung von der sogenannten Regelverletzung zur Rechtsverletzung sowie zur direkten militanten Aktion.

Damit sind wir beim anderen Typus des Gewaltanhängers. Er sucht die innere Rechtfertigung der Gewalt, indem er sich auf Heilsgewißheiten beruft, die weltweit alle Probleme der Gesellschaft wie des einzelnen zu lösen versprechen: auf Fortschritt und Emanzipation, auf Sozialismus und totale Demokratie. Zumal der kommunistische Marxismus rechtfertigt ja seinen Totalanspruch aus der angeblich wissenschaftlichen, jedoch glaubensmäßig verfochtenen Gewißheit heraus, daß alle Geschichte auf seine Herrschaft zulaufe. Gewalt ist hier erlaubt und geboten, sofern sie diesem Prozeß dient. Daher auch die viele Beobachter täuschende kommunistische Kritik an linksradikalen Terroristen. Der Vorwurf richtet sich stets nur gegen den sogenannten individuellen Terror, beläßt also dem kollektiv-revolutionär gehandhabten Terror sein höheres Recht und bedeutet keinerlei grundsätzliche Distanzierung von der Gewalt – hat also nichts zu tun mit moralischen oder humanitären Kriterien. Diese sind einer weiträumigen Strategie untergeordnet, ob man sich in Einzelfällen oder zur philosophischen Rechtfertigung auch darauf berufen mag.

Anders als bei der kriegerischen spielt auch bei der zweiten Form die außenpolitische Gewaltanwendung zunächst nicht die primäre Rolle. Im Unterschied zum Faschismus spricht der Kommunismus beständig vom Frieden in aller Welt. Freilich auch von der Weltrevolution und also vom Schüren des Feuers der Gewalt in anderen Ländern. Aber im Grunde ist alles Welt-Innenpolitik und ein einziger Prozeß der Vorbereitung und Förderung revolutionärer Situationen.

Durchaus gleich oder vergleichbar bleibt jedoch, daß in beiden Fällen Gewaltanwendung legitim ist. Angesichts der erstrebten totalen Lösung kann es keine friedlichen Konflikte geben, und daher auch keine garantierten Regeln des Konfliktausgleichs. Das gleichgeschaltete System, durch Gewalt und notfalls Terror erzwungen und aufrechterhalten, spiegelt das Trugbild einer scheinbar endgültigen Harmonie vor, welches den konfliktreichen pluralistischen Demokratien gegenübergestellt wird.

Diese angeblich höhere und stärkere Ordnung widerspricht aber unser aller Einsicht in die Vielfältigkeit und Komplexität menschlicher Existenz. Was als Fortschritt proklamiert wird, ist in Wahrheit ein Rückfall in uralte Formen der Willkür und Despotie, die bisher, wie Solschenizyn klagt, den größten Teil der menschlichen Geschichte geprägt haben: eine Reaktion gegen die dynamische Welt des modernen Freiheitsstaates und eine Rückkehr zu dem unpersönlichen, verkrusteten System der alten Kollektivstaaten.

In Wirklichkeit vermag wohl allein die rechtsstaatliche Demokratie das naturwüchsige »Recht des Stärkeren« mit seinem rücksichtslosen Geltungsdrang und seiner steten Tendenz zu diktatorischer Machtwillkür aufzufangen: durch Gewaltenteilung, Schutz der Minderheiten und wechselseitige Machtkontrolle. Sie schafft dadurch erst den Raum für Freiheit und kann daher trotz vieler menschlicher Mängel mit Fug als der höchste Ausdruck der politischen Kultur gelten. Kriegen und Gewalt auf Dauer zu steuern wird nur möglich sein, wenn es gelingt, die innerstaatliche Ordnung und schließlich auch die internationale Politik nach den Regeln der freiheitlich-demokratischen Konfliktlösung auszugestalten.

2. Menschenrechte und politische Verfassung

Das Problem

Die Geschichte der Menschenrechte ist so umstritten wie der Begriff. Schlägt man in historischen und politischen Lexika nach, so begegnet man wechselnden Ansatzpunkten und Deutungen, die meist geringe Präzision aufweisen oder in die Aufzählung einzelner Grundrechte und verschiedener Verfassungen münden. Aber gleichzeitig handelt es sich um ein Schlüsselwort der Geschichte und Politik überhaupt, das mit so großer Wirkung in wichtigen Perioden und Zusammenhängen auftritt, daß die heute neu entbrannte Debatte sich auf eine Fülle historischer Assoziationen berufen kann. Dieser Widerspruch zwischen emphatischer Anerkennung und kontroverser Substanz, zwischen höchster Bedeutung und politischer Unbestimmtheit der Menschenrechte, ist charakteristisch für viele große Schlüsselwörter der Geschichte[1]. Die Widersprüchlichkeit erklärt sich aber nicht nur aus tagespolitischen Verzerrungen und Manipulationen, vielmehr ist sie in der komplizierten, vielfach verschlungenen Geschichte der Menschenrechte selbst begründet.

Das beginnt mit der Frage nach dem Ursprung. Wie viele der fundamentalen Problemstellungen der Politik ist auch der Gedanke überstaatlicher, vorgegebener, natürlicher Rechte des Menschen auf antike Wurzeln zurückführbar. Aber zur gleichen Zeit wird ebenso bestimmt hervorgehoben, daß erst die ständisch-dualistische Struktur mittelalterlicher »Staatsbildung«, ja eigentlich erst der Aufstieg des modernen Staates und die Durchsetzung eines eigenständigen, säkularisierten, umfassenden Staatsbegriffs überhaupt zur Formulierung der Idee der Menschenrechte im strikten Sinne geführt hätten[2]. Es sind vor allem jene drei großen historischen Ansatzpunkte, die der Geschichte der Menschenrechte das Gepräge geben:

- erstens die naturrechtlichen, griechisch-römischen und christlichen Ursprünge;
- zweitens die Auseinandersetzung um ständische Rechte und Freiheiten im Mittelalter und in der frühen Neuzeit;

– drittens die englische und amerikanische, dann die französische Formulierung allgemeiner Freiheits- und Gleichheitsprinzipien seit dem 17. und 18. Jahrhundert.

Eine wechselseitige Beziehung verbindet diese historischen Komponenten, die je verschiedene Akzentuierung hebt sie jedoch voneinander ab, und schließlich wird der Streit noch verschärft durch die marxistische Kritik an dem »bürgerlichen« Charakter der Menschenrechtsidee überhaupt. Die geschichtliche Bestimmung hängt davon ab, welche der Elemente hervorgehoben werden: die naturrechtlichen, die verfassungspolitischen, die revolutionären.

Unsere Betrachtung gilt zunächst dem ersten Zusammenhang: der Frage also nach den großen Ansatzpunkten und den historischen Problemstellungen, unter denen der Gedanke der Menschenrechte geltend gemacht worden ist. Dann gilt die Aufmerksamkeit den wichtigsten Richtungen, Bedeutungen und Konkretionen, die dieser Gedanke als Gegenstück zur neuzeitlichen Staats- und Gesellschaftstheorie gewonnen hat. Und schließlich ist die Problematik zu bedenken, in die er unter veränderten Bedingungen des 20. Jahrhunderts geraten ist: der Durchbruch demokratischer und totalitärer Systeme, die Möglichkeit umfassender Politisierung und Manipulierung der Bevölkerung, der Aufstieg der großen Ideologien und die globale Ausdehnung europäisch-amerikanischer Zivilisationsformen haben der Diskussion der Menschenrechte eine neue Dimension und Brisanz verliehen. Denn zur selben Zeit, da das Bekenntnis zu demokratischen Verfassungen und zu einer internationalen Friedensordnung als Grund und Ziel des Politischen allgemeine Geltung beansprucht, erfährt die Welt in zwei Weltkriegen, in der Unterdrückung und Vernichtung ganzer Bevölkerungsgruppen und im globalen Kampf der Systeme und Ideologien einen Tiefpunkt in der Geschichte der Menschenrechte, der kraß kontrastiert mit dem hohen Anspruch moderner Zivilisations- und Verfassungsentwicklung.

In der Geschichte der Menschenrechtsidee treten zwei große Strömungen hervor: eine philosophisch-moralische und eine politisch-verfassungsrechtliche. Die erstere findet schließlich in den Deklarationen der Französischen Revolution von 1789, die andere in der englisch-amerikanischen Verfassungsentwicklung des 17. und 18. Jahrhunderts ihren Ausdruck. Von den antiken Wurzeln wird vor allem dann gesprochen, wenn der philosophisch-moralische Aspekt betont wird, von den mittelalterlichen und neuzeitlichen Ansätzen dann, wenn die verfassungspolitischen Ausprägungen im Vordergrund stehen. Gleichwohl sind die antiken, griechisch-römischen Ansätze für *beide* Aspekte von grundlegender Bedeutung, weil sie die naturrechtliche Begründung hervorbringen: wesentlich für die französische wie auch für die amerikanische Ausprägung der Menschenrechtsidee.

Die Antike entwickelt nahezu alle großen Problemstellungen und Denkfiguren der politischen Theorie zum ersten Mal[3]. Zwei der charakteristischen Bedingungen treten hervor: der geschlossene Polisgedanke, der auch bei Platon und Aristoteles den Bürger noch ganz in den Verband des überschaubaren, alle Lebensbereiche umfassenden Stadtstaates integriert sieht, wird abgelöst durch die hellenistische Ausweitung geistiger und politischer Kultur im Zeichen der Weltreichsbildung Alexanders des Großen und dann der Römer; an die Stelle der fundamentalen Unterscheidung von Griechen und Barbaren tritt seit dem 3. Jahrhundert v. Chr. der Gedanke der Weltzivilisation und mit ihm zumal in der Philosophie der Stoa die Idee von der Allgemeinheit und Gleichheit des Menschengeschlechts. Es fallen die beiden großen Begrenzungen der griechischen Bürgeridee: ihre Beschränkung auf eine politische Minderheit, die polites, und ihre Unfähigkeit, an eine größere staatliche Einheit als die Polis zu denken. Als Maßstab auch des politischen und gesellschaftlichen Lebens erscheint nun der Gedanke natürlicher, unabänderlicher Rechte, die *allen* Menschen als vernunftbegabten Wesen jenseits der jeweiligen politischen Bindungen gemein sind. Die letzte Quelle ist nicht der Staat, sondern in religiöser Begründung Gott, in säkularem Verständnis die überstaatliche Vernunft[4].

Ein großer Gedanke – und ein widersprüchlicher. Denn

dieser Ursprungsgrund allgemeiner Menschenrechte bedeutet zugleich die Relativierung der konkreten politischen Bindungen, im Extremfall die Infragestellung jeder Staatsordnung, und er impliziert daher zugleich die Forderung, den Rechten auch die Pflichten des Menschen als Bürger entgegenzustellen. Die grundlegende Problemstellung war damit gegeben. Einerseits: Die radikale, *negative* Konsequenz des Menschenrechtspostulats konnte in einer individualistischen oder gar anarchistischen Auflösung des konkreten, auf Macht und Herrschaftsstrukturen beruhenden Gemeinwesens liegen, wie es das Ideal der Kyniker enthielt: Abschaffung der Eigentumsrechte, ja der Regierung überhaupt – eine Art Anarchosozialismus, freilich im Unterschied zur Moderne als Rückzug von der Politik überhaupt, nicht als Revolutionsbewegung. Der Philosoph Diogenes in der Tonne, der politisch-einzelstaatliche Bindungen ablehnt und sich Kosmopolites, Weltbürger nennt, verkörpert jene auch in der neuzeitlichen Menschenrechtsidee aufbrechende Tendenz. Ihr revolutionärer Gehalt, der vor allem in der Sklavenfrage steckt[5], wird in der Antike freilich nicht wirksam. Er wird aufgefangen in jenen religiösen Strömungen des Hellenismus und des römischen Imperiums, die im Gegensatz zu den bisherigen Staatsreligionen auf die Erlösung des Einzelmenschen gerichtet waren, unabhängig von seinen politischen und sozialen Bindungen, schließlich sogar – auch im frühen Christentum – gegen sie. Aber soziale Protestbewegungen gewannen durch diese Relativierung des konkret-staatlichen Bürgerbegriffs an Boden.

Andererseits: Der *positive* Aspekt jener Ideen lag im Gedanken eines weltumspannenden Naturrechts, einer überstaatlichen Menschheitsordnung anstelle der beschränkenden Polisordnung, einer neuen moralischen Sanktion der Politik, nachdem die alte Einheit von Bürger, Staat und Religion auseinandergebrochen war. Ihre unmeßbare Bedeutung erhielt diese Entwicklung griechischen Denkens durch das Zusammentreffen mit der politischen Dynamik und der umfassenden Staatsidee der Römer auf der Ebene des Groß- und Weltreichs; sie hat diese Ansätze wieder in einen politischen Zusammenhang gestellt, hat sie zur politischen Philosophie und Theorie geformt, gleichsam verstaatlicht.

In dem Aufstieg Roms zur Weltmacht sind die natur- und

menschenrechtlichen Grundanschauungen der hellenistischen Zeit auf bestimmende Weise eingeschmolzen worden: Hier war die übernationale, philosophisch-moralische Sanktionierung eines Universalreichs in Übereinstimmung mit den alle Menschen umfassenden Gesetzen des Kosmos; das Recht als einigendes Band um die ganze Menschheit; der christliche Gedanke der Gleichheit vor Gott als Gleichheit dessen, was Menschenantlitz trägt, wonach Gott keinem Menschen Gewalt über andere Seelen verliehen hat (Augustin) und das Gebot der Nächstenliebe sie alle verbindet; schließlich die universal-religiöse Begründung des Reichsgedankens nach dem Sieg des Christentums und in der mittelalterlichen translatio imperii[6].

Das Zusammentreffen findet schon im ersten römischen Werk der politischen Philosophie, bei Cicero, eine charakteristische Ausprägung. Der ideale Staat der »res publica« beruht auf einer Verbindung der altrömischen Werte des Bürgers und Staatsmannes, also der konkreten Polis, mit den übergreifenden, gleichsam ewigen Werten der Menschheit, die in der griechisch-hellenistischen Kultur- und Staatsphilosophie formuliert und vorher schon von Polybios und im Kreise des Karthago-Bezwingers Scipio auf Rom bezogen worden sind. Ciceros Naturrecht steht über dem geschriebenen Recht, es wird »für alle Völker und Zeiten ewig und unveränderlich bestehen«[7].

Diese römische Synthese zwischen Naturrecht und Staatsgedanke, die den universalen Romgedanken erst begründet und auch in der Konkretion des römischen Zivilrechts klassischen Ausdruck gefunden hat, war mehr als eine Herrschaftsideologie; sie brachte vielmehr rechtliche Regelungen und Garantien für die individuellen Bürger hervor, die bis heute die Bedeutung des römischen Rechts ausmachen: Es enthält Kriterien zum Schutz der eingeborenen Rechte und der Würde des Menschen. Man hat darauf hingewiesen, daß gerade auch das angelsächsische common law, das dann auch die amerikanische Rechtsentwicklung bestimmt hat, auf diesen Kriterien eines fairen Verfahrens und der Respektierung individueller Rechte und Freiheiten beruht[8].

Verfassungspolitische Entwicklung und staatliche Sicherung: die englische und die amerikanische Form

In der Tat erinnert der Vorgang, wie allgemeine philosophisch-naturrechtliche Ideen und Postulate der Menschenrechte auf eine konkrete politische Ordnung angewandt, ja in ihr Selbstverständnis eingeschmolzen werden, an die dann so entscheidend wichtige englische und amerikanische Entwicklung im 17. und 18. Jahrhundert. Die Begründung des modernen Verfassungsstaates ist hier, ganz im Unterschied zum revolutionären Bruch in der Französischen Revolution, durch eine Synthese von historisch-politischen, traditionell-staatlichen und moralisch-universalen Elementen geschehen: Das Ergebnis waren die verschiedenen »Bills of Rights« und ihre Integration in die Verfassungsstruktur der USA und Englands selbst. Die englische und dann die amerikanische Linie der Entwicklung steht daher auch besonders deutlich im Zeichen einer Kontinuität, in der mittelalterliche und frühneuzeitliche Komponenten der Menschenrechtsidee enthalten sind, vor allem in Gestalt einer Garantie von Freiheitsrechten, die jedem politischen Macht- und Herrschaftsverhältnis aufgegeben ist[9]. Im locker gebauten Feudalstaat des Hochmittelalters und vor allem im dualistischen Ständestaat des Spätmittelalters begrenzen solche Freiheitsverträge die Gewalt des Herrschers und begründen bei Mißachtung ein Widerstandsrecht: In Deutschland, in Spanien und Portugal, in Polen und Ungarn, in Schweden und vor allem England sind zweiseitige Vereinbarungen zwischen Fürsten und Ständen, überwölbt vom christlich-moralischen Verständnis der Herrschaft, ein Schritt zur Begründung politischer Fundamentalrechte. Mit der Ablösung der ständischen durch absolutistische Staaten verschärft sich dann der Konflikt, aber zugleich auch die Forderung nach Ausweitung und Sicherung dieser mehr und mehr allgemein und gleich verstandenen Rechte. Am entschiedensten geschah dies in England, wo sich der unumschränkte Absolutismus nie endgültig durchzusetzen vermochte und die ständische Versammlung, das Londoner Parlament, schließlich zum mächtigen Gegengewicht der Krone wurde[10].

Als erstes großes Dokument dieses historischen Zusammenhangs gilt die »Magna Charta Libertatum« von 1215. Sie ist das berühmteste Beispiel jener mittelalterlichen Freiheitsbriefe, in denen nicht ein abstraktes Menschenrecht, sondern die Zweiseitigkeit aller Herrschaftsverhältnisse, die Gegenseitigkeit von Herrschafts- und Freiheitsrechten zwischen König, Ständen und Vasallen verbürgt wird. In der Magna Charta zeigt sich dem heutigen Betrachter der konkrete, begrenzte und begrenzende Charakter des englischen Verfassungsverständnisses im Unterschied zu der weitgespannten, abstrakten Menschenrechtstheorie, die sich vom antiken Naturrecht zur französischen Deklaration von 1789 spannt. Gewiß sind die Freiheitsrechte, die in der Magna Charta verbrieft werden, die alten Rechte des Adels, die vor den Anmaßungen des Königs zu schützen sind. Aber dieser ständische Anspruch, so privilegien- und interessenpolitisch er orientiert ist, bringt allgemeine Formen und Formeln hervor, welche künftig grundlegend für die Artikulierung der Freiheitsrechte als solche werden. Es ist neben dem Mitspracherecht bei den Steuern vor allem der Schutz vor willkürlicher Verhaftung und Strafverfolgung (Art. 39), den man das »Ur-Grundrecht«, die »Mutter aller Grundrechte«, die »Wurzel der Freiheit« genannt hat[11].

Der weitere Ausbau dieses Grundrechts zur sogenannten Habeaskorpusakte geschah durch historische Ableitung aus der Magna Charta; aber auch der zweite große Antrieb, der naturrechtliche, ist in ihr wirksam geblieben. Man kann für die englische Geschichte also das ständige Zusammenfließen von zwei Quellen feststellen: zum einen die »verfassungsrechtlichen Zurückweisungen von Souveränitätsansprüchen« des Königs, zum anderen die naturrechtliche »Ausweitung der damit begründeten Rechte von zunächst ständischen Rechten zu Rechten aller freien Bürger, dann zu Rechten aller Staatsangehörigen, schließlich zu allgemeinen Menschenrechten«[12]. Im selben Maße, in dem nun die moderne Auffassung vom unumschränkt souveränen Staat den mittelalterlichen Feudalstaat ablöste, verstärkte sich die Forderung nach prinzipiellen, verbindlichen Einschränkungen dieser Staatsgewalt. Das war der Inhalt des englischen Bürgerkriegs und der Glorious Revolution, das bestimmte die Entwicklung von Jean Bodins und Thomas Hobbes' absolutistischer Souveränitätstheorie zu John Miltons Postulaten der Gewissens-, Rede- und Pressefreiheit und zu John Lockes Lehre vom freiheitswahrenden, gewaltenteilig beschränkten Verfassungsstaat.

Auch in anderen Ländern Europas wurden im Konflikt mit dem Absolutismus die Auffassungen von der begrenzten Herrschaftsgewalt, von der Staatsgründung durch Vertrag, von Volkssouveränität artikuliert: in der Spätscholastik Italiens und Spaniens (Salamanca: Vitoria), im Neostoizismus und Humanismus (der Niederlande), bei den Monarchomachen Frankreichs und im Calvinismus und Puritanismus (Deutschland, England, Amerika). Die besondere Bedeutung der Entwicklung gerade in England liegt jedoch in der politischen Konkretheit, in der unmittelbaren Auswirkung auf Bürger und Staatsgewalt, die dem Habeaskorbus-Prinzip zukam, seitdem es in der Petition of Rights des Parlaments von 1628 und schließlich in der Habeaskorpusakte von 1679 und der Declaration of Rights von 1689 als englisches Verfassungsrecht anerkannt wurde. Denn es fußte auf der konkreten historischen Erfahrung ebenso wie auf der fundamentalen politischen Einsicht, daß auch Güte und Toleranz des Herrschers nicht genügen, die Unsicherheit des Bürgers zu beheben, solange die Freiheitsrechte jederzeit zurücknehmbar sind, daß vielmehr erst die verfassungsmäßige Garantie des rule of law das leisten kann.

Dies auf alle Bürger auszudehnen, war der Inhalt aller weiteren Kämpfe und Reformen: mit dem Ziel der rechtsstaatlichen, parlamentarisch und gewaltenteilig kontrollierten Demokratie, die überhaupt erst den Raum schafft für Menschenrechte und ihre wirkliche Garantie ermöglicht, so daß sie mehr sind als Postulate, Deklarationen, Muster ohne Wert. Und daran konnte auch die amerikanische Entwicklung anknüpfen, die schließlich zu den ersten großen Gesamtformulierungen führte: von der Charta von Rhode Island 1647 (Roger Williams)[13] zum Menschenrechtskatalog der Bill of Rights von Virginia und anderen Einzelstaaten bis zur Unabhängigkeitserklärung von 1776 (Thomas Jefferson)[14]. Hier kam ein weiteres Moment hinzu. Neben der rechtlichen war es die religiöse Freiheitsforderung und ihre Garantie im Toleranzprinzip, die einen Pfeiler der Menschenrechtsverankerung bildete. Ihre Bedeutung ist deshalb so groß, weil sie mit der Freiheit der Meinungsäußerung einherging und damit den weiten Bereich einer allgemeinen Gewissens- und Kulturfreiheit aufschloß.

Der große Staatsrechtslehrer Georg Jellinek hat daher in

einem klassischen Buch (1895) über »Die Erklärung der Menschen- und Bürgerrechte« (das auch den wesentlichen Einfluß der amerikanischen Menschenrechtserklärungen auf die französische Deklaration der Menschen- und Bürgerrechte von 1789 nachgewiesen hat) die umstrittene These aufgestellt, die modernen Menschenrechte besäßen ihren eigentlichen Ursprung in der Religionsfreiheit als dem Modell für die anderen Rechte[15]. Richtiger ist es wohl, eine Parallelität der Rechtsentwicklung mit dem Toleranzprinzip zu betonen und die Religions- und Gewissensfreiheit eher als Folge denn als Ursache zu betrachten. Der christliche Anteil wird nicht nur im reformatorischen Aufbruch, sondern auch in der Konzilstheorie des Nikolaus von Cues sichtbar, nach der alle Menschen von Natur frei, jeder Herrscher an die Zustimmung der Regierten gebunden sei (Papst und Konzil). Und das Wesentliche an der calvinistisch beeinflußten, dann säkularisierten Ausprägung der Menschenrechte in England und Amerika war, daß sie den klassischen Unterschied zwischen philosophisch-naturrechtlicher und konkret staats- und verfassungsrechtlicher Begründung aufhob; auch wenn die positivrechtliche Komponente stärker in England, die allgemein philosophische stärker in Amerika betont wurde, und die amerikanischen Verfassungen viel ausdrücklicher und emphatischer auf die Idee allgemeiner Menschenrechte bezogen waren.

Die Formulierung von 1776 lautete bekanntlich: »Wir halten es für eine Wahrheit, die keines Beweises bedarf, daß alle Menschen vor ihrem Schöpfer *gleich* sind, daß er ihnen gewisse *unveräußerliche Rechte* verliehen hat und daß zu diesen Rechten *Leben, Freiheit* und das Streben nach *Glück* gehören.« Die Formel »pursuit of happiness« ist in der weiteren Interpretation oft unbeachtet geblieben oder auch belächelt worden. Sie bezeichnet aber eine wichtige Komponente, die schon in der älteren politischen Lehre von der »Glückseligkeit« als bürgerlichem Anspruch und gesellschaftlich-staatlichem Zweck anklingt. Im Unterschied zur amerikanisch-individualistischen Form des Menschenrechts auf Glück zielt aber die deutsche wie die europäische Tradition der »Glückseligkeit« vor allem darauf, die Wohlfahrt der Bürger als integrierenden Bestandteil der Verfassung zu betonen – die Tradition des Wohlfahrtsstaates[16].

Der große Einfluß der amerikanischen Erklärung von 1776

auf die französische Deklaration von 1789 hat den Eindruck genährt, als sei die amerikanische im Unterschied zur englischen Verfassungs-Entwicklung ganz auf die naturrechtliche Komponente gestützt. In Wahrheit bleibt ihr Kern das Habeaskorpus-Grundrecht als Voraussetzung für gesetzlichen Schutz des Bürgers überhaupt, der dadurch Sicherheit und Freiheitsraum gewinnt; darauf beruhen alle anderen Freiheiten, auch die Meinungs-, Gewissens-, Presse-, Religionsfreiheit, die aus den blutigen Auseinandersetzungen des 17. Jahrhunderts von den damaligen Dissidenten aus England nach Amerika verpflanzt und dort als Fundament einer »neuen Welt«, von Unterdrückung frei, verankert wurden. Ein wesentlicher Unterschied zur englischen Entwicklung lag freilich darin, daß die menschenrechtlichen Erklärungen der amerikanischen Staaten deren Unabhängigkeitsanspruch zu rechtfertigen hatten. Der Ausbruch aus dem englischen Staatsverband machte den Rekurs auf naturrechtliche Postulate notwendig, die in der neuen, pionierhaften Gesellschaft der Vereinigten Staaten auch näher lagen als in der alten Welt Europas[17].

Aber gleichzeitig berief man sich doch auf die altüberlieferten Grundrechte, John Locke und der englische Liberalismus bildeten den bestimmenden Hintergrund, der scheinbar ungeschichtliche oder transhistorische Charakter der amerikanischen Revolution blieb – im Unterschied zur französischen Revolution – faktisch eingebunden in ein Verfassungssystem, das den Menschenrechten die konkrete Wirkung und Verwirklichung im politischen Prozeß selbst sichern, sie zur Grundlage und zum Inbegriff des Staates machen sollte. Auch der weitere Kampf um die amerikanische Demokratie, der sogleich in den Auseinandersetzungen der Federalist Papers (Hamilton, Madison, Jefferson) zwischen den Befürwortern eines starken und eines schwachen Staates ausbrach[18], demonstrierte das eigentliche Problem, das die Frage der Menschenrechte bis zum heutigen Tage aufwirft: Waren sie *gegen* den Staat zu behaupten und durchzusetzen oder vielmehr gerade *im* Staat und *durch* den Staat, indem dieser in eine entsprechende Verfassung gebracht wurde? Waren die Menschenrechte also außerstaatliches Postulat oder innerstaatliches Recht? Es hing ab von der Organisation des Staates und seiner Verfassung, die erst die Entfaltung der Freiheitsrechte ermöglichte, statt sie dem Staat als bloße Idee oder Forderung gegenüberzustellen.

Anders in Frankreich: Dort folgt der revolutionär scharfen, dem bisherigen Staat prinzipiell entgegengesetzten Proklamation der Menschenrechte von 1789 bald die tiefe Trennung von Regime und Postulat, von Praxis und Theorie – der Terror der Diktatur und der Imperialismus Napoleons. Und dies, obwohl der starke Einfluß der amerikanischen Erklärungen von 1776 unbestreitbar ist und auch ihr Inhalt weitgehend übernommen wird[19]. Dies zeigt besonders deutlich, wie durchaus ähnliche Gedanken unter verschiedenen Bedingungen der politischen, sozialen und ideellen Entwicklung zu sehr verschiedenen Formen und Folgen der menschenrechtlichen Forderung in der aktuellen Politik führen können. Der Paukenschlag von 1789 enthält beides zugleich: die emphatische Erklärung der Freiheit und Gleichheit der Menschen, und den revolutionären Anspruch auf Durchsetzung der volonté générale im Sinne einer perfekten, widerspruchsfreien Gesellschaftsordnung, in der die Interessen der Einzelnen und des Ganzen *identisch* sind.

Diese Verbindung von Menschenrechts- und Identitätspostulat ist es, die dem französischen Weg den radikalen, ja zuweilen totalitären Zug gibt: das, was Jacob Talmon den Ursprung der totalitären Demokratie genannt hat, wobei vor allem an Rousseau, Robespierre und Babeuf gedacht wird[20]. Seither treten zwei alternative Typen der modernen Demokratieentwicklung hervor: der repräsentative und der identitäre. Der Stellung der Menschenrechte kommt dabei große Bedeutung zu: Finden sie verfassungspolitische Einbeziehung und Umsetzung, oder aber wollen sie große und weltweite, doch utopische Proklamation sein?

Die französische Eigeninterpretation läuft darauf hinaus, daß die eigene Version einen höheren Wert besitze als der englisch-amerikanische Weg rechtlicher Institutionalisierung. Die Bills of Rights der Amerikaner seien Zeugnisse für ihr politisch-juristisches, unphilosophisches, allzusehr auf die Praxis gerichtetes Denken. Dagegen sei die französische Deklaration ein »oratorisches Meisterstück, die Artikel stehen da in abstrakter Reinheit, allein im Glanz ihrer Majestät und der Herrschaft der Wahrheit über die Menschen. Kein Gericht kann sie als Rechtsmittel verwenden oder sie zur Urteilsbegründung heranziehen. Zur Belehrung der ganzen Welt schreiben die Franzosen; die amerikanischen Verfassungsgeber dagegen haben die Artikel ihrer Deklarationen zum Nutzen und zur Annehmlichkeit ihrer Mitbürger verfaßt[21].«

Hier tritt der wesentliche Unterschied schon hervor: einerseits die Menschenrechte als Idee, von nun an weltweit verbreitet, andererseits ihre staatsrechtliche Anerkennung und politische Sicherung – eine lange Leidensgeschichte bis zur Gegenwart. In dieser Unterscheidung liegt aber nicht nur die Differenz zwischen konkret verfaßten, gewalteinschränkenden positiven Grundrechten und allgemein proklamierten Menschenrechten. Das lief vielmehr auf zwei verschiedene Staatskonzeptionen hinaus, beide republikanisch und mit dem Anspruch auf Verwirklichung eingeborener Rechte, und doch getrennt durch die Auffassung der Freiheit selbst. Neben den individuell-liberalen Freiheitsbegriff tritt das demokratisch-soziale, das egalitäre oder plebiszitäre Prinzip – mit der Gefahr einer illiberalen Tyrannei der Mehrheit, wie sie Tocqueville und John Stuart Mill beschrieben haben[22].

Der Siegeszug des Verfassungsstaates seit dem 19. Jahrhundert beruht auf der Verbreitung der naturrechtlichen Postulate von der Freiheit und Gleichheit aller Menschen in Europa und schließlich weltweit. Aber auch der Aufstieg pseudodemokratischer und totalitärer Regime mit Pseudoverfassungen ist darin begründet: das heißt im Scheitern der Demokratien oder in ihrem Unvermögen, jene Postulate in das politische System selbst einzubeziehen. Der Grund lag wie schon im Frankreich der Revolutionen in der abstrakten, metapolitischen Form der Freiheitsforderung, mehr noch in jener Spannung zwischen Freiheits- und Gleichheitsprinzip, die sich im Zeitalter der sozialen Emanzipation, der Industrialisierung und Massengesellschaft dramatisch verschärfte.

Auch hier waren der englisch-amerikanische und der französische Fall charakteristisch verschieden – in Form und Folgen. Montesquieu hatte in enger Anlehnung an John Locke und das englische Modell auch in Frankreich durch seine Lehre von der Teilung und Balance der Gewalten (1748) den gemäßigten Staat als Bürgen der Freiheit, die verfaßte Freiheit durch wechselseitige

Hemmung der Macht verkündet[23]. Aber Montesquieus Einfluß ging in die amerikanische Verfassung ein, während sein großer Antipode, Jean-Jacques Rousseau, dem radikal revolutionären Verständnis vorarbeitete. In Rosseaus »contrat social« (1762) war der tiefe Widerspruch der Französischen Revolution bereits exemplarisch ausgeprägt: äußerste Freiheitsforderung und zugleich totale Integration des Individuums in die Gemeinschaft. Der Mensch verliert seine »natürliche« Freiheit, um die »bürgerliche« zu gewinnen, denn der Gesellschaftsvertrag beruht für Rousseau auf einer einzigen Klausel: »der völligen Hingabe (aliénation) jedes Assoziierten mit allen seinen Rechten an die Gesamtheit«[24]. Es zeichnete sich jene Perversion der Menschenrechtsidee ab, an die alle modernen Diktaturen bis hin zum Sowjetsystem anknüpfen konnten.

Man muß also beides sehen: von Frankreich ging vor allem der weltweite moralische Appell der Menschenrechte aus, der selbst die Grenzen des amerikanischen Modells, das 1789 Pate gestanden hatte, weit hinter sich ließ. Aber dahinter blieb auch die Idee des Verfassungsstaates zurück: die Menschenrechtsdeklamation gewann keine feste konstitutionelle und institutionelle Wirklichkeit. Schon nach drei Jahren (1792) machte der neue französische Verfassungsstaat dem Terror und nach einem Zwischenspiel weiterer Verfassungserklärungen der Alleinherrschaft Napoleons Platz. Ohne Verfassungsstaat aber gibt es im Grunde keine Menschenrechte[25] – das ist die fundamentale Erfahrung bis zum heutigen Tag geblieben –, gibt es jedenfalls keinen sicheren Anspruch, höchstens eine jederzeit widerrufbare Gewährung von oben, und viel eher das Gegenteil, nämlich die Verdrehung und Pervertierung, den manipulativen Mißbrauch, der immer dann akut wird, wenn die Idee der Menschenrechte aus dem Zusammenhang mit der verfassungspolitischen Realität gelöst wird. Wenn das allgemein gewordene Bekenntnis zu ihnen nicht zwingend institutionalisiert ist, kann es vielmehr mißbraucht werden, um im Namen abstrakter Prinzipien und Ideologien gerade über das Fehlen menschen- und freiheitsrechtlicher Einrichtungen hinwegzutäuschen, wie dies in den modernen pseudodemokratischen Diktaturen mit ihren Pseudorechten geschieht – besonders dann, wenn der Staat selbst ein bloßes Instrument zur Durchsetzung totalitärer Ideologieherrschaft von möglichst umfassender Verbindlichkeit ist, wie unter dem Kommunismus und unter dem Nationalsozialismus (mögen die Vorzeichen nun klassen- oder rassenpolitisch sein).

Menschenrechte verkommen dann, im Namen eines Fernziels, zu bloßen Instrumenten der Herrschaftssicherung, wie die Perversion des Freiheits-, aber auch des Gleichheitsbegriffs in modernen Diktaturen beweist: sie verlieren ihre freiheitssichernde Wirkung, sind bestenfalls Konzessionen auf Zeit und auf Gnade von oben. Man denke an die NEP-Periode vor der endgültigen Etablierung des stalinistischen Systems oder an die widerrufbaren Konzessionen der Entstalinisierung, aber auch an faschistische und nationalsozialistische Episoden pseudodemokratischer und pseudokonstitutioneller Zugeständnisse, etwa an die Kirchen[26].

Das sind täuschende Fassaden oder opportune Modifikationen, die das menschenrechtsfeindliche System selbst nicht verändern, solange die eigentlichen Voraussetzungen für Menschenrechtsschutz, nämlich Gewaltenteilung und verfassungsrechtliche Garantien fehlen oder wenn sie gar, wie in totalitären Systemen, prinzipiell abgelehnt werden, weil eine Einpartei- oder Führerdiktatur die möglichst totale Gewaltenkonzentration, die völlige Einheit und Identität von Bürger und Gesellschaft, Partei und Staat fordert. Dann steht, wie in der Sowjetverfassung von 1936, das »Recht auf Arbeit« als Pflicht vornean, und die klassischen Freiheiten der Rede, Presse, Versammlung und Demonstration werden, als bloß bürgerliche relativiert, nur »in Übereinstimmung mit den Interessen der Werktätigen und zum Zwecke der Festigung des sozialistischen Systems« gewährt (Art. 125), also untergeordnet[27]. Die vielgefeierte neue Sowjetverfassung (1977) stellt diese Scheingarantie ebenfalls ins Belieben der alleinherrschenden Partei und ihrer Führung: das leninistische Instrumentalverständnis bleibt bestehen. Auch die Frage an den »Eurokommunismus« betrifft vor allem dieses Verständnis, und der »nationale Sozialismus« der neuen Staaten Afrikas und Asiens, kommunistisch oder nicht, folgt ähnlichen Mustern des Souveränitäts-, Diktatur- und Parteiabsolutismus[28].

Der gezielte Mißbrauch oder das tatsächliche Obsoletwerden der Freiheitsprinzipien in solchen Systemen bilden eine tödliche Gefahr für den Gedanken und das Überleben der Menschenrechte überhaupt, wie ein Blick auf die scheinbar unaufhaltsam wachsende Ausbreitung von Diktaturen in unserer Welt zeigt, die sich auf Menschenrechte berufen, ohne sich der Aufgabe ihres verfassungspolitischen Einbaus zu stellen.

Auf der anderen Seite aber steht nun doch die Erfahrung, daß Idee und Begriff der Menschenrechte – dank ihrer weiten Verbreitung und trotz ihres weiten Mißbrauchs – ein Potential darstellen, dessen Eigengewicht immer wieder hervortritt, auch mobilisiert werden kann. Freilich nur dann, wenn als Bezugspunkt eine Alternative vorhanden ist, die auf die verfassungspolitische Verwirklichung drängt und diese immer aufs neue vor Augen stellen kann. Der Kampf der Systeme geht nicht zuletzt um diese Alternative einer verfassungsmäßigen Einforderung der Menschenrechte, sie ist die eigentliche Gefahr für jede Diktatur und vor allem für jene ideologisch-totalitäre Version, die selbst Menschenrechte zu realisieren vorgibt, sie in ihrem ideologischen Heilsanspruch, in ihrer Terminologie und Agitation beschwört wie der Kommunismus: die Internationale erkämpft »das« Menschenrecht.

Auch in dieser Hinsicht besitzt die historische Erfahrung, die in der englischen und zumal in der amerikanischen Entwicklung der Menschenrechtsfrage steckt, eine fortdauernde Bedeutung. Als Alternative zum Modell des zentralistischen, autokratischen oder identitären Souveränitätsstaats mit »volksdemokratischen« oder diktatorischen Vorzeichen enthält die amerikanische Demokratie beides: erstens das naturrechtlich begründete Bekenntnis zu den Menschenrechten als »selbstverständlichen Wahrheiten« und »unveräußerlichen Rechten«, zu deren Sicherung die Regierung verpflichtet ist (sonst besteht ein Recht auf Widerstand); zugleich aber das Bemühen um den konkreten Verfassungseinbau, der mittels Verfassungs-Amendments in einem langsamen, von großen Hindernissen und Rückschlägen begleiteten Prozeß von 1791 über die Abschaffung der Sklaverei 1865 bis zum heutigen Tage vor sich geht: am mühseligsten in der Rassenfrage.

Das schwierigste Problem stellte hier die Aufgabe dar, das Freiheitsprinzip um das Gleichheitsprinzip zu ergänzen. Dabei konnte und kann es nicht um jene utopische Idee einer totalen materiellen Gleichheit gehen, die seit der radikalen Phase der

Französischen Revolution (Babeuf) und besonders dann im marxistischen Sozialismus zu einem freiheitswidrigen, ja letztlich freiheitsfeindlichen Prinzip im Namen abstrakter Menschenrechte, aber zu ihrer Zerstörung erhoben wird. Denn jede zwangsweise Durchsetzung der totalen (materiellen) Gleichheit, sofern überhaupt möglich, würde selbst mit einer schweren, unheilbaren Verletzung der Menschenrechte erkauft, wie alle kommunistischen Systeme beweisen, mögen sie bei solcher Egalisierung der Gesellschaft auf Kosten der Freiheit und Würde des Einzelnen mehr oder weniger erfolgreich sein. Es kann vielmehr nur um die Idee des gleichen Anspruchs eines jeden Menschen auf Freiheit gehen. Die Verbindung von Naturrecht und Verfassungsstaat ermöglichte es, hieraus konkrete Rechte, allgemeine Gleichberechtigung der Bürger, gleiches Wahlrecht, soziale Sicherung abzuleiten: der Kampf um das Wahlrecht bewegt das 19. Jahrhundert, um soziale Rechte die Folgezeit[29].

Das deutsche Problem im 19. und 20. Jahrhundert

Die Idee der Menschenrechte kann also revolutionär wirken oder für eine revolutionäre Umwälzung eingesetzt werden, wenn es gegen ein autokratisches, ungerechtes freiheitsfeindliches Regime geht. Aber alles kommt darauf an, ob diese Revolution dann, wie die englische oder amerikanische, zur Begründung und Sicherung entsprechender Verfassungsverhältnisse imstande oder willens ist, oder ob die Revolutionäre, wie in Frankreich nach 1789 und in Rußland nach 1917, oder wie in den meisten Staaten der Dritten Welt, einseitig die eigene Macht etablieren oder ein ideologisches Zwangssystem errichten. Dies Problem bestimmt einen Großteil der inneren und äußeren Konflikte im 19. und 20. Jahrhundert.

Für Kontinental-Europa war neben dem französischen Fall – Menschenrechte ohne Verfassungsstaat[30] – und neben der russischen Entwicklung zur Einpartei-Verfassung ohne Menschenrechte auch die deutsche Entwicklung von Bedeutung. Sie verlief hier besonders kompliziert nicht zuletzt deshalb, weil sie ständig vom »deutschen Problem«, der ungelösten Frage des verspäteten Nationalstaats überlagert und zeitweise verzerrt wurde. Sie war hin- und hergerissen zwischen dem französischen und dem englischen Beispiel, blieb von den Traditionen des Reichsgedankens, der ständischen, territorialen und föderalen Kräfte bewegt, wurde schließlich in die Kämpfe um nationale Einheit und imperiale Geltung gestürzt. Im Scheitern der Weimarer Republik, in der Selbstaufgabe der Freiheit vor dem totalen Staat hat Deutschland die ganze Zwiespältigkeit der modernen Staatsentwicklung auch in der Menschenrechtsfrage demonstriert. Der Weg von der moralischen zur staatsrechtlichen und schließlich völkerrechtlichen Anerkennung ist in der deutschen Geschichte durch den Einbruch des NS-Regimes besonders verhängnisvoll überschattet worden.

Aber geistesgeschichtlich gesehen war der deutsche Beitrag zur Menschenrechtsdiskussion gewiß reicher und bedeutender als unsere hier notwendige Konzentration auf die wichtigsten Weichenstellungen zeigen kann: die bedeutendsten Geister und alle Völker Europas waren an der Diskussion über Freiheit und Menschenrechte beteiligt: Friedrich Schiller sprach von den »ewigen Rechten,/Die droben hangen unveräußerlich/Und unzerbrechlich wie die Sterne selbst«; Immanuel Kant schrieb von den Freiheiten und moralischen Pflichten nicht als Gesetzen, »die der schon errichtete Staat gibt, sondern nach denen allein eine Staatseinrichtung, reinen Vernunftprinzipien des äußeren Menschenrechts überhaupt gemäß, möglich ist«[31]. Auf ihn folgten freilich Fichte und Hegel, die in charakteristischer Wendung im Staat den »Zwingherrn der Freiheit« und die Unterordnung des Einzelnen unter den objektiven Gang der Geschichte forderten: die Marxsche Demontage liberal-menschenrechtlicher Staatsauffassung zeichnete sich ab.

Vor allem bewegte die Auseinandersetzung um die englisch-amerikanische oder die französische Version, erregt durch den imperialistischen Mißbrauch Napoleons, die literarische und Verfassungsdiskussion in Deutschland vor und nach 1848. Schon an der Entwicklung der so wichtigen Lehre vom stufenweisen Aufbau des Gesellschafts- zum Herrschaftsvertrag der Bürger als Grundlage aller Regierung hatten seit dem 17. Jahrhundert deutsche politische Theoretiker wie Johannes Althusius und Aufklärer wie Pufendorf, Thomasius, Christian Wolf wesentlich mitgewirkt. Ein charakteristischer Akzent der deutschen Tradition war schon hier, die naturrechtlichen Grundsätze mehr im Sinne sozialer Pflichten als individueller Freiheiten zu fassen. Die Paulskirchenverfassung von 1848/49 enthielt die wichtigsten Postulate als Grundrechte. Wenn sie auch nicht in Kraft treten konnte, ist sie in der weiteren Ausbildung des deutschen Rechtsstaates doch wirksam geworden. In der Weimarer Verfassung schließlich war der Katalog so umfangreich wie kaum irgendwo, neben den liberalen standen nun auch soziale Grundrechte; der Sozialstaat als neue Dimension menschenrechtlicher Postulate kündigte sich an. Den Einbruch der nationalsozialistischen Diktatur konnte dies freilich nicht verhindern: zu schwer lastete schon seit Napoleon eine antiwestliche Wendung des deutschen politischen Denkens auch auf der Weimarer Republik. Die Verkennung der Weltkriegsentscheidung von 1918, mit der die deutsche Niederlage und Staatskrise der westlichen Demokratie zugeschrieben wurden, tat ein übriges. Mit der NS-Revolution von 1933 sollte – so Goebbels – »das Jahr 1789 aus der Geschichte gestrichen« werden. So war es möglich, die Demokratie und mit ihr die Rechte der Bürger auf pseudodemokratischem Wege zu beseitigen – ein exemplarischer Fall verfassungs- und rechtsstaatlicher Selbstzerstörung[32].

Das Bonner Grundgesetz, das erstmals ausdrücklich und gewichtig mit den Grundrechten des Menschen beginnt, will diesen Gefahren der Selbstzerstörung entgegenwirken, indem es den unverbrüchlichen Wert der freiheitlich demokratischen Grundordnung besonders betont. Es ist zugleich eine Rückkehr zum Kernbestand naturrechtlichen Politikverständnisses, wenn es in Art. 1, II heißt: »Das deutsche Volk bekennt sich darum zu unverletzlichen und unveräußerlichen Menschenrechten als Grundlage jeder menschlichen Gemeinschaft, des Friedens und der Gerechtigkeit in der Welt.« Auch im inneren System der Bundesrepublik, in der Rechtsprechung bis hin zum Bundesverfassungsgericht, nun auch einklagbar und nicht veränderbar durch Mehrheitsentscheidungen (Art. 79, III), ist der Gedanke der verfaßten Menschenrechte voller verwirklicht als je zuvor, nicht zuletzt im Blick auf die abschreckende Gegenpraxis der DDR[33]. Die Demokratie des Grundgesetzes wendet sich gegen jede totalitäre Erniedrigung des Menschen zum bloßen Objekt von Staat oder Gesellschaft, sie ist betont antitotalitär – darin sollten wir uns durch die modische Kampagne gegen den Totalitarismusbegriff und gegen die Abwehr des Extremismus nicht irre machen lassen[34].

Zwei Modifikationen des abstrakt-radikalen Demokratieverständnisses sind dabei charakteristisch: das Prinzip der wehrhaften Demokratie kann, nach der negativen Erfahrung von Weimar, gerade zum Schutz dieser menschenrechtlich verfaßten Grundordnung auch eine Verwirkung von Grundrechten nach sich ziehen. Darüber hinaus treten die Tendenzen vom liberalen zum sozialen Verständnis der Grundrechte im »Sozialstaatspostulat« (Art. 20, 1) hervor. Dies muß freilich klar abgehoben werden vom sozialistisch-kommunistischen Bemühen, die allen Diktaturen unbequeme *individuelle* Menschenrechtsforderung einseitig zu ersetzen oder zu verdrängen durch sogenannte soziale Menschenrechte, die in Wahrheit vor allem staatlich-bürokratische Reglementierung verschleiern oder rechtfertigen sollen. In jenen Regimen geht es nicht nur um eine Ergänzung der individuellen durch ökonomisch-soziale Rechte, wie sie fast alle neueren Verfassungen anerkennen, sondern um eine völlige *Transformation* der Bedeutung politischer und bürgerlicher Rechte überhaupt, wie sie das Sowjetsystem, seine marxistisch-leninistischen Vorläufer und seine Nachahmer in aller Welt zu suggerieren oder zu erzwingen suchen. Die Alternative bleibt deutlich: die westliche Verfassungsidee will vor allem den Eingriff in Grundrechte abwehren, seien es Eingriffe des Staates oder anderer Machtinstanzen; das sowjetische Konzept zielt auf die technische Organisation von Presse, Versammlung, Gleichheit, aber auf Kosten der Grundfreiheit, der Freiheit in der Wahl der Meinungen, Verhaltensweisen und Ziele, ja gegen sie: für Akklamation und gegen Wahl.

Gegenwartsfragen der Verwirklichung

Bei jedem Blick auf die gegenwärtige Problematik tritt vor allem die internationale Dimension der Menschenrechtsfrage hervor. Auch dies ist kein neues Phänomen, wenngleich es in unserem 20. Jahrhundert der globalen Interdependenz, der weltweiten Blöcke und Ideologien, nun auch des internationalen Terrorismus eine dramatische Steigerung erfahren hat[35].

Schon die Aufklärung hat die internationale Bedeutung (anknüpfend an die antike Naturrechtstheorie) im Blick auf den allgemeinen, überstaatlichen Charakter der Menschenrechtsforderung aufgegriffen. Nach dem Ersten Weltkrieg wird die Berufung auf Selbstbestimmung und Menschenrechte zum Instrument der Neuordnung Europas, zugleich der Zertrümmerung der Habsburger Monarchie. Aber hier wie in der Frage des nationalen Minderheitenschutzes trägt die umstrittene »Verpolitisierung des Menschenrechts«[36] höchst ambivalente Züge, weil sich fast alle Systeme und Bewegungen, nicht zuletzt auch menschenrechtsverletzende Diktaturen darauf berufen, höhere oder andere als die traditionellen Menschenrechte zu vertreten oder zu erkämpfen, während sich das durch die Friedensverträge von 1919 errichtete Garantiesystem des Völkerbunds als ineffektiv erweist.

Im Zweiten Weltkrieg waren die Kriegsziele der Westalliierten noch ausdrücklicher vom Postulat der universellen Menschenrechte geprägt: in der Atlantik-Charta (1941) und in den »vier Freiheiten« des Präsidenten Roosevelt, die liberale mit sozialen Rechten verbinden, Meinungs- und Religionsfreiheit mit Freiheit von Not und von Furcht; schließlich in der Charta der Vereinten Nationen und in der Europäischen Menschenrechtskonvention des Europarats (1950). Letztere erhob erstmals den Anspruch auf bindende Kraft, was durch die Errichtung einer Europäischen Kommission und eines Europäischen Gerichtshofs für Menschenrechte unterstrichen wurde. Aber die universelle Geltung blieb Utopie und Appell, die einzelstaatliche, verfassungs- und systempolitische Verwirklichung ist bis heute maßgeblich. Das wird auch im Zeitalter der KSZE (Helsinki, Belgrad) sichtbar, wenn die internationalen Menschenrechtsforderungen mit Hilfe des Souveränitäts-Arguments abgewehrt werden, dessen sich zumal die Diktaturen der Zweiten und Dritten Welt bedienen: keine Einmischung in die inneren Verhältnisse[37]. Von der alten Idee des Weltfriedens und der Weltinnenpolitik sind wir noch immer weit entfernt.

In dieser Lage spielt der internationale Meinungskampf um den Bedeutungs- und Funktionswandel der Menschenrechte eine wichtige Rolle. Verwirrend und problemreich hat er die ideologischen Auseinandersetzungen schon seit der ersten Hälfte des 19. Jahrhunderts bestimmt. Vier Komplikationen treten besonders hervor[38]:

(1) Zu den liberalen und demokratischen Freiheitsrechten kommen die Rechte auf positive Leistungen des Staates im individuellen Interesse – also nicht mehr *gegen* den Staat (Rechts- und Leistungsstaat);

(2) Solche Ansprüche auf »soziale Grundrechte« machen geltend, daß Freiheit und Gleichheit auch eine materielle Komponente haben, ja dieser zu ihrer Realisierung bedürfen (Wohlfahrtsstaat);

(3) die Aufgabe liegt nicht so sehr darin, Freiheitsrechte für einzelne Individuen zu bestimmen, sondern vielmehr Grundsätze festzustellen, nach denen sich die Freiheit des einen mit der Freiheit des anderen vereinbaren, vereinigen läßt (Schiedsrichter-Staat);

(4) das sozialistische Verständnis der Menschenrechte schließlich, mit seinen links- und rechtsradikalen Konsequenzen, bewirkte eine tiefgreifende Veränderung – in doppelter Hinsicht. Einerseits ging mit der Betonung der sozialen Komponenten der Freiheit, der Forderung nach ökonomischen und sozialen Schutzrechten von den Arbeiterbewegungen allenthalben ein zusätzlicher Impuls zur Verallgemeinerung der Demokratie aus: ihr Druck führte zur Durchsetzung des allgemeinen Wahlrechts und zum Abbau feudaler Privilegien, zur denkbar weitesten Fassung des Bürgerbegriffs. Andererseits entstand neben der demokratischen eine revolutionär-totalistische Auffassung von Sozialismus, die, auf Marx gestützt und der Hegelschen Staatsüberhöhung verwandt, den Freiheitsbegriff zugunsten einer Gleichheits- und Kollektivideologie umformte; sie fand dann unter Lenin und Stalin im autokratischen Rußland, das nie zur Anerkennung der Menschenrechte gelangt war, die Bedingungen zur Ausprägung einer totalitären Herrschaft, die ihr Gegenstück im Faschismus und Nationalsozialismus hervorbrachte und unter dem gemeinsamen Schlachtruf des Antikapitalismus in Wahrheit zum Kristallisationspunkt aller menschenrechtsfeindlichen Regime in der Zweiten und Dritten Welt geworden ist.

Soziale Demokratie oder Kommunismus: diese Alternative zwischen Demokratie und Diktatur bedeutete zugleich die Entscheidung pro oder contra Menschenrechte im Sozialismus – womit freilich noch nichts über die Möglichkeiten und Grenzen einer Vereinbarkeit sozialistischer und freiheitsrechtlicher Prinzipien überhaupt gesagt ist. Auch der Anspruch der »Eurokommunisten« ist noch durchaus fragwürdig und unerprobt. Hier liegt ein Prüfstein der pluralistisch-rechtsstaatlichen Demokratie, ihrer Ausgleichs- und Leistungsfähigkeit gegenüber allen Schichten der Bevölkerung, bei gleichzeitiger Bewahrung individueller Freiheit.

Übrigens sollten *die* jedenfalls nicht von Menschenrechten und »Freiheitsbewegungen« reden, die den Begriff Totalitarismus aus dem Vokabular überhaupt verbannen wollen, weil er kommunistischen Regimen unbequem ist, und die dafür um so großzügiger mit dem Faschismusvorwurf gegen alle nichtkommunistischen Gruppen und Systeme verfahren, während sie die diktatorischen Formen der Dritten Welt bagatellisieren oder gar sie als notwendig für die Freiheit sanktionieren. Menschenrechte und totalitäre oder tendenziell totalitäre Diktatur sind unvereinbar in der Geschichte und in der Gegenwart geblieben.

Zusammenfassung

Inhalt und Verständnis der Menschenrechte sind also in einem Wandel begriffen, der von akuten politischen Geschehnissen wie von geistigen und sozio-ökonomischen Entwicklungen beeinflußt wird. Doch heben sich bleibende moralische und historische Konstanten heraus: individuelle Freiheit, rechtliche Gleichheit, Würde des Menschen. Das Menschenbild spielt eine bestimmende Rolle, aber da es erheblichen Veränderungen, auch Manipulationen von außen unterliegt, bleibt die historisch gesättigte Vergegenwärtigung der Grundsubstanz wichtig. Dies gilt gerade in einer Zeit wie der unseren, in der die fast unbegrenzte Ausweitung des Menschenrechtsbegriffs in alle sozialen und ökonomischen Bereiche hinein den ursprünglichen Sinn zu verwischen droht. Das entscheidende Kriterium bleibt noch immer dasjenige, das die Geschichte der Menschenrechte von der philosophisch-moralischen auf die politische Ebene versetzt und die Konkretisierung erst ermöglicht hat: das Kriterium verfassungsmäßiger Realisierung in einem freiheitlichen System des »limited government«, der politischen Selbstbegrenzung[39].

Die rechtsstaatliche pluralistische Demokratie bietet dafür die besten Voraussetzungen. Auch unter dem Gesichtspunkt der

Menschenrechte erscheint sie als die höchste Frucht der menschlichen Zivilisation, weil sie allein es vermag, das naturwüchsige »Recht des Stärkeren« mit seiner steten Tendenz zur Autokratie und Machtwillkür aufzufangen: durch kontrollierende Gewaltenteilung, Schutz der Minderheiten und Beschränkung der Gewaltausübung, und weil sie dadurch im Grunde überhaupt erst den Raum und die verläßliche Garantie für Menschenrechte schafft. Alle Proklamationen und Konventionen nützen wenig, wirken oft genug eher verschleiernd, wenn sie nicht vor allem diese definitive Richtung und Bestimmung erhalten: nämlich die innerstaatlichen Verfassungen und schließlich auch die internationalen Normen und Regeln der freiheitlich-demokratischen Form menschlicher Gemeinschaftsbildung näherzubringen.

3. Demokratie und Gewaltenteilung

Anfechtung der liberalen Demokratie

Es gibt heute kaum einen Staat auf der Welt, der sich nicht als Demokratie bezeichnen wollte. Mit der explosiven Vermehrung der Zahl souveräner Staaten seit dem Ende der Kolonialzeit geht eine globale Ausbreitung demokratischer Verfassungen einher, die sich von allen früheren Perioden der Geschichte abhebt: nicht zuletzt von der Zeit zwischen den beiden Weltkriegen, als dem scheinbaren Triumph der westlichen Demokratien (1918) das bestürzend rasche Vordringen autoritärer und totalitärer Diktaturen gefolgt war. Aber die Verallgemeinerung des Demokratiebegriffs nach dem Zusammenbruch der faschistischen, nationalsozialistischen und japanischen Diktaturregime (1945) brachte deutlicher denn zuvor auch die tiefen Widersprüche zum Vorschein, die in der Geschichte und im Verständnis der Demokratie seit je enthalten sind. Es ist vor allem der Widerspruch, den Alexis de Tocqueville schon vor anderthalb Jahrhunderten am Beispiel Amerikas beobachtet hat: die Spannung zwischen den Postulaten der Freiheit und der Gleichheit und die Tendenz zu einer Tyrannei im Namen der Mehrheit, die an die Stelle der traditionellen Tyrannis der Autokratie tritt.

In den zwei Jahrhunderten seit der Französischen Revolution hat sich nicht nur der Begriff der Demokratie, sondern auch ein Großteil der damit verbundenen Institutionen durchgesetzt: fast überall gibt es Verfassungen, Parlamente, Parteien, Wahlen. Aber zugleich wird die Frage gestellt, ob es sich bei der plötzlichen Ausbreitung von Demokratien nicht vielleicht nur um eine Episode handele, die an bestimmte Voraussetzungen aus der Epoche des bürgerlichen Liberalismus gebunden sei. Denn nie war es deutlicher als heute, daß hinter dem Schlagwort der Demokratie und ihren Institutionen nicht nur die verschiedensten Vorstellungen und Verwirklichungen von »Volksherrschaft«, sondern völlig gegensätzliche Herrschaftsformen stehen: vom freiheitlichen Verfassungsstaat bis zur totalitären Diktatur. Unter den einhundertfünfzig Mitgliedstaaten der Vereinten Nationen besitzen weniger als ein Fünftel Regierungen, die auf freien Wahlen beruhen, Gewaltenteilung respektieren und rechtsstaatlichen Prinzipien folgen. Und gerade diese freiheitlich organisierten Demokratien stehen unter dem Druck einer massiven Kritik und Selbstkritik. Besonders die Gewaltenteilung wird weithin als unzeitgemäß oder unecht, als überholt oder geradezu undemokratisch abgetan.

In der Tat besteht ein grundlegender Widerspruch zwischen der weltweiten Übernahme und Verallgemeinerung demokratischer Begriffe und Institutionen einerseits, und der entschiedenen Anfechtung und Bedrohung ihrer Substanz im Namen einer »wirklichen« Demokratisierung andererseits. Dies geschieht vor allem dadurch, daß der fundamentale Unterschied zwischen Demokratie und Diktatur verwischt wird. Die modernen Diktaturen kommen anders als die älteren Formen der Despotie und Autokratie selbst im Zeichen, Namen und Gewand der Demokratie daher. Sie berufen sich auf Volkssouveränität und Volksherrschaft, die dann freilich ein Führer oder eine einzige Partei auszuüben beanspruchen, indem sie mit ideologischer Gewißheit und plebiszitärer Bestätigungskunst die völlige Einheit, die Identität von Volk, Partei und Regierung postulieren. Diese *identäre* Staatsvorstellung wird weithin über die *repräsentative* Demokratie erhoben; sie stellt von außen wie von innen ihre fundamentalste Anfechtung dar.

Nun ist der Streit um die Kriterien, an denen der Demokratiebegriff zu messen ist, kein neues Problem. Doch haben die westliche Demokratisierungsdebatte und die weltweite Okkupation des Demokratiebegriffs die Auseinandersetzung in den letzten zehn bis fünfzehn Jahren ungemein verschärft. Es sind zwei grundlegende Perspektiven, unter denen die Diskussion um die »richtige« Demokratie seit Anbeginn geführt wurde: als Frage nach der Begründung politischer Herrschaftsverhältnisse und als Kritik an monolithischen Machtstrukturen in Staat und Gesellschaft. In beiden Fällen aber kommt dem Konzept der *Gewaltenteilung* eine fundamentale Bedeutung zu: es enthält geradezu die Schlüsselfrage nach der Rolle und der Legitimität politischer und staatlicher Macht schlechthin – und mithin nach der Stellung des Bürgers im Staat.

Wer es unternimmt, nach dem Kern des modernen liberalen Politikverständnisses zu suchen, der stößt hinter den Fassaden der politischen Schlagworte und historischen Begriffsschablonen auf eine Reihe grundlegender Denkfiguren und Alternativvorstellungen, die weit in die politische Ideengeschichte zurückreichen. Der Gedanke der Gewaltenteilung und der Repräsentation – im Interesse der Freiheit und Vielfalt des Politischen – steht im scharfen Kontrast zu der Sehnsucht nach Gewaltenkonzentration und Identität der Herrschaft – im Namen der Einheit des Volkes und Staates. Die Substanz der Gewaltenteilung besteht in dem Anspruch, den beiden Hauptforderungen eines freiheitsbezogenen Staatsbegriffs zu genügen: Ermöglichung und Sicherung der individuellen Entfaltung des Bürgers sowie Schutz vor Übergriffen von oben; und Begründung wie zugleich Beschränkung politischer Macht im Sinne legitimer, möglichst willkürfreier staatlicher Ordnung.

Unter den großen Anfechtungen, welche die liberale Demokratie in der Epoche ihrer scheinbaren Durchsetzung gegen Absolutismus und Autokratie bedrängen, kommt in der Tat der Absage an den Gedanken der Gewaltenteilung erstrangige Bedeutung zu. Das ist nicht nur eine Frage der politischen Theorie oder der juristischen Doktrin, sondern eine praktische Erfahrung der letzten zwei Jahrhunderte. Immer wenn der historische Durchbruch des liberal-demokratischen Staatsverständnisses in ein entscheidendes Stadium tritt, zumal im Verlauf der großen Verfassungsschöpfungen seit dem Ende des 18. Jahrhunderts und wieder nach den beiden Weltkriegen, formiert sich auch unter wechselnden Vorzeichen eine machtvolle Gegenfront. Sie beruft sich auf die Unmöglichkeit oder Schädlichkeit eines gewaltenteiligen Staatsbegriffes. In dieser Frontstellung finden sich ansonsten ganz gegensätzliche Kräfte: im 19. Jahrhundert staatskonservative ebenso wie radikaldemokratische und marxistische Auffassungen, im 20. Jahrhundert leninistische wie faschistische und nationalsozialistische, technokratische wie rätestaatliche und entwicklungsdiktatorische Positionen. Die Kritik an Gewaltenteilung geht damit über die innerwestliche Diskussion hinaus; sie wird zu einer weltweiten Begründung diktatorischer Staats- und Herrschaftsformen – und dies nicht mehr im Namen reaktionärer Autokratien, sondern vorgeblich progressiver Demokratien.

Wir müssen also eine doppelte Unterscheidung treffen:

einmal zwischen einer sozialistischen und einer technokratischen Liberalismuskritik, zum anderen zwischen autokratischen und pseudodemokratischen Rechtfertigungen der Diktatur. Auch die prinzipielle Anfechtung der Gewaltenteilung kommt von zwei Seiten zugleich: von links als ideologische, totalitäre Absage an das »bourgeoise Prinzip der Gewaltenteilung« in der marxistisch-leninistischen, zumal in der sowjetkommunistischen Staatsauffassung, die gegenüber dem »korrupten und verfaulten Parlamentarismus der bürgerlichen Gesellschaft« (so Lenin in »Staat und Revolution«, 1917) eine »Einheit der Autorität der Werktätigen« behauptet (A. Wyschinskiji, 1954); auf der anderen Seite die etatistische und technokratische Gegenposition, die eine Gewaltenkonzentration im Interesse staatlicher Integration und Effizienz für erforderlich hält. Beide Positionen, die totalitäre und die etatistische, verbindet die Doktrin des nationalsozialistischen Führerstaates: Gewaltenteilung gilt als Relikt eines innerlich gelähmten Systems wie der Weimarer Republik, in der die Staatsgewalt außerstande war, »dem Einzelnen machtvoll und geschlossen entgegenzutreten«, weil »die politische Einheit zugunsten der autonomen bürgerlichen Gesellschaft auf ein Mindestmaß reduziert ist. Die völkische Einheit und Ganzheit aber verlangt, daß alle politische Gewalt in der Hand des einen Führers vereinigt ist« (E. R. Huber, 1939).

Von einer Illusion oder vom Ende der Gewaltenteilung sprechen aber durchaus auch Theoretiker des demokratischen Verfassungsstaates, indem sie auf die unvermeidliche Konzentration der Gewalten und die zunehmende Aushöhlung ihrer Unabhängigkeit und ihrer Balance hinweisen. Sie knüpfen damit auf merkwürdige und bezeichnende Weise sowohl an das revolutionäre wie zugleich an das absolutistische Staatsverständnis an: sowohl Hobbes wie Rousseau, so gegensätzlich ihre Positionen erscheinen mochten, geben heute die Stichworte für eine radikaldemokratisch verstandene Kritik, und zu den Schlagworten vom »Spätkapitalismus« und »Spätbürgertum« gesellen sich Untergangsprognosen für die Gewaltenteilungsidee; sie entspreche, heißt es, nicht länger der Realität und eigentlich auch nicht dem Grundgedanken der Demokratie.

Eine solche »demokratische« Kritik kann sich in der Tat auf die verschlungene, widersprüchliche Geschichte der Gewaltenteilungslehre selbst berufen. Schon bei Aristoteles findet sich die funktionale Unterscheidung zwischen Gesetzgebung, Regierung und Rechtsprechung; die Theorie der »gemischten Verfassung« (Polybios, Cicero) setzte an die Stelle eines Nacheinanders der klassischen Staatsformen das Nebeneinander und Miteinander von monarchischen, aristokratischen und demokratischen Strukturelementen; und John Locke hat am Ende des 17. Jahrhunderts die entscheidende Vorstellung hinzugefügt, zur Sicherung der Freiheit des Individuums seien die verschiedenen Hoheitsfunktionen des Staates im Sinne einer förmlichen Gewaltenteilung an voneinander unabhängige Gremien und Personen zu übertragen. Montesquieu schließlich hat daraus in seinem Buch »Vom Geist der Gesetze« (1748) jenes Prinzip der Hemmung und Balance der Gewalten entwickelt, auf dem ein gemäßigtes, freies Staatswesen beruht: die Trennung von Legislative, Exekutive und Jurisdiktion. Dieses System der Freiheitssicherung ist nach Ansicht Montesquieus allen anderen Verfassungen überlegen, weil es den Mißbrauch der Staatsgewalt durch ein kompliziertes System der Verteilung und Verflechtung von Machtbefugnissen hindert: ein Kunstwerk freilich, das selten gelingt und hohe Ansprüche an die Beteiligten stellt.

Es war kein Wunder, daß die Theorie Montesquieus, in der so verschiedene philosophische und juristische, politische und zeitgeschichtliche Elemente verbunden waren, in der Folge zu zahlreichen Mißverständnissen, zu Mißbrauch und Kritik Anlaß gab. Montesquieu selbst hatte sein englisches Vorbild verzeichnet, und tatsächlich beruhte ja auch die weitere Entwicklung der parlamentarischen Demokratie nicht auf der völligen Trennung, sondern auf der wechselseitigen Abhängigkeit von Exekutive und Legislative: nur die amerikanische Verfassung der Präsidialdemokratie folgte der ursprünglichen Doktrin einer strengen Trennung. Aber auch in der für die Parlamentsdemokratie charakteristischen Form der Gewalten-*Verteilung,* der gleichzeitigen Trennung und Zuordnung und der wechselseitigen Abhängigkeit von Regierung und Parlament – Wahl und Sturz der Regierung durch das Parlament, Auflösung des Parlaments durch die Regierung – bleibt doch das Prinzip der Hemmung und der Balance wirksam; es verhindert die Monokratie und Autokratie, die nicht nur von Diktatoren, sondern auch im Namen einer Einheits-Demokratie von einer Partei oder Klasse ausgeübt werden kann.

Doch können die Gegner der Gewaltenteilung, die deren liberalen Ausgangspunkt und Grundtenor als unzeitgemäß oder gar undemokratisch anprangern – weil auch er die Souveränität und Einheit der Volksherrschaft beschränkt, und nicht nur monarchisch-absolutistische oder aristokratisch-elitäre Machtausübung –, immer von neuem auf jene historisch-politischen Unstimmigkeiten der Theorie und auf die tatsächliche Verwischung der Gewalten zumal in der parlamentarischen Demokratie hinweisen. Aus diesem Widerspruch zum Gedanken einer ungeteilten Volkssouveränität stammt schon die bis heute so einflußreiche Ablehnung der Gewaltenteilung durch Rousseau. Dessen Einwände werden auch vom jungen Marx aufgenommen und zu der klassensoziologischen Kritik verdichtet, Gewaltenteilung sei kein »ewiges Gesetz«, sondern Ausdruck einer spezifischen Situation, in der sich königliche Gewalt, Aristokratie und Bourgeoisie um die Macht stritten (Deutsche Ideologie, 1845). Auf der anderen Seite wurde die Entwicklung des Parlamentarismus bis zum Übergewicht des Parlaments vorangetrieben, die Regierung schließlich nur noch als Ausschuß des Parlaments betrachtet: so in der französischen Dritten Republik.

Es bleibt aber bezeichnend, daß an dem Prinzip der Gewaltenteilung in allen großen Dokumenten der konstitutionellen und demokratischen Verfassungsgeschichte seit der französischen Revolution festgehalten wurde. Immer waren es radikale, diktaturförmige Bestrebungen, die es abzuschaffen suchten: Robespierre (1793), die Kommune (1871), die Rätebewegungen (1917–1919) und schließlich alle totalitären Diktaturen. Der Gewaltenteilungslehre wurde und wird von dieser Seite vorgeworfen, sie diene letztlich der ideologischen Verhüllung und Rechtfertigung nichtdemokratischer Regime, wobei auf die Zeitgebundenheit und die Widersprüche in der Praxis hingewiesen werden konnte. Demgegenüber bleibt aber die Tatsache bestehen, daß die Ablehnung des Gewaltenteilungsgedankens selbst noch stets in der neueren Geschichte entweder den Rückfall in die Autokratie oder die diktatorische Pervertierung der Demokratie legitimierte.

Die Auseinandersetzung um Begriff und Realität der Gewaltenteilung wird also ständig unter zwei verschiedenen Aspekten geführt: unter einem theoretisch-ideologischen und unter einem praktisch-politischen Blickpunkt. Ihre Koinzidenz macht die große Wirkung aus, der sich heute weder die politische und soziologische Theorie noch die staats- und verfassungsrechtliche Diskussion entziehen können. Im Gegenteil. Es ist zur weitverbreiteten Gewohnheit geworden, einen tiefen Widerspruch zwischen Gewaltenteilungsprinzip und Machtrealität im modernen demokratischen Staat zu entdecken. In der Diskrepanz zwischen verfassungsrechtlicher Machtaufteilung und politisch-ökonomischer Machtballung erblicken die Kritiker geradezu ein Paradebeispiel für jene angebliche Antinomie von Verfassungsnorm und Verfassungswirklichkeit, die zumal in der deutschen Diskussion als Beweis einer vermeintlichen Legitimitätskrise der Demokratie dient.

Es sollte nun freilich nicht übersehen werden, in welchem Maße diese Fragestellung selbst ideologisch ist, auf der Verkennung des Sinns einer Verfassung beruht. Indem Unvollkommenheiten und Schwächen der empirischen Staats- und Gesellschaftsordnung zur endgültigen Struktur- und Systemkrise des liberalen Verfassungswesens emporstilisiert und einem verabsolutierten Ideal reiner Gewaltenteilung gegenübergestellt werden, geht der Blick für die politischen Möglichkeiten der Demokratie verloren, rückt der Sprung in die Alternative der Diktatur in denkbare Reichweite. Das Verfahren erinnert an die so verhängnisvoll einflußreiche Methode eines Staatstheoretikers wie Carl Schmitt, der einst durch die Konfrontierung einer ideal-historischen Parlamentsdemokratie mit den empirischen Machtverhältnissen der Weimarer Republik einen unlösbaren Widerspruch in der pluralistischen Demokratie konstruierte und schließlich zur Rechtfertigung des totalen Staates gelangte.

Die neue Linke und vor ihr die kritische Theorie haben dies Verfahren entlehnt, nur die ideologischen Vorzeichen vertauscht. Die idealisierte, angeblich herrschaftsfreie »Öffentlichkeit« des klassischen Liberalismus, die Habermas in scharfsinniger, doch pauschaler Kritik den sozio-ökonomischen Verkrustungen der modernen Parlamentsdemokratie entgegenhält, dient nun dem Verdikt über den »spätbürgerlichen«, untergangsreifen Charakter des repräsentativen »Systems«: seine Verfassungsordnung, heißt es, degeneriert schließlich zur Fassade oder zum Vorwand ungehemmter Herrschaft, die Wirklichkeit wird sich Bahn brechen zur großen Veränderung im alt- oder neomarxistischen Sinne.

Nicht anders die Argumentation im Fall der Gewaltenteilungsdebatte. Es besteht eine tiefe Affinität rechts- und linksideologischer Argumente gegen den gewaltenteiligen Rechtsstaat, mögen sie technologischer oder radikaldemokratischer Herkunft sein. Im Unterschied zu den zwanziger Jahren sind diese Argumente heute nicht allein gegen brüchige Krisenregime gerichtet, die wie die Weimarer Republik nur noch mit umstrittenen Ausnahmeregelungen und funktionsschwachen Parlamenten existieren. Die Kritik gilt dem Prinzip selbst und wendet sich gerade auch gegen jene Staaten, die wie die Bundesrepublik als stabile, von breiten Kreisen der Bevölkerung getragene Demokratien mit differenzierter Machtverteilung gelten. Es sind nicht nur Funktionsschwächen des Systems, aus denen eine Krise des Gewaltenteilungsprinzips abgelesen wird, es ist das repräsentative System selbst, das unter den Verdacht fällt.

Das geschieht vor allem an vier Punkten: in der Pluralismuskritik, die der Rolle der Verbände gilt; im Kapitalismus- und Monopolismusvorwurf, der die Machtkonzentration der Wirtschaft aufgreift; in der Debatte über Legitimität und Partizipation, jene modischen Schlüsselwörter, mit denen die demokratische Qualität und die Rolle der Parteien und des Parlamentarismus »hinterfragt« und verneint werden; schließlich in einer Justizkritik, die grundsätzliche Zweifel in die Unabhängigkeit der dritten Gewalt setzt.

Überblickt man die Fülle an Untersuchungen, die seit den bahnbrechenden Arbeiten Max Webers im Laufe der letzten sechzig Jahre über diese Fragenbereiche vorgelegt worden sind, so fällt zweierlei auf: Die Diagnosen decken erhebliche Mängel auf, die Prognosen aber gehen oft fehl, schießen über das Ziel hinaus, verdecken eine Ratlosigkeit: Gewaltenteilung – oder was sonst? Denn was so dramatisch als Totenglocke der liberalen Demokratie geläutet wird, ist fester Bestandteil der traditionellen

Gewaltenteilungsdiskussion. Die empirischen Bezugspunkte sind längst zur Kenntnis genommen, sie haben einer Diskussion der »lebenden Verfassung« die Wege zur theoretischen und praktischen Verbesserung der Balancierung und Kontrolle von Macht im modernen Staat gewiesen, und zwar so, daß nach den totalitären Einbrüchen von 1917, 1922 und 1933 nicht vom Untergang, sondern von einer erstaunlichen Renaissance der liberalen Demokratie seit 1945 gesprochen werden kann.

Das ging nun freilich mit einer ebenso erstaunlichen Leistung marktwirtschaftlicher und gesellschaftspolitischer Regeneration einher, die den schon seit der Jahrhundertwende tönenden Kassandrarufen vom untergehenden Spätkapitalismus und Spätbürgertum widersprach. Die Vitalität und Attraktivität liberaler Grundauffassungen gewann als antitotalitäre Alternative neue Geltung und Wirkung. Sie wirkte auch tief in das konservative und das sozialistische Lager hinein. Es geschah, indem das liberale Prinzip mit dem sozialen, das heißt dem Korrektiv sozialer Gerechtigkeit verbunden und dadurch den Erfordernissen der industriellen Massengesellschaft und der aufsteigenden Schichten angepaßt wurde. Von John Stuart Mill bis Friedrich Naumann führte schon ein früher Weg in diese Richtung.

Die »sozialliberale« Korrektur, die viel zur Verbürgerlichung auch der Arbeiterschaft beigetragen hat, ging freilich nicht ohne Rückwirkungen auf den liberalen Staat vor sich. Es kam nun, mit oder ohne Zwang zur Koalition mit sozialdemokratischen Parteien und Vorstellungen, zu jener Verstärkung der Rolle des Staates, die schon in der Idee einer »sozialen Marktwirtschaft«, mehr noch in der Verschiebung von der privaten zur staatlichen »Daseinsvorsorge« angelegt war. Sie konnte in Deutschland bereits an die Bismarcksche Sozialversicherung und schließlich auch in Amerika an den New Deal Roosevelts anknüpfen. Mit der wirtschaftlichen wurde eine politische Verschiebung in der Rolle des Staates und der Machtverteilung eingeleitet, die auch unter liberalen Vorzeichen den Raum der Gesellschaft und die Stellung des Individuums modifizierte.

Von dieser Seite vor allem, und nicht von einer abstrakt-ideologischen oder radikal-soziologischen Kritik am Liberalismus kommen denn auch die ernstzunehmenden Zweifel an der gegenwärtigen und künftigen Tragfähigkeit der klassischen Gewaltenteilung. Sie sind nicht unbegründet, soweit es sich um das schematische Modell handelt, das nicht ganz zu Recht Montesquieu zugeschrieben wird (der es weniger exakt als seine juristischen Ausdeuter verstanden hatte). Vor allem die Bemühungen um neue Abgrenzungen einer realpolitischen Gewaltenteilung, wie sie etwa Ernest Barker, Karl Löwenstein oder Dolf Sternberger unternommen haben, dienen der Aufgabe, den veränderten Bedingungen der Machtverteilung im modernen Parteien- und Verbändestaat gerecht zu werden, ohne das grundlegende Prinzip – Kontrolle und Balance im Machtprozeß – zu verletzen. Die allgemeinen Prinzipien der Gewaltenverteilung unter verschiedene Träger der staatlichen Hoheitsgewalt, vor allem die Unabhängigkeit der Justiz, bleiben auch unter den veränderten Strukturverhältnissen der modernen Parlamentsdemokratie, auf die das Modell Montesquieus nicht mehr anwendbar ist, maßgebend. Grundlegende Bedeutung erlangt dafür die faktische Machtteilung zwischen Regierung und Opposition. Auch im Föderalismus, der nach den Exzessen zentralistischer Staatstheorie wieder mehr Beachtung findet, steckt ein wichtiges Moment eines neuen Verständnisses der Gewaltenteilung: man spricht nun von vertikaler und horizontaler Gewaltenteilung.

Im Zeitalter totalitärer und monopolistischer Tendenzen wird das Prinzip sich als wichtiger denn je erweisen. Es stellt nicht eine Episode des 18. und 19. Jahrhunderts dar, sondern bedeutet eine fortdauernde »Entdeckung« der politischen Theorie und Praxis, deren Vorgeschichte man weit zurück im Gedanken der gemischten Verfassung erblicken kann. Ihr »bürgerlicher«, zeitgebundener Charakter, der den entscheidenden Durchbruch des Gewaltenteilungsgedankens ermöglicht und den großen Beitrag der liberalen Theorie ausdrückt, spricht nicht gegen die allgemeine, nach wie vor fundamentale Bedeutung auch unter veränderten Bedingungen des gesellschaftlichen und staatlichen Lebens. Es verhält sich damit wie mit den erneuerten, weltweit wirksamen Ideen der Menschen- und Bürgerrechte, die aus demselben geschichtlich-politischen und philosophisch-moralischen Zusammenhang stammten, oder wie mit der Idee des Bürgers selbst, die im *politischen* Bürgerbegriff (citizen) den bloß sozialen, transitorischen Begriff des bourgeois übersteigt und in den freiheitlichen Demokratien der Gegenwart wieder eine zentrale Rolle erlangt, wie der fast inflationäre Gebrauch des Bürgerbegriffs im politischen Vokabular fast aller Parteien und Bewegungen zeigt.

Auch hier tauchen freilich dieselben Probleme und Gefahren auf, die bei der Ausweitung der Staatsfunktionen zu beobachten sind: die Inbesitznahme der liberalen Formeln und die nachhaltige Veränderung ihres Gehalts. In der egalitären Massengesellschaft schwinden die Möglichkeiten und damit auch das Verständnis jener individuellen, differenzierenden Vielgestaltigkeit, aus der mit dem Bürgerbegriff – schon dem antiken (polites, civis) wie dann besonders dem neuzeitlichen – auch das Bedürfnis für einen begrenzenden machtteilenden Politik- und Staatsbegriff erwachsen ist. Es sind nicht nur die großen antibürgerlichen, antiliberalen Wellen aus den zwanziger und dreißiger Jahren mit ihrem neuen stürmischen Nachhall in den ideologischen Protestbewegungen seit den sechziger Jahren, sondern jene inneren Entwicklungen auf dem Wege zum sozialstaatlichen Versorgungs- und Verwaltungssystem mit seinem zentralistischen Zuschnitt und mit den Machtballungen des Verbändewesens und der Bürokratie, die zur Bedrohung eines offenen, pluralistischen und dadurch machtbegrenzten und machtbegrenzenden Gemeinwesens werden können.

Zu dieser inneren Gefährdung kommt nun noch die ständig wachsende äußere Front jener erklärt monolithischen Staatswesen, in denen Gewaltenteilung nicht nur durch Implikation verändert, sondern durch das bewußte und betonte Wesen des Systems selbst aufgehoben wird. Die doppelte Anfechtung von innen und von außen macht die Lage der liberalen Demokratie so dramatisch ungewiß in einer Zeit, in der sich weltweit liberales und totalitäres Machtverständnis gegenüberfinden. Sie läßt aber zugleich auch deutlicher erkennen, worum es geht, wenn das Prinzip der Gewaltenteilung selbst in Frage gestellt wird, und worin sein bleibender Gehalt jenseits des Wandels der Formen besteht.

Liberales und totalitäres Machtverständnis

Der Streit um Gewaltenteilung und Machtlegitimierung spiegelt ein altes Problem der politischen Theorie wider: die Spannung zwischen Einheit und Vielheit, zwischen Individuum und Gemeinschaft. Sie wird schon bei Aristoteles formuliert, der in seiner »Politik« (II, 2) das Einheitsprinzip der Familie, das Vielheitsprinzip aber dem Staat zuordnet. Seither durchzieht die politische Geistesgeschichte, bis zu der aktuellen Formulierung im Werk Karl Poppers, eine Konfrontation zwischen offenen, pluralen und geschlossenen, einförmigen Gesellschafts- und Staatskonzeptionen, wobei diese vor allem im Rahmen der platonischen, hegelianischen und marxistischen Tradition vertreten werden.

Diese Unterscheidung eröffnet den Blick auf ein Kernproblem aller Staatstheorien: die scharfe Entgegensetzung von empirischem Gemeinwesen und idealem Staat. Im Verständnis einflußreichster Staatsphilosophen herrscht seit je die geschlossene, perfektionistische, totalistische Auffassung vor; sie hat die Ausbildung einer empirischen, pluralistischen, gewaltenteiligen Staats- und Gesellschaftstheorie nachhaltig behindert und diskreditiert. In Wahrheit erfordert die Vielfältigkeit der Formen menschlicher Existenz und der Vorstellungen politischer Gemeinschaftsbildung, soll sie adäquate und humane Berücksichtigung finden, eine sehr viel anspruchsvollere und komplexere, freilich auch realistischere Theorie. Die repräsentative, gewaltenteilige Demokratie ist eine reife und zugleich komplizierte, empfindliche Frucht menschlicher Zivilisation und politischer Einsichtsfähigkeit. Denn sie verlangt Gemeinschaftsgestaltung durch geordneten Kompromiß anstelle der Macht des Stärkeren, Staatsgewalt mittels geregelter Machtverteilung und bewußten Gewaltverzichts, Beschränkung auch der Mehrheitsherrschaft durch Minderheitsrechte.

Das heißt viel; es bedeutet den schweren Weg. Seit Platons Konstruktion der Politeia und den großen Staatsutopien, seit Rousseaus volonté générale und den modernen Versionen einer Totaldemokratie, schließlich in den totalitären Diktaturen des Nationalsozialismus und des Kommunismus besitzt die Vorstellung einer nach absolut gesetztem, einheitlichem Prinzip bestimmten Ordnung eine dominierende, suggestive Verführungskraft gegenüber allen zusammengesetzten, offenen Mischformen gesellschaftlicher und staatlicher Ordnung: immer wieder obsiegt die »Reduktion der Vielfalt zur Einfalt« (Fritz Stern), die »totalitäre Versuchung« (J. F. Revel).

Auch die politische Terminologie entspricht und folgt diesem vorherrschenden Bedürfnis. Ihre Schlüsselbegriffe gelten der Suche und der Forderung nach Herstellung eines consensus omnium, nach Verwirklichung eines vorgegebenen Gemeinwillens und Gemeinwohls, schließlich einer völligen Einheit, Identität von Volk und Regierung. Und darauf beruft sich auch die Machtphilosophie der großen Ideologen, deren Ziel die völlige Aufhebung der Verschiedenheit und der Teilung statt der täglichen und mühsamen Ausbalancierung der Macht, die Gewinnung des Consensus durch plebiszitäre Akklamation statt durch freiwillige Kooperation und plurale Repräsentation ist. Consensus als Gemeinschaftszwang oder aber als freie Zustimmung: an dieser Alternative der politischen Theorie entscheidet sich auch das Für und Wider des Streits um Anerkennung oder Verwerfung der Gewaltenteilung. Unter der totalitären Fiktion verschwindet die Frage nach der konkreten Ordnung und ihren Institutionen zu einer »bloß formalen«: das absolut gesetzte Ziel heiligt die Mittel.

Die Berufung auf eine höhere Legitimität läßt die politische Praxeologie, die Regelung der inneren Machtfrage, als eine bloße Funktionenlehre erscheinen. Zwar bedienen sich die modernen Diktaturen des Vokabulars des Verfassungsstaats. Aber ihr Anspruch auf revolutionäre, durch »inhaltliche« Endziele bestimmte Legalität, auf wahrere Freiheit und vollkommenere Gerechtigkeit verdrängt die Frage nach der »realen Verfassung«. Die Pervertierung der Begriffe tritt in der diktatorischen Transformation so genuin demokratischer und liberaler Ideen wie Herrschaftsvertrag und Volkswille, Repräsentation und Parlament, Parteien und Gewerkschaften hervor. Grundvorstellungen der pluralistischen Demokratie werden nun von der geschlossenen, totalistischen Theorie vereinnahmt. Der Einparteistaat mit 99,9 Prozent-Wahlergebnissen, ein Widerspruch in sich, denn er setzt den Teil (pars) für das Ganze, tritt seinen Siegeszug über die Erde an.

Einzig das Prinzip der Gewaltenteilung erscheint unvereinbar mit dem Einheitsanspruch und der Führungsstruktur alter und neuer Diktaturen, mit Autokratie und Totalitarismus. Wohl sieht man es auch in den heutigen Demokratien geschwächt und angefochten: durch die Stärkung der Exekutive auf Kosten der Parlamente, durch die Verwischung der Grenzen zwischen den Gewalten, durch Verbändemacht und Parteienmonopole. Doch der unverwischbare Unterschied zum totalitären Machtverständnis tritt selbst in der neuesten, so betont modernisierten und demokratisierten Sowjetverfassung (1977) unverändert hervor. Ihre legalistischen und scheindemokratischen Formeln stehen unter dem diktatorischen Vorbehalt der Parteihegemonie und der »Macht und Autorität des Sowjetstaates«.

In der Praxis jeder Diktatur, mit oder ohne Verfassung, ist die totale, unkontrollierte Gewaltenkonzentration stets der erste und wichtigste Schritt. Gleichschaltung des Parlaments, unbedingte Führungsrolle *einer* Partei – ob nun im Namen der Volksgemeinschaft oder des Proletariats –, Transmissionsfunktion aller gesellschaftlichen und politischen Organisationen sind die Kennzeichen. Es fehlt der Raum für das Gegenüber von Regierung und Opposition, das im System der Gewaltenteilung um so wichtiger wird, je umstrittener das klassische Gewaltenteilungsschema ist. An der Frage der Teilung und Kontrolle der Macht wird der so vielfach verschleierte Charakter des Systems ablesbar.

Es bedeutet eine grobe Verkennung dieses grundlegenden Unterschieds, wenn in neueren Untersuchungen über das Dritte Reich – auf andere Weise auch über die Entwicklung des Kommunismus – die Behauptung aufgestellt wird, von monolithischen Systemen könne nicht mehr gesprochen werden, daher seien sie auch nicht totalitär. Dieses Argument ist Teil einer modischen Kampagne gegen den Totalitarismusbegriff selbst, die im besonderen die Rücknahme des Diktaturvorwurfs an den Kommunismus will, im weiteren Sinne aber zur Verwischung der grundlegenden Unterscheidung von Demokratie und Diktatur überhaupt beiträgt. In Wahrheit können totalitäre Diktaturen die Fortdauer von Kompetenz- und Machtkonflikten, auch von wechselnden Machtteilungen keineswegs ausschließen. Sie erheben aber den definitiven, rücksichtslos durchgesetzten Anspruch, von einer Befehlszentrale aus jederzeit in diese Prozesse eingreifen, sie entscheiden zu können. Die nationalsozialistische Herrschaft als bloße Polykratie oder als Machtpluralismus zu bezeichnen, wie dies eine neuere Interpretationsrichtung tut, hieße übersehen, daß eine Art »autoritärer Anarchie« durchaus zum Wesen totalitärer Regime gehört. Hitler wie Stalin haben gleichsam als oberste Schiedsrichter das Führungs- und Ämterchaos genutzt, um desto wirkungsvoller ihre autokratische Stellung zu behaupten: monokratische Herrschaft mit polykratischen Mitteln.

Mit demokratischem Pluralismus und konstitutioneller Gewaltenteilung hat dies so wenig zu tun wie die alte Herrschaftsdevise des »divide et impera«. Nach ihr sucht seit alters die Politik zu verfahren; sie besagt denn auch nichts über Wesen und Qualität des Regimes. Machtteilung hat es schon immer und überall gegeben: in Stammes- und Feudalsystemen wie im Bürokratie- und Parteienstaat. Alles kommt auf die Frage an, ob solche Machtteilungen als geregeltes System verfassungsmäßig garantiert, ob sie institutionell und politisch gesichert sind, oder ob es sich dabei um die ungeregelten, willkürlichen, illegalen und jederzeit widerrufbaren Formen persönlicher oder gruppenpolitischer Machtkämpfe handelt. Die Grundfrage bleibt, ob der Bürger sich auf die machtbeschränkende Wirkung einer garantierten Gewaltenteilung verlassen kann oder ob er der diktatorischen Willkür eines Machtdarwinismus unterworfen ist und gezwungen oder verführt wird, dem Monopolanspruch einer totalitären Führung auf Gedeih und Verderb zu vertrauen.

So erweist sich der Gedanke der Gewaltenteilung als ein entscheidender Fortschritt in der Geschichte der Staatstheorie, der auch heute hohe Aktualität besitzt. Es geht um ein Prinzip, das dem täuschenden Traum von der vollkommenen Staats- und Gesellschaftsordnung widerstrebt und widersteht, weil dieser noch immer in Unfreiheit und Despotie geführt hat. Es verheißt keine endgültige Lösung des Problems der Macht, die es nicht geben kann. Aber die Meinung Churchills, von allen schlechten Formen des Regierens sei die Demokratie die am wenigsten schlechte, gilt ganz besonders für die verfassungsmäßige Form der Gewaltenteilung: von allen Arten der Macht- und Herrschaftsorganisation ist sie die annehmbarste. Ihre höhere Legitimität liegt in der Anerkennung und Sicherung bürgerlicher Freiheit und Vielfalt begründet. Sie mindert die Übel der Macht, ohne die menschliches Zusammenleben nicht möglich ist, indem sie jener Hypertrophie der Macht steuert, welche im Namen politischer Vollkommenheit dieses Zusammenleben zerstört.

4. Demokratie und Machtvakuum: der Fall der Weimarer Republik 1930–1933

Weimar als Modell

Seit den frühen zwanziger Jahren, von den Machtergreifungen Mussolinis, Hitlers und Francos in Europa bis zur Gegenwart in Lateinamerika ist die Geschichte der Demokratie überschattet von der Drohung der Selbstzerstörung. In allen Fällen geht es um die Funktionsprobleme und das Scheitern pluralistischer Demokratien angesichts sozio-ökonomischer und geistig-ideologischer Krisenerscheinungen, denen sich die politischen Kräfte und Institutionen einer freiheitlichen Staatsordnung nicht gewachsen zeigen. Der Vertrauenskrise folgt der Übergang in die Diktatur, wobei es im deutschen wie im italienischen Fall nicht einmal eines offenen Staatsstreiches bedarf: die Demokratie wird auf scheinbar demokratischem und legalem Wege überwunden, die »neue Legalität« unter Verführung und Zwang in Einheitswahlen plebiszitär legitimiert[1].

Als ein beherrschendes Beispiel dieses Vorgangs, ja geradezu als Modellfall und dauernde Warnung, treten auch nach einem halben Jahrhundert noch immer der deutsche Fall, die Krise und der Untergang der Weimarer Republik hervor. Als in den fünfziger Jahren mein Buch über das Ende der Weimarer Republik entstand, drängten sich mir besonders zwei Eindrücke auf: (1) Die Komplexität des Geschehens ist nicht auf eine einfache Formel zu bringen, vielmehr handelt es sich um einen langdauernden Prozeß der »Auflösung« der Demokratie selbst, der nur durch eine sorgfältige Strukturanalyse aufzuhellen ist. (2) Die Entwicklung selbst verläuft aber über konkrete Entscheidungen und in bestimmten Phasen, die ich genau zu beschreiben und mit den Begriffen Machtverlust und Machtvakuum zu charakterisieren versuchte[2]. »Auflösung« und »Machtvakuum« drücken zwei Aspekte der Weimarer Katastrophe aus, die seither die Kontroverse bewegt haben: auf der einen Seite die Beobachtung eines scheinbar unaufhaltbaren Verfalls, der schon in der Gründung und Entwicklung der Weimarer Republik angelegt war; auf der anderen Seite jedoch die Erkenntnis von der Möglichkeit alternativer Entscheidungen, die bis zuletzt, bis zur Berufung Hitlers am 30. Januar 1933, immer wieder bestanden. Die scheinbar ausweglose politische Situation, in welche die Entwicklung von 1930–1932 führt, wird zur Einbruchstelle der Diktatur, dem scheinbar einzigen Ausweg aus der Paralyse der Demokratie. Aber erst die konkreten Entscheidungen derer, die seit dem Bruch der Großen Koalition vom März 1930 die politische Initiative beanspruchten, haben die Lösung von 1933 unausweichlich gemacht.

Diese Verflechtung von Notwendigkeit und Zufall (Meinecke) im Schicksal der Weimarer Republik verbietet jede einlinige Analyse und widerspricht jeder monokausalen Erklärung, ob diese nun (marxistisch) die Rolle der Wirtschaft oder (historisch) das Handeln einzelner Personen zum Angelpunkt des Geschehens machen möchte. Das gilt für alle Ableitungen, die auf einer einzigen Hauptursache oder Ursachenformel beruhen: für die ökonomische Erklärung (Wirtschaftskrise) wie für die institutionelle (Verfassungsmängel), für die soziologische Erklärung (Kleinbürgertum) wie für die ideologische (autoritäre Tradition), für die politökonomische wie für die sozialpsychologische oder die personalistische Erklärung. Solche Erklärungsmuster enthalten wichtige Ansätze und sind jeweils im historisch-politischen Zusammenhang zu würdigen[3]. Ihr tatsächliches Gewicht wird aber erst in jenem entscheidenden Stadium der Krise im Jahre 1932 bestimmbar, das hier mit dem Begriff des Machtvakuums bezeichnet wird.

Mit diesem Begriff soll die Situation eines politischen »deadlock« charakterisiert sein, einer Selbstblockade des Staates und der Gesellschaft – ein Zustand, in dem die politischen Kräfte sich gegenseitig neutralisieren und das Funktionieren der parlamentarischen Institutionen lähmen. Extreme Polarisierung und Radikalisierung des politischen Lebens stören die Konsens- und Mehrheitsbildung, und schließlich öffnet sich der Weg zur Macht für Antisystem-Parteien, die das Vakuum mit neuem Inhalt zu füllen versprechen. Legitimitätsverfall der Demokratie und wachsender Einfluß militanter Diktaturbewegungen sind zwei Seiten derselben Erscheinung, die man als »Weimarer Syndrom« bezeichnen könnte. Das ist auch mit den warnenden und beschwörenden Formeln gemeint, die heute sagen, Bonn sei nicht Weimar, oder Italien dürfe nicht Weimar werden.

Vor kurzem erschien ein bemerkenswertes Werk, das eine Reihe vergleichender Studien über den Zusammenbruch demokratischer Staaten in Europa und Lateinamerika enthält: »The Breakdown of Democratic Regimes«, herausgegeben von Juan Linz und Alfred Stepan[4]. Der gewichtige Band bereichert nicht nur unsere empirischen Detailkenntnisse, sondern versucht zugleich eine systematische Aufarbeitung der allgemeinen Problematik zu geben. Auch die Analyse des italienischen Falls von 1922 (von Paolo Farneti)[5] spricht von einem »Machtvakuum«, und Juan Linz wendet den Begriff in einem großen vergleichenden Kapitel auf die Erscheinung des Zusammenbruchs demokratischer Systeme überhaupt an.

Im Blick auf Italien 1922 werden folgende Gesichtspunkte hervorgehoben[6]: Die Krise des parlamentarischen Systems bedeutet eine Störung der Machtbalance und der politischen Funktionsverteilung, also das, was ich demokratischen »Machtverlust« genannt habe. Die Autonomie der politischen Gesellschaft geht verloren, extreme Polarisierung greift Platz, eine Politik der Straße und zugleich der Intrigen der verschiedenen Machtzentren beherrscht die Szene. Solange weder Staatsstreich noch Revolution folgen, resultiert der Autonomieverlust der Demokratie in der »stalemate situation« eines Machtvakuums, und die Initiative liegt bei kleinen Gruppen und Personen, die über die Entscheidung verfügen. Der Phase einer Störung des politischen Gleichgewichts folgt eine Schrumpfung der politischen Arena. Derjenigen politischen Kraft, die genügend Macht für ihren Weg oder Plan zur Überwindung des stalemate-Vakuums zu organisieren vermag, wird die einseitige Machtergreifung möglich. Im Fall des italienischen Faschismus geschah diese Konzentration und Aggregation der Kräfte nicht durch Revolution, sondern durch staatsstreichförmige institutionelle Machtaneignung, vor allem aber durch den Gebrauch privater Gewalt.

Dazu nun die Gesichtspunkte von Juan Linz bei seinem Resümee jenes Vergleichs europäischer und lateinamerikanischer Erfahrungen[7]: Unlösbare Probleme, eine systemfeindliche (»nichtloyale«) Opposition, die diese Probleme zum Kampf gegen die Demokratie selbst ausnutzt, Verfall der Verantwortung bei den systemloyalen Parteien, Schwächung der Regierungsautorität und des Vertrauens in die Fähigkeit der Regierung, Problemlösung und Gewaltabwehr zu garantieren, führen zum Legitimitätsverlust, zu einer verallgemeinerten Atmosphäre der Spannung und zu hektischer Politisierung, schließlich zu dem generellen Gefühl, daß irgend etwas Neues getan werden müsse. Die Folge sind wilde Gerüchte und Verschwörungstheorien, Mobilisierung der Straße und Tolerierung oder Rechtfertigung von Gewalt durch Teile der Gesellschaft, dazu wachsender Druck der Antisystemopposition und allgemeine Unsicherheit, Unvorhersehbarkeit.

Die Versuche zur Lösung dieser Krisensituation gehen in drei Richtungen. Erste Möglichkeit: Stärkung der Exekutive durch Verfassungsänderung, Ausnahmegewalt, Suspendierung oder Unterbrechung der Parlamentstätigkeit, Intervention auch gegenüber den Ländern und Kommunen, Veränderung beziehungsweise Einbeziehung der militärischen Führung. Dieser erste Lösungsversuch kann erfolgreich sein, wenn die Einbeziehung aller demokratischen Parteien gelingt und diese eine Zusammenarbeit mit der systemfeindlichen Opposition vermeiden.

Zweite Möglichkeit: Versuche zur Verbreiterung der Regierungsbasis durch Einbeziehung wenigstens eines Teils der bisher systemfeindlichen »disloyalen« Opposition. Aber dies führt allenfalls zu einer Transformation und häufiger zur Machtübergabe und Machtübernahme, wie im Falle Italiens 1922, Deutschlands 1933 und der Tschechoslowakei 1948.

Dritte Alternative: Fortsetzung der Polarisierung in einer bürgerkriegsnahen Form, bis eine der systemfeindlichen Kräfte die Machtergreifung versucht. Die Regierung hat dann zwei Möglichkeiten: sie vertraut entweder ihre Macht dem Militär an, in der Hoffnung auf eine nur vorübergehende Suspendierung der Demokratie[8]; oder sie appelliert an die Nation und sucht organisierte Kräfte (wie die Gewerkschaften) für sich zu mobilisieren – so die spanische Republik 1936[9] –, was in einer hochpolarisierten Gesellschaft Bürgerkrieg bedeutet und nur erfolgreich ist, wenn rasch ein Sieg gelingt und dadurch die Gefahr vermieden wird, daß die demokratische Legitimität an eine revolutionäre Transformation verloren wird: so erfolglos in Spanien 1936–1939, erfolgreich dagegen im Übergang von der 4. zur 5. französischen Republik (1958)[10].

Das besondere Problem des deutschen Machtvakuums von 1932 war nun freilich, daß die Regierung selbst kaum mehr eine demokratische Basis besaß.

Kontroversen über Weimar heute

Deutungsversuche dieser Art verdienen in doppelter Hinsicht unser Interesse. Die historische Frage, wie weit die Auflösung der ersten deutschen Republik aus spezifischen Faktoren und Bedingungen des deutschen Nationalstaats abzuleiten ist, wird damit in einen umfassenderen Erklärungszusammenhang gestellt. Und dies mündet in die weitere, ebenso grundlegende wie aktuelle Frage nach den allgemeinen, inhärenten Schwächen und Bedrohungen der modernen Demokratie, die immer wieder und unter verschiedensten Voraussetzungen zum Umschlag in Diktaturen führen, ob diese nun traditional-autoritär oder revolutionär-totalitär ausgerichtet sind. Auch wer wie der Verfasser mit kritischer Skepsis der Theoriemode unserer Zeit gegenübersteht, sei diese marxistisch oder systemtheoretisch orientiert, muß den Wert einer sorgfältig vergleichenden Krisenforschung anerkennen, wenn diese die festgefahrenen Kontroversen über den Untergang der Weimarer Demokratie voranbringen könnte.

In der Tat scheinen mir trotz der stupenden Fülle an Spezialstudien und neuen Quellen die Muster der Interpretation und Erklärung der großen Krise von 1930–1933 in den letzten fünfundzwanzig Jahren überraschend konstant geblieben. Noch immer geht es, wenn auch oft in abstrakter und anspruchsvoll drapierter Terminologie, um die Grundfragen, die damals erörtert wurden: Stellung der Regierung und des Präsidenten, Rolle des Parteien-Parlamentarismus, Stimmungen und Verhalten der Bevölkerung. Heute heißt das gewichtiger: politische Kultur und Regierbarkeit, Fragmentierung und Funktionsstörung, Legitimitätskrise und Systemüberwindung. Ein ausgezeichneter Überblick von Hagen Schulze (»Das Scheitern der Weimarer Republik als Problem der Forschung«)[11] macht deutlich, daß wir trotz einer Fülle zeitgeschichtlicher und sozialwissenschaftlicher Spezialforschung noch immer vor der dreifachen Frage stehen: Welches Gewicht besaßen die historisch-politischen Belastungen der parlamentarischen Demokratie von Weimar; welche Bedeutung hatte das dualistische Verhältnis von parteienstaatlichen und präsidialstaatlichen Komponenten; wie groß war der Entscheidungsspielraum und wie ausschlaggebend das Gewicht der handelnden Personen?

Das darf vor allem damals wie heute nicht heißen, die Krise der Weimarer Republik unter das Diktum einförmiger oder deterministischer Erklärungsmuster zu stellen. Die Wissenschaft kann sich weder mit der Annahme einer seit 1918 vorbestimmten Funktionsunfähigkeit der Weimarer Demokratie[12] noch mit der Behauptung vom definitiven Ende des parteienstaatlichen Parlamentarismus schon 1930 bescheiden, wie sie in meine Kontroverse mit Werner Conze vergröbernd hineingelesen wurde[13]. Auch die methodologische Unterscheidung und Konfrontation von strukturalistischer und individualistischer oder von typisierender und historisierender Betrachtungsweise, vollends die Entgegensetzung von deterministisch und volontaristisch trifft das Problem nicht. Es geht um die Frage, ob und auf welche Weise sich die historische Analyse mit dem Problem der politischen Alternativen befassen dürfe oder nur das Geschehende nachzuzeichnen und sich auf strikt immanente Erklärungen zu beschränken habe.

Wie immer man das berühmte, oft mißdeutete Ranke-Wort verstehen mag (»bloß zeigen, wie es eigentlich gewesen«)[14], so ist doch gegenüber allen Tendenzen zu monokausalen Erklärungsmustern, die heute wieder im Zeichen von Kapitalismus-, Faschismus- oder Demokratietheorien auch die Geschichtsschreibung zur Weimarer Republik zu übermannen drohen, zunächst vor allem an der Erkenntnis von der Vielfalt der Faktoren und Möglichkeiten im historischen Ablauf festzuhalten. Nur eine sorgfältig differenzierende und zugleich vergleichende Betrachtung vermag den Versuchungen monokausaler Geschichtserklärung entgegenzutreten und den tatsächlichen Anforderungen einer empirisch begründeten und wahrhaft offenen Zeitgeschichtsforschung zu entsprechen.

Trotz der größeren Distanz ist nun überraschenderweise, auch nach dem Wechsel der Zeiten und Generationen, die Weimarer Republik auf eine oftmals bestürzende Weise aktuell geblieben. Keine der großen Kontroversfragen der Ereignis- und Strukturgeschichte ist bis heute so definitiv beantwortet, wie man es nach so ausgedehnter Spezialforschung hätte erwarten mögen. Im Gegenteil: die Weimarer Republik und ihr Scheitern, der Zerfall und die Auflösung einer Demokratie von innen und außen sind als ein Paradigma, auf das sich die verschiedensten Richtungen der Wissenschaft wie der Politik berufen, durchaus umstritten geblieben. Das tritt im deutschen wie im internationalen Maßstab hervor, wo immer es um den Schutz, die Erhaltung und Funktionsfähigkeit der Demokratie gegenüber autoritärer und totalitärer Versuchung und Bedrohung geht. Weimar beschwören die Kritiker wie die Befürworter der Extremistenbekämpfung in der Bundesrepublik, letztere mit guten Gründen, erstere nicht immer ohne Verzerrung der Tatsachen[15]. Und Weimar erscheint auch am Horizont der Krise, in der sich die italienische Republik seit den siebziger Jahren befindet: Machtvakuum und Lähmung des politischen Prozesses sind die Indikatoren eines Machtverfalls, der extremen Bewegungen von rechts oder links und der Verheißung »neuer« Ordnungen zugute kommt[16].

Der unverändert kontroverse Stand der Forschung und Interpretation zur Problematik der Weimarer Republik tritt an vielen Schwerpunkten in Erscheinung: an dem Streit um den Charakter der Revolution von 1918/19 und um die Demokratie- und Rätefrage; an der Diskussion der Verfassungs- und Machtstruktur, die der politischen Entwicklung die Weichenstellungen vorgibt; an der Debatte um Kontinuität und Bruch der deutschen Geschichte vom Kaiserreich über die Republik zur Diktatur; an der Rolle der Personen und Gruppen im politischen Machtprozeß, die besonders am Anfang und Ende der Republik bestimmend ist und die eine ständige Verknüpfung von Ereignis- und Strukturgeschichte erfordert; schließlich an den Faktoren des Auflösungsprozesses selbst, der seit 1929/30 scheinbar unaufhaltsam abläuft und doch auf einer Reihe von Entscheidungen beruht, keineswegs unausweichlich ist. Jeder dieser »Fälle« zeigt die Fragwürdigkeit monokausaler oder finaler Erklärungsmuster, aber auch die Notwendigkeit der Erforschung und Erörterung von Nebenlinien, möglichen Alternativen oder »lost causes«, die im weiteren Verlauf wieder auftauchen und scheinbar determinierte Entscheidungen relativieren, die Frage nach den Ursachen und Bedingungen, nach Freiheit, Zufall und Notwendigkeit in neues Licht rücken können. Es gibt kein Argumentationsverbot, wie uns die Vertreter endgültiger Geschichtserklärungen weismachen wollen, ob sie nun den »guten« Revolutionsbegriff gegen den »falschen« Totalitarismusvergleich setzen oder kurzerhand Weltgeschichte als Weltgericht verstehen, sofern es in ein bestimmtes Interpretationsschema paßt. Dabei bleibt sich fast gleich, ob die Vorgänge und Zusammenhänge vorweg oder nachträglich als logisch und konsequent oder gar als geschichtsnotwendig und gesellschaftsbestimmt ausgegeben werden.

Zur Frage der Rätedemokratie gilt, daß noch jedes Rätesystem gegen das parlamentsdemokratische Prinzip eines pluralistischen Repräsentativsystems gerichtet war und sich als problematische Doppelherrschaft (wie in Rußland vor der Oktoberrevolution), als Vorstufe zur totalitären Einparteienherrschaft (wie im weiteren Vollzug der Leninschen Machtergreifung) oder als Mittel zur Abstützung einer föderativ-scheindemokratischen, doch oppositionslosen Parteidiktatur (wie heute im jugoslawischen »Modell«) erwiesen hat. Die Behauptung der Vereinbarkeit des rätestaatlichen und des parlamentsdemokratischen Prinzips bleibt trotz eingehender Bemühungen auch der empirischen Forschung im Bereich des Hypothetischen[17].

Für die Beurteilung der Weimarer Republik insgesamt und die Frage nach den Ursachen ihres Scheiterns ergeben sich daraus wichtige Erkenntnisse. Es erscheint nicht länger möglich, die Strukturprobleme und die Leidensgeschichte der ersten deutschen Demokratie als von Anbeginn determinierte Folge einer antirevolutionären Grundentscheidung von 1918/19 zu sehen und abzutun. Die Frage, ob nicht erst eine konsequente, »wirkliche« Revolution anstelle der Parlamentarisierung die Sicherung der Demokratie in Deutschland ermöglicht hätte, enthält keine brauchbare Antwort, mit der man von vornherein auch die Krisen und das Scheitern der Weimarer Republik erklären könnte[18]. Schuld war nicht das Ausbleiben der »vollen« Revolution, deren Maßstäbe und Bezugspunkte ohnehin ungewiß erscheinen, blickt man auf die diktatorischen Resultate des sozialistischen Revolutionsverständnisses in Rußland, sondern vielmehr das Zögern vor der vollen Parlamentarisierung, vor der eindeutigen Verwirklichung der parteienstaatlichen Demokratie. Neben den Belastungen der Kriegsfolgen und der rechts- wie linksradikalen Gegnerschaft war es der dualistische Geburtsfehler der Weimarer Republik, ihre ambivalente Machtstruktur zwischen Parlaments- und Präsidialsystem, die sich im weiteren Verlauf so verhängnisvoll auswirkte, nicht die Revolutions- und Rätefrage, wie uns eine teils nostalgische, teils agitatorische Geschichtslegende – häufig Hand in Hand mit einer Glorifizierung der diktatorischen Machtergreifung Lenins zum Prototyp einer demokratischen Revolution – suggerieren möchte.

Daß die Verbindung repräsentativer und plebiszitärer Elemente, die ein Grundproblem der modernen Demokratie bildet, sich in der Weimarer Fassung nicht bewährt hat, lag wesentlich an der präsidialstaatlichen Überlagerung der Parlamentsdemokratie. Der Zwang der Parteien zum Kompromiß ist dadurch verringert worden, daß zwei Wege der Macht- und Regierungsbildung existierten: daß die Parteien sich ihrer Verantwortung entziehen konnten, hingegen der Raum für präsidiale Herrschaft erweitert werden konnte und jedenfalls normale parlamentarische Mehrheitsregierung nicht zur Regel wurde. Diese präsidialdiktatorische »Reserveverfassung« für den Fall der Krise erwies sich als eine Nebenverfassung, welche die Krise schließlich gerade stabilisiert und eine demokratische Lösung verdrängt: durch die ständig präsente Versuchung zur Diktatur[19].

Solche möglichen Konsequenzen sind dem Eifer der Verfassungsschöpfer entgangen. Sie glaubten Grundelemente aus mehreren politischen Systemen (und Traditionen) zusammenfügen zu können, ohne hinreichend die miteinander divergierenden *rationes constitutionis* zu bedenken, die zur Schwächung oder auch zum Konflikt zumal der beiden volksgewählten Gewalten, Parlament und Präsident, führen konnten. Die durchgängige Negativwirkung der synthetischen Verfassungskonstruktion auf das Verhältnis von Parlament und Regierung behinderte eine Gewöhnung der Parteien an verantwortliche Regierungs- und Oppositionsfunktionen, an Kompromißbildung und Kooperation; sie wirkte nicht der Aufsplitterung des Kräftefelds in Weltanschauungs- und Interessenparteiungen entgegen, solange dies – vor der großen Krise – noch möglich gewesen wäre, parlamentarische Mehrheiten noch nicht dem Sog des Links- und Rechtsradikalismus erlegen waren.

Zu den zentralen Erklärungsmustern gehört denn auch die Erkenntnis, daß Parlamente und Parteien der Weimarer Republik nicht die Rolle gespielt und die Funktionen ausgefüllt haben, die ihnen im Rahmen einer parlamentarischen Demokratie nolens volens zugefallen waren. Der Soziologe M. Rainer Lepsius faßt die deutsche Entwicklung in dem genannten Werk unter der Überschrift zusammen: »From Fragmented Party Democracy to Government by Emergency Decree and National Socialist Takeover«[20]. Zersplitterung des Parteiensystems, Rückzug aus Regierungsbeteiligung und Krisenpolitik durch Notverordnungen zählt er zu den Hauptbedingungen des Zusammenbruchs der Demokratie. Damit wird einerseits auf den soziologischen und ideologischen Tatbestand aufmerksam gemacht, daß die Weimarer Parteien vorwiegend Klassenparteien und Weltanschauungsparteien waren. Zum anderen wird mit dem Hinweis auf das Notverordnungsregime die staats- und verfassungspolitische Tradition angeschnitten, die Selbstverständnis und Rahmen, Ziele und Verhalten der Parteien geprägt und den fatalen Verlauf der großen Krise ermöglicht, wenn nicht bestimmt hat.

Diese beiden großen Fragestellungen wurden in der Diskussion der fünfziger Jahre zu der Behauptung verdichtet, das parlamentarische Vielparteiensystem sei bereits 1929/30 am Ende angelangt und nur noch die präsidiale Lösung möglich gewesen. Die *tatsächliche* Entwicklung wird damit zur *notwendigen* Entwicklung. In diesem Sinne hat 1954 Werner Conze im Einklang mit einer vorherrschenden Auffassung im Versagen der Parteien und damit auch der Parlamente, das er lapidar als Ende »des« Parteienstaats überhaupt bezeichnet, sowohl die Erklärung für die Staatskrise überhaupt wie auch eine Rechtfertigung des Präsidialregimes gefunden. Sehr definitiv, ja geradezu deterministisch klingt seine Frage, »warum das parlamentarische Vielparteiensystem 1929/30 in Deutschland hat *scheitern müssen* (Hervorhebung K. D. B.), noch *ehe* Hitler ernsthaft als Anwärter auf die ›Macht‹ in Deutschland erschienen war«[21]. Noch allgemeiner faßt Ernst Friesenhahn in seinem scharfsinnigen Aufsatz »Zur Legitimation und zum Scheitern der Weimarer Reichsverfassung« seine Erklärung wiederholt in die Feststellung zusammen, es seien in erster

Linie die politischen *Parteien* und »das *Volk*« (in den Wahlen) gewesen, die den Untergang der Republik verschuldeten, während er der Konstruktion und Handhabung der Verfassung, auch der eigenwilligen Rolle der Staatsrechtslehrer überraschend wenig Bedeutung beimißt[22].

Beide Standpunkte übersehen meiner Meinung nach zwei grundlegende Faktoren der Entwicklung:

(1) die Bedeutung eines vordemokratischen Verständnisses des Parteiwesens, ja eines tiefen Antiparteienaffekts in den »staatstragenden Schichten«, die auch auf das Wahlverhalten zurückwirkt und die Rolle und das Selbstverständnis der Parteien beeinträchtigt;

(2) das Gewicht, das gerade unter diesen Umständen der dualistischen Struktur des Weimarer Verfassungs- und Regierungssystems zukam, weil sie die Verantwortung von Parteien und Parlament minderte, die Konfrontation von »Parteipolitik« und »Staatspolitik«, parlamentarischer und präsidialer Macht negativ beeinflußte.

Die Frage kann nicht nur sein, ob die Weimarer Parteien, nach dem skeptischen Wort Max Webers (schon 1917) wenig darauf vorbereitet, »zur Übernahme der verantwortlichen Leitung der Staatsgeschäfte *überhaupt bereit* sind«[23]. Sie muß auch lauten, welche Wirkung von Anbeginn und zumal im Augenblick ernster sozio-ökonomischer oder staatspolitischer Krisen die Tatsache besaß, daß diese Parteien weder konstitutionell noch politisch gezwungen oder verpflichtet waren, jene politische Verantwortung zu tragen und in den Parlamenten und Regierungen zu praktizieren, die ihnen im Rahmen der parlamentarischen Demokratie zugefallen war. Es bleibt also doch die Frage nach dem Gewicht einer präsidialen »Reserveverfassung«, die sich von der Ausnahme zur Hauptverfassung entwickeln konnte. Vor allem geht es um die politische und mehr noch psychologische Wirkung der Tatsache, daß der zwingende Einbau in das Regierungssystem, die unabdingbare Voraussetzung für die positive Einstellung der Parteien und für ein Funktionieren der Parlamentsdemokratie überhaupt, durch den Dualismus wieder abgeschwächt oder aufgehoben wurde. Das beeinträchtigte eine »Erziehung« der Parteien und der Wähler, wie sie Max Weber von der Verfassung gefordert hatte, der freilich dann selbst im Widerspruch dazu den starken Präsidenten favorisiert hat[24].

Bei der Betonung der Notstandsfälle, in denen die präsidiale Macht eingreifen mußte, wird leicht übersehen, daß nicht nur ein grundlegender Unterschied zwischen den Umsturzlagen von 1923 und der sich anbahnenden Wirtschaftskrise von 1930 bestand, sondern daß ein wesentlicher Teil der Krise gerade in der mangelnden Bereitschaft zur parlamentarischen Mehrheits- und Regierungsbildung bestand, und daß der bequeme, stets bereitstehende Ausweg in präsidiale Minderheits- und Verordnungsregierungen diese Neigung oder Gewohnheit zu außerparteilicher oder außerparlamentarischer Politik noch verstärkt hat. So fehlte im Grunde auch ein wesentlicher Antrieb zur Überwindung der Spaltungen (cleavages) der politischen Gesellschaft und des »fragmentierten« Parteiwesens. Die sozialen und ideologischen Trennlinien waren gewiß scharf, aber es konnte auch keine kompromißfördernde oder gar integrierende Wirkung von einem Verfassungs- und Regierungsverständnis ausgehen, das zur Hälfte auf eine nicht-parlamentarische Legitimation der politischen Machtausübung gegründet, ja eigentlich gegen die Parteien gerichtet war und dem Antiparteienaffekt immer neue Nahrung und Rechtfertigung lieferte. Mindestens blieb die Verbindlichkeit des parlamentarischen Entscheidungsprozesses in der Schwebe, und bei Koalitionsstörungen konnte jedesmal die alternative, nichtparlamentarische Lösung in Betracht gezogen werden[25]. Aus der Nichtverantwortlichkeit der Parlamente und Parteien unter dem Kaiserreich war nur eine Halbverantwortlichkeit geworden, und der Opportunität blieb ein weiter Spielraum.

Präsident, Parlament und Republik: Alternativen?

Im Lichte dieser Problematik ist nun auch die Tatsache zu sehen, daß in der bedeutungsschweren Regierungskrise vom März 1930, obgleich sie auf einen relativ belanglosen Dissens zurückging, überhaupt kein Versuch zu einer neuen parlamentarischen Regierungsbildung unternommen wurde, sondern die Minderheitsregierung Brünings sofort und betont auf die präsidiale Macht gestützt ins Leben treten konnte. Die Untätigkeit von Parteien und Parlament, ihr Verzicht auf eine alternative Koalitionspolitik (zu der sie nicht gezwungen, an der sie im Gegenteil gehindert wurden) ist eben nicht einfach auf eine im einzelnen sehr kontroverse »Strukturkrise« des Parteiwesens oder gar des »Parteienstaats« zurückzuführen, sondern auf die weithin angenommene Normalität nichtparlamentarischer Regierung; sie war verfassungsmäßig nicht nur möglich, sondern auch im Sinne bestimmter antiparteilicher und antiparlamentarischer Intentionen durchaus populär und wurde vom Reichspräsidenten mit seinen Beratern schon seit März 1929 bewußt forciert. Bereits am 15. Januar 1930, also sechs Wochen vor dem Beginn des Brüning-Kurses, hatte Hindenburg in einer Unterredung mit dem volkskonservativen Parteiführer Graf Westarp ein rechtsgerichtetes Präsidialkabinett von eigenen Gnaden angekündigt, das nach den Worten seines Staatssekretärs Meißner »antiparlamentarisch« und ohne die üblichen Koalitionsverhandlungen und Vereinbarungen zu bilden sei; daß es erklärtermaßen auch zu einer entsprechenden Regierungsänderung in Preußen, der stärksten Bastion der Weimarer Koalition, führen sollte, ging noch über die verfassungsmäßigen Möglichkeiten hinaus und warf ein Licht auf den späteren Staatsstreich in Preußen (20. Juli 1932). Und schon ein Jahr zuvor (18. März 1929) hatte Hindenburg den Grafen Westarp seiner Entschlossenheit versichert, mit dem bisherigen Brauch einer Ernennung des Kanzlers nach Verhandlungen mit den Parlamentsfraktionen zu brechen (und von seinem möglichst weit gefaßten Auflösungsrecht gegenüber dem Reichstag Gebrauch zu machen). Hindenburg: »Beabsichtige nicht noch einmal nach diesem Brauch zu verfahren.«[26] In welcher parlamentarischen Demokratie wäre eine so erklärt »antiparlamentarische«, gleichwohl verfassungsmäßige Politik des Staatschefs möglich, und das überdies keineswegs in einer Regierungskrise, wohl aber diese antizipierend?

Die These vom vorrangigen Versagen des Parteienstaats, die der Wende von 1929/30 einen unvermeidbaren Zug aufprägt, fußt mithin auf einer Reihe von umstrittenen Annahmen, welche der Macht- und Entscheidungsstruktur nicht voll gerecht werden. Ein echter »Parteienstaat« hat auch vor 1930 nicht bestanden; seiner Realisierung wirkte das Verfassungsverständnis der meisten deutschen Staatsrechtler und die Doppelnatur des Regierungssystems entgegen, die »überparteiliche« Kabinettsbildungen nahelegte und Parteien als »extrakonstitutionelle« Gebilde erscheinen ließ[27]. Die Konsequenz der präsidialen Lösung beruhte auf nichtparlamentarischen Entscheidungen, auf einer Ausklammerung des parteidemokratischen Weges; eine Alternative wurde seit 1930 gar nicht mehr versucht. Der Zwang zur Koalitionsbildung entfiel; die Flucht aus einer Verantwortung, die unter den Bedingungen der Wirtschaftskrise allen Parteien schwerfallen mußte, hat der ständig mögliche Ausweg in die Präsidialregierung erleichtert. So wurde schließlich zwingend, scheinbar unausweichlich, was noch 1930 nur eine mögliche Option war; das autoritäre Experiment nach dem Wunsch des Reichspräsidenten und seiner Umgebung.

Die Schwere der Gegensätze, die schon 1929/30 bestanden, wird mit solchen Einwänden nicht verkannt. Aber das Ausweichen in die Brüning-Lösung erfolgte zu einem Zeitpunkt, zu dem – anders als nach den nationalsozialistischen Wahlsiegen im Verlauf des Notverordnungskurses – noch parlamentarische Mehrheiten verfügbar waren, freilich nicht abgerufen wurden, weil stets die präsidiale Minderheitsregierung als vermeintlich effektivere, bequemere Lösung bereitstand. Dahinter stand gewiß die ganze Leidensgeschichte der Weimarer Regierungskrisen: doch sind sie nicht einfach im Sinne eines nun definitiven Versagens »des Parteienstaats« zu sehen, sondern viel eher als Folge des Verfassungs-Dualismus und eines Drangs zur (antiparteienstaatlichen) Präsidiallösung, die von einflußreichen Kräften gegen die Parlamentsdemokratie betrieben wurde. Meine Feststellung lautet daher nach wie vor, daß 1930 eine parlamentarische Lösung gar nicht mehr angestrebt wurde, obgleich sie numerisch möglich war. Dies beweist nicht nur die blitzschnelle Regierungsbildung Brünings, die betont ohne Beteiligung der Parteien und zumal der stärksten, der SPD, erfolgte, sondern auch die interne Vorgeschichte um Hindenburg und seine Ratgeber, die an einer parlamentarischen Lösung nicht interessiert waren, der Möglichkeit oder Frage einer Alternative also keinen Raum gaben[28].

An diesem wie mir scheint wesentlichen Unterschied ist nach wie vor festzuhalten: die behauptete Unausweichlichkeit des präsidial-autoritären Brüningkurses, die das Parlament in die Sekundärrolle verwies (nolens volens, im wahrsten Sinne des Wortes) und auf die abschüssige Bahn führte, bleibt daher unbewiesen, so unbestreitbar die Krise und die Komplexität der Faktoren ist, die das politische »Machtvakuum« in der Folge erst besiegelt und in ihm die NS-Machtergreifung erst quasi legal ermöglicht haben. Man kann unsere Kontroverse auch nicht einfach auf einen angeblich grundlegenden Unterschied zwischen historischer und politikwissenschaftlicher Betrachtungsweise zurückführen: es handelt sich vielmehr gerade darum, die Offenheit der geschichtlichen Situation ernst zu nehmen, sowohl im ereignis- wie im strukturgeschichtlichen Sinne.

Wenn also von einer Kapitulation »des Parteienstaats« gesprochen wird, so darf neben der Rolle der Personen und Interessengruppen nicht das verfassungspolitische und insbesondere auch nicht das psychologische Gewicht unterschätzt werden, das der Fortdauer antiparteilicher und antiparlamentarischer Strukturen zukommt. Sie hat die Ausbildung einer parlamentarischen Regierungstradition und das Ausreifen eines Verantwortungsgefühls in den Parteien behindert und sie im kritischen Augenblick zum Rückzug von der politischen Macht verführt. Der von Theoretikern und Praktikern des autoritären Staates um und neben Hindenburg, in Wirtschaft, Militär und Wissenschaft verfolgten Politik vermochten sie einen wirksamen Widerstand nicht entgegenzusetzen, weil die präsidiale Alternative zum Parlamentarismus jederzeit bequemere Ausweichmöglichkeiten eröffnete – doppelt willkommen im Angesicht unpopulärer Krisenmaßnahmen und zugleich scheinbar legitimiert durch die faktische Kontinuität autoritär-plebiszitärer Regierungsmöglichkeit im politischen System der Republik. Sie blieb für allzu viele eine »Vorbehaltsrepublik«.

Auch die wirtschafts- und sozialpolitischen Ursachen des Bruchs der Großen Koalition sind nur dann richtig einzuschätzen, wenn sie vor dem Hintergrund dieser Kernproblematik gesehen werden. Mit der wohl einzigen Ausanhme des Zentrums verharrten die deutschen Parteien seit der ersten Niederlage der Weimarer Koalition (1920) in Skepsis und Unsicherheit; eigene Schwäche und Anfälligkeit gegenüber den Lösungsmöglichkeiten überparteilicher und überparlamentarischer Art bestimmten die Labilität parteiparlamentarischer Regierungspraxis[29]. Der Tod Stresemanns und die Zunahme der rechtsradikalen Konkurrenz zählten für die DVP, die aus dem Kaiserreich ererbte Oppositionsneigung und die kommunistische Konkurrenz für die SPD zu den Motiven, die zum Bruch der Großen Koalition führten. Aber ohne die längst vorbereitete Alternativlösung des Präsidialregimes sind die geschichtlichen Konsequenzen dieser Entscheidung nicht zu verstehen. Die Berufung Brünings, die durch präsidiales Dictum und bewußt-betont über den Kopf des Reichstags hinweg erfolgt ist, hat Parteien und Parlament gerade im schwierigsten Augenblick, der eine breite Grundlage der Regierung erforderte, die Verpflichtung zum Kompromiß und zur konstruktiven Verantwortung abgenommen.

Brünings »unpolitische Politik« bedeutete praktisch den vorschnellen Verzicht auf eine partei- und parlamentspolitische Lösung der Krise: sie war ein unpolitischer Ausweg, der vom Präsidenten und der Armee getragen, vom Parlament und den Parteien notdürftig toleriert wurde[30]. Zwar haben erst die Berufung und die weitergehenden Diktaturpläne der Regierung Papen seit Juni 1932 diese Entwicklung auf ihren Höhepunkt geführt. Statt einer Tolerierungsmehrheit der demokratischen Parteien sah sich das Papen-Regime nun der fast geschlossenen Front der Parteien gegenüber; jetzt war es Regierung gegen die Parteien, nicht mehr vermeintliche Regierung »über den Parteien«: der tiefgreifende Unterschied zum Brüningschen Präsidialkabinett tritt klar zutage. Aber es ist doch auch nicht zu bestreiten, daß die Voraussetzungen schon mit dem Regierungswechsel und dann mit der verhängnisvollen Reichstagsauflösung von 1930 geschaffen wurden. Das Notverordnungsregime Brünings, ursprünglich nicht ohne Hoffnung auf eine tragfähige Neuformierung der Koalitionsverhältnisse von der Mitte bis zu den Konservativen inauguriert, hat den Primat der Exekutivgewalt vor Parteien und Parlament besiegelt, hat den Reichstag weitgehend auf eine negative oder nur beratende Funktion beschränkt und das Übergewicht der bürokratischen Instanzen im Verein mit Reichspräsident und Reichswehr ständig gesteigert, zur dauernden Gewohnheit gemacht.

Dies führte, statt zur Überwindung, zur Verschärfung und Polarisierung der Weimarer Strukturprobleme – und zur weiteren Erstarrung der Klassen- und Ideologieparteien, statt zu einem pragmatischeren Verhalten. Die Parole von der Überwindung des Parteihaders durch eine neue »Volksgemeinschaft« vermochten die Nationalsozialisten gegen die Parteiendemokratie selbst zu popularisieren. Dies um so wirkungsvoller, als ihre Krisenstrategie auch von der Verelendungstheorie und der »Sozialfaschismus«-Kampagne der Kommunisten gegen die SPD profitierte[31]. Schließlich schien vielen nur noch die Alternative Kommunismus – Nationalsozialismus real; die Polarisierung erdrückte das Restpotential des Weimarer »Parteienstaates«.

Der Verzicht auf parlamentarische Alternativen, die bis zum Sommer 1932 keineswegs einfach ausgeschlossen werden können, ist in seiner Rückwirkung auf die Parteien weder in der damaligen Politik noch in der heutigen Diskussion hinreichend berücksichtigt worden[32]. Die Funktions- und Integrationsfähigkeit der Parteien im Parlament wie in der öffentlichen Meinung, ihre Verpflichtung zum konstruktiven Kompromiß und zur arbeitsfähigen Mehrheitsbildung, ihre Aufgabe der Verankerung und Stützung der Regierungspolitik in der Bevölkerung sind damit unterhöhlt worden. Die interessenpolitisch und ideologisch zerklüfteten, zentrifugalen Tendenzen im deutschen Parteiwesen wurden durch das politische System nicht hinreichend zusammengehalten, ihnen wirkte immer weniger der Zwang zu verantwortlicher Regierungs- und Oppositionspolitik entgegen. Im selben Maße wurde der Raum frei für jene alten Unterströmungen autoritärer Reform- und Diktaturpropaganda, die in der Papenschen Ideologie des »neuen Staates« ihren Höhepunkt erreichte und schließlich den Weg für das Bündnis der Rechten mit dem Nationalsozialismus freimachte[33]. Aus der verwirrenden Fülle der Ereignisse sollen drei wesentliche Zusammenhänge hervorgehoben werden, deren Wirkung auf das Parteiensystem historisches Gewicht besitzt.

1. Beginn und Möglichkeit der Notverordnungspolitik wurden mit einer vorzeitigen, unzeitigen Neuwahl erkauft (September 1930), welche die Mehrheitsverhältnisse aufs ungünstigste veränderte und Nationalsozialisten wie auch Kommunisten den ersten agitatorischen Durchbruch ermöglichte[34]. Schon hier erwies sich die Präsidiallösung als krisenverschärfender Faktor und nicht einfach als »staatspolitisch« gebotenes Gegenmittel. Für die Parteien der Brüningschen Tolerierungsmehrheit, insbesondere die SPD, bedeutete sie Belastung und Abnutzung ohne konstruktive Mitwirkung, für weite Kreise der Bevölkerung war diese

Regierung ein unpopulärer Fremdkörper, für die radikalen Bewegungen ein willkommenes Objekt destruktiver Opposition und zugleich Ansatzpunkt und Argument für die eigenen Diktaturpläne. Darin liegt alles in allem eine Widerlegung der Legende von der höheren Effektivität überparteilicher Fachkabinette in Krisensituationen und ein freilich negativer Beweis für die Auffassung, die politische und nicht nur bürokratische Bewältigung einer Krise erfordere im Gegenteil eine möglichst breite Regierung, die dann auch eher mit den antidemokratischen Randerscheinungen dieser Krise fertig werde: sei es durch Überwachung oder auch durch Ausschaltung der Gegner, an der es Brünings schwankende Politik gegenüber dem Nationalsozialismus ohnedies fehlen ließ[35]. In der Tat befand sich der Reichskanzler »damals den Nationalsozialisten gegenüber in einer ähnlichen Situation wie heute seine italienischen Parteifreunde im Verhältnis zu den Kommunisten«[35a].

2. Bezeichnend für die Konsequenzen dieser Politik war, daß in Verkehrung der Fronten die Parteien der für eine parlamentarische Lösung ungenutzten Tolerierungsmehrheit im Frühjahr 1932 die Wiederwahl Hindenburgs unterstützten, daß sich aber dann, ausgelöst durch das allzu lange verzögerte SA-Verbot, die alten Fronten sogleich wiederherstellten: nun freilich unter ungleich ungünstigeren Verhältnissen für die gemäßigten »Systemparteien«. Der Sturz Brünings (Mai 1932) enthüllte die wahren Intentionen derere, die sich seiner zu bedienen gesucht hatten und nun ohne ihn die letzten Reste parlamentarischer Mitverantwortung zu beseitigen unternahmen. Zugleich erwies der Papenstreich vom 20. Juli 1932, wie sehr Selbstvertrauen und Widerstandskraft selbst der noch immer größten Partei, der SPD, geschwunden waren[36]. In der Kette der radikalisierten Wahlen, die Papens Mißbrauch der präsidialen Verordnungs- und Auflösungsbefugnisse entfesselte, ging die letzte potentielle Koalitions- und Regierungsfähigkeit der Parteien unter. Doch ist auch dabei zu bedenken, daß die totalitäre Mehrheit der Juliwahl 1932 eben nicht Ursache, sondern recht eigentlich Folge jener Aushöhlung und Zerstörung der parlamentarischen Demokratie war, die im Weimarer Regierungssystem angelegt, in der autoritären Reformpropaganda vorbereitet, im Übergang von 1929/30 angebahnt war.

3. Auch die endgültige Kapitulation der Parteien vor der nationalsozialistischen Machtergreifung folgte jedoch auf eine Weichenstellung, in der Notwendigkeit und Freiheit, gegebene Bedingungen und individuelle Entscheidung noch einmal zusammentrafen. Es mag strittig sein, wie weit Schleichers Pläne der letzten Stunde wirklich noch Aussicht auf Rettung eröffneten; daß sich die Parteien ihnen jetzt, nach den negativen Erfahrungen mit dem vielgewandten General, fast allgemein verschlossen, erscheint verständlich. Aber um so größere Bedeutung kommt den beiden Entscheidungsfaktoren zu, die den raschen Erfolg der Hitlerschen Machtergreifung ermöglichten und besiegelten: die erneute Bereitschaft der deutschnationalen und konservativen Gruppen zum Bündnis mit Hitler, und die Hilflosigkeit der Mittel- und Linksparteien gegenüber der Taktik der pseudolegalen Revolution[37].

Hier spielte erneut, zum letzten Mal in der Leidensgeschichte des Weimarer Staates, die problematische Dualität der Verfassungsstruktur und der ihr zugrunde liegende, in ihr legalisierte Überhang autoritärer Ordnungsvorstellungen eine entscheidende Rolle. Er stützte zum einen die deutschnationalen Illusionen, man könne Hitler in einem Hindenburg-Papen-Hugenberg-Kabinett zähmen und seine Massenbewegung für die eigenen Ziele einer Restauration des möglichst monarchischen Obrigkeitsstaates einsetzen. Er stellte aber zweitens den Nationalsozialisten das Instrumentarium der präsidialen Diktaturgewalt zur Verfügung, das ihnen über Reichstagsauflösung und Notverordnungen den Weg zur terroristischen Alleinherrschaft bahnte, auch ohne daß sie einer Zustimmung der Mehrheit bedurften. Und drittens lähmte diese Möglichkeit der pseudolegalen Destruktion des Verfassungssystems mit den Mitteln der Verfassung selber die Widerstandskräfte der oppositionellen Parteien, die bis zum März 1933 noch immer in der Mehrheit waren.

Hier lag zugleich die Ursache für ein letztes grandioses Mißverständnis, das insbesondere die Passivität der Linksparteien bestimmte. Indem die sozialdemokratische Führung, bis zuletzt bedrängt durch die sie bekämpfende KPD, wie gebannt auf die im Bündnis Papen-Hitler erneuerte Harzburger Front starrte und die kapitalistisch-agrarischen »Reaktionäre« um Hugenberg als Hauptgefahr und Hauptgegner betrachtete, folgte sie den bagatellisierenden Interpretationen einer marxistischen Faschismustheorie, die in Hitler nur den kurzlebigen Agenten des Monopolkapitalismus erblickten und die massenpsychologische Kraft und revolutionäre Dynamik der nationalsozialistischen Machtergreifung verkannten[38]. Aber 1933 war mehr als eine Gegenrevolution; nicht die Erneuerung eines monarchischen Autoritätsstaates, sondern die neue Wirklichkeit des totalitären Einparteienstaates war das Ergebnis, nicht die Gewichtsverlagerung zwischen Parlaments- und Präsidialdemokratie, sondern die völlige Zerschlagung der Parteien und des Verfassungsstaates selbst bezeichnete den Weg dieser Umwälzung.

Daß sie so rasch und vollständig zum Ziel kam, war noch in vielen Teilentscheidungen der Monate Februar bis Juni 1933 begründet: vom Verzicht auf den Generalstreik über die Selbsttäuschung der national-konservativen Potsdamer »Rührkomödie« (Meinecke) und die Kapitulation der bürgerlichen Parteien vor dem Ermächtigungsgesetz, der Gewerkschaften vor der Propagandainszenierung des 1. Mai und aller Parteien vor der außenpolitischen Erklärung Hitlers am 17. Mai 1933, bis hin zum Rücktritt Hugenbergs und zur Selbstauflösung der Zentrumspartei. Aber diese teils persönlich, teils gruppenpolitisch bestimmten Entscheidungen, die das Ende des Parteienstaates *1933* – nicht 1930 – besiegelten, sind voll verständlich nur vor dem Hintergrund jener Verkennung und Verdrängung der primären Aufgaben von Partei und Parlament, die das Erbe des Kaiserreichs in der dualistischen Struktur des Weimarer Regierungssystems den Parteien auferlegt hat: zu ihrem eigenen Schaden, zum Schaden eines Ausreifens ihres Verantwortungs- und Wirkungsbewußtseins. Es bleibt die Erfahrung, daß die konsequente Bejahung der Realität des parlamentarischen Parteienstaats eine Existenzgrundlage der modernen Demokratie ist[39].

Machtvakuum und Demokratieverfall

Aus dieser Rekapitulation der Ereignisse ergeben sich eine Reihe von Gesichtspunkten zur Interpretation der kritischen Phase von 1932/33. Die Weimarer Republik kann nicht ohne weiteres an den Maßstäben einer parteienstaatlichen Parlamentsdemokratie gemessen werden. Man kann auch nicht das Versagen der Parteien zur primären Hauptursache oder zum Rechtfertigungsgrund einer angeblich unausweichlichen, in Wahrheit verhängnisvoll diktaturnahen, schließlich die Diktatur herbeiführenden Präsidialregimes ohne Mehrheit erheben, wie das auch in der Zeitgeschichtsschreibung noch immer überwiegend geschieht.

Die Statistik häufiger Regierungswechsel und schwieriger Koalitionsverhältnisse, auch die geringe Funktions- und Verantwortungsbereitschaft von Parteien und Parlamenten verliert manches von ihrer Beweiskraft hinsichtlich einer definitiven und unheilbaren Endkrise des »Parteienstaats«, wenn deutlich gesehen wird, daß die Weimarer Republik eben (noch) gar kein Parteienstaat war und sein konnte, sofern die großen parlamentarischen Parteien zur Regierungsbildung gar nicht nötig waren und der angeblich neutrale Präsident betont gegen sie und das Parlament regieren lassen konnte. Was wunder, daß sie sich nicht drängten, die unpopulären Maßnahmen der wachsenden Wirtschaftskrise verantwortlich zu tragen, und daß es zu keiner wirklichen Gewöhnung an parteienstaatliche Demokratie kam, sondern jene Entwöhnung und abschätzige Distanz vom Parlamentarismus sich noch verstärkte. Von dem rapiden Machtverlust des Reichstags sollten die anti-parlamentarischen Kampagnen der radikalen Parteien schließlich am meisten profitieren.

Kontinuierlicher Machtverlust des Parlaments 1930–1932

	1930	1931	1932
Vom Reichstag beschlossene Gesetze	98	34	5 (!)
Präsidiale Notverordnungen	5	44	66
Sitzungstage des Reichstags	94	41	13 (!)

(Nach R. M. Lepsius, a.a.O., S. 49)

Vor diesem Hintergrund eines komplizierten, dualistisch verzerrten und psychologisch belasteten Verhältnisses von Parteien, Regierung und Präsident muß die Geschichte der zahlreichen Regierungskrisen, die vielbeklagte Instabilität des Weimarer Regierungssystems und schließlich der fatale Machtverlust des Parlaments gesehen werden. Es ist höchst einseitig, nur vom Zustand der Parteien und von der Aufsplitterung der Parlamente auszugehen[40]. Die Schwierigkeit parlamentarischer Regierungsbildung hängt ebenso mit einem sich früh schon herausbildenden zweiten Weg der Regierungsweise zusammen, der schließlich ab 1930 geradezu zur Norm wird. Bei der Untersuchung der Schwächen und schließlich des Niedergangs der Weimarer Parteien- und Parlamentsentwicklung muß diese Komplikation stets mit berücksichtigt werden. Das nimmt der kritischen Analyse nichts von ihrer Berechtigung, aber es hilft erklären, warum es zu keiner allmählichen Anpassung des Parteiensystems, zu keinem wirklichen Einspielen der parlamentarischen Demokratie gekommen ist. Es geht dabei nicht um einen determinierten Verfallsprozeß des »Systems«, wohl aber um eine Differenzierung und Relativierung des Pauschalvorwurfs, »die Parteien« seien – ebenso wie »das Volk« – überhaupt nicht mehr zur politischen Verantwortung, zur Regierung, zur Lösung der Krise fähig gewesen.

Betrachten wir unter diesen Gesichtspunkten die tatsächliche politische Entwicklung, so treten die Hauptmuster der Machtstruktur und der Machtverschiebung klarer hervor. Man könnte sich zur Verdeutlichung das folgende – ganz grobe – Schema denken:

	Zum Vergleich:
Weimarer Republik	**Parlamentarische Demokratie**
Machtdreieck	Integriertes System
(dualistische Verfassung)	(einheitlich parlamentarische Verfassung)

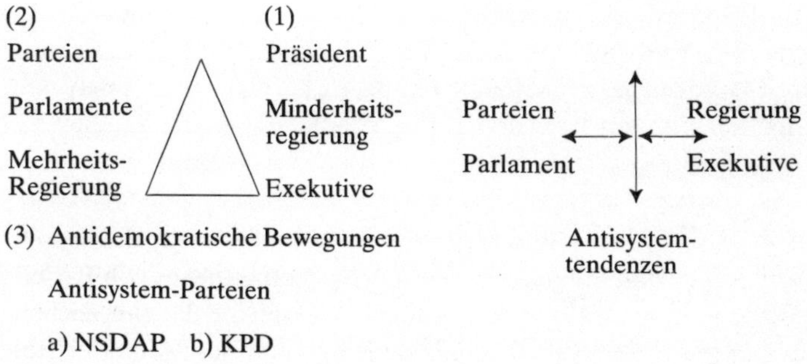

Die Entwicklung der Krise verläuft im Machtdreieck des Weimarer Systems durch eine Verschiebung der Konstellationen, die im wesentlichen von (1) gesteuert wird:

a) bis März 1930:	(1) und	(2) gemeinsam,	(3) schwach
b) Entscheidung März 1930 bis Entlassung Brünings:	(1) dominierend	(2) passiv-tolerierend	(3) aufsteigend
c) Machtvakuum 1932:	(1) isoliert	(2) verfassungsmäßige Opposition	(3) Antisystem-Opposition
d) NS-Machtergreifung	(1) und (3a) Durchbruch zur Diktatur	(2) und (3b) Auflösung	

Die Machtverschiebung erfolgt durch Veränderungen der Kombinationsverhältnisse in einem Machtdreieck, das durch das dualistische Verfassungssystem der Weimarer Republik ermöglicht oder sogar nahegelegt wird. Dabei spielen zwar die Wahlentscheidungen in vier Reichstags-, zwei Präsidenten- und zahlreichen Landtagswahlen eine beschleunigende Rolle, doch sind diese erst ein Ergebnis der politischen Entscheidung für nicht-parlamentarische Lösungen. Das dualistische System trägt letztlich mehr zur Störung der Regierbarkeit als zur Behebung der Krise bei, für die es gedacht war. Es endet in einem Machtvakuum, in welchem einzelne Personen und Gruppen ein disproportionales, außerverfassungsmäßiges und schließlich verfassungsdurchbrechendes Gewicht erlangen, während das Parlament vollends zur Bedeutungslosigkeit herabsinkt. In dieser Lage hängt um so mehr von den Entscheidungen ab, die im Kampf um die Macht getroffen werden. Insofern bleibt die Situation bis zuletzt offen, und erst das Bündnis von (1) und (3a) entscheidet am 30. Januar 1933 endgültig über die Machtlage – im Sinne der Diktatur.

Dieser Zusammenhang wird verkannt, wenn neuerdings wieder stärker auf die Bedeutung der Wahlen vom 5. März 1933 und der Zustimmung des Reichstags zum Ermächtigungsgesetz vom 23. März 1933 hingewiesen wird[41]. Diese waren ein endgültiges Indiz für die neue Machtlage, wichtig für die scheindemokratischen Legalisierungsbedürfnisse der neuen Machthaber, aber keine einwandfreien Entscheidungen der Wähler, Parteien, Parlamente mehr, besonders wenn man die Gleichschaltung der Länder und die Verhaftungsdrohungen bedenkt. Druck und Alternativlosigkeit kennzeichnen nun die Entwicklung. Die entscheidende Machtbasis zur Diktatur war schon zuvor, mit den Notverordnungen des Februar 1933 vor und nach dem Reichstagsbrand geschaffen worden, die weitere »Neuordnung« und »Gleichschaltung« ins Belieben eines präsidialen Diktaturkabinetts Hitler gestellt, das sich gerade nicht als parlamentarische Mehrheitsregierung, sondern als Exponenten und Träger einer »legalen Revolution« verstand. Die dualistische Struktur des Regierungssystems war nun aufgehoben, aber einseitig zugunsten der präsidialen, im Endeffekt antiparlamentarischen Komponente. Carl Schmitt bekam Recht (im doppelten Wortsinn): Souverän war letztlich, wer über den Ausnahmezustand entschied[42].

Nicht das »Ende des Parteienstaats« 1930, sondern die autoritäre Machtverschiebung auf Kosten der Weimarer Parteien entschied über das Schicksal der Republik. Ihre »Auflösung« vollzog sich insofern von langer Hand, aber sie war nicht schicksalhaft und auch die fatalistische Klage: die Parteien und das Volk waren eben so, die Demokratie konnte gar nicht funktionieren, gibt keine Auskunft. In Wahrheit kamen die schweren Störungen, die zum Zerfall und zum Untergang der Republik führten, nicht nur von außen (Folgen von Versailles) oder aus den Wirtschaftskrisen, auch nicht aus einem »undemokratischem Charakter« der Deutschen und ihrer Parteien; sie stammten ebenso bestimmend aus tiefen Widersprüchen im konkreten Verfassungs- und Politikverständnis der Handelnden selbst. Die Möglichkeit, daß bis 1932 eine latente demokratische Mehrheit existierte (Reichspräsidentenwahl) und die Tatsache, daß auch die »unechte Mehrheit« der totalitären Parteien nur drei Monate bestand (31. Juli–6. November 1932), Hitler selbst aber in einwandfreien Wahlen nie in die Nähe einer Mehrheit kam (Juliwahlen 1932: 37,2%, Novemberwahlen 1932: 33,1%) – all dies widerlegt die Behauptung, die Lösung von 1933 sei nach parlamentsdemokratischen Maßstäben unabwendbar gewesen.

Hier war vor allem von jenen inneren Bedingungen und Umständen des dualistischen Verfassungsstaats zu sprechen, unter denen die Weimarer Republik zunächst die Krisen der ersten Nachkriegsjahre überstand, seit 1929/30 aber ihre parlamentarisch-demokratische Basis verlor, wobei strukturelle Probleme und individuelle Entscheidungen zusammenwirkten. Wirtschaftskrise und Massenarbeitslosigkeit werden durch den finanz- und reparationspolitisch bedingten Deflationskurs zumal Brünings noch verschärft; die innenpolitischen Folgen der Krise werden demgegenüber vernachlässigt. Der Weg von der Großen Koalition (Müller) über ein parlamentarisch toleriertes Präsidialkabinett (Brüning) in die autoritären Regime Papens und Schleichers steht im Zeichen einer zunehmenden Resignation und Verantwortungsscheu der demokratischen Parteien. Ihnen tritt das in der Wirtschaftskrise anwachsende Protestvotum, die plebiszitäre Aufschwemmung von Antisystembewegungen auf der Rechten und Linken gegenüber, die schließlich zur totalitären, negativen Mehrheit werden (Juli 1932), ohne zunächst den Durchbruch zur Diktatur zu erreichen. Aber auch das autoritär-bürokratische Präsidialregime ohne Parteienbasis vermag den Bann gegenseitiger Lähmung der Machtblöcke nicht aufzubrechen. Der Ausbruch aus jenem unentschiedenen Machtvakuum gelingt schließlich den Nationalsozialisten trotz zurückgehender Anhängerschaft in letzter Minute, als persönliches Intrigenspiel um Hindenburg und präsidiale Ausnahmegewalt Hitler eine scheinlegale Machtergreifung ermöglichen, obwohl er mit den Deutschnationalen nur eine Minderheitsregierung bilden konnte. Die Koinzidenz von Präsidialdiktatur und Diktaturpartei verführt sie zum Bündnis mit Hitler, der sie dann ausmanövriert.

Das Scheitern der Republik war wohl schwer vermeidbar, doch bis zuletzt zeichnen sich alternative Möglichkeiten ab; die fatale Rolle weniger Personen und ihrer Entscheidungen gab dann schließlich den Ausschlag. Nationalsozialistische Machtergreifung und totalitäre Diktatur Hitlers waren so wenig zwingend notwendig oder gar demokratisch legitimiert wie die Diktaturen Mussolinis oder Francos. Die Geschichte des Verfalls freiheitlicher Demokratien, als deren Prototyp die Weimarer Republik gilt, ist zuletzt eine Geschichte der Versäumnisse und Fehlentscheidungen, der vorschnellen Resignation und der Unterschätzung der Gegner. Diese bedienen sich der Mittel der Demokratie, um die Demokratie selbst zu blockieren; im daraus resultierenden

Machtvakuum treten sie als die Retter der verängstigten Massen auf; mit dem Versprechen einer besser funktionierenden Neuordnung, mit pseudodemokratischer Täuschung und revolutionärer Drohung beanspruchen sie die Ausnahmegewalt, um schließlich mit der Aufhebung des Machtvakuums zugleich die Sicherungen des demokratischen Rechtsstaats zu beseitigen. Die »legale Revolution« von 1933 erweist sich als die wirkungsvollste Form einer Überwindung der Demokratie im Namen der totalen Volksherrschaft: die totalitäre Verführung stellt die eigentliche Bedrohung der modernen Demokratie in der Krise von Staat und Gesellschaft dar.

So bleibt die Auflösung der Weimarer Republik ein exemplarischer Fall, an dem die Hinfälligkeit einer halb-parlamentarischen, halb-präsidialen Demokratie unter den Belastungen sozioökonomischer Krisen und dem Ansturm politisch-ideologischer Sprengkräfte, der Versuchung durch rechts- und linksradikale, antiliberale und totalitäre Tendenzen in Staat und Gesellschaft studiert werden kann. Lähmung und Verfall eines freiheitlichen Gemeinwesens, durch die Friktion von Präsidialregime und Parteienstaat beschleunigt und im Machtvakuum von 1932 zur Hilflosigkeit gegenüber der Diktaturbewegung gesteigert, ist nicht zuletzt eine Folge verwirrter Maßstäbe, geschwächter Abwehrbereitschaft, falscher Illusionen über Toleranz gegen Feinde der Demokratie. Das wird heute wieder in der Situation Italiens und an den Illusionen über eine mögliche »Zähmung« der »eurokommunistischen« Bewegungen, an der erneuten Verkennung pseudodemokratischer Unterhöhlungen der Demokratie sichtbar. Statt in der Demokratisierung der Diktaturbewegung endete der Versuch einer »legalen Zähmung« des Nationalsozialismus in der Diktatorisierung der Demokratie.

Den gegenwärtigen Betrachter wird vieles an der Krise der Weimarer Republik fremd und endgültig vergangen anmuten. Geschichte wiederholt sich nicht, und jede Aktualisierung der Vergangenheit bleibt umstritten, ihre »Lehren« sind oft rückwärtsgewandte Prophetie. Gleichwohl macht ein Blick auf die wichtigsten Stichworte damals und heute das Gewicht der Erfahrungen deutlich, die in die zweite deutsche und europäische Nachkriegsgeschichte eingegangen sind. Weimar ging an der Resignation der demokratischen Parteien, an dem Hochtreiben plebiszitärer, antiparlamentarischer und antikapitalistischer Wellen, an der Selbstentleibung von Liberalismus und bürgerlicher Freiheit zugrunde. Solche Strömungen und Symptome treiben seit einem Jahrzehnt die westlichen Demokratien von neuem um: Anzweiflung des pluralistischen Parteienstaats, radikale Systemkritik, Streit um die »streitbare Demokratie« des Bonner Grundgesetzes. Gegen die Stabilisierung der Bundesrepublik wenden sich radikale oder nostalgische Wunschträume, die mit einer Rückkehr in Weimarer Verhältnisse spielen: eine politische Romantik beschwört die »goldenen zwanziger Jahre«, die allzu teuer erkauft waren, von plebiszitärer Demokratie und Volkswahl des Präsidenten ist die Rede, der Weg von den Klassen- und Ideologieparteien zu Volksparteien wird beklagt, politischer Stabilität wird der Vorwurf einer Überstabilisierung entgegengehalten, und gleichzeitig wird düster von einer »Unregierbarkeit« der parlamentarischen Demokratie selbst gesprochen.

Aber wenn Weimar etwas »lehrt«, so dies: Sofern die repräsentative Parteien- und Parlamentsdemokratie von Anhängern plebiszitärer, autoritärer oder gar totalitärer Vorstellungen unter Verdacht gestellt und ständig von einer Legitimationskrise des (Parteien-)Systems überhaupt geredet wird, profitieren davon letztlich weder Staat noch Demokratie, sondern alte und neue Diktaturbewegungen. Die Gewöhnung an scheinbar notwendige, antiparteiliche Alternativen zur pluralistisch-repräsentativen Parteiendemokratie, wie sie der Weimarer Dualismus mit sich brachte, kann zur Gewöhnung an diktatorische Lösungen führen: als auch die konstitutionell-autoritäre Präsidialdiktatur nicht mehr funktionierte, gewann die totalitäre Führerdiktatur an Überzeugungskraft, und nicht eine Rückkehr zur Demokratie. Wenn in den letzten Jahren die Grundsätze der »wehrhaften Demokratie« zunehmend zugunsten einer fragwürdigen Opportunität preisgegeben werden, dann erhebt sich die Frage: Stehen wir wieder vor einer deutschen Weigerung, aus der Erfahrung zu lernen, um statt dessen Utopien nachzuhängen – diesmal wohl eher solchen von links?

5. Machtvakuum und Austrofaschismus: Der Fall der österreichischen Republik 1931–1934

Österreichs Zwischenlage

Mit dem Namen Österreichs und seiner schwierigen Geschichte zwischen den Weltkriegen sind zwei konträre politische Begriffe verknüpft, die ebenso vielgebraucht wie vielumstritten sind: Austromarxismus und Austrofaschismus. Beide bezeichnen die Besonderheit des österreichischen Weges und zugleich seine eingeklemmte Verflechtung in die großen politisch-ideologischen Tendenzen, Polarisierungen und Verirrungen der zwanziger und dreißiger Jahre. Aber während der Austromarxismus als ideologische und politische Version eines österreichischen Sozialismus *zwischen* Revision und Bolschewismus[1] verhältnismäßig scharf umrissen und vor allem mit dem Werk Otto Bauers identifiziert werden kann, sind Begriff und Bedeutung des sogenannten *Austrofaschismus* bis heute höchst unklar und kontrovers geblieben. Das hat vor allem drei Gründe: die besondere Lage Österreichs, der Streit um den Faschismusbegriff, und die komplexe Form der Krise.

Zum ersten Punkt: Die Zwischenlage zwischen dem 1933 in Deutschland siegreichen Nationalsozialismus und dem schon seit 1922 herrschenden italienischen Faschismus macht die Abgrenzung einer *österreichischen* Variante des »Faschismus« noch schwieriger als anderwärts, weil seine sehr verschiedenen Elemente und Versionen – konservativ-traditionalistische und progressiv-revolutionäre – fast unentwirrbar ineinander fließen, aber auch scharf gegeneinander wirken. Am eklatantesten wurde dies dann sichtbar in der von Attentaten und illegalem Kampf markierten Stellung der österreichischen Nationalsozialisten gegen das autoritäre Regime von Dollfuß und Schuschnigg. Hier liegt auch, schon im Titel, eine Problematik des so wichtigen Buches von F. L. Carsten[2].

Am ehesten mit Faschismus haben wir es bei Starhembergs Heimwehrbewegung zu tun, deren Selbstschutz- und Wehrverbände sich ähnlich den deutschen Freikorps aus den Auseinandersetzungen und Bedrohungen der Revolutions- und Nachkriegskrisen entwickelten. Dieser paramilitärisch-autoritäre Antidemokratismus stand gemäß der Problemlage der Ersten Republik dem italienischen Faschismus und dessen realer Macht näher: dem entsprach die ideologische Selbsteinschätzung, die Rivalität zum Nationalsozialismus und schließlich auch, im freilich konfliktreichen Bündnis mit Dollfuß und Schuschnigg, die Ablehnung der Gleichschaltung Österreichs mit dem »Dritten Reich« des entlaufenen Oberösterreichers Adolf Hitler. Hatte man diesen Nationalsozialismus nach Deutschland exportiert, um ihn von dort totalitär organisiert wiederzubekommen?

Österreich bildet in der Tat einen besonders interessanten Testfall für die umstrittene Frage der Übertragbarkeit des italienischen Faschismus auf andere Länder, zumal auf benachbarte, unter seinem machtpolitischen Einfluß stehende – und somit auch für die Frage nach dem Nutzen und Nachteil des generellen Faschismusbegriffes. Denn charakteristisch ist gerade die Zwischenstellung zwischen italienischen und deutschen Macht- und Herrschaftsansprüchen, und die Tatsache, daß sich weder die italienische noch die deutsche Form durchsetzen, daß ihre eigentlichen Voraussetzungen – Massenpartei und Führerherrschaft – fehlen, und eher von nationalkonservativen Sonderformen oder Vorformen gesprochen werden muß. Jedenfalls gab es nicht nur die »Polarisierung von ›Austromarxisten‹ und ›Antimarxisten‹«[3].

Die Anwendung des Faschismusbegriffes führt daher gerade im österreichischen Falle eher zur Verwirrung der Problematik und zur Ablenkung von den eigentlichen Fragen der ideologischen und politischen Entwicklung. Sowohl eine pauschale marxistische Faschismustheorie, die alle Unterschiede verwischt, als auch eine liberale Interpretation, die den Fall Österreich in ihre Faschismusbilanz einbeziehen, leiden unter dieser Schwierigkeit. Sie besteht vor allem auch darin, daß der »österreichische Faschismus« im Zeichen des Generalbegriffs gerade all das einschließen und auf eine Formel bringen müßte, was doch so wesentlich verschieden, ja geradezu konträr war – und in seiner direkten Konfrontation gerade die österreichische Entwicklung vor und nach 1933 entscheidend bestimmte. Man kann nicht im Stil vulgärmarxistischer »Analyse« lapidar alles zum Scheingefecht erklären, was sich im bürgerlichen Lager an blutigen Konflikten zwischen Konservativ-Nationalen, Faschisten und Nationalsozialisten abspielte. Das gilt auch für die gängige Neigung, die österreichisch-konservativen, die nationalhalbfaschistischen, die ständisch-sozialen *und* die nationalsozialistisch-revolutionären, die antiösterreichisch großdeutschen und gleichschaltungswilligen Kräfte auf die einzige Formel »faschistisch« zu bringen. Es hieße die konkrete Problematik um eines abstrakten Begriffes willen zu verdrängen und zu verflüchtigen.

»Faschismus« – ein sinnvoller Begriff?

Ein zweiter Grund des Streites ist mithin der *Faschismusbegriff* selbst, der in den vergangenen fünfzehn Jahren weltweit eine pseudowissenschaftliche Renaissance erlebt hat[4]. Er liefert seit je eher eine polemische Formel oder ein ideologisches Konstrukt als eine historisch-politische Erklärung der sehr verschiedenartigen Entwicklungen, die nach dem Ersten Weltkrieg in fast allen neugeschaffenen Demokratien Europas binnen weniger Jahre zur Errichtung autoritärer Diktaturen geführt haben. Der Versuch, diese Tendenz nach dem ersten »Vorbild« Mussolinis ganz allgemein als Faschismus zu bezeichnen, hatte damals wie heute eklatante Fehleinschätzungen zur Folge: ob Faschismus gut marxistisch als Konsequenz der bürgerlichen Demokratie und des Kapitalismus gegen das Zukunftsideal Sozialismus abgehoben wird, wobei man die Massenwirkung und die revolutionäre Dynamik im Unterschied zu bloßen Militärdiktaturen außer acht läßt; oder ob man mit nichtmarxistischen Faschismusforschern im Gefolge Ernst Noltes den Faschismus als Epochenbegriff zu verallgemeinern sucht und dabei die Grundfrage nach dem autoritären oder totalitären Charakter der jeweiligen Regime vernachlässigt.

Die offenkundige Heterogenität der nationalistischen Diktaturen, die man dabei auf ein und dieselbe Formel zu bringen sucht, führt schließlich dazu, von »Faschismen« zu sprechen und diese national etikettiert als Italo- und Austrofaschismus oder neuestens gar den Nationalsozialismus als »Germanofaschismus« zu bezeichnen[5]. Eine andere Mode geht seit je dahin, entsprechend den jeweiligen Führungssystemen von Hitler-Faschismus,

Frankofaschismus, Klerikalfaschismus und dergleichen mehr zu sprechen. Aber nach aller wissenschaftlichen und politischen Erfahrung überwiegt die Mißbräuchlichkeit des Faschismusbegriffs damals wie heute seine Brauchbarkeit. Die globale Gegenüberstellung »reaktionärer Faschismus« – »progressiver Sozialismus« verschleiert die Realität von Linksdiktaturen und lenkt von ihrem tendenziell totalitären Charakter ab – so wie dies auch die lapidare Entgegensetzung von Revolution und Konterrevolution als weltgeschichtliches Muster in der linken Propaganda tut. Dagegen sprechen aber auch schon die tiefen Verschiedenheiten zwischen italienischem Faschismus und deutschem Nationalsozialismus, der ja als Selbstbezeichnung die eigentliche Stoßrichtung des »nationalen Sozialismus« erst voll und wörtlich zum Ausdruck bringt.

Jedenfalls enthält der sogenannte Austrofaschismus die große Skala der *verschiedenen* Komponenten und Möglichkeiten, die den antidemokratischen, autoritären, schließlich totalitären Bewegungen im veränderten, krisengeschüttelten Nachkriegseuropa eigen waren. Und zwar auf besonders eindringliche, ja exemplarische Weise gerade in der Zwischenlage zwischen dem frühesten, dem italienischen, und dem radikalsten, dem deutschen Fall. Darin scheint mir nicht zuletzt das Lehrreiche, Gewichtige der österreichischen Erfahrung zu liegen, wie immer man sie terminologisch zu fassen sucht. Der Faschismus für die diktatorische Starhembergrichtung der italienischen Orientierung, der Nationalsozialismus für die radikalere, rassistische Ausprägung einer totalitären Integrationsbewegung, zwischen beiden aber die Krisendiktatur des autoritären Ständestaates, der die betont österreichische Version der Krisenregime in den kleineren Nachkriegsdemokratien verkörpert.

Zu den weitern Folgen des Krieges gehörte überall die enttäuschte Illusion, die Verwirklichung der Selbstbestimmungsrechte werde notwendig zu einer besseren internationalen Ordnung führen. Besonders aber wirkten sich die ungünstigen Umstände der Staatswerdung gegen die neue Form der Demokratie aus, die man vorschnell für die Enttäuschungen haftbar machte. Ökonomisch meist schwach und abhängig, im Widerspruch zum stolzen Postulat der nationalen Souveränität, gerieten selbst Siegerstaaten wie Rumänien, Jugoslawien, Tschechoslowakei und

Polen in Dauerkrisen; noch weniger Kredit konnte die Demokratie in besiegten und reduzierten Ländern wie Österreich, Ungarn oder Deutschland gewinnen. Die verantwortliche Übung in der komplizierten Praxis des parteienstaatlichen Parlamentarismus war in den autoritären Monarchien nicht gerade gefördert worden, nun verschärften nationalistische und revisionistische Dauerkonflikte die Instabilität der neuen Staatsgebilde.

So wurden halb autoritäre, halb konstitutionelle Diktaturen in Europa bald zur Regelform, von Ungarn über Polen und die baltischen Staaten bis Portugal und Griechenland[6]. Die Zerstörung der inneren Balance in Österreich geschieht schließlich durch den wachsenden Druck der deutschen Entwicklung zur Diktatur. Das autoritäre Regime selbst aber, das Sozialisten und Nationalsozialisten gleichermaßen niederzuhalten sucht – durch Mandatsentzug zuerst übrigens die Nationalsozialisten, dann die Sozialisten –, wird durch das Zurückweichen Europas, auch Italiens, vor der großdeutschen Politik Hitlers ausmanövriert.

Die Krise der Demokratie

Damit ist der dritte Grund für die Schwerdefinierbarkeit eines Austrofaschismus in den Blick getreten, nämlich die allgemeine *Krise der Demokratie* in den zwanziger und dreißiger Jahren mit den höchst verschiedenen und doch auch charakteristisch ähnlichen Versuchen, sich durch Nationaldiktaturen der Bedrohung und Umklammerung durch die großen ideologischen Mächte zu erwehren oder zwischen ihnen zu lavieren. Das italienische und das deutsche Muster sind dabei gleichermaßen von Bedeutung: als Einfluß oder als Abschreckung. Denn es geht hier vor allem um den Versuch, eine Art von drittem Weg zwischen Demokratie und Totalitarismus zu finden.

Von einem *Machtvakuum* kann man sowohl in Deutschland[7] als auch in den meisten anderen neuen Demokratien sprechen, nicht zuletzt in Österreich. Wohl war hier das Parteiensystem verschieden: Es gab weder eine starke KP noch eine vergleichbar große nationalsozialistische Partei vor 1933. Der politische Radikalismus konnte nicht in ähnlicher Weise die parlamentarische Demokratie blockieren wie in Deutschland. Vor allem fehlte ein Hitler. Die Bedeutung von Personen und personifizierten Leitbildern wird heute, im Zeitalter der Gesellschaftsgeschichte, ja eher unterschätzt, während sie vordem gerne überschätzt wurde (Männer machen Geschichte). Leninismus und Stalinismus, Maoismus und Castroismus beweisen wie der Hitlerismus durchaus die fortdauernde Bedeutung des personalen Elements (und Mythos) auch im Zeitalter der kollektiven Ideologien und Strukturen.

Aber das starke Bedürfnis nach einer Alternative zur Parlamentsdemokratie und zur Durchsetzung nichtdemokratischer Leitbilder bestand auch in Österreich, die politischen und ökonomischen Zwänge drängten auf ähnliche Weise zur Legalisierung eines postdemokratischen Notstandsregimes. Der Diktatur des Reichspräsidenten nach dem berühmt-berüchtigten Artikel 48 der Weimarer Verfassung, die Hitlers pseudolegale Machtergreifung ermöglichte, entsprach in Österreich (wo das präsidiale Notverordnungsrecht enger umgrenzt war) der »Staatsstreich auf Raten«[8] mit Hilfe des kriegswirtschaftlichen Ermächtigungsgesetzes von 1917; es ermöglichte seit 1933 sukzessive das Regieren ohne Parlament (wobei der Rücktritt des Nationalpräsidiums am 4. 3. 1933 ausgenutzt wurde), die Unterdrückung politischer Parteien, die Aufhebung zahlreicher Grundrechte, die Lähmung des Verfassungsgerichtshofes, die Gleichschaltung der Bundesländer und schließlich sogar das Inkrafttreten der neuen autoritären Verfassung von 1934 als Legalisierung eines diktaturförmigen Ständestaates anstelle des Parlaments- und Parteiensystems.

Im grundlegenden Ansatz erinnert dies durchaus an die diktaturförmige, doch pseudolegale Verwandlung der Demokratie in einen präsidialen Autoritätsstaat am Ende der Weimarer Republik. Es wurde politisch und sachlich gerechtfertigt als Überwindung des Machtvakuums von 1930–1932 – heute würde man sagen: der Unregierbarkeit der Demokratie –, zumal auf dem ökonomischen und ordnungspolitischen Felde. Dabei wirkte die *Pseudolegalität,* wie umstritten sie juristisch war, als psychologischer Faktor[9]: beruhigend auf das nichtrevolutionäre, sicherheitsbedürftige Bürgertum, lähmend auf die Aktions- und Streikdebatten der Linken. Diese mußte am 20. Juli 1932 Papens Staatsstreich in Preußen hinnehmen – und nach dem 30. Januar 1933 auch den Gleichschaltungskurs, den Hindenburgs Notstandsverordnungen und ein gegen die SPD erzwungenes Ermächtigungsgesetz deckten. Dies geschah so lange, bis die Weichen zur totalen Diktatur Hitlers endgültig gestellt waren und eine Rückkehr zum ausgehöhlten, wenngleich formell nie beseitigten Verfassungsstaat unmöglich geworden war.

Ähnlich und doch anders in Österreich. Dort dauerte die »beklemmende Atmosphäre«[10] und der halbdiktatorische Zwischenzustand ungleich länger, und dabei kam es tatsächlich zur Durchsetzung jenes national-konservativen Autoritätsregimes jenseits des parlamentarischen Parteienstaats, das in Deutschland zur Überwindung der Krise des Parteienstaats und schließlich auch zur Zähmung des Nationalsozialismus angestrebt wurde, wobei die Frage der monarchischen Restauration offenblieb. Was der Kreis um Hindenburg und Schleicher zunächst mit Brüning, dann mit Papen und schließlich gar mit Hugenberg und Hitler anstrebte, ist freilich als grandiose Selbsttäuschung und Selbstüberschätzung konservativer Kräfte an der entschlossenen Machtergreifungsstrategie und virtuosen Massenmanipulation der Nationalsozialisten gescheitert.

In Österreich versprach dieser Weg eher Erfolg: nicht nur wegen der Kräfteverhältnisse der Parteien und der Schwäche des Rechts- und Linksradikalismus, sondern vor allem auch, weil von den drei Lagern – die Adam Wandruszka schon 1954 und jetzt wieder in Schieders Handbuch so meisterhaft beschrieben hat[11] – das christlich-soziale, bürgerliche Lager einen stärkeren Rückhalt versprach als die schrumpfende Mitte in Deutschland, und weil das erstrebte Regime sich nicht nur innenpolitisch, sondern auch außenpolitisch als Alternative zu den großen Ideologieregimen in Italien und Deutschland verstand. Was dort genuine Diktaturregime waren, die ohne außenpolitische Einflußnahme zur Macht gekommen waren, mußte spätestens seit 1933 in Österreich als ständige Infragestellung und potentielle Unterwanderung, ja als politische Penetration von Staat und Gesellschaft wirken: als Drohung eines doppelten Bürgerkrieges, der innen- wie außenpolitisch motiviert war.

Dazu kam die Rolle der politischen Linken. In Deutschland gespalten, mit einer ständig anwachsenden KPD, deren Antifaschismus sich gleichzeitig auch gegen die als Sozialfaschisten beschimpften Sozialdemokraten richtete und diese lähmte, in

Österreich eine große sozialistische Partei, die aber schon seit 1920 außerhalb der politischen Verantwortung stand und sich auch Mitregierungs-Angeboten verweigerte. In der deutschen Diskussion spielt bis zum heutigen Tag die Frage eines möglichen Widerstands der Linken eine große Rolle; ihre Schwächung durch Arbeitslosigkeit und kommunistische Konkurrenz fällt dabei schwer ins Gewicht. Der Tolerierungs- und Legalitätskurs der SPD und der Gewerkschaften gilt als das große Versagen[12]. Aber Österreich bietet ein erfahrungsschweres Gegenbeispiel. Wie der dritte Weg zwischen Demokratie und Diktatur 1933–1938 mißlang, so war auch ein bewaffneter Widerstand der Linken zum Scheitern verurteilt, selbst wenn diese nicht wie in Deutschland gespalten war. Das Schlagwort von der Einheit der Arbeiterklasse als Rettung erscheint so in einem fragwürdigen Licht. Denn die österreichische Erfahrung vor und nach 1934 zeigt, daß die Anfälligkeit für diktatorische Lösungen auch die Arbeiterschaft paralysierte, obgleich das Bundesheer ja alles andere als stark war und eine faschistische oder nationalsozialistische Massenbewegung zunächst nicht hinter den bewaffneten Bürgerkriegstruppen der Rechten stand. Hinzu kommt, daß gerade ein Erfolg gegen die autoritären »Faschisten« die Sozialisten direkt mit den Nationalsozialisten konfrontiert hätte – und hinter diesen stand Hitlerdeutschland. Auch sie fanden sich hilflos vor der Paradoxie des Austrofaschismus, der sowohl als Schrittmacher wie Alternative des Nationalsozialismus wirkte.

Dem Machtvakuum und der Polarisierung folgte die Paralysierung des Parteiensystems im Zeichen außen- wie innenpolitisch widerstreitender Konfliktdrohungen. Auch für Österreich bleibt dabei die ungelöste Kontroversfrage, wie weit sich Parlament und Demokratie selbst ausgeschaltet haben, wie weit sie ausgeschaltet wurden. Faschistische und nationalsozialistische Impulse bildeten nun gewalttätige Pole, zwischen denen die Regierung lavierte. Dabei fehlte aber dem »Austrofaschismus« die berauschende Wirkung des Führerkults, jene pseudoreligiöse Form der Ideologiebewegung, die an Mussolini und besonders an Hitler gebunden war: die Massenmobilisierung war hier ein weitgehend importiertes Phänomen, auch wenn die politischen und ökonomischen Bedingungen existierten. Gewiß sind die österreichischen Wurzeln und Komponenten des Nationalsozialismus einschließlich des völkischen Rassismus nicht zu unterschätzen; und gewiß sind auch die faschistischen Elemente in der Entwicklung des autoritären Korporativismus bedeutsam[13]. Aber das selbstgeschaffene Regime war nicht rassistisch (was wohl auch in Deutschland vor allem an Hitler gebunden war). Charakteristisch bleibt der Anspruch, eine eigenständige Zwischenlösung, ein bürgerliches, nicht rassistisches oder totalitäres Autoritätsregime zu etablieren[14], das denn auch anders als in Deutschland oder Italien nur durch Druck von außen zu überwältigen war.

Ähnlich wie bei der Betrachtung des deutschen Falls drängt sich immer wieder der Eindruck auf, die Entwicklung sei unvermeidlich, die Republik nicht zu retten gewesen. Übermächtig erscheinen die fatalen Bedingungen und Belastungen, der mangelnde Wille zu einem inneren Staats- und Demokratieverständnis auf der Grundlage der schmerzhaften weltpolitischen Entscheidung von 1918, und schließlich die andauernden *äußeren* Pressionen antidemokratischer Kräfte: ihre Verstärkung schon seit Mussolinis Machtantritt 1922, und vollends nach Hitlers Machtergreifung von 1933, machte demokratische Politik in Österreich überhaupt »unworkable«[15]. Auch die Existenz des autoritären Horthy-Regimes in Ungarn und die allgemeine Ablehnung der Pariser Friedensverträge wirkte verschärfend auf die innenpolitische Polarisierung der Ersten Republik. Weithin dominierte das »Anti«: Antikapitalismus und Antiklerikalismus, Antidemokratismus und Antiliberalismus boten die vornehmlichen Ansatzpunkte für rechte und linke Antipositionen, die philosophisch entweder rückwärts orientiert waren (wie Othmar Spanns »Wahrer Staat«) oder vom revolutionären Umsturz träumten, wolle dieser nun eine konservative oder marxistische Revolution.

Aber entscheidend war neben den inneren und äußeren Druckwellen letztlich doch, daß die in allen Parteien durchaus vorhandenen Kräfte der Mäßigung und der Zusammenarbeit, mit deren Konsensfähigkeit jede Demokratie steht und fällt, nicht mehr zusammenfanden. Den Personen und personalen Beziehungen kommt gerade in dieser Lage so große Bedeutung zu wie der ideologisch-traditionalen Verhärtung in allen Lagern. Länger als in Deutschland bestanden demokratische Optionen fort: im Kampf um die Revision der Verfassung 1929/30, »Zeugnis für die

Vitalität demokratischer Politik«[16], wie in den Novemberwahlen 1930, als noch immer neunzig Prozent für die drei Parteien der Republikgründung votierten, während in Deutschland die geschworenen Feinde der parlamentarischen Demokratie schon über ein Drittel (1930), schließlich (1932) die Mehrheit der Wähler gewannen.

Verhängnisvoll nur, daß die besseren Möglichkeiten einer Mehrheits- oder Allparteienkoalition auch hier ungenutzt blieben. Es war die Tragik Seipels, daß die Sozialisten im Interesse der eigenen, austromarxistisch fundierten Parteieinheit auf ihrem Parteikongreß vom November 1931 die Regierungsbeteiligung verweigerten[17]: eine Erfahrung, die dann auch als gemeinsame Bewältigung der Vergangenheit die Große Koalition in der Zweiten Republik zur Folge hatte. Aber es bleibt richtig, daß das Wählerpotential für den Radikalismus wesentlich kleiner war als in Deutschland – übrigens auch die Zahl der Nichtwähler, deren Mobilisierung ja in den deutschen Reichstagswahlen zum Aufschwung der NSDAP entscheidend beitrug.

Ausschlaggebend war wohl doch der Einfluß der äußeren Ereignisse, zumal der deutschen, und die Rolle bestimmter Personen, nachdem 1932 bisherige Schlüsselfiguren wie Brüning und Otto Braun in Deutschland gestürzt, Seipel und Schober in Österreich im selben Monat gestorben waren (2. und 20. 8. 1932): auch hier ein Generationswechsel zu den »Frontoffizieren«, Dollfuß und Schuschnigg. Sie konnten sich dabei auf die Demokratiekritik des alten Seipel und die Ständeideen der päpstlichen Enzyklika von 1931 berufen (»Quadragesimo Anno«).

Alle Strukturanalysen der Demokratiekrise, denen ja schon in meinem Weimarbuch hoher Wert beigemessen wurde, müssen dieser zentralen Rolle personaler Entscheidungen gegenüber strukturellen Determiniertheiten Rechnung tragen. Der Unterschied zwischen der deutschen und österreichischen Entwicklung ist jedenfalls bis 1938 darin wesentlich begründet. Die Konstellation Hindenburg-Papen-Hitler hebt sich scharf ab gegen die Konstellation Miklas-Dollfuß-Schuschnigg. Eine modische Tendenz, Geschichte in quasimarxistische oder strukturdeterministische Muster aufzulösen, verfällt heute ähnlichen Fehlern wie schon die damaligen Faschismus- und Kapitalismustheorien. Ihre Unterschätzung der komplexen Motive und persönlichen Faktoren verkannte die Dynamik der politischen Bewegung jenseits des Schemas von Revolution und Konterrevolution, von Sozialismus und Kapitalismus – bis es zu spät war.

Drei zeitgeschichtliche Bilanzen

Nach dieser notwendigerweise knappen Skizzierung der Austrofaschismus-Frage soll versucht werden, eine zeitgeschichtliche und politische Bilanz zu ziehen. Vergleicht man die vielerörterte Bewältigung der Vergangenheit in jenen drei Ländern, von denen hier gesprochen wurde, so tritt ein wesentlicher Unterschied hervor.

In Deutschland stand nach 1945 und besonders auch bei der Entwicklung des Grundgesetzes, der neuen Verfassung der Bundesrepublik, die Auseinandersetzung mit den Ursachen des Scheiterns der Weimarer Republik im Mittelpunkt: demokratische Stabilität und antitotalitäre Ausrichtung der Politik bestimmten die Bemühungen um Aufarbeitung der »deutschen Katastrophe«, der sich eine unübersehbare Zeitgeschichtsliteratur widmete.

In Österreich standen eher zwei aktuelle Fragenkreise im Vordergrund: zum einen die Überbrückung der Bürgerkriegskluft zwischen bürgerlichem und sozialistischem Lager nun durch die eigentümliche Anstrengung der Proporzregierung; zum anderen die vertiefte Befestigung einer eigennationalen Identität, zugleich die Bewältigung jener großdeutschen Problematik, in der man die Instabilität und das Scheitern der Ersten Republik begründet sah.

Wieder anders in Italien. Dort, im Ursprungsland des Faschismus, stand die zeitgeschichtliche und politische Orientierung zunächst ganz unter dem Blick auf die Resistenza und auf den vergleichsweise weniger totalitären, nichtrassistischen Charakter des Faschismus; es galt eine stärkere Kontinuität der italienischen Geschichte über die faschistische Periode hinweg, erst verspätet setzte deren detaillierte Erforschung und Enttabuisierung ein. Obwohl der Totalitarismusbegriff gerade dort zuerst (seit 1923) benutzt und beansprucht wurde[18], ist der Einbruch der faschistischen Diktatur weniger tief und destruktiv empfunden oder bewertet worden. Der lange Aufschub der Selbstprüfung gehört wohl zu den Gründen für die mangelnde Modernisierung und Stabilisierung der Demokratie in Italien.

Wesentlich in unserem Zusammenhang ist nun wiederum die Zwischenstellung Österreichs, auch in der Frage der Auseinandersetzung mit der düsteren Zwischenkriegszeit. Was für Italien faktisch eine einzige Epoche der Diktatur ist, eben die des Faschismus, und was für Deutschland grell kontrastierend und durch das weltpolitische Datum von 1933 getrennt die Konfrontation von rechtsstaatlicher Demokratie und radikal totalitärer Diktatur bedeutet, das zerfällt für Österreich in drei verschiedene Phasen, deren Erlebnis und Beurteilung jeweils für Zeitgenossen wie Nachlebende besonders komplex erscheint: die Phase der Demokratie, des autoritären Regimes und der NS-Diktatur.

Auch die Frage nach Schuld und Verantwortung, Zufall und Notwendigkeit, nach dem Besonderen und dem Allgemeinen in der Entwicklung zu Diktatur und Katastrophe stellt sich verschieden. Österreich teilt mit den zahlreichen kleineren Staaten Europas, die bis in die dreißiger Jahre einen ähnlichen Weg von der neugeschaffenen Demokratie zum autoritären Regime gingen, die Probleme der nationalstaatlichen Identität und der sozioökonomischen Lebensfähigkeit; der Sturz vom Imperium in eine Republik wider Willen wurde verschärft durch die Lage zwischen zwei revisionistischen, schließlich hochideologisierten Großmächten, zu denen teils geschichtliche, teils nationale Bande bestanden. Es war eine Demokratie im Schatten aufgezwungener Souveränität[19]; dazu kamen die allgemeinen Strukturprobleme des modernen parteienstaatlichen Parlamentarismus, mit denen selbst die alten Demokratien nur mühsam fertig wurden.

Damit ist schon angedeutet, wo nach 1945 die Ansatzpunkte zur Debatte um die umstrittenen Lehren der Geschichte liegen. Österreich hat dieses Mal anders als 1918 seine staatliche Einheit bewahrt; der deutsche Fall ist komplizierter, die nationale Teilung bildet hier ein wichtiges Moment der Auseinandersetzung mit der Vergangenheit. Für beide Staaten, aber auch für die DDR, die sich kurzerhand durch eine als antifaschistisch proklamierte neue Diktatur der Problematik zu entziehen sucht, bleiben die brennenden moralischen Fragen, die das Heraufkommen und das totalitäre Zerstörungswerk der nationalsozialistischen Diktatur aufgeworfen und hinterlassen hat. Sie signalisierte eine Krise

Europas und seiner Werte. Aber sie war vor allem eine deutsche Diktatur, und schließlich eine großdeutsche. Es bleibt die Warnung, wozu der Mensch fähig ist, wenn er in den Rausch totalitärer Ideologie und Machtpolitik flüchtet. Und solche Verführung dauert weltweit fort: mehr denn je hat der moderne Staat die Mittel dazu, und an politischen Erlösungsideologien für die »einsame Masse« der modernen Gesellschaft ist kein Mangel.

Das Erbe der Ersten Republik Österreich bedeutet gewiß auch eine Last für die Parteien von heute, vor allem aber eine große Chance, ähnlich der Lernerfahrung, die Weimar den deutschen Parteien auferlegt und gewährt. Der Wandel des Parteiensystems von der Ersten zur Zweiten Republik ist wohl weniger augenfällig als im deutschen Fall. Er tritt nur am rechten Flügel, im Verschwinden der Großdeutschen, in Erscheinung – und zeigt damit zugleich die bewußte und (im Wortsinne) entschiedene Veränderung des nationalen Bezugsrahmens. Daß eine *Demokratie auf Vorbehalt* letztlich nicht lebensfähig ist – diese geschichtliche Erfahrung geht vor allem auch die Parteien an.

Für Sozialisten muß dies heißen: Verzicht auf ideologische Utopien. Für Liberale und Konservative: Fähigkeit und Versöhnung von Tradition und Modernität, von Ordnung und Freiheit. Für Parteien überhaupt: pluralistisch offen und fähig zu sein zur Vermittlung zwischen Gesellschaft und Staat, zwischen Bürgerinteresse und wertgebundener Autorität, fähig auch für die notwendigen Aufgaben der politischen Führung und der kontrollierenden Opposition, wie sie der gewaltenteilige Rechtsstaat verlangt, der allein die Wahrung der Menschenrechte verbürgen kann.

Solchen Parteien muß die bittere Vergangenheit und das Bekenntnis zu ihren Irrtümern und ihrem Versagen keine Last bleiben. Es kann das Wissen und die Bereitschaft zur Verteidigung der freiheitlichen Demokratie noch stärken – und dies in einer Welt, in der die übergroße Mehrheit der Staaten Diktaturen sind. Dem süßen und doch zuletzt bitteren Gift der Diktatur zu widerstehen, sei diese ideologisch oder technokratisch, progressistisch oder reaktionär, links oder rechts begründet, ist heute nicht einfacher geworden.

6. Gewalt in der Weimarer Republik und in der Bundesrepublik – Vergleiche und Kontraste

1.

Über Ähnlichkeiten und Unterschiede der Einstellung zur Gewalt in der ersten und zweiten deutschen Republik sprechen heißt erneut auf die oft gestellte Frage zurückkommen, die schon F. R. Allemann in seinem Buch von 1956 beantwortet hatte: Bonn ist nicht Weimar. Ob die tiefgreifenden Verschiedenheiten in den Voraussetzungen wie im Verlauf der ersten und der zweiten deutschen Demokratie auf diese lapidare Formel gebracht werden können, ist immer wieder bezweifelt worden. Das geschieht vor allem dann, wenn Krisenpunkte im Selbstverständnis der Bundesrepublik sichtbar werden, wenn die unleugbar größere Stabilität und Funktionstüchtigkeit der parlamentarischen Demokratie und des Parteiensystems in der Bonner Republik durch Störungen von innen und Anfechtungen von außen in Frage gestellt scheinen.

Ich nenne nur die wichtigsten Anlässe, die immer wieder zu der Frage führten: ist Bonn doch Weimar? Da waren die Polarisierungen und Extremismus-Erscheinungen der Anfangszeit, die zu den Verboten der rechtsradikalen SRP (1952) wie der KPD (1956) führten; die außerparlamentarischen Bewegungen der Anti-Atomtod-Kampagne am Ende der fünfziger Jahre; die Spiegelaffäre und die Notstandsdebatten in den sechziger Jahren; und im letzten Jahrzehnt schließlich wieder und wieder jene Durchbrüche von Systemkritik und Gewalttendenzen, die durch die Stichworte Außerparlamentarische Opposition (APO), Neue Linke, Terrorismus markiert werden.

Die heutige Problematik ist also nicht so neuartig, wie es angesichts der blutigen Radikalität der Ereignisse von 1977 scheinen möchte. Das Selbstverständnis der Bundesrepublik beruhte auf den zwei Grunderfahrungen von 1933 und 1945, der rechtsradikalen Überwältigung durch den Nationalsozialismus und der kommunistischen Bedrohung im Kalten Krieg; es wurde immer dann erschüttert, wenn der »wehrhafte« Demokratiebegriff des Grundgesetzes in Frage gestellt war, und jedesmal trat blitzartig ein Krisenpotential hervor, das ältere Schwächen der deutschen politischen Tradition enthüllte oder unter veränderten Bedingungen wiederbelebte.

Das geschah in alten und in neuen Formen. Die Weimarer Republik war von Anbeginn, seit ihrer Geburt in den revolutionären Unruhen von 1918/19 und in den bürgerkriegsartigen Krisen der Periode bis 1923 gleichermaßen von links- wie von rechtsextremen Gewaltbewegungen bedroht. Die prinzipielle Absage an die Kompromiß-Struktur von 1918, an Parlamentarismus und Pluralismus, an die rechtsstaatliche Substanz und die freiheitliche Form der Demokratie blieb auf beiden Extremseiten des politischen Spektrums beherrschend, und die Endphase der Republik ist vom negativen, zerstörerischen Zusammenspiel der rechts- und linkstotalitären Kräfte, von Gewalttaten und Revolutionsdrohungen überschattet und schließlich bestimmt worden: die Politik der Einschüchterung durch Gewaltdrohung, Straßenterror und politischen Mord war ein entscheidender Faktor bei der fast kampflosen Kapitulation der Republik.

In der Anfangsphase von Spartakus zum mitteldeutschen Aufstand (1920) und den Unruhen in Sachsen und Thüringen (1923) trat die linksradikale Systemkritik und Revolutionsagitation hervor. Auf der intellektuellen Szene der keineswegs »goldenen« zwanziger Jahre dauerte sie in Verhöhnungen der Republik auch von links fort. Aber die demonstrativsten Akte der Gewalt und die Philosophien des Terrors kamen aus dem nationalistischen Rechtsextremismus, vor allem aus den Geheimbünden der Freikorps- und Femebewegung, die zum Teil in die Kampforganisationen der NSDAP einmündeten; es gibt eine Kontinuität bis hin zur Errichtung der ersten Konzentrationslager durch die SA 1933 und ihre weitere Perfektionierung durch die SS, zu den Kommandanten der Vernichtungslager des Dritten Reiches. Es war das nationalistisch oder militaristisch motivierte und ideologisierte Gewaltdenken, das den Kampf gegen Rechtsstaat und Demokratie in der Weimarer Republik antrieb: Ihr Fanal waren die Morde am radikalen politischen Gegner, an Rosa Luxemburg und Karl Liebknecht (15. 1. 1919), aber auch an den Repräsentanten des demokratischen »Systems« – an Matthias Erzberger (26. 8. 1921) und Walther Rathenau (24. 6. 1922).

Der »Germanenorden«, dem die Erzberger-Mörder angehörten, besaß die Verpflichtungsformel: »Ich gelobe, dem obersten Leiter der Organisation und meinem Vorgesetzten unbedingten Gehorsam zu leisten und über alle Angelegenheiten der Organisation das strengste Stillschweigen zu bewahren. Verräter verfallen der Feme.« Die beiden Attentäter, arbeitslose Offiziere, hatten im verschlossenen Umschlag den Befehl erhalten: »Gemäß der in der Leitung stattgefundenen Auslosung wurden Sie dazu bestimmt, den Reichsfinanzminister a.D. Erzberger zu beseitigen. Die Art der Ausführung ist Ihnen zu überlassen. Vollzugsmeldung ist nicht zu erstatten.« Andere Sprache, andere Ideologie, aber gespenstische Parallele zum Terroristenmilieu unserer Tage: abgebrochene Offiziere statt Studenten, doch auch diese spielten ihre Rolle, von Rudolf Hess zu Baldur von Schirach. Das rechtsradikale Syndrom ist dem linksradikalen verwandt, ist totalitär, auch wenn das ideologische Vorzeichen und das politische Selbstverständnis der Terroristen nicht irrelevant sind. In der Situation von 1922 rief Reichskanzler Wirth vor dem Reichstag aus: »Dieser Feind steht rechts.« Heute kommt die Anfechtung vorwiegend von links, vor allem an den Universitäten.

Die Antwort der Demokratie im Republikschutzgesetz vom 21.7.1922, dem freilich Deutschnationale wie Kommunisten – und leider auch die Bayerische Volkspartei – nicht zustimmten, war aber zunächst durchaus konsequent. Es kam zumal in Preußen zu Rede-, Uniform- und auch »Berufsverboten«, an die sich die gegenwärtigen Kritiker im In- und Ausland erinnern sollten, wenn sie die Hilflosigkeit und Schwäche von Weimar beklagen und im Widerspruch dazu die vergleichsweise liberalen Abwehrmaßnahmen der Bundesrepublik verteufeln. (Damals freilich kamen solche Kampagnen gegen rechtsstaatliche Einschränkungen vornehmlich von rechts, heute von links: eine angeblich höhere Qualität des Linksradikalismus ist das fragwürdige Argument.) Die Republik vermochte jedoch der neuen pseudolegalen Taktik, die Hitlers Nationalsozialisten nach dem mißglückten Putsch von 1923 einschlugen, nicht mehr wirksam zu begegnen, sobald die Wirtschaftskrise (seit 1929) erneut die Anhängerschaft des Rechtsradikalismus anschwellen ließ. Rechtzeitige Bekämpfung *vor* der Ausweitung des extremistischen Potentials von elitären Kadergruppen zur »Bewegung« – das ist die aktuelle Lehre. Es besteht wenig Zweifel, daß übergroße Liberalität und falschverstandene Toleranz die Bevölkerung verunsichert und schließlich zu opportunistischer Anpassung getrieben haben. Auf diese Weise wurden die Abwehrbereitschaft der Demokraten entscheidend geschwächt und die totalitäre Überwältigung der Republik ermöglicht.

Daß aber die offen bekannte linksrevolutionäre Republikfeindschaft der Kommunisten zu dieser Schwächung entscheidend beitrug, wird heute gerne übersehen, wenn man die Lehren von Weimar erörtert oder gar behauptet, Weimar sei »kein Argument für Berufsverbote«, und die Gefahr für die Demokratie gehe stets von rechts aus.[1]

2.

Wohl war es die Kontinuität nationalsozialistischer und rechtsextremer Strömungen, die nach dem Ende des Dritten Reiches als innere Hauptgefahr der Zweiten deutschen Demokratie gelten mußte. Die kommunistische Gefahr kam zunächst »nur« von außen, war mit der Präsenz der Roten Armee im Osten Deutschlands und Europas gegeben: auf der Tagesordnung standen Abwehr und Überwindung des Neo-Nazismus. Zugleich wuchs die Erwartung, daß die Integration in den demokratischen Westen die traditionellen Formen nationalsozialistischer oder totalitärer Ideologien mit ihrem gewalttätigen Durchsetzungs- und Ausschließlichkeitsanspruch ablösen, ein ausgewogeneres Politikverständnis einbürgern könnte.

Seit dem Ende der Ära Adenauer, deren Bedeutung nicht zuletzt in der Absorption potentieller Extrembewegungen rechtsradikal-nationalistischer Orientierung bestand, machten sich antiparlamentarische und antidemokratische Tendenzen jedoch zunehmend unter linksideologischen und neomarxistischen Vorzeichen geltend. Auch der Begriff der »Befreiung« entfaltete wieder seine emotionale Wirkung: statt der Befreiung von Versailles und vom internationalen Finanzkapital nun die von Imperialismus und Kapitalismus.

Die Ursachen dieses Umschlags der sechziger Jahre sind

gewiß vielschichtig: unter ihnen die Erschütterung des Modells der amerikanischen Demokratie im Verlauf des Vietnamkonflikts; die scheinbare Abschwächung des Kalten Krieges als Orientierungsrahmen westlich-liberaler Demokratie; die revolutionären Emanzipationswellen zumal in der dritten Welt und ihre inspirierende Wirkung auf westliche Intellektuelle und wachsende Studentenmassen. Schließlich brachten Generationswechsel und weltweite Revolutionsromantik eine Neubelebung besonders auch älterer deutscher Philosopheme mit sich, die zur Rechtfertigung von Gewalt als Motor des Geschichtsprozesses dienen konnten: von Hegel über Marx zur kritischen Theorie und zum Neomarxismus. Die deutsche Linksrenaissance konnte an eine internationale Szenerie anknüpfen, die anders als 1918 fast durchweg von linken Versionen antidemokratischer Dynamik bewegt wird. Die »faschistischen« Richtungen waren dagegen rückläufig, und auch ihre südeuropäischen Stützpunkte in Portugal und Spanien verschwanden, so gewiß dorthin weiterhin ein Nachholbedarf an gesellschaftlichen Ausgleichsprozessen besteht.

In der Tat ist der neue Terrorismus eindeutig linksgerichtet und trotz manchen unorthodoxen Variationen ganz wesentlich marxistisch-leninistisch fundiert. Um dies zu verschleiern, hat man ihn auch als »linksfaschistisch« bezeichnet und bestätigt damit unfreiwillig doch den totalitären Charakter des Gewaltdenkens überhaupt, in dem rechts und links durchaus vergleichbar sind. Die Freikorps- und Feme-Mentalität der Weimarer Zeit bis hin zum berüchtigten Mord von Potempa 1932 – mit dem Solidaritätstelegramm Hitlers an die Gewalttäter, das alle Legalitätsbeteuerungen Lügen strafte[2] – zeigt eine ähnliche Mischung von ideologischem Fanatismus und politischer Verworrenheit wie die Terrorbanden unserer Tage und ihre »Sympathisanten«, und der Slogan von der Zerschlagung des bürgerlichen und kapitalistischen Systems kam den Rechtsradikalen so laut von den Lippen wie den Linksradikalen. Das Gemeinsame im totalitären Verständnis von Macht und Gewalt bleibt unbestreitbar: das zutiefst Antidemokratische und Rechtsfeindliche erscheint häufig auswechselbar. Man denke an die Verwandlung des Sozialisten Mussolini zum Faschisten, an seine und Lenins Bewunderung für die Gewaltphilosophie George Sorels, an den Nationalbolschewismus, aber auch an das linke Interesse für die (rechtsdiktatorische)

Freund-Feind-Philosophie Carl Schmitts, ihren Antiparlamentarismus und Antipluralismus.[3] In den Systemüberwindungsvisionen der neuen Linken ist die westliche Demokratie als »spätkapitalistisch« und »spätbürgerlich« zum Untergang verurteilt.

Dabei besitzt die deutsche Variante der Gewaltideologie ihre eigenen Formen und Ausprägungen. Es ist kein Zufall, daß auch die beiden anderen großen Besiegten des zweiten Weltkriegs, die neue Demokratien aufgebaut und die Erbschaft der Diktatur zu überwinden versucht haben, von der jüngsten Zuspitzung der Gewaltbewegung auf je besonders prekäre Weise betroffen sind: Italien und Japan erleben besonders radikale Systemfeindschaft. In der Bundesrepublik ist die Erbschaft der Weimarer Republik und des Dritten Reiches in einem noch immer labilen Selbstbewußtsein wirksam geblieben, dem eine abstrakt-ideologische und perfektionistische Form des Extremismus gegenübersteht. Nach der Staatshypertrophie die Staatsfeindschaft – das war die tiefere Konsequenz der Diktatur in jenen drei Ländern; sie wirkte der Regeneration eines sicheren Staatsbewußtseins entgegen und behinderte vor allem im gespaltenen Deutschland eine Verankerung demokratisch-nationaler Wertorientierung. Mit dem Schwinden antikommunistischer und antitotalitärer Vorbehalte fielen die Hemmungen vor einer Re-Ideologisierung, die nach dem kurzen Zwischenspiel der NPD (1967–69) fast ausschließlich von links erfolgte.

In dieser Lage sieht sich die Bundesrepublik zwei großen Herausforderungen gegenüber. Ob und wie sie diese zu bestehen vermag, könnte über die Existenz der zweiten Demokratie in Deutschland entscheiden. Ihre oft bewunderte Stabilität findet sich angefochten durch Kräfte der Selbstzerstörung von innen und des Mißverstehens von außen. Empfindlich für die Schatten der Vergangenheit, abhängig von den politisch-militärischen und wirtschaftlichen Konstellationen im Ost-West- und Nord-Süd-Konflikt, wird die neue Demokratie heute auf eine prinzipiellere Weise bedroht als je seit 1945. Über ihrem Bild im Ausland lasten nach wie vor die Schatten der rechtstotalitären Herrschaft Hitlers, ihr inneres Selbstverständnis wird vom vehementen linkstotalitären Faschismusvorwurf getroffen. Sie kann nur bestehen, wenn die Verfassung der wehrhaften Demokratie, die aus der Erfahrung der Katastrophe von 1933 geschaffen wurde, konsequenter als bisher und unbeirrt von linksradikalen Kampagnen zugunsten von Systemgegnern verwirklicht und dadurch verhindert wird, daß abermals die Demokratie pseudodemokratischer Unterhöhlung und revolutionär-utopischer Propaganda zum Opfer fällt.

Gewiß steht Bonn nicht unter ähnlich bürgerkriegsförmigen Belastungen. Aber der Kampf gegen »das System« von Weimar war vor allem deshalb erfolgreich, weil es gelang, dieses als bloßes schwächliches Intermezzo zu diffamieren. Im Kampf gegen die Bundesrepublik könnte deren pseudowissenschaftliche Entlarvung als »strukturelle Gewalt« und die Rechtfertigung von »Gegengewalt«, in der sich Intellektuelle und Rechtsanwälte mit Terroristen finden, eine ähnlich auflösende Wirkung entfalten. Von der Regelverletzung über die Rechtsverletzung zur terroristischen Aktion führt der Weg, auf dem die »Herrschenden« (maoistisch) als Papiertiger und (marxistisch) als Charaktermasken (so auch Dutschke) verunsichert, der Rechtsstaat als bloßer Popanz ad absurdum geführt werden soll. Es ist an der Zeit, sich auf die unerbittlichen Lehren von Weimar zu besinnen: daß gerade auch der demokratische Staat seine Kompetenzen voll ausschöpfen muß, und daß die stets gegenwärtige totalitäre Versuchung, komme sie von rechts oder von links, nicht als jugendliche Torheit oder Idealismus, auch nicht als unpolitische Kriminalität abgetan werden kann, soll die Grundlage unseres Staates, der antitotalitäre Konsens der freiheitlich-rechtsstaatlichen Demokratie, erhalten bleiben.

7. Terrorismus und Totalitarismus

1.

Die Bundesrepublik steht unter zwei großen Erfahrungen, die sie wesentlich geprägt haben: die Zerstörung der Weimarer Demokratie durch die nationalsozialistische Machtergreifung 1932/33, und die Errichtung einer zweiten Diktatur im Osten Deutschlands nach 1945. In beiden Fällen handelte es sich um die Durchsetzung einer Einparteienherrschaft mit totalitärem Anspruch. Der Totalitarismus von rechts *und* von links war die grundlegende Erfahrung, und daraus folgte, daß das Selbstverständnis der zweiten deutschen Republik auf einem offenen Demokratiebegriff beruhte und sich Verfassungsinstitutionen schuf, die gegen totalitäre Tendenzen schützen sollten. Die Entstehung des Grundgesetzes wurde von diesem Grundkonsens aller tragenden politischen Kräfte bestimmt. Eine Wiederholung der Weimarer Katastrophe zu hindern erforderte vor allem, daß es nicht mehr zu jener Aushöhlung der Demokratie durch die Polarisierung und die Obstruktion antiparlamentarischer Bewegungen kommen konnte, und schließlich zu jener »unechten Mehrheit« von rechts- und linkstotalitären Diktaturparteien, deren Gemeinsamkeit nur noch im Sturz des freiheitlichen Rechtsstaats bestand.

Aber dazu genügte nicht eine antifaschistische Orientierung: sie konnte sogar irreführend wirken (wie in der SBZ und DDR), wenn sie nicht von einem Demokratieverständnis getragen war, das beiden Bedrohungen entgegenstand: der erneuten Selbstzerstörung auf pseudodemokratischem Wege wie 1933 und einer Linksdiktatur nach volksdemokratischem Muster, wie sie im Namen des Antifaschismus unter dem Schutz der Roten Armee betrieben wurde. Dieser doppelten Gefährdung zu begegnen, hieß das Totalitäre im Rechts- wie im Linksradikalismus zu erkennen und zugleich den Verführungen eines geschlossenen Demokratiebegriffs widerstehen.

Vor diesem Hintergrund mußte es von schwerwiegender, das Selbstverständnis der Bundesrepublik treffender Bedeutung sein, wenn der Totalitarismusbegriff in der wissenschaftlichen und öffentlichen Diskussion durch den Faschismusbegriff ersetzt wurde, wie dies im Laufe der sechziger Jahre weithin geschah[1]. Das war mehr als ein akademischer oder publizistischer Streit um Begriffe, wie herablassend höhnisch gespottet wird, während man sich dem Geist und der Sprache der Zeit anpaßt. Es war ein Politikum von erstrangiger psychologischer Bedeutung, und es konnte einer Verschiebung der politischen Maßstäbe und Werte, einer wahrhaften Systemveränderung Vorschub leisten. Gleichzeitig mit dem Marsch durch die Institutionen begann ein Marsch durch die Wörter.

Die Ersetzung oder Verdrängung des antitotalitären durch das antifaschistische Verständnis der Demokratie ermöglichte es auch liberalen Meinungsträgern, auf marxistisch-kommunistische Denkformen einzuschwenken. Faschismustheorien wurden die große Mode, die Sowjetformel vom »deutschen Faschismus« wurde weithin nachgeredet, und die Generalisierung des Faschismusbegriffs erfolgte auf Kosten der Unterscheidung zwischen totalitärer und demokratischer Politik. Die geistigen Folgen sind unübersehbar. Denn hier geschah zugleich ein allmählicher Abbau jener Hemmungen und Schutzvorkehrungen der »wehrhaften Demokratie«, die Staat und Gesellschaft vor neuen Polarisierungen und extremen Ideologisierungen bewahren und verhindern sollten, daß die pluralistische Demokratie wieder in den Bann jener undemokratischen Alternative geriet, von der sie einst betört und zerstört wurde: jener vorgeblich einzigen Alternative »Kommunismus oder Faschismus«, also links- oder rechtsradikale Lösung, auf die so viele Zeitgenossen der dreißiger Jahre hereinfielen[2].

Das Entscheidende an der Verfemung oder Tabuisierung des Totalitarismusbegriffs und der Renaissance des Faschismusslogans auch in der ernsthaften Literatur scheint mir nun, daß die demokratischen Bewegungen der sechziger und siebziger Jahre sich ihrer in doppelter Weise zu bedienen vermochten: zur hyperkritischen Verdächtigung des parlamentarischen Repräsentationsprinzips durch antikapitalistische Verschwörungstheorien und zur Etablierung einliniger, neototalitärer Denk- und Handlungsweisen, wie sie in das Umfeld speziell deutscher Gewalttheorien oder jedenfalls in den sie tragenden Hintergrund gehören. Neben der Verschärfung und Verabsolutierung der Kapitalismus- und Parlamentarismuskritik ist es das Herunterspielen der Unterschiede von Demokratie und Diktatur durch Herrschaftstheorien, in denen der Staat zum bloßen Instrument von Gruppen und Klassen und zum Inbegriff einer »strukturellen Gewalt« erklärt wird, gegen die unabhängig von demokratischen Regeln und rechtsstaatlichen Institutionen die Legitimität von »Gegengewalt« als demokratisch im höheren Sinne propagiert wird. Das geschieht nun seit mehr als einem Jahrzehnt vornehmlich im Namen jener Begriffe, die dem Kampf gegen »den Faschismus« zumal im marxistischen Sinne zugeordnet, aber gegen die westliche Demokratie gewendet werden und große Wirkung auf einen weiteren Kreis sich radikaldemokratisch verstehender Meinungsträger erzielen: Sie verabsolutieren den Kampf gegen Kapitalismus, Kolonialismus, Imperialismus, Rassismus, gegen Phänomene also, die zweifellos Kritik herausfordern; sie wenden sie aber im Sinne einer *totalen* Feindideologie gegen die bestehenden freiheitlichen Demokratien[3].

Die Eliminierung des Totalitarismusbegriffs ermöglicht es dabei, dieselbe Herrschafts- und Unterdrückungspolitik in linken, zumal kommunistischen Regimen zu ignorieren, sobald diese sich als antifaschistisch und sozialistisch bezeichnen. Wie der Freiheitsbegriff in den Befreiungsbewegungen der Dritten Welt nichts über deren demokratischen oder diktatorischen Charakter aussagt, so eignet sich auch der Sozialismusbegriff in diesem Sinne zur Rechtfertigung oder Kaschierung fast jeder beliebigen Ideologie- und Herrschaftsform. Mit dem Kriterium der Diktatur und des Totalitären fielen hier die grundlegenden Unterscheidungsmerkmale im Hinblick auf Machtkontrolle und Machtstrukturen: es fiel die Barriere zwischen freiheitlichem und totalitärem Demokratiebegriff.

Auch innenpolitische Begleiterscheinungen der wohl unumgänglichen Entspannungspolitik gehören zu dieser Erosion des Demokratiebegriffs. Gewiß nicht notwendig, wie die Entwicklung etwa in den USA oder England beweist. Aber das gespaltene Deutschland befindet sich in einer besonderen Lage. Und es konnte leider eine ideologisch-intellektuelle Kehrseite der Entspannungspolitik sein, daß von vielen Publizisten geflissentlich die antidemokratischen Wesenszüge des Kommunismus übersehen, in den Hintergrund gedrängt wurden: der Totalitarismus-Vorwurf wurde dann als unpassend empfunden, ja er schien eigentlich nicht mehr zuzutreffen, wenn ein entscheidender

»Wandel durch Annäherung« möglich sein sollte und sogar zum begeisternden Fortschrittswert wurde, wobei man sich auf gewisse Veränderungen und Auflockerungen berufen konnte. Aber das Fehlen freier Wahlen, eines Mehrparteiensystems, der Gewaltenteilung durfte dann nicht mehr als entscheidendes Kriterium gelten. Diese Grundprinzipien und Hauptmerkmale der freiheitlichen Demokratie verloren damit allmählich ihre fundamentale Bedeutung als positive Leitbilder für die politische Bildung und das politische Engagement der Jugend: ja sie selbst gerieten nun ihrerseits unter Ideologieverdacht und rigorose Totalkritik, wurden abschätzig als Formaldemokratie oder gar als »FDGO« ironisiert. Die Kampagne gegen »Berufsverbote« führt man mit dem auf den Kern unserer Verfassung, die freiheitlich demokratische Grundordnung, zielenden Slogan an Universitätswänden: »Keine Zwangsverpflichtung auf die FDGO!« Verhöhnung des Grundgesetzes verbindet sich mit böswilliger Anspielung auf nationalsozialistische Gewaltpolitik, die »Faschisierung« der Bundesrepublik gilt als ausgemacht.

2.

Was heißt nun hier totalitär? Und von welchem »totalitären Syndrom« ist zu reden, wenn die Bedeutung jener Entwicklung für die Gewaltdiskussion im demokratischen Westen zu beurteilen ist? Gegen alle modischen Verdrängungen der letzten 20 Jahre scheint mir meine Definition von 1957 immer noch gültig: Eine totalitäre Denk- und Herrschaftsform verneint prinzipiell »die Existenzberechtigung verschiedener, miteinander konkurrierender politischer Gruppen und Willensäußerungen und ebenso den Autonomieanspruch außerpolitischer Lebensbereiche und Kultursphären. ... Alles soll einem geschlossenen, unbedingt verbindlichen politischen und weltanschaulichen Staats- und Gesellschaftsverständnis zugeordnet und dienstbar gemacht werden. ... Es stützt sich auf eine militante Ideologie, die gleichsam als Ersatzreligion, als Heilslehre mit politischem Ausschließlichkeitsanspruch die Unterdrückung der Opposition und die totale ›Ausrichtung‹ des Staatsbürgers sowohl historisch wie zukunftsutopisch zu begründen und zu rechtfertigen sucht ...«[4]

Das Wesentliche ist die verführerische, aber durchaus gewalttätige Fiktion einer völligen Identität von Volk und Führung, ja von Idee und Wirklichkeit, vor der alle Unterscheidungen zwischen Demokratie und Diktatur verblassen. Nun haben die Totalitarismustheorien, die in verschiedener Prägung seit 55 Jahren vertreten werden, gewiß ihre kritisierbaren Schwächen, wie übrigens alle politischen und sozialen Theorien, die über die bloße Beschreibung hinausgehen. Aber ebenso gewiß gibt es nach wie vor, auch nach Hitler und Stalin, das Phänomen totalitärer Herrschaftsansprüche und die Neigung zum Totalitären, gibt es die totalitäre Versuchung, wie sie jüngst wieder in dem gleichnamigen Buch von Jean François Revel (La tentation totalitaire, 1976) als weltweites, auch französisches Problem, besonders der Linken, beschrieben wurde. Die Theoriekritik liefert häufig nur einen Vorwand für Begriffs- und Argumentationsverbote, wie dies in weiten Kreisen bei Intellektuellen, in Universitäten und Literatur anzutreffen ist, seitdem die »neue Linke« den Begriff des Totalitären historisch falsch zur Ausgeburt des Kalten Krieges erklärt hat. Weit über ihre Anhänger hinaus hat diese These ein oft gedankenloses Echo gefunden, weil sie entspannungsfreundlich schien, vom unbequem gewordenen Vorwurf des Antikommunismus befreite und geradezu ein Alibi für Fortschrittlichkeit bildete.

Wir beobachten also einen zweifachen Zusammenhang zwischen der Totalitarismusproblematik und der Verbreitung von Gewaltlehren. Zum einen die Aushöhlung der Abwehrbereitschaft, indem die rechtsstaatlichen Grundlagen als bloße »Formaldemokratie« abgewertet werden, ihr antitotalitärer Grundzug verkannt wird – im Namen politischer Opportunität, sozialer Wandlungen und eines Prozeßdenkens, das im sozialwissenschaftlichen Gewand die Relativierung politisch-moralischer Maßstäbe bewirkt. Zum anderen aber: die tatsächliche Anwendung totalitärer Denk- und Verhaltensweisen in der Begründung und Rechtfertigung von Gewaltphilosophien, auf die man sich im Namen einer Identität von Theorie und Praxis, der wahren Volksherrschaft oder totaler Herrschaftslosigkeit im scheindemokratischen, utopischen Sinne beruft. Beides greift dabei ineinander: intellektuelle Nachgiebigkeit und Kult der Aktion. Durch die Machtergreifungen unseres Jahrhunderts seit Lenin, Mussolini und Hitler haben wir erfahren, und die Analysen von Hannah Arendt bis Leonard Schapiro verdeutlichen es: Gewalt und Terror, in welchem ideologischen Gewande auch immer, sind integrierender Bestandteil totalitärer Bewegungen und Regime; und jeder politische Terror enthält totalitäre Wurzeln und Motive. Terroristische Mentalität richtet sich auf die völlige Vernichtung des politischen Feindes, des Kompromisses und des Rechtsstaates, und zwar mit allen Mitteln; sie bedarf dafür jener Formeln der terribles simplificateurs, die eine einzige Lösung für alle Probleme verheißen: die totalitäre Versuchung in einer komplizierten Welt, die totalitäre Erlösung.

Wir sind damit bei der Frage nach dem »totalitären Syndrom«, das die Entbindung der Gewalt und ihre Rechtfertigung ermöglicht, ja gebietet. Über die soziologischen und psychologischen Aspekte der Gewalt- und Terrorentwicklung hinaus geht es hier im besonderen um die politischen und ideologischen Komponenten. Auch dabei scheint mir eine gefährliche Tendenz zu bestehen, den politischen Gehalt und die ideellen Ziele totalitärer Bewegungen zu unterschätzen. Es waren die Verkennung des rassenideologischen Kerns und die Unterschätzung des revolutionären Anspruchs, das Nicht-Ernstnehmen seiner Gewaltbekenntnisse, die dem Nationalsozialismus die pseudolegale Revolution und die Sympathie breiter Schichten erst ermöglicht haben. Und es ist die Bagatellisierung oder »humanistische« Verkleidung und Verklärung der leninistischen Machtergreifungsphilosophie mit ihrer Vergewaltigung der Mehrheit und der Vernichtung jeder Opposition, die dank dem Reiz einer vagen endzeitlichen Zielidee selbst gutbürgerliche Intellektuelle bis heute täuscht. Dazu kommen die aktionistischen Thesen des Maoismus und der Guerillaliteratur. Der internationale Zuschnitt, der linkskommunistischen von rechtsnationalistischem Radikalismus unterscheidet, hilft die Revolutionserwartung selbst in Ländern zu entfachen, in denen nicht die geringste »revolutionäre Situation« besteht. Das Gewalt-Moment kommt im erklärten Bemühen der kommunistischen Weltbewegung um die Schaffung einer »politischen *Armee* der sozialistischen Revolution« zum Ausdruck (wie überhaupt im militaristischen Tenor der kommunistischen Terminologie); es wird im Selbstverständnis der RAF als einer »Fraktion« der Roten Armee unterstrichen. Auch der weltweite Slogan vom »Kampf für den

Frieden« betont und legitimiert in allererster Linie den *Kampf* in seiner Totalität, stellt den »Frieden« ins taktische Belieben der Revolutionsstrategie. So heißt es in Sagladins offiziösem Handbuch: »Heute ist für die kommunistischen Parteien der Kampf für Frieden, Demokratie und nationale Befreiung eines der wichtigsten Mittel, die Massen an die Revolution heranzuführen« (S. 36). Und so gilt auch die friedliche Koexistenz in marxistisch-leninistischer Sicht als eine spezifische Form des Klassenkampfes.

Das Nicht-Ernstnehmen der totalitären Substanz steht in seltsamem Widerspruch zu der bekannten, auch verständlichen Anziehungskraft gerade monolithischer Theorien oder Ideologien zumal auf die jüngeren Anhänger solcher Bewegungen. Es steht auch im Widerspruch zu der Bedeutung als Handlungsmotor, die solche Ideologien im Selbstverständnis und in der Selbstsuggestion ihrer Vertreter und Verkünder besitzen können. Die Weigerung, die gegenwärtige Gewaltbewegung und die ihr Nahestehenden politisch einzuordnen und ihre revolutionären Slogans ernst zu nehmen, für die sie zu allem, auch zum kollektiven Selbstmord bereit sind, widerspricht nicht nur politischer Erfahrung, sondern auch dem klaren empirischen Befund, den uns die erschreckenden Stellungnahmen aus dem linken Raum nicht zuletzt der Universitäten liefern.

Aber die heutige Zuordnung der linken Terroristen zur rechten Variante, die im Munde der Gegner des Totalitarismusbegriffs ohnehin merkwürdig klingt, verbietet sich auch deshalb, weil die Verbündeten und viele der Sympathisierenden dem linken Spektrum zugehören und sich ja schließlich auch selbst so bezeichnen. Im internationalen Maßstab wird das bei den Demonstrationen *für* die erklärt »Roten« Brigaden und Armeen, für Terroristen-Anwälte wie Croissant und seinen angeblichen Antifaschismus der Gewalt sichtbar. Als Mittel der »Befreiung« wird dabei die Bekämpfung des demokratischen Rechtsstaats auf unglaublich irreführende Weise dem Widerstand gegen autokratische Unrechtsstaaten gleichgestellt, wird mit der Manipulation des Antifaschismusbegriffs gar das klassische Widerstandsrecht beschworen, das doch Linksdiktaturen so wenig anerkennen wie Rechtsdiktaturen.

Was aber den zweiten Einwand angeht, den angeblich unpolitischen Charakter und die fehlenden Zielvorstellungen des

Terrorismus, so ist das Bekenntnis zum radikalen Sozialismus und Kommunismus laut und dauernd genug, und sehr viel Konkreteres über die Zukunft ist von Marx über Lenin bis Mao und Castro auch nicht gesagt worden. Die Vokabeln der Zerstörung, der totalen Feindschaft, der vernichtenden Kritik sind das Konkrete, Reale, während das Bild der Zukunft über allgemeine Beglückungsformeln hinaus auch im Marxismus alter wie neuer Lesart verschwommen, unverbindlich bleibt. Sollten die neolinken Autoren von Marcuse bis Guevara, Fanon und Marighella, auf die man sich beruft, sollten diese erklärten Antifaschisten und Marxisten letztlich Faschisten sein? Dann könnte man tatsächlich Faschismus- und Totalitarismusbegriffe synonym gebrauchen. Sie würden damit freilich rechte und linke Diktaturbewegungen umfassen, Faschismus *und* Kommunismus: der Feind bliebe die pluralistische, gewaltenteilige, rechtsstaatliche Demokratie. Aber das wäre gewiß nicht im Sinn jener neuesten Verkennung und Verschiebung der politisch-ideologischen Einordnung des Terrorismus. Man fühlt sich eher an die apologetischen Versuche erinnert, mit denen sich nach 1945 rechte Politiker wie Papen vom Nationalsozialismus distanzierten, indem sie ihn als links qualifizierten.

Die Feststellung einer marxistisch-leninistischen Wurzel des Terrorismus bedeutet weder eine generelle Diskreditierung »des« Marxismus in seinen höchst verschiedenartigen Ausprägungen noch auch eine Verkennung der ideellen Wurzeln der Arbeiterbewegung. Vielmehr war es die Leistung und Bedeutung der Sozialdemokratie, zumal der deutschen, durch ein freiheitliches und demokratisches Politikverständnis den Marxismus des Klassenkampfs und der Diktatur des Proletariats abzuwehren und trotz marxistischer Parteiprogrammatik eine parlamentarisch-demokratische Praxis zu entwickeln, die schließlich im Godesberger Programm auch ideellen Ausdruck gefunden hat. Diese freiheitliche Position gegen neomarxistische Strömungen und gegen einen totalitären Sozialismus zu sichern, ist die fortdauernde Herausforderung an die Sozialdemokratie. Sie verlangt die klare Abgrenzung gegen die leninistische Auffassung des Marxismus, die nach wie vor alle kommunistischen Parteien in Ost und West bestimmt. Als totalitäre Version des Sozialismus schon in der marxistischen Theorie potentiell angelegt und im Stalinismus verwirklicht[5], bildet der Leninismus eine wichtige Grundlage der linken Revolutions- und Diktaturbewegungen überhaupt. In diesem Sinne sind die Gewalttheorien unserer Tage ohne die marxistische Komponente nicht zu denken.

3.

Es bleibt uns noch ein Blick auf den Zusammenhang von Gewaltlehren und solchen Demokratietheorien, die beides zu gewährleisten versprechen: totale Freiheit und totale Vergesellschaftung. Auch hier liegt ein Symptom totalitärer Versuchung vor, wenn im Namen der Demokratisierung die menschliche Person und ihre Interessen übersprungen und eine vollkommene Vereinigung der Gegensätze von Individuum und Gemeinschaft, gleichsam die perfekte Sozialisation verheißen wird.

Es ist das Verhältnis von Konflikt- und Gewaltbegriff, um das es hier geht. Mit der Überbetonung des Konflikthaften auf Kosten des Institutionellen, einem Grundproblem des Demokratieverständnisses, werden Erwartungen geweckt, die sich schließlich gegen jede Art von Autorität und Herrschaft richten können. Und es werden dadurch Prozesse in Gang gesetzt, die zum Umschlagen von Konflikt- in Gewaltverhalten, von pluralistischem in totalitäres Politikverständnis führen können. Man überspielt dabei den fundamentalen Unterschied: die Demokratie lebt mit Konflikten, in der Diktatur werden sie mit Gewalt eliminiert. Darauf deutet auch unsere Erfahrung der letzten Jahre: der Durchbruch extremistischer und terroristischer Impulse zumal an den Universitäten und in einigen Bürgerinitiativen, die Steigerung von der sogenannten Regelverletzung zur Rechtsverletzung und zur direkten, militanten Aktion – alles im Namen der Demokratisierung.

Solches konfliktüberschreitende Denken und Verhalten sucht innere Rechtfertigung der Gewalt, indem es sich auf Heilslehren und Heilsgewißheiten beruft, die weltweit alle Probleme der Gesellschaft wie des Einzelnen zu lösen versprechen, auf Fortschritt und Emanzipation, auf universalen Sozialismus und totale Demokratie. Zumal der kommunistische Marxismus rechtfertigt ja seinen Totalanspruch aus der angeblich wissenschaftlichen, jedoch glaubensmäßig verfochtenen Gewißheit heraus, daß alle Geschichte auf seine Herrschaft zulaufe. Gewalt ist hier erlaubt und geboten, sofern sie diesem Prozeß dient, nicht mehr und nicht weniger: so wie die ideologischen Autoritäten bestimmen. An ihrer Spitze Lenin, der es zur internationalen Pflicht der Kommunisten erklärt hatte, »ein Höchstmaß dessen [zu tun], was in einem Land für die Entwicklung, Unterstützung und Entfachung der Revolution in allen Ländern durchführbar ist« (Werke 28, S. 293).

Anders als im Faschismus spielen dabei außenpolitische Gewaltanwendung und offener Krieg zunächst nicht die primäre Rolle, wird totale Abrüstung propagiert. Im Unterschied zum Rechtsradikalismus spricht der Kommunismus beständig vom Frieden in aller Welt. Freilich auch von der Weltrevolution und also vom Schüren des Feuers der Gewalt in anderen Ländern. Aber im Grunde ist alles Welt-Innenpolitik und ein einziger Prozeß der Vorbereitung und Förderung revolutionärer Situationen.

Was im Faschismus und Nationalsozialismus die pseudolegale Revolution ist, bedeutet im Kommunismus, »daß die politischen Formen der bürgerlichen Demokratie im Interesse revolutionärer Kräfte genutzt werden können« (Woslenskij 852). Durchaus vergleichbar bleibt jedoch, daß in beiden Fällen Gewaltanwendung ihre volle Legitimierung findet. Angesichts der erstrebten totalen Lösung kann es keine friedlichen Konflikte mehr geben und daher auch keine garantierten Regeln der Konfliktaustragung und des Konfliktausgleichs, der Streiks und der Opposition. Die angeblich höhere und stärkere Ordnung, durch Gewalt und notfalls Terror erzwungen und aufrechterhalten, spiegelt das Trugbild einer scheinbar endgültigen Harmonie vor, welches den konfliktreichen pluralistischen Demokratien gegenübergestellt wird. Es widerspricht aber unser aller Einsicht in die Vielfältigkeit und Komplexität menschlicher Existenz und ist auch als Utopie nicht Fortschritt zur Freiheit, sondern Rückfall in Willkür und Despotie, Abwendung von der geschichtlichen Zivilisierung der Gewalt.

4.

Es gibt einen grundlegenden Aspekt der Frage nach der Entstehung und Entfaltung von Extremismus, von Gewalt: die Bedeutung bestimmter Begriffe im Zusammenhang mit dem Prozeß einer Re-Ideologisierung des gesellschaftlichen und politischen Denkens in den vergangenen anderthalb Jahrzehnten. Der enge Zusammenhang von Sprache und Politik tritt im Verhältnis von Terrorismus und Totalitarismus deutlich hervor. Ich nenne zum Schluß sieben Punkte:

1. Politischer Terrorismus ist eine Form und Methode des politischen Extremismus, auch wenn er sich im Verlauf der Aktivität von politischen Organisationen lösen und von diesen verleugnet werden mag.

2. Politischer Extremismus enthält eine totalitäre Wurzel und Tendenz, sofern er die einlinige Gesamtlösung aller politischen Probleme verspricht und mit allen Mitteln durchzusetzen sucht.

3. Die Infragestellung des Totalitarismusbegriffs und seine Ersetzung durch einen uferlos ausgeweiteten Faschismusbegriff führte in den letzten 10 bis 15 Jahren dazu, den grundlegenden Unterschied zwischen Demokratie und Diktatur zu verwischen und ihn durch absolut gesetzte Alternativformeln wie Sozialismus versus Faschismus zu ersetzen.

4. Damit wird die fundamentale Verwandtschaft extremistischer Organisations- und Verhaltensweisen von rechts oder von links geleugnet, aber im Widerspruch dazu linke Gewaltanwendung als »faschistisch« deklariert – und damit doch eine Austauschbarkeit von Links- und Rechtsextremismus impliziert.

5. Die Tabuisierung des Totalitarismusbegriffs wird scheinwissenschaftlich begründet, indem man sich mit äußerster Entrüstung gegen einen Vergleich von links und rechts, von braun und rot überhaupt wendet; man verweist dabei auf inhaltliche Unterschiede in der Ideologie und Zielsetzung, in der sozialen Form und im vorgeblich humanistischen Gehalt der Politik.

6. Demgegenüber werden jene gemeinsamen Merkmale totalitärer Politik vernachlässigt oder geleugnet, die für die betroffenen Menschen von weitaus größter Bedeutung sind: die Methoden des politischen Kampfs, ob nun mit offener Gewalt

oder im Gewand der Pseudolegalität; die Ausschließlichkeit des Wahrheits- und Herrschaftsanspruchs; der monolithische Charakter der Ideologien; die Verheißung totaler Lösungen für alle Probleme; die Destruktion des Individuums als Person und die Fiktion eines neuen Menschen, der gleichgeschaltet in der Gemeinschaft oder Gesellschaft aufgeht; der Traum einer totalen Befreiung durch Erzwingung der totalen Identität von Regierten und Regierung, Bürger und Partei, Volk und Führung; und die prinzipielle Unmöglichkeit gesicherter Kritik und Opposition.

7. Die Aktualität und Explosivität dieses Zusammenhangs von Terror und Diktatur besteht darin, daß wir auch nach dem Ende der Hitler- und Stalin-Regime mit immer neuen Formen der totalitären Versuchung, des totalitären Impulses in extremistischen Gruppen rechnen müssen. Das ist nach wie vor unter rechts- wie unter linksradikalen Vorzeichen möglich. Dagegen spricht weder die scheinbar definitive Widerlegung des Faschismus und Nationalsozialismus in der Katastrophe von 1945, noch auch die Wandlung des Kommunismus im Zeichen der »friedlichen Koexistenz«, die doch erklärtermaßen keine ideologische Koexistenz, keine Beendigung der Konfrontation von demokratischem und totalitärem Politikverständnis bedeutet. Hier liegen weiterhin die Ansatzpunkte, aus denen die modernen Radikal- und Gewaltbewegungen erwachsen sind. Die großen Weichenstellungen seit 1917 reichen in unsere Gegenwart. Wir haben erlebt, wie rasch sich Studentenbewegungen, Neue Linke und Terrorismus daran entflammen konnten. –

Auch wenn die Größenverhältnisse der radikalen und terroristischen Strömungen von links und rechts in der Bundesrepublik unbedeutend erscheinen, so bleibt es ein Gebot der Wachsamkeit, das Selbstverständnis der wehrhaften Demokratie ernst zu nehmen. Zu ihrer geistigen Basis gehört das Bewußtsein der Bürger, daß die stets gegenwärtige totalitäre Bedrohung nicht bagatellisiert werden darf, und daß die Mittel zur Abwehr und Überwindung voll genutzt werden müssen: die verfassungs- und staatspolitischen Grundsätze wie das Bestehen auf einem antitotalitären Verständnis vom Wesen und der Substanz freiheitlicher Demokratie. Der Gebrauch der Sprache und der Begriffe spielt dabei eine mitentscheidende Rolle. Von ihm hängt auch die wirksame Auseinandersetzung mit den geistigen Ursachen des Extremismus und Terrorismus in unserer Gesellschaft ab.

II

Konturen des Jahrhunderts

1. Seit 1917: das Zeitalter der Ideologien

I.

Die Geschichte des 20. Jahrhunderts ist eine Geschichte der großen Brüche und Umwälzungen: beklagt als Zeit der barbarischen Rückfälle und Katastrophen, aber auch gepriesen als Zeit unerhörter Fortschritte, der gewaltigen historischen Sprünge.

Darüber wird oft vergessen, welch tiefe Kontinuität unsere Epoche bestimmt. Der Erste Weltkrieg bildet den großen Einschnitt, seine Problemstellungen und Konsequenzen sind bis zum heutigen Tage wirksam geblieben.

Dem Jahr 1917 kommt dabei entscheidende Bedeutung zu: mit ihm setzen Prozesse ein, in deren Verlauf die europäische Geschichte ihren Führungsanspruch verliert, aber in neuem Sinne weltgeschichtlich wirksam wird. Beim Rückblick auf die Spanne der sechzig Jahre seither tritt der Zusammenhang der Epoche mit unverminderter Aktualität hervor. Der Kriegsausbruch von 1914 markiert den Sturz Europas in die Selbstzerfleischung der Nationen, aber erst die großen Ereignisse von 1917, voran die Umwälzungen der Russischen Revolution und der entscheidende Eintritt der Vereinigten Staaten von Amerika in die Weltpolitik, stellen die Weichen zu jenen Konfrontationen, die unsere Zeitgeschichte seitdem bestimmen.

Hier nimmt ein ideologisch zugespitzter, politisch-historisch und sozio-ökonomisch begründeter Dauerkonflikt zwischen demokratischen, autoritären und totalitären Regimen seinen Ausgang. Die Außenpolitik der Staaten wird vom zunehmenden Gewicht der öffentlichen Meinung, der Parlamente, Parteien, Interessengruppen geprägt. Die *Open Diplomacy* des amerikanischen Präsidenten Wilson rückt an die Stelle der Kabinettsdiplomatie sowie der einzelstaatlichen Außenpolitik den neuen Gedanken der *internationalen* Beziehungen, die von inneren Stimmungen der Völker und übergreifenden Ideologien bewegt werden. Und die Revolutionierung der internationalen Politik, die Lenin und der Bolschewismus betreiben, sucht sich dieser Veränderungen zum Sturz der bestehenden Staats- und Gesellschaftsstrukturen zu bedienen – immer zugleich im Interesse Rußlands.

Aber auch die autoritär und totalitär regierten Staaten der Folgezeit nutzen jene neue demokratische Grundströmung, so wenig realdemokratisch ihre inneren Strukturen, ihre Praxis der Herrschaft durch Gleichschaltung auch sein mögen. Sie legen um der Festigung einer emphatisch beschworenen »Volksherrschaft« willen sogar besonderen Nachdruck auf die unlösliche Verflechtung von Innen- und Außenpolitik, sei es, daß sie die Manipulation und Mobilisierung der Bevölkerung zur Expansionspolitik betreiben, wie Faschismus und Nationalsozialismus; sei es, daß sie eine zunächst betont defensive Außenpolitik zur Durchsetzung der inneren Gleichschaltung sowie zur Infiltration der Politik anderer Staaten benützen, wie es über lange Perioden eine ostentative »Friedenspolitik« der Sowjetunion getan hat, die in allen Staaten eine ihr ergebene Partei besaß.

II.

In den Kontroversen und Konflikten der Gegenwart, die sich so stark als Wiederbelebung der ideologischen Gegensätze der zwanziger Jahre erweisen, werden trotz aller Veränderung der politischen Verhältnisse die großen Frontstellungen am Ende des Ersten Weltkrieges sichtbar. Die *drei welthistorischen Antworten* auf diesen Krieg lauteten: liberale Demokratie; Marxismus und kommunistische Diktatur; radikalnationalistischer Autoritätsstaat.

Diese Antworten verkörpern das Neue und doch längst Angebahnte: es sind Reaktionen auf die Herausforderungen nicht nur des Krieges, sondern weit darüber hinaus auch der industriellen Revolution, des Nationalismus sowie des Imperialismus – das heißt aller großen Triebkräfte der Epoche. Nicht das einfache Schema Revolution–Konterrevolution, mit dem zumal die marxistische Geschichtsdeutung arbeitet, sondern jene Trias der Antworten wird durch den Krieg in unsere Epoche transformiert – und bleibt bis zur Gegenwart bestimmend.

Die parlamentarische Demokratie gilt am Ende des Ersten Weltkrieges als der eigentliche, langerwartete Sieger; ihre Ausbreitung in den alten und neuen Staaten Europas erscheint als Verwirklichung auch der Ideen Präsident Wilsons, mithin der kriegsentscheidenden Interventionsmacht Amerika, realisiert im Selbstbestimmungsrecht und im Völkerbund der Nationen.

Der Marxismus wiederum wird durch die russische Oktoberrevolution zur Staatsdoktrin. Der Umsturz ist zugleich ein Putsch gegen das demokratische System, das in der Februarrevolution von 1917 zwar den Zarismus beseitigt, aber zugleich sein Unvermögen demonstriert hatte, den Krieg zu beenden und eine parlamentarische Republik zu organisieren.

Schließlich sind Faschismus und Nationalsozialismus das Ergebnis einer nationalen und autoritären Welle, die sich in den von Kriegs- und Nachkriegskrisen frustrierten Ländern, zumal in Italien und Deutschland, gegen die scheinbar siegreiche Demokratie wenden; für sie geht der Krieg weiter, ihre Allianz im Zeichen des Revisionismus und schließlich der Expansion sollte zwanzig Jahre später die Friedensordnung zu Fall bringen.

Diese drei Antworten auf den Krieg verkörpern aber auch drei große Mißverständnisse in der Deutung des Krieges: das autonomistische Mißverständnis der Demokratie erwartete den endgültigen Sieg der Selbstbestimmungs- und Menschenrechte; das kollektivistische Mißverständnis erblickte in Krieg und Krisen den unwiderstehlich sich ankündigenden Durchbruch eines künftigen Weltsozialismus; das nationalistische Mißverständnis schließlich sah darin den Vorboten für den Wiederaufstieg und die Vollendung des autarken Macht- und Gemeinschaftsstaates.

Den Mißdeutungen folgten schon bald die Enttäuschungen und Fehlreaktionen: die Demokraten zeigten sich irritiert, daß nationalstaatliche Selbstbestimmung und Völkerbund nicht funktionierten, vielmehr neue Probleme schufen; die Marxisten sahen sich in ihrer historischen Gewißheit zurückgeworfen, da die internationale Revolution ausblieb oder von der Bevölkerung nicht akzeptiert wurde; die Nationalisten ließen sich auf die grandiose Fehlrechnung eines Zweiten Weltkrieges ein.

In der Tat war die Verkennung der Realitäten und Wahrheiten des Ersten Weltkriegs nicht weniger bedeutsam als das Gewicht der wirklichen Veränderungen, die er hervorgebracht hat. Aber die drei welthistorischen Antworten von 1917/18 sind, auch nach dem Sturz von Faschismus und Nationalsozialismus, in den Herrschaftsformen des autoritären Nationalismus und der totalitären Regime bis heute präsent geblieben, ja erst weithin wirksam geworden: in der ersten, zweiten und dritten Welt von heute. Diese Kontinuität zeigt sich im Anspruch auf die nationale Selbstbestimmung bei den einen, aber auch auf den kommunistischen Sozialismus als dem endgültigen Ziel der Geschichte bei den anderen, während beides weltweit dem Liberalismus und Kapitalismus entgegengestellt wird, wie er sich im westlich-amerikanischen Demokratiebegriff in zahlreichen Abstufungen herausgebildet hat. Was wir den »Kalten Krieg« nennen, heißt epochengeschichtlich die anhaltende Präsenz der Gegensätze von 1917 und ihrer Folgen.

III.

Blickt man auf die Epochendaten unseres Jahrhunderts, so tritt in eigentlich jeder Phase der enge Zusammenhang mit dem weltgeschichtlichen Einschnitt von 1917 hervor. Fünf Perioden sind besonders zu erwähnen:

1. Die revolutionären Nachkriegskrisen (1917–24), zumal in Deutschland, Österreich, Italien, Osteuropa und dem Balkan, bereiten den Boden für die Zerstörung Europas vor. Mit der faschistischen Machtergreifung in Italien, dem ersten großen Gegenstück zur bolschewistischen Machtergreifung in Rußland, zeichnet sich die moderne totalitäre Diktatur als neue Form politischer Herrschaft ab: der totale Machtanspruch eines Regimes im Zeichen linker oder rechter Ideologien und mit den Mitteln moderner Massenverführung, elaborierten Terrors sowie extremen Partei- und Führerkults.

2. Die Weltwirtschaftskrise (1929), die in Deutschland in die Machtergreifung des Nationalsozialismus (1933) mündet und zum Terrorregime der Hitlerdiktatur führt sowie die schon seit den zwanziger Jahren mit vergleichbaren Praktiken operierende Herrschaft Stalins vollenden diese Entwicklung. Aber zur gleichen Zeit zeigt der von Roosevelt ins Werk gesetzte *New Deal* in Amerika eine demokratische Alternative zu jenen totalitären Lösungen; sie sollte nach 1945 als die große Alternative zur kommunistischen Diktatur zum Zuge kommen.

3. Der Beginn des Zweiten Weltkriegs (1939), in dem sich zunächst die beiden totalitären Lager, Nationalsozialismus und Kommunismus, zum gemeinsamen Beutezug finden, wird von seinem Entfesseler Adolf Hitler als die große Fortsetzung des 1917 entschiedenen Krieges verstanden. Die zwanziger und dreißiger Jahre gelten ihm als bloße Zwischenkriegszeit, als trügerischer Scheinfriede in einem dreißigjährigen Ringen. Der drohende Untergang der liberalen Demokratie angesichts der totalitären Herausforderung durch Rassen- oder Klassendiktatur wird schließlich erst durch das erneute Eingreifen der Vereinigten Staaten in den Krieg aufgehalten.

4. Der Ausgang des Zweiten Weltkriegs verspricht eine neue Ära zu öffnen: Die Befreiung vom Faschismus und die Weltfriedensordnung der Vereinten Nationen scheinen die entscheidenden Zeichen zu setzen. In Wahrheit jedoch beginnt ein Zeitalter weltweiter Blockpolitik und Entkolonisierung, in der das gespaltene Europa endgültig vom Subjekt zum Objekt der Weltpolitik wird. Aber wie schon nach 1917/18 erweist sich die Kontinuität auch in den Wechselfällen dieser Nachkriegsphase als erstaunlich stark. Wiederum werden die Prophezeiungen von der Weltwende, vom Ende Europas und des Abendlandes, durch unvorhergesehene Ereignisse widerlegt. Es geschieht durch den kalten Krieg und die Rekonstruktion Westeuropas, die in der Form einer europäisch-atlantischen Einigungspolitik auch jenem 1914 begonnenen Vorgang der Selbstzerstörung Einhalt gebietet.

In der Renaissance der demokratischen Staatsform nach 1945 zeigt sich ein erstaunliches Maß an Beharrungskraft der europäischen Nationen über alle Katastrophen des Jahrhunderts hinweg, auch im Prozeß der Modernisierung und Integration. Europa wandelt sich zwar zu einem Teilsystem der Weltpolitik, »amerikanisiert« sich (im nicht sowjetisch dominierten Teil) und wird von außereuropäischen Mächten und Interessen abhängig. Aber es verkörpert in der Mehrzahl seiner westlichen Staaten, nicht zuletzt dank neuer Formen der Kooperation, eine Bastion der freiheitlichen Demokratie, die ihre Anziehungskraft auch auf die kommunistischen Systeme wie die national-autoritären Diktaturen der Dritten Welt nicht verfehlt. Die politisch-ideelle und die wirtschaftlich-soziale Lebenskraft der demokratischen Alternative bleibt präsent.

5. Kalter Krieg und dritte Welt bezeichnen die beiden großen Konfliktzonen der Entwicklung bis zur Gegenwart. Dabei kann die Zeit seit den sechziger Jahren als weiterer Epocheneinschnitt gelten. Seither jedenfalls bestimmen der Durchbruch der Unabhängigkeitsbewegungen und die Ansätze der Entspannungspolitik schließlich Kulturrevolution und ökonomische Krisenwellen, deren Zeugen wir sind, die historische Entwicklung.

IV.

Die tiefen Spaltungen, die Spannungen und Kontroversen der 1917 aufgerissenen Entwicklungslinien, die den großen Konstellationen und Ereignissen der sechs Jahrzehnte bis heute zugrunde liegen, werden vor allem in vier Problembereichen wirksam:

Europa und Amerika treten in ein neues Verhältnis. Der erste Weltkrieg hatte zunächst noch ganz im Zeichen von imperialem Wettkampf und Gleichgewicht der europäischen Mächte gestanden. Das Eingreifen der Vereinigten Staaten 1917 bedeutete die Wende. Der Sieg der westlichen Demokratie war im Augenblick des Triumphs jedoch schon existentiell angefochten: vom leninistischen Anspruch der Weltrevolution und vom Aufschwung der national-diktatorischen Bewegungen. Das scheinbar triumphierende demokratische System scheiterte vor dieser Doppelbedrohung nicht zuletzt deshalb, weil dieselbe Macht, die den Krieg von außen entschieden hatte, das Amerika Wilsons, sich vom alten Kontinent wieder zurückzog und die Europäer der Illusion einer Restauration der herkömmlichen Machtpolitik überließ.

Dieses Grundproblem der Zeit nach dem Ersten Weltkrieg wurde 1945 erneut akut, nachdem die amerikanische Kriegsbeteiligung wiederum eine entscheidende Rolle gespielt hatte. Das neuerliche Zögern der Vereinigten Staaten, sich in Europa zu engagieren und die Weltmachtrolle zu übernehmen, aktualisierte die einst nicht gelungene bolschewistische Revolutionierung Europas. Erst als die Sowjetunion ihren Herrschaftsbereich weit nach Mitteleuropa hinein ausgedehnt hatte, wurde die Konsequenz aus der Konstellation von 1917 gezogen: Atlantisches

Bündnis sowie europäisch-amerikanische Kooperation traten an die Stelle nationaler Machtpolitik alten Stils. Gleichzeitig freilich waren auch die beiden anderen Konsequenzen von 1917 unwiderruflich geworden: das Ende der Vormachtstellung Europas und der revolutionäre Anspruch der zweiten Außenmacht, der Sowjetunion.

Europa und die Revolution – das hieß nach 1917 den zunächst vergeblichen, doch in den starken kommunistischen Bewegungen Europas ständig präsenten Versuch, die liberale Demokratie zu stürzen, ein Versuch, der nicht wenig zum Aufstieg des Faschismus und Nationalsozialismus beigetragen hat. Die Zerstörung der Demokratie durch die gleichzeitigen Angriffe von links und rechts ist beispielhaft in der Auflösung der Weimarer Republik geschehen. Mit der Überwältigung Europas durch Hitler in den Jahren 1939 bis 1941 schien dieser Prozeß besiegelt: nur in England hielt die Demokratie noch stand. Diese Umwälzung schien auch der sozio-ökonomischen Wandlung, dem angeblichen Ende des bürgerlichen Zeitalters und des Kapitalismus zu entsprechen, das als unausweichlich von links und von rechts zugleich, von der kommunistischen und faschistischen Revolutionspropaganda, verkündet wurde.

Aber die Entwicklung nach 1945 ermöglichte, im Schatten der Konfrontation der Außenmächte Amerika und Sowjetunion, auch im gesellschaftlichen und ökonomischen Bereich die Wiederherstellung jener Kompromißstruktur zwischen den verschiedenen sozialen Gruppierungen, auf der die Renaissance der Nachkriegsdemokratie gründete: nun sogar ungleich stabiler als nach 1917. Die revolutionäre Situation war gebannt, soweit sie nicht von oben (durch die sowjetische Besatzung in Osteuropa) aufgezwungen wurde; auch die »eurokommunistischen« Versuche der letzten Jahre, mittels legaler Machtverschiebungen die »sozialistische Ordnung« durchzusetzen, bedeuten jedenfalls einen bezeichnenden Umweg zu einer Revolution, die anders offensichtlich nicht zu erreichen ist.

Das Verhältnis zwischen *Europa und der Welt* war nach 1917/18 vor allem durch die beginnende Krise des Kolonialismus gekennzeichnet. Die europäische Machtminderung wurde freilich verdeckt durch den Versuch der »verspäteten« Nationen, namentlich Italiens, Deutschlands und Japans, die Weltmachtstellung in neuem Anlauf zu erringen: ein Anlauf, dessen anachronistischen Zug der Ausgang des Zweiten Weltkriegs offenbar machte. Aber zugleich mit der Widerlegung der national-imperialen Macht Europas erfassen die Ideen Europas, seine politischen und ökonomisch-technischen Potenzen die gesamte Welt.

Der 1917 angebahnte Prozeß ist nach 1945, im Augenblick der äußersten Erschöpfung Europas, erst voll zur Wirkung gelangt; in der Modernisierung und Revolutionierung der übrigen Welt mit den Ideen und dem »Know-how« der westlichen Zivilisation, aber auch in der Ausbreitung des marxistischen Sozialismus über den halben Globus. Der »Untergang des Abendlandes«, den Oswald Spengler in seinem Buch von 1917 so wirkungsvoll pessimistisch prophezeit hatte, wird scheinbar bestätigt im Auftreten der cäsaristischen Diktatoren von Lenin und Stalin, Mussolini und Hitler bis zu den Diktatoren der dritten Welt wie Mao, Tito, Castro, Nasser oder Idi Amin; zugleich auch widerlegt im weltweiten Ausgreifen der westlichen Zivilisation.

Das *deutsche Problem* schließlich war auf doppelte Weise in der Konstellation von 1917/18 angelegt. Nachdem die Oberste Heeresleitung sogar wesentlich zum Sieg Lenins in Rußland beigetragen hatte, wurde in Deutschland die unerwartete Niederlage dem Zusammenwirken demokratischer und bolschewistischer Gegenmächte angelastet: die Dolchstoßlegende überschattete das Leben der ersten Republik und vergiftete das deutsche Demokratieverständnis. Das antidemokratische Syndrom aus rechts- und linksradikalen Systemgegnern bildete die eine Wurzel des »deutschen Problems«. Die zweite Wurzel stammte aus dem unerfüllten Nations- und Reichsbegriff, den Demagogen wie Hitler als Motor einer rassistischen Imperial- und Lebensraumpolitik benutzen konnten. Die Widerlegung in der Katastrophe von 1945 hat wohl beide Elemente getilgt, freilich um den Preis der nationalen Einheit. In der Ost-West-Spaltung Deutschlands – wie in derjenigen Europas – steckt noch immer die Alternative von 1917: ungelöst, aber doch gekennzeichnet von jenem scharf hervortretenden Gegensatz zwischen freiheitlicher Demokratie und totalitärer Diktatur. Es ist der Gegensatz, der in allen Bedrohungen und neueren Anfechtungen, trotz Hoffnungen der Entspannung und scheinbarer Konvergenz, bis auf den heutigen Tag wirksam ist.

2. Zur politischen Dimension der Wirtschaft

Die deutsche Geschichte der letzten hundert Jahre ist vor allem die Geschichte vom Aufstieg und Fall des deutschen Nationalstaats. Es ist aber auch die Geschichte einer stürmischen Entwicklung und eines tiefgreifenden Wandels der Wirtschafts- und Sozialverfassung: vom Entstehen der Gewerkschafts- und Wirtschaftsverbände in den siebziger und achtziger Jahren des 19. Jahrhunderts, die ja aufs engste verbunden war mit dem Entstehen der politischen Parteien und ihrem Ringen um Machtbeteiligung und Modernisierung von Gesellschaft und Staat, bis hin zu den großen Kontroversen um eine radikale Umgestaltung unter dem Schlagwort der »Wirtschaftsdemokratie«, das schon die zwanziger Jahre unseres Jahrhunderts beherrschte.

Der Konflikt um die Gestaltung der Wirtschaft, um die Rolle der sogenannten Sozialpartner, um die soziale und politische Stellung von Gewerkschaften und Unternehmertum, schließlich um die Frage der Mitbestimmung durchzieht die drei großen Perioden unserer neueren Geschichte: Kaiserreich, Weimarer Republik, Bundesrepublik. Er ist aber auch in der Zeit des Dritten Reiches gegenwärtig, wenngleich vielfach unterdrückt oder ideologisch verfremdet und pervertiert zum »Nationalen Sozialismus«. Immer ging es in dieser Geschichte der letzten hundert Jahre um alle drei Ebenen der Auseinandersetzung, auf denen agiert, Einfluß ausgeübt, Interessen vertreten, um Gestaltung gerungen und darum auch Macht ausgeübt wurde: die ökonomische, die gesellschaftliche, die politische Ebene. Und immer ging es dabei auch, von Historikern bis heute heftig umstritten, um die Frage nach der Verflechtung, der Wechselbeziehung, dem Primat von Wirtschaft oder Politik. Beide Seiten, Unternehmer und Gewerkschaften, spielen eine gewichtige Rolle in dieser geschichtlichen Frage.

Die heutige Diskussion ist von den historischen Auseinandersetzungen und den politischen Erfahrungen, die mit der Wechselbeziehung von Politik und Wirtschaft verknüpft sind, auf doppelte Weise geprägt. Erstens zeigt jeder Vergleich mit anderen Ländern, daß die deutsche Entwicklung bei aller Ähnlichkeit der allgemeinen Wirtschafts- und Gesellschaftsprobleme in der westlichen Welt durchaus eigene Formen und Fragestellungen ausgebildet hat. Gedanke und Wirklichkeit der Kompromißformel von der »sozialen Marktwirtschaft« sind ohne die spezifisch deutsche Erfahrung so wenig zu denken wie die bei uns ja so besonders starke Institutionalisierung der Strukturen und Verfahrensweisen wirtschaftspolitischen Handelns, die im Ausland teils Bewunderung, teils Kritik hervorgerufen hat, wenn allzu stolz vom »deutschen Modell« gesprochen wurde. Man bezieht sich dabei auf Erscheinungen wie die »Konzertierte Aktion« oder die besondere Rolle der Arbeits-, Sozial- und Verfassungsgerichtsbarkeit; auch die alte und neue Diskussion um Reichs- oder Bundeswirtschaftsräte gehört hierher.

Zweitens aber: die deutsche Geschichte in ihren Höhen und Tiefen, Leistungen und Katastrophen ist immer präsent, wenn es um die Begründung der jeweils aktuellen Positionen und Ziele geht. Erinnerung und Beschwörung der historischen Lehren gehören im wirtschaftspolitischen Bereich zu den stärksten Argumenten, so wie in der allgemeinen Politik an wichtigen Punkten der Auseinandersetzung und der Entscheidung auch heute die Berufung vor allem auf die Erfahrungen der ersten deutschen Republik eingreift. Bonn ist nicht Weimar, so lautet immer wieder die Mahnung, und das Verständnis des Grundgesetzes basiert nach wie vor auf dem Willen der Gründer, es als Antiverfassung zu Weimar zu gestalten. Diese ständige Berufung auf die Geschichte gehört in der Tat zu den wohl schwerwiegensten Momenten unseres gesellschaftlichen und politischen Lebens. Das gilt im positiven wie im negativen Sinne. Der Blick auf die Vergangenheit ermöglicht und gebietet uns, einst verhängnisvolle Fehler zu vermeiden oder abzublocken, so z. B. mit der entschiedenen Bekämpfung des Extremismus. Aber die historische Erinnerung bedeutet zugleich eine schwere Last, weil sie notwendig kontrovers ist und viele Möglichkeiten des Mißbrauchs enthält. Wir erleben das ja auch an der fortdauernden Belastung des gegenwärtigen Deutschlandbildes durch den grotesken Faschismusvorwurf an die Bundesrepublik, der auch nach 30 Jahren der Bewährung die Glaubwürdigkeit unserer neuen Demokratie in Frage stellt.

Nichts ist hier wichtiger als zwischen falschen und richtigen historischen Lehren zu unterscheiden: die falschen können so viel oder mehr Schaden stiften als die richtigen Nutzen. Unsere Zeitgeschichte enthält eine doppelte Warnung: die Warnung vor jeder totalitären Ideologie, die alles Denken und Handeln kompromißlos und gnadenlos einem Prinzip zu unterwerfen sucht; und die Warnung vor der Verführungskraft einer Diktatur, die überhaupt erst eine große Zahl von Menschen aus allen Schichten der Bevölkerung dazu bringen kann, menschenfeindliche Ziele im Namen solcher Ideologien hinzunehmen und die Perversion der Moral mitzumachen – oder aber aus Furcht vor Terror und Bedrohung wegzusehen und die Verantwortung einem Führer oder einer einzigen Partei zu überlassen. Und gerade dies ist nicht nur unter dem »Faschismus«, sondern durchaus auch im Namen des Sozialismus möglich, wie seit 1917 die Geschichte der kommunistischen Staaten mit ihrer Verletzung der Menschenrechte, mit Unterdrückung, Irreführung und Vernichtung der betroffenen Menschen beweist. Ihr Movens ist die antiliberale, antipluralistische Staats- und Gesellschaftsauffassung, die zur antikapitalistischen, kollektivistischen Massenbewegung mobilisiert wird.

Wirtschaft und Politik

Auf welche Weise beeinflussen nun historische Erfahrungen die heutigen Vorstellungen und Verhaltensweisen auf dem Gebiet und in der Beziehung von Gesellschaft, Wirtschaft und Staat? Das läßt sich vor allem an drei wichtigen Fragen erläutern und im Lichte der Zeitgeschichte betrachten: erstens am allgemeinen Problem des Verhältnisses von Wirtschaft und Politik; zweitens an der Rolle und dem Anspruch der wirtschaftlichen und gesellschaftlichen Organisationen, der Pluralismus- und Mitbestimmungsfrage; drittens endlich am Streit um die liberale und die soziale Dimension des Unternehmertums, an der Kapitalismus- und Sozialismusdiskussion in ihrer Bedeutung für unsere politische Kultur, d.h. für die gesellschaftliche und ideelle Form unserer freiheitlichen Demokratie.

Zum ersten Problem: Wirtschaft und Politik. Berühmt ist das Wort Walter Rathenaus, der ja selbst Unternehmer, Schriftsteller und Politiker in einem war: »Die Wirtschaft ist das Schicksal.« In der Tat gehört die Frage nach der Bedeutung und Reichweite des Wirtschaftlichen überhaupt zu den klassischen Themen der Geschichte unseres Jahrhunderts. Unter Historikern und Ideologen tobt der Kampf wie eh und je, wenn an den wichtigsten Entscheidungspunkten der Geschichte von den ökonomischen Ursachen und Verantwortungen die Rede ist: ich erinnere an so umstrittene Fragen wie die Rolle der Wirtschaft bei der Entstehung und den Zielsetzungen des Ersten Weltkriegs, in der Revolution von 1918 und der Inflation von 1923, besonders dann in der Wirtschaftskrise seit 1930 und der Machtergreifung des Nationalsozialismus, schließlich am Ende des Dritten Reiches und bei den Weichenstellungen des Wiederaufbaus nach 1945: Stichworte Marshallplan, Währungsreform, Montanunion und Europäische Wirtschaftsgemeinschaft.

Jedesmal wird mit Recht die Frage nach der Rolle des Ökonomischen überhaupt und besonders der ökonomisch Handelnden gestellt, jedesmal wird sie höchst unterschiedlich beantwortet. Zwei extreme Standpunkte jedenfalls kann und muß die ernsthafte Geschichtsbetrachtung ausschließen. Auf der einen Seite die naive Bilderbuchperspektive einer nur politischen oder idealistischen Betrachtungsweise, nach der allein die freie Entscheidung von guten oder bösen Staatsmännern zählt; auf der anderen Seite aber auch jene ökonomistische, meist marxistisch bestimmte Vereinfachung der Geschichte, die politische Entscheidungen zur bloßen Funktion wirtschaftlicher Interessen- und Machtverhältnisse umdenkt, so daß Geschichte als eine Folge unaufhörlicher Manipulationen oder gar Verschwörungen erscheint. Überhaupt ist die Neigung zu Verschwörungstheorien ja nicht nur in der populär-historischen Literatur weitverbreitet. Die großen Ideologen, für die seit je geheime Drahtzieher zu Schlüsselfiguren der Geschichte wurden, besitzen ihren Einfluß auch auf die Wissenschaft oder treten jedenfalls gerne im wissenschaftlichen Gewande auf. Sie tun das freilich mit einem durchaus unwissenschaftlichen Monopolanspruch: man denke an die Alleingeltung des sogenannten »wissenschaftlichen Sozialismus« in kommunistischen Staaten, oder an die Verschwörungsrolle, die den Kapitalisten, den Juden, den Freimaurern oder dem Finanzkapital in links- wie in rechtsideologischen Interpretationen ökonomisch-geschichtlicher Zusammenhänge zugeschrieben wurde.

Solche unhaltbaren Verschwörungstheorien besitzen leider auch in unserem so stolz »aufgeklärten« Jahrhundert einen kaum zu überschätzenden Einfluß auf das Geschichtsbild und die Politik. Zu den schrecklichen Folgen gehört die radikal-ideologische Klassen- oder Rassenvernichtung im Zeitalter der totalen Revolutionen und Diktaturen, in denen der politische mit dem ökonomischen Feind gleichgesetzt und vertrieben, ausgerottet wird, weil er als Ursache allen Übels gilt. Auch in den gängigen Antischlagworten unserer Zeit steckt diese ideologisch-ökonomistische Welterklärung der schrecklichen Vereinfacher, die sich mit wissenschaftlichem Anspruch auf die Geschichte berufen: Zumal mit den Parolen des Antiimperialismus und Antikolonialismus, im Antisemitismus und Antikapitalismus. Wie extrem gefährlich solche monokausalen Geschichtslegenden sind, wird vor allem in Zeiten der Krise und der Umwälzung deutlich, in denen sie zur Mobilisierung der Massen und zur Rechtfertigung des Verbrechens benutzt werden können. Denn solche Krisenzeiten sind ja stets auch wirtschaftliche Krisensituationen, in denen die sozioökonomischen Interessen und Bedürfnisse besonders eng auf politische und ideologische Konfrontationen bezogen, ideologisiert werden können.

Aber das Verhältnis von Politik und Wirtschaft ist nicht nur in dieser dramatischen Zuspitzung akut, wenn es um den Zusammenhang von politischer, ökonomischer und sozialer Revolution geht. Auch in vergleichsweise normalen Zeiten ist der Historiker stets mit zwei großen Fragen konfrontiert, die das politische Geschehen erklärbar zu machen suchen: das eine ist die Frage nach dem konkreten Einfluß wirtschaftlich Mächtiger auf politische Entscheidungen, politisch Mächtiger auf die Wirtschaft; das andere ist die Frage nach der wirtschaftlichen Verfassung als Teil der politischen Verfassung, die klassische Frage also der liberalen Theorie wie der Kapitalismuskritik.

Auch wenn wir nun die extremen Positionen ideologischer Geschichtsbetrachtung beiseite lassen, bietet sich ein verwirrendes Bild. Die Historie ist alles andere als klar und verläßlich: daher ja auch immer wieder die Flucht zu den großen Simplifikateuren. Vor allem vier große Richtungen stehen sich rivalisierend gegenüber, und sie geben durchaus unterschiedliche Analysen, Interpretationen, Antworten zu konkreten Problemen. Da ist die

Wirtschaftsgeschichte, die der Bedeutung ökonomischer Verläufe und Tendenzen, aber auch der Handlungsfähigkeit der Wirtschaft gegenüber der Politik nachforscht. In ihrem Schlepptau arbeitet die Sozialgeschichte, die die Folgen für die Gesellschaft, ihre Schichtung und ihr Verhältnis zum Staatlichen in den Vordergrund stellt. Diese in letzter Zeit besonders starke und modische Richtung der Historiker neigt nun freilich zur Unterschätzung der politischen Geschichte, d.h. der Eigenständigkeit politischen Handelns – eine Umkehrung des früheren Übergewichts der politischen über die Sozialgeschichte. Und schließlich die Kulturgeschichte, die je nach dem Kulturbegriff politische, gesellschaftliche und wirtschaftliche Faktoren gleichermaßen von den geistigen Antrieben und Leistungen bestimmt, mit ihnen verknüpft sieht.

Aber es ist gerade diese Vielfalt der Ansätze, Fragen und Methoden geschichtlicher Forschung und Erklärung, die erst wissenschaftliche Klärung ermöglicht; jedes Absolutsetzen einer Richtung verbaut sie. Und damit sind wir nun an dem entscheidenden Punkt unseres ersten Themas: auch wenn die Wirtschaft zum Schicksal werden kann, so ist das Verhältnis von Wirtschaft und Politik doch nicht bestimmbar im Sinne einer einfachen Kausalität, einer Abhängigkeit der Politik von der Wirtschaft. Es spiegelt vielmehr die Vielgeschichtigkeit der Motive und der Werte, nach denen Politik durchgesetzt werden kann, korrigiert werden muß, oder schließlich auch scheitert.

Ich nehme ein Beispiel aus einem meiner Arbeitsgebiete, der Krise der Weimarer Republik. Es hat zugleich den Vorteil, daß es fast anatomisch genau untersuchte, abgeschlossene Geschichte ist, die fast ein halbes Jahrhundert zurückliegt, und doch als ungemein aktueller Bezugspunkt für die Diskussion und auch für das Verhalten bis zur Gegenwart gilt. Überdies nicht nur in Deutschland; auch international ist die Zeit der Weltwirtschaftskrise und der exemplarische Untergang der Weimarer Demokratie eine immer aufs neue zitierte Erfahrung. Wie sieht nun die Anatomie der Entwicklung von 1930 bis 1933 aus, wie gestaltet sich das Verhältnis zwischen wirtschaftlicher und politischer Krise, welches ist der Rang der Faktoren, wie kommt es zu den Entscheidungen?

Am Anfang stehen Ereignisse, die vorwiegend international und ökonomisch zu erklären sind: vor allem der Zusammenbruch der New Yorker Börse im Oktober 1929 und der Druck der Reparations- und Kreditfragen auf die deutsche Wirtschaft. Hinzu kommen psychologische Gründe wie z. B. die Inflationsfurcht, die der Wirtschaftspolitik in Deutschland bis heute besonders enge Grenzen setzt. Aber schon hier sind es nun die politischen Faktoren, die vor dem weltwirtschaftlichen Hintergrund der Kredit-, Absatz- und Beschäftigungskrise zunehmende Bedeutung erlangen. Das erste entscheidende Ereignis ist dann in der Tat der Sturz der Regierung der Großen Koalition im März 1930. Die beiden Flügelpartner können sich nicht einigen über die Höhe der Arbeitslosenversicherung: auf der einen Seite Deutsche Volkspartei (DVP) und Unternehmer, auf der anderen Seite Gewerkschaften und SPD, die nun in die Opposition geht und den Platz für eine Präsidialregierung unter Brüning freimacht. Damit beginnt die politische Dauerkrise und der Weg in ein Machtvakuum, in dem nur noch mit Notverordnungen regiert werden kann: ein Abbau also der parlamentarischen Regierungsweise und letztlich das Einfallstor für die autoritären und totalitären Antisystemparteien von links und rechts.

Wichtig für die Entwicklung des politischen Klimas, das schließlich zur Hinnahme der nationalsozialistischen Diktatur führte, waren aber vor allem die psychologischen Wirkungen des Brüningkurses. Er beruhte auf zwei Grundgedanken, die sich beide als falsch erwiesen: erstens die Vorstellung, eine quasidiktatorische Regierungsweise sei der parlamentarischen überlegen bei der Lösung der Sachprobleme der Wirtschafts- und Staatskrise von 1930–1932; und zweitens die Überzeugung, ein ökonomischer Deflations- und Austeritykurs verdiene den Vorrang trotz allen innenpolitischen Gefahren, die er mit sich bringe. Diese Grundentscheidung zur Deflationspolitik war zwar auch durch die außenpolitische Erwartung motiviert, man könne die Reparationsverpflichtungen durch ökonomischen Nachweis der deutschen Zahlungsunfähigkeit loswerden. Sie bedeutete aber letzten Endes den Primat einer bürokratischen vor einer politischen Krisenlösung. Deren katastrophalen Folgen, die wirtschaftlichen Zusammenbrüche und Massenarbeitslosigkeit, die innenpolitische Polarisierung und Radikalisierung, überrollten dann auch alle Sachlösungen, ob diese nun griffen oder nicht: allein schon deshalb, weil ihnen nun die politische Krise davonlief. Eine Grundtäuschung der Regierungen von 1930–1933 war die Vorstellung, man könne die politischen Prozesse ausklammern, neutralisieren oder anhalten, um gleichsam klinisch genau die ökonomische Lösung im politisch keimfreien Raum zu erreichen. Schließlich erwies sich der Zeitfaktor als entscheidend: der Wegfall der Reparationen und die tatsächliche Erholung der Wirtschaftslage seit Sommer 1932 kamen zu spät. Sie kamen dann, nachdem die politische Entscheidung gefallen war, erst Hitler zugute.

Nur wenn man dieses Grundproblem sieht, versteht man auch die Verkettung der Ursachen selbst, die zum Ende der Weimarer Republik geführt haben. Es war nicht einfach die oft so dämonisierte Unterstützung Hitlers durch die Wirtschaft; diese wurde erst relevant, als die NSDAP durch die Krisenpolitik bereits zur größten Partei geworden war. Auch die Rolle einzelner Personen (Hindenburg, Papen, Hugenberg usw.) ist nur vor diesem Hintergrund zu sehen: der Selbstabdankung der demokratischen Parteien und der Hinnahme der Radikalisierung des Öffentlichen Lebens durch Unterschätzung und Vernachlässigung der Innenpolitik zugunsten einer vermeintlich unpolitischen, rein sachbezogenen Lösung der Krise. Dadurch überließ man das politische Feld den Kommunisten und Nationalsozialisten, beides Todfeinde der Republik. Die Rolle der Wirtschaftsverbände wie der Gewerkschaften wurde noch zusätzlich gelähmt durch die Schärfe der Krise und das Fehlen demokratischer Alternativen: das erklärt ihre leichte Unterwerfung oder Selbstgleichschaltung im Jahre 1933, bei der Illusionen und Selbsttäuschungen, freilich auch die staunenswerte Entschlossenheit und scheinbare Effizienz der nationalsozialistischen Krisenpolitik zusammenwirkten. Seit den dreißiger Jahren, seit dem grundlegenden Werk von John Meynard Keynes, ist denn auch die Überzeugung von der wirtschaftswissenschaftlichen Bewältigung der Krisenprobleme zur Grundlage unserer ökonomisch-politischen Zivilisation geworden: ein Überoptimismus, wie wir heute wissen, da die globalen Ausmaße der Weltwirtschaft das wirtschaftspolitische Instrumentarium überfordern und neue Wirtschaftskrisen nicht verhindern können.

Unsere Erfahrung bleibt, daß politisches und ökonomisches Krisenmanagement im modernen Staat zusammenwirken müssen. Sofern dieser zugleich Sozialstaat und Demokratie ist, bedarf seine Wirtschaftspolitik stets der Einbettung in eine allgemein politische Krisenbekämpfung. Damit wird aber nicht einfach einem Primat der Politik das Wort geredet. Den wirtschaftlichen Verhältnissen kommt im demokratischen Staat, der vom Votum der Wähler abhängt, fundamentale Bedeutung zu. Die wirtschaftlichen Faktoren der Krise von 1929–1933 wurden an wichtigen Punkten vernachlässigt, der Deflationskurs erwies sich als eine Überforderung der Bevölkerung, die Versprechen des Wiederaufschwungs griffen nicht, weil auf die politisch-psychologischen Konsequenzen der Sparpolitik zu wenig Rücksicht genommen wurde. Und auch die simple Vorstellung von »der« Wirtschaft, die die Politik kommandiert und kontrolliert, ist damals ad absurdum geführt worden – ganz abgesehen von den gewaltigen Unterschieden, die im wirtschaftlichen Interessenfeld selbst von den verschiedenen Industrien über das Handwerk bis zur Landwirtschaft bestanden. Es triumphierte letztlich die nichtökonomische, die politisch-ideologische Kommandobewegung des Nationalsozialismus, und als falsch erwies sich die Erwartung sowohl der bürokratischen Fachleute wie der marxistischen Faschismustheoretiker, Hitler werde schon an der ökonomischen Inkompetenz seiner Bewegung scheitern.

Pluralismus und Mitbestimmung

Wir sind damit bei unserer zweiten Frage: dem Problem der organisierten Interessen und ihrer Artikulation über wirtschaftliche und gesellschaftliche Organisationen, über Pluralismus und Mitbestimmung. Die Voraussetzung und den Rahmen bildet das freiheitliche und pluralistische Staatswesen. Der grundlegende Unterschied zwischen Demokratie und Diktatur tritt nirgends klarer hervor als in der freien Entfaltung und tragenden Rolle eines unabhängigen Verbändewesens, in dem und durch das sich die Interessen und Fähigkeiten der wirtschaftlichen und sozialen Kräfte zur politischen Geltung bringen können. Während das wechselseitige Verhältnis von Wirtschaft und Politik ein allgemeines Problem aller ökonomischen und politischen Systeme bildet, haben wir es beim freien Verbändewesen mit einem komplizierten und empfindlichen Phänomen zu tun, das ebenso wie seine Voraussetzung, der freiheitlich-pluralistische Rechtsstaat, die Errungenschaft einer hochentwickelten Zivilisation ist. Seine Alternative ist die Autokratie: entweder in Form eines vorliberalen absoluten Staates von oben, der die wirtschaftlichen und gesellschaftlichen Bewegungskräfte einengt, oder in Form der antiliberalen Diktatur einer Partei, die auf Gleichschaltung von Wirtschaft und Gesellschaft im Dienst totalitärer Zielsetzung oder persönlicher Willkür beruht: mit der Folge einer Plan-, Kommando- oder Kriegswirtschaft.

Dieser hohe zivilisatorische Rang des pluralistischen Staates bedeutet nun aber auch, daß er ein kompliziertes Gebilde ist, so störanfällig wie die moderne Zivilisation. Wie in dieser geht es um eine Verfeinerung, ja Überwindung der urtümlichen Form des Gesellschaftlichen und Politischen, der bloßen Herrschaft des Stärkeren, geht es um Aufteilung und Bändigung von Macht zugunsten der Erhaltung der Freiheit. Und hier kommt nun neben dem Rechtsstaats- und Gewaltenteilungsprinzip und der Garantie der Grundrechte einer möglichst freien Entfaltung der wirtschaftlichen Tätigkeit höchste Bedeutung zu. Darin liegt die politische Rolle begründet, die alle Teilnehmer am wirtschaftlichen Prozeß, Wirtschafts- und Sozialpartner, Gewerkschaften wie Unternehmer spielen. Ihre verbandlichen Organisationen verbürgen in diesem Sinne Macht, aber zugleich auch Schutz vor willkürlicher Macht: vor Anarchie und vor Autokratie gleichermaßen.

Die Gewerkschaften haben diesen hohen Anspruch einer allgemeinpolitischen Aufgabe über die bloße Interessenpolitik hinaus von Anfang an erhoben. Den Unterschied zu den Parteien, die ja als Vertreter des Gemeinwohls – pars pro toto – auftreten, überspielen sie durch das Argument, als Repräsentant der Arbeitnehmer sprächen und handelten die Gewerkschaften für die große Mehrheit der Bevölkerung. Aber abgesehen davon, daß nur eine Minderheit gewerkschaftlich organisiert ist und es dem Großteil um die Wahrnehmung und Durchsetzung beruflicher Interessen geht, liegt in diesem Anspruch nun auch eine Bedrohung des pluralistischen Verhältnisses in einer freien Staatsgesellschaft. Organisieren sich Gewerkschaften in so umfassendem Sinne – und sie tun es in allen westlichen Ländern mit Ausnahme der USA, wo sie eher auf reine Interessengruppen beschränkt sind –, so muß es fast zwangsläufig auch zu ähnlich umfassend angelegten Arbeitgeberverbänden kommen, die dem Gewicht der Zahl die volkswirtschaftliche Bedeutung der Funktion und Stellung des Unternehmertums entgegenzusetzen vermögen. Dies ist, so scheint mir, die eminent politische Dimension der so verschiedenen Interessen-Organisationen. Dabei gilt es zwei Probleme zu bedenken: einmal das Problem einer Kontrolle von übermäßiger Verbandsmacht, und zum anderen das Problem eines Rückfalls in ständestaatliche Formen, die in Gestalt von Wirtschaftsräten oder übergreifenden Mitbestimmungsgremien zur Beeinträchtigung der parlamentarischen Demokratie führen können: die fragwürdige Rätestaatsidee.

Unsere Geschichte bietet reiches Anschauungsmaterial für die ausgesprochen politische Bedeutung des wirtschaftlichen Verbandswesens und des unabhängigen Unternehmertums für ein freiheitliches Staats- und Gesellschaftsverständnis, freilich auch für seine Gefährdung. Ein dafür zentrales Beispiel bietet besonders die Diskussion über die Mitbestimmung und ihre Grenzen. Sie ist ein eminent politisches Thema, überschreitet weit die Formen ökonomischer Organisation und demonstriert auf exemplarische Weise die Möglichkeiten, die in der politischen Dimension der Wirtschaft liegen – aber auch die Gefahren ihrer Politisierung. Geschichtlich ist dies schon in dem ersten großen Fall eines unmittelbaren Zusammenwirkens zwischen Unternehmern und Gewerkschaften, Arbeitgebern und Arbeitnehmern begründet: in der »Zentralen Arbeitsgemeinschaft« von 1918/19, die damals ganz wesentlich zur Überwindung der Revolution im ökonomischen und sozialen wie im politischen Bereich beitrug und das Prinzip der Tarifautonomie befestigte.

Hier zeigt sich ein wichtiger Strang der deutschen Tradition: die Ausbildung von Formen der Kooperation, die Kanalisierung des Konflikts durch regelförmige Kompromisse der Sozialpartner und institutionalisierte Formen der Konfliktlösung. »Mitbestimmung statt Klassenkampf« lautet schlagwortartig diese deutsche Tradition, die in der Bundesrepublik schließlich weiter als in irgendeinem anderen Land entwickelt und ausgebaut wurde. Sie versteht sich als konstruktive eigenwüchsige Alternative zur Ideologie und Praxis der syndikalistischen Klassenkampfpolitik und wird denn auch von den sozialistisch-marxistischen Theoretikern als Revisionismus oder Reformismus, als Irrweg der »Sozialpartnerschaft« seit je und bis heute verdammt. Sie hat anderswo, zumal in den südeuropäischen Ländern, kaum Fuß gefaßt und wird selbst in bewährten Parlamentsdemokratien wie England mit Skepsis betrachtet.

Aber das im Ausland bewunderte oder als »typisch deutsch« beargwöhnte Kooperations-Modell enthält gleichfalls schwerwiegende Konsequenzen. Es führt durch stete Stärkung der Gewerkschaftsmacht und Mitbestimmungspolitik zu einer Veränderung der empfindlich ausbalancierten Kräfteverhältnisse im wirtschaftlichen Raum. Auch aus dem Bereich der Hochschulen wissen wir, wie groß die Probleme werden, wenn der Zugriff der Mitbestimmung bis hart an die Grenze der Parität geht, ja diese überschreitet (so in der Drittelparität), wobei die Zauberworte »Partizipation« und Demokratisierung lauten, oder noch lapidarer: partizipatorische Demokratie. Wie diese auf politischem Gebiet die Gegenposition zur parlamentarischen Demokratie bildet, so ist die Fortentwicklung und Verallgemeinerung der Mitbestimmung eine Folge oder Begleiterscheinung der scheinbar unaufhaltsamen Verstärkung des sozialen und egalitären Prinzips auf Kosten der liberalen Werthaltung.

Diese qualitative Veränderung, die mit dem quantitativen, egalisierenden Vordringen der Mitbestimmung einhergeht, ist offenbar der Preis für die im internationalen Vergleich effiziente deutsche Form einer kooperativen Konfliktbewältigung. Ihre Voraussetzung aber bleibt, wie schon nach 1918 und nach 1945, der Verzicht auf pointiert ideologische Positionen und Strategien. Mit einem marxistischen Sozialismusverständnis ist Mitbestimmungspolitik im Grunde nicht vereinbar, so wenig wie die totalitäre Einparteientheorie mit dem Parlamentarismus.

Es wird darauf ankommen, in einem so komplizierten System auf dem schmalen Grat einer tragbaren Mitbestimmungspolitik, den das Bundesverfassungsgericht soeben (1979) aufgewiesen hat, jene positiven Aspekte eines kooperativen Modells zu bewahren, die es vor jeder klassenkampfbezogenen, antagonistischen Wirtschafts- und Sozialtheorie auszeichnen, zugleich aber die impliziten Gefahren der Mitbestimmung zu vermeiden, als da sind: wachsende Unbeweglichkeit, Bürokratisierung statt Verantwortlichkeit, infolgedessen schwindende Anpassungs- und Entscheidungsfähigkeit, korporativistische Versteinerung – alles Hindernisse eines möglichst frei beweglichen, chancen- und marktorientierten Wirtschaftslebens.

Die sozialistische Illusion

Wir sind damit bei der dritten und abschließenden Frage. Wie ist im Lichte unserer so dramatischen, krisenreichen Zeitgeschichte die unverändert heftige Kapitalismus- und Sozialismusdiskussion zu beurteilen, welches ist ihre Bedeutung für unsere politische Kultur, d.h. für die gesellschaftliche und ideelle Form unserer freiheitlichen Demokratie? Wieder wie schon nach 1918 und 1945 erleben wir im letzten Jahrzehnt eine Ausbreitung der Sozialismusidee in ihrer diktatorischen Form, die nun weltweite Dimensionen annimmt, weil sie fast die ganze dritte Welt erfaßt und zu der globalen Zukunftsvokabel überhaupt wird – einer Heilsbotschaft gleich. Von Bloch und Havemann zu Biermann, Bahro und den Eurokommunisten geht der teils doktrinär-scholastische, teils nostalgische Streit, welches nun der »real existierende« oder der »wirkliche« Sozialismus sei – so oft auch schon die sozialistische Utopie widerlegt, so schmerzlich ihre totalitären Folgen erfahren und erlitten wurden. Trotz aller abschreckenden Beispiele aus dem kommunistischen Bereich wirkt der Sozialismus-Gedanke auch deshalb so stark und attraktiv, weil seine Verbreitung gleichzeitig auf drei verschiedenen Ebenen der Argumentation und Agitation geschieht: auf der ökonomischen Ebene (das antikapitalistische Argument), auf der sozialen Ebene (das egalitäre Gemeinschafts-Argument) und auf der politischen Ebene (das zentralistische, etatistische Argument).

Die Hauptschwierigkeit der Kapitalismus-Sozialismus-Debatte liegt freilich darin, daß im Sozialismusbegriff so verschiedene, ja gegensätzliche Inhalte auftauchen. Er reicht vom kollektivistischen Planfetischismus bis zur individualistischen Emanzipationsparole. Im Grunde suchen heute alle politischen und gesellschaftlichen Bewegungen an irgendeiner Art von Sozialismus zu partizipieren, auch wenn sie »sozial« von sozialistisch unterscheiden wollen und sich dann allesamt auf ein Schlüssel- und Zauberwort wie »Solidarität« berufen. Eine fatale Erinnerung aus den zwanziger Jahren drängt sich hier auf. Auch damals verschwammen Substanz und Sinn des Sozialismusbegriffs, wurden fast beliebig manipulierbar durch radikale Bewegungen: mit dem bekannten Ergebnis, daß die größten Wort- und Ideenmanipulateure im Namen des »nationalen Sozialismus« den Sieg davontrugen. Diese Zwischenform eines angeblichen »dritten Weges« zwischen Kapitalismus und Kommunismus erfreut sich heute zumal in der Dritten Welt neuen Interesses, ob sie nun als arabischer oder afrikanischer Sozialismus oder geradewegs als nationaler Sozialismus bezeichnet wird.

Am klarsten erscheint die Alternative in der klassischen Gegenüberstellung von Kapitalismus und Sozialismus. Sie wird als weltweite Konfrontation der Systeme und zumal von der Jugend zugleich als Konfrontation zwischen Altem und Neuem, Vergangenheit und Zukunft verstanden. Aber es ist ein Traum, die sozialistische Illusion, und sie mutet heute um so paradoxer an, als nach aller historischen Erfahrung sozialistische Wirtschafts- und Gesellschaftslösungen gerade nicht auf zukunftsträchtige Innovation und Vitalität, sondern eher auf lähmenden Bürokratismus und Verwaltung des Mangels hinauslaufen. Der Sozialismus erhält den Zukunftsbonus, die Alternative wird als »Spätkapitalismus« gleichsam endzeitlich abgewertet. Das Unwirkliche, Realitätsferne an dieser Kapitalismus-Sozialismus-Debatte liegt auch darin, daß in Wahrheit heute durchweg Mischformen zwischen privaten und öffentlichen Wirtschaftsfaktoren auftreten, sofern es sich nicht um politisch-ökonomische Zwangssysteme kommunistischer Art handelt. In unseren westlichen Gesellschaften erscheint eine Art Konvergenz: wir beobachten die Tendenz zu einer Sozialisierung des Liberalismus, aber auch zu einer Liberalisierung des Sozialismus. Im Gedanken der sozialen Marktwirtschaft ist dieser Sachverhalt zumal in der Bundesrepublik aufs wirkungsvollste zur Geltung gekommen. Das Soziale und das Liberale werden verbunden, aber das marktwirtschaftliche Prinzip ist das tragende Element, das nun auch weit in die sozialistischen Wirtschaftsvorstellungen hineinwirkt.

Wenn neuerdings sogar paradoxerweise von »marktwirtschaftlichem Sozialismus« oder vom »sozialistischen Markt« gesprochen wird, dann zeigt sich auch darin die Ablösung historisch überholter und politisch verbrauchter Begriffe. Was heute »Kapitalismus« genannt wird, hat sich weit von dem Marxschen Bild und seinen Dogmatisierungen entfernt. Mit terminologischen Hilfskonstruktionen wie »organisierter Kapitalismus« oder gar lapidaren Schimpfwörtern wie »staatsmonopolitischer Kapitalismus« wird man der veränderten Wirklichkeit nicht gerecht. Vielmehr zeigt sich die praktische Ausgestaltung der ökonomischen und sozialen Beziehungen im Rahmen der freiheitlich-sozialen Demokratie als so effektiv und attraktiv, daß sie dem alten Schema Kapitalismus-Sozialismus weit überlegen ist. Dennoch geistert dieses als Gespenst noch immer durch die moderne Industriegesellschaft, ja wir erleben seit zehn Jahren in Westeuropa eine erneuerte, teilweise radikalisierte Antikapitalismuskampagne, die auch an den Gewerkschaften und vor allem an den Universitäten nicht spurlos vorübergegangen ist.

Dies hat vor allem zwei Gründe. Sie zu erkennen und mit ihnen sich auseinanderzusetzen, gehört zu den wichtigsten politischen Aufgaben der Wirtschaft, sofern sie sich als Träger einer liberalen und sozialen Vernunft versteht und damit den Versuchen zur Reideologisierung widersteht, die nicht zuletzt im Raum des Ökonomischen um sich greifen. Der eine Grund ist das große Nord-Süd-Gefälle, das schon in Europa und vollends in der Dritten Welt die Ausgestaltung einer zugleich liberalen und sozialen Wirtschafts- und Gesellschaftsordnung erschwert und die alten Fronten der Klassenkampfideologie immer aufs neue aufreißt. Hier liegen Aufgaben einer richtig verstandenen, strukturorientierten Entwicklungspolitik, die mehr sein sollte und könnte als bloße ökonomische Entwicklungshilfe. Sie müßte vielmehr dazu beitragen, auch in anders strukturierten Ländern eine offene Gesellschaft möglich und funktionsfähig zu machen. Der zweite große Grund für den scheinbar so anachronistischen Einbruch ideologischer Frontstellungen aus dem 19. Jahrhundert in unsere moderne Industriegesellschaft liegt im Fortdauern des Kalten Krieges, des Kampfes der Systeme. Keine Entspannungspolitik und keine ökonomische Kooperation konnte den Grundsatz der kommunistischen »Koexistenzpolitik« beseitigen, daß die Wirtschafts- und Gesellschaftssysteme ideologisch unvereinbar sind. Es wäre eine tödliche Illusion anzunehmen, diese prinzipielle

Kampfansage hätte sich durch politische oder ökonomische Arrangements im Zeichen der Detente geändert. Auf dem Felde der Menschenrechte wird immer wieder blitzartig klar, wie prinzipiell der Unterschied zwischen freiheitlicher Demokratie und sozialistischer Diktatur ist und wie unvereinbar liberales und totalitäres Menschen- und Gesellschaftsbild. Hier muß auch die Toleranz des liberalen Denkens eine feste Grenze finden, sonst wird die Stärke der Freiheitsidee zu ihrer Schwäche. Mit den Worten von Karl Jaspers (1958): »Demokratie ist tolerant gegen alle Möglichkeiten, muß aber gegen Intoleranz selbst intolerant werden können.«

Der politischen Rolle und Dimension der Wirtschaft, die so vielfältiger Natur ist, kommt in diesem wahrhaft existenziellen Punkt höchste Bedeutung zu. Denn alle prinzipielle Kritik am »System« der parlamentarischen Demokratie, die unsere radikalen Systemveränderer üben, zielt recht eigentlich auf die freie Wirtschaft, in der sie durchaus zu Recht das Fundament jeder pluralistischen Staatsgesellschaft sehen. Diese Systemkritik enthält eine dreifache Bedrohung: als Pluralismuskritik gilt sie dem freien Verbändewesen; der Kapitalismus- und Monopolismusvorwurf schließt aus der ökonomischen Machtkonzentration auf das Ende der Marktwirtschaft überhaupt; und die unbegrenzte Partizipationsforderung sucht allen repräsentativen oder gar hierarchischen Organisationsformen die Legitimität abzusprechen und verunsichert damit Gesellschaft und Wirtschaft, die ja neben der Mitbestimmung auch noch Sachaufgaben zu erfüllen haben.

Sieht man diese eminent politische Bedeutung der Debatte um das Wirtschaftliche, so kann man Rathenaus Wort für wahr halten. Man muß es freilich ergänzen in dem Sinne: Die Wirtschaft ist das Schicksal, aber sie vermag es selbst zu gestalten, indem sie sich nicht dem wachsenden Staat überläßt, sondern den Freiraum behauptet, in welchem die einzelnen sich mitverantwortlich entfalten und als Bürger den Staat zu dem ihren machen können. Denn letztlich ist die bürgerliche Freiheit ein menschenrechtliches Grundbedürfnis, eine Konstante des Denkens und Verhaltens, zu der es unter den Bedingungen der modernen Zivilisation keine menschenwürdige Alternative gibt.

3. Ende des bürgerlichen Zeitalters?

Zur antibürgerlichen Welle der Zwischenkriegszeit

Mit Erstaunen registriert der Zeitgenosse, der auf die großen Umwälzungen von sechs Jahrzehnten zurückblickt, in welchem Maße Begriffe und Prognosen der gegenwärtigen Gesellschafts- und Demokratie-Kritik, bis hin zur Verkündung einer geschichtlichen Wende und eines künftig »sozialistischen« Zeitalters, der Aufguß älterer Formeln in wenig neuem Gewande sind. Die Fortdauer oder Wiederaufnahme von Theorien und Thesen aus der Zeit nach dem ersten Weltkrieg, die inmitten der tiefen Brüche unserer Zeitgeschichte eine bemerkenswerte Kontinuität beweisen, tritt vor allem auch in den antibürgerlichen Parolen der heutigen Gesellschafts- und Kulturkritik hervor, mag diese, verschlüsselt in eine modisch komplizierte Terminologie, sich noch so neuwertig gerieren: von der kritischen Theorie zum Neo-Marxismus begegnen uns Erscheinungen aus den zwanziger und dreißiger Jahren. Auch was daran verändert ist – der Blick auf die Problematik der Dritten Welt zumal – wird zumeist mit den alten Formeln der Parlamentarismus- und Kapitalismuskritik in ein ideologisches Prokrustesbett gezwängt. Zum dritten oder vierten Mal – nach 1918, 1933 und 1945 – findet das Ende des bürgerlichen Zeitalters statt: von der neuen Linken zwecks Anpassung marxistischer Prognostik nun mit dem Untergangsverdikt »spätbürgerlich« oder »spätkapitalistisch« belegt.*

* Daß die kritische Welle des letzten Jahrzehnts eher ein Restaurationsphänomen ist, zeigt die Überflutung zumal des Taschenbuchmarkts mit großenteils älterer Linksliteratur, die als völlig neue »Wissenschaft« glorifiziert wird, obwohl sie die Kämpfe der zwanziger Jahre austrägt. Das gilt nicht nur für die »kritische Theorie«, deren jüngere Vertreter gleichwohl den älteren Frontstellungen verhaftet sind. Besonders platt die neomarxistische Gleichsetzung von bürgerlich und faschistisch z. B. bei *Reinhard Kühnl,* Formen bürgerlicher Herrschaft, Liberalismus, Faschismus, Hamburg 1974. Vgl. auch *K. D. Bracher,* Schlüsselwörter in der Geschichte, Düsseldorf 1978, S. 75ff.

Die antibürgerliche Erwartung

In den gesellschaftlichen Konflikten und Umschichtungen nach dem Ersten Weltkrieg, die sich schon vor der Wende zum 20. Jahrhundert machtvoll angekündigt hatten, spielt die Parole von der Krise und dem Ende des bürgerlichen Zeitalters eine zentrale Rolle. Als Stichwort besitzt es dieselbe Bedeutung wie das Wort von der Krise und dem Ende des Kapitalismus im Bereich der Wirtschaft, wenn die beiden nicht sogar geradezu gleichgesetzt werden. Das Bürgerliche war eine durch und durch europäische Sache, es bezeichnete den Durchbruch und die weltbedeutende Leistung des modernen Europa. Aber nun hieß es, die Zeit des Bürgertums sei in der Selbstzerfleischung des Weltkrieges vergangen, abgelöst von neuen Kräften und Schichten, vor allem von der Arbeiterschaft und den neuen Angestellten oder vom »neuen Nationalismus« der Kriegsgeneration und der Jugendbewegung. Nicht nur die Marxisten und Sozialisten, sondern auch ein Großteil der bürgerlich-nationalen und besonders der radikal nationalistischen und antidemokratischen Schriftsteller und Propagandisten der Zeit nach dem Ersten Weltkrieg haben die großen Veränderungen in Gesellschaft und Staat vor allem auf diese Formel gebracht: Ende des bürgerlichen Zeitalters, Durchbruch des »Proletariats« (Lenin) oder des »Arbeiters« (Ernst Jünger).

Es ist aber bezeichnend, daß die Begriffe meist in einer zwielichtigen Allgemeinheit verblieben. In Wahrheit kann von einem Untergang des Bürgertums bis zum heutigen Tage nicht gesprochen werden, und auch kaum von einem Ende seiner bestimmenden Rolle in den nichtkommunistischen Staaten; selbst unter der so betont neuen Gesellschaft des Kommunismus glaubt man einen Prozeß der Verbürgerlichung nun auch der proletarischen Schichten beobachten zu können. Das ist eine Frage der soziologischen und psychologischen Maßstäbe, die man verwendet; jedenfalls ist die Diagnose einer Krise des Bürgertums nur dann brauchbar, wenn sie auf einer differenzierteren Bestimmung als der marxistischen oder der faschistischen beruht. Es zeigt sich bei genauerer Betrachtung, daß eine soziale Schicht, eine wirtschaftliche Aktivität, eine politische Form, eine geistig-psychische Einstellung oder eine moralische Haltung gemeint sein kann, wenn von »dem Bürgertum« gesprochen wird, und so eng diese Bedeutungen zusammenhängen mögen, so verschieden ist doch der zeitgeschichtliche Befund.

Schrille Stimmen von links wie von rechts künden schon im »bürgerlichen 19. Jahrhundert« selbst das Ende an, andere sehen dann Oktoberrevolution und Nachkrieg, Inflation und Wirtschaftskrise, Faschismus und Nationalsozialismus, schließlich die Zerstörung und Zerteilung Europas, die weltweite Ausbreitung des Kommunismus und die Emanzipation der dritten Welt jeweils als Datum des Untergangs. Im Rückblick tritt aber eher das Gegenteil hervor, nämlich ein dramatisches Auf und Ab von antibürgerlichen Bewegungen und Perioden, zugleich immer wieder der Vorgang der »Verbürgerlichung« bislang nichtbürgerlicher Schichten und Haltungen. Auch ist die Beobachtung nicht unbegründet, daß am Ende europäischer Weltherrschaft einer Verwestlichung der Welt die zunehmende Verbreitung und Durchsetzung bürgerlicher Einstellungen und Strukturen entspricht. Dies gilt ebenso für die innergesellschaftliche Entwicklung. Das Verhältnis von Arbeiterklasse und Mittelschichten hat sich seit der Jahrhundertwende in den westlichen Industriestaaten kaum verändert, in Deutschland sogar eher entschärft. Entgegen den marxistischen Erwartungen hat es jedenfalls gerade nicht einer allgemeinen Proletarisierung Platz gemacht, sondern wirkt umgekehrt auf die Eröffnung neuer Aufstiegschancen für Unterschichten hin. Formen, Maßstäbe, Ideale bürgerlicher Kultur sind geblieben, auch wo Klassenkonflikte und soziale Verschiebungen stattfanden.

Das trifft durchaus schon auch für die Zeit nach dem Ersten Weltkrieg zu. Der Aufstieg des Sozialismus und der Arbeiterbewegung vor diesem Krieg und durch ihn führte nicht einfach in eine Erweiterung der tiefen Kluft zwischen den Klassen, sondern in Versuche zu ihrer Überbrückung, zu Kompromiß und Kooperation im Rahmen einer sozial ausgestalteten, aber nicht sozialistischen, sondern liberal-parlamentarischen Demokratie »bürgerlicher« Tradition. Der Krieg selbst hatte sozial und national eher integrierend gewirkt, die Nachkriegsentwicklung führte überall außer in Rußland zu Formen (oder doch Versuchen) der Beteiligung oder Koalition liberaler und sozialistischer Parteien im parlamentsdemokratischen Verfassungsstaat. Oft kam die bürgerlich-liberale Bewegung selbst erst in diesem Augenblick politisch zum Zuge, wie in Deutschland 1918; das bürgerliche Zeitalter erreichte hier politisch erst seinen vollen Durchbruch. In der Tat bestand das Fundament der Weimarer Republik aus einem Grundkompromiß der drei Lager: Sozialismus – Liberalismus – politischer Katholizismus, die sämtlich jetzt erst in die politische Führung gelangten. Statt der revolutionären Umwandlung einigte man sich auf das allgemeine Wahlrecht, auf die Autonomie der Tarifpartner, auf soziale, liberale und kulturelle Garantien.

Diese Kompromißstruktur der modernen Demokratie, ihre Rechtsstaatlichkeit, ihr parlamentarischer und pluralistischer Charakter bezeichnen auch das Wesen der gesellschaftlichen Umschichtung und ihre Grenzen. Man hat lauthals die »Zähmung« des Sozialismus in der Nachkriegsentwicklung kritisiert, die den Endzeit-Erwartungen der bolschewistischen Revolutionäre so prinzipiell und existenziell widersprach, sie zur Ausnahme statt zur geschichtlichen Notwendigkeit machte. Der angebliche Verrat des »Revisionismus« an der Revolution war aber nichts anderes als die Anerkennung der Tatsache, daß die Möglichkeiten sozialer Veränderung und sozialen Aufstiegs auch innerhalb der »bürgerlichen« Demokratie geschaffen werden konnten – und unter weniger Risiko und Opfern als auf dem Wege blutiger Revolution und Unterdrückung. Es zeigte sich jetzt, daß der westeuropäische Sozialismus sich von Anfang an die »bürgerlichen« Ideale der Menschenrechte angeeignet und an ihnen festgehalten hat, auch als in seine ideologische Programmatik die marxistische Revolutionsdoktrin übernommen wurde, die ja ihrerseits alles andere als eindeutig war.

Wie die Sozialdemokraten in Deutschland und die Labour Party in England standen die meisten sozialistischen Parteien mehrheitlich hinter dem Kompromiß, der die Massen der Arbeiterschaft in den Staat integrieren wollte oder sollte. Die sozialen Konsequenzen waren in diesem Demokratiemodell schon enthalten: es ging um einen möglichst praktikablen Ausgleich der verschiedenen Interessen in der Gesellschaft, um die weiteren sozialen und staatlichen Modifikationen des kapitalistischen Wirtschaftslebens, die ohnehin im Gang waren, und um eine friedliche Alternative zu den fortschreitend grausamen Formen der bolschewistischen Revolution, die den Liberalen und Sozialdemokraten gleichermaßen ein Greuel waren und die Kompromißbereitschaft zumal auf bürgerlicher Seite verstärkten. So kam es zu lange geforderten »Errungenschaften«, die den kommunistischen Argumenten viel von ihrer Wirkung nahmen: Achtstundentag, Arbeitslosenunterstützung und soziale Sicherung, Streikrecht und Tarifautonomie, volle politische Gleichheit und Abbau der sozialen Privilegien. Der Machtzuwachs der Gewerkschaften war besonders augenfällig; von der »Wirtschaft« oft beklagt, machte er diese Arbeiterorganisationen aber zu einer starken Stütze des demokratischen Staates, zum Garanten des politischen und sozialen Friedens im Rahmen der Verfassung – im Grunde zur stärksten Sicherung der demokratischen Formeln und Regeln gegen eine Revolution. Das galt auch für eine neue Demokratie wie die deutsche, wo Gewerkschaften ebenso zur Abwehr des rechtsradikalen Kapp-Putsches (1920) beitrugen wie zum Scheitern der kommunistischen Umsturzversuche dieser Jahre; erst die Schwächung durch Massenarbeitslosigkeit machte sie hilflos vor der totalitären Überwältigung von 1933.

Freilich erwiesen sich manche der Erwartungen, die an die reformistischen Fortschritte der Gewerkschaftsbewegung geknüpft wurden, noch als verfrüht oder gar illusionär. Große Kraftproben wie der englische Generalstreik von 1926 endeten mit gewerkschaftlichen Mißerfolgen, und seit 1929 brachte die Weltwirtschaftskrise eine Krise des gesellschaftlichen Fundamentalkompromisses selbst, auf dem die westlichen Demokratien beruhten. Im Auf und Ab der Einschätzungen und der Parolen drängte nun scheinbar ein neues antibürgerliches Zeitalter zum Durchbruch, freilich nicht mehr allein mit der Perspektive einer sozialistischen Revolution, sondern wie schon in den Krisenjahren 1920 und 1923, unter dem Ansturm von links und rechts zugleich, im Zeichen einer drohenden totalitären Diktatur. Auch diese Periode dramatisiert den antibürgerlichen Akzent jedoch mehr als daß sie ihn realisiert: das Maß der sozialen Umschichtungen unter faschistischer und nationalsozialistischer Herrschaft entspricht eher den allgemeinen Tendenzen der technisch-ökonomischen und zivilisatorischen Entwicklung als klassen- und schichtspezifischen Ansprüchen der neuen Regime; die Klassenkampfpolitik in der Sowjetunion wirkte auch hier abschreckend. Hitlers »soziale Revolution« ist wie die Mussolinis in der Tat mehr politischer, technisch-ökonomischer und ideologischer als sozialer Natur. Ihre Folgen freilich: Zerstörungen, Massen-Liquidationen und -Vertreibungen, deutsche und europäische Teilung, tragen zu einer weiter fortwirkenden gesellschaftlichen Umwälzung bei, wenn auch nicht im beabsichtigten Sinne.

Doch führt der Kampf gegen den Totalitarismus zugleich zu Reaktionen gegen seine »antibürgerlichen« Züge, gegen die erschreckende Perversion und Manipulation bürgerlicher Ideale, bürgerlicher Tugenden. Es kommt 1945 nicht ein sozialistisches Zeitalter, nicht jenes oft geweissagte Ende der bürgerlichen Ära, das selbst bürgerlich-aristokratische Widerstandsgruppen etwa des Kreisauer Kreises erwarteten. Vielmehr sind neue Kompromisse und Koalitionen, ein neues Einpendeln der gesellschaftlichen Struktur die Folge des Zweiten Weltkrieges. Bemerkenswert, daß nach all den Umstürzen und Katastrophen nicht so sehr die Umwälzung in den gesellschaftlichen Strukturen als eine Verstärkung der Mobilität, eine Flexibilisierung der Klassengesellschaft die eigentliche Veränderung ausmachen. Es beginnt so etwas wie ein neues bürgerliches Zeitalter, in dem es zwar starke Linksparteien, aber zugleich ein größeres Maß an Kompromißfähigkeit als nach 1918 gibt: jene sogenannte »Amerikanisierung« der politischen und gesellschaftlichen Strukturen, die nach 1945 zum umstrittenen Thema der Reformdiskussion in allen westlichen Demokratien wird.

Ängste des Bürgertums – Fortdauer des Bürgerlichen

Mit diesem Ausblick über die »antibürgerliche Welle« der dreißiger Jahre hinaus soll nicht bestritten werden, daß die Weltwirtschaftskrise eine tiefe Erschütterung des nach 1918 mühsam restaurierten Glaubens an eine geregelte bürgerliche Welt hervorgerufen hat. Aber es war doch gerade die sozial-psychologisch begründete Furcht vor einem Absinken aus dem bürgerlichen »Stand« in das Proletariat, das die Panik des Mittelstandes, die Furcht vor dem Kommunismus, die Flucht in den Nationalsozialismus hervorgerufen hat. Man nahm auch die antibürgerlichen Töne der Faschisten und Nationalsozialisten in Kauf, wenn nur die drohende Erneuerung des Klassenkampfes vermieden wurde, die der Kommunismus als Konsequenz der Krise propagierte. Wenn das Jahr 1933 in Deutschland das Ende der kurzen Periode des demokratischen Kompromisses bedeutete, so war es doch in den Augen des Mittelstandes zugleich die Fortsetzung des bürgerlichen Abwehrkampfes mit den anderen Mitteln der Diktatur: ein verhängnisvolles Mißverständnis. Die sozialen Motive der Radikalisierung rechts und links waren wesentlich in der Bedrohung der bürgerlichen Welt begründet. Sie wirkte sich politisch in der Aushöhlung der Mitte und in der Abwertung der Ideale einer Demokratie aus, die zugleich bürgerlich-freiheitlich und sozialegalitär sein wollte.

Doch wäre es falsch, den Niedergang des politischen Liberalismus schon seit der Jahrhundertwende, seinen bemerkenswerten, aber kurzen Wiederaufschwung nach 1918 und seinen katastrophalen Niedergang in der Wirtschaftskrise einfach mit einem Niedergang des Bürgertums gleichzusetzen. Es konnte auch in der veralteten Struktur und den Personenverhältnissen der liberalen Parteien liegen, wenn sich die bürgerlichen Schichten parteipolitisch zersplitterten. Auch ist zu bedenken, daß schon nach 1848 und mehr noch nach 1871 das deutsche Bürgertum weitgehend entpolitisiert oder nach rechts orientiert war, ohne daß man deshalb von einem unbürgerlichen Zeitalter sprechen kann. Der Niedergang des englischen Liberalismus nach dem Ersten Weltkrieg war gewiß spektakulär und scheinbar definitiv. Dort bedeutete er die Ablösung durch die Labour Party, also teilweise eine Orientierung nach links. Vor allem aber wurde er durch das englische Mehrheitswahlrecht beeinflußt, und man kann jedenfalls gewiß nicht sagen, daß die Interessen und Ideale des englischen Bürgertums oder der entsprechenden Mittelschichten im Parlament und in der Politik Großbritanniens nicht vor und nach der großen Krise unverändert starken Ausdruck gefunden hätten. Wenn die englische Gesellschaft in ihrem Verhalten traditionsbewußt oder gar konservativ genannt wird, so eben im Festhalten an den bürgerlich-liberalen Idealen – mit oder ohne liberale Partei. Das allgemeinere Problem ist in der Tat, ob nicht die Übernahme liberaler Forderungen und Prinzipien durch andere Parteien die Fortexistenz gesonderter liberaler Parteien bedrohen oder aber erübrigen kann. Eben dies geschah und geschieht überall in Europa, selbst im klassischen Lande des »radikalen« politischen

Liberalismus, in Frankreich – wenn auch dort langsamer und auf verschlungenen Wegen.

Eher mag es erstaunlich erscheinen, daß die Zerrüttung der Vermögen durch Kriegsfolgen, Inflation und Wirtschaftskrise zumal in Deutschland nicht viel rascher und eindeutiger die soziale Umschichtung bestätigte, die mit dem Aufstieg des Sozialismus begonnen hatte. Allein in Rußland hat die brutale Gewalt eindeutige Verhältnisse geschaffen – und selbst dort kam es bei der geringsten Lockerung, wie in der NEP-Periode, zu neuen Liberalisierungstendenzen. Der Zug zum bürgerlichen Aufstieg und Denken kommt auch in dieser angeblich entbürgerlichten Gesellschaft immer wieder zum Vorschein, wenn nur der Druck etwas gelockert und eine geringe »Liberalisierung« toleriert wird. Nach dem Ende der Stalinzeit, in Dissidenten- und Menschenrechtsbewegungen, auch in Paradoxformeln wie »sozialistische Marktwirtschaft« tritt die Tendenz immer erneut hervor, auch wenn das totalitäre Einparteiensystem und die autokratische, im Grunde vorbürgerliche Tradition Rußlands übermächtig bleibt.

Gegenüber dem soziologischen Schematismus der Klassenbetrachtung ist denn auch nachdrücklich auf die historisch-politische Erfahrung hinzuweisen, daß »das Bürgerliche« in der modernen Welt offenbar mehr bedeutet als nur eine vorübergehende soziale Schichtung, sondern ein allgemeines individuelles und soziales Bedürfnis, das – eine Art Stehaufmann – mit grundlegenden geistigen und moralischen Wertbedürfnissen einhergeht. Es paßt weniger denn je in ein geradliniges Geschichtsschema mit der lapidaren Sukzessions-Formel Feudalismus – Bürgertum – Sozialismus, denn es behauptet gerade auch heute seine erstrangige Bedeutung als eine ständige Alternative zu kollektiven oder nivellierenden Formen der sozialen und staatlichen Organisation. Dabei bleibt bedenkenswert, daß das eigenständige Bürgertum im Grunde stets nur eine kleine Schicht war, seine prägende Wirkung aber weit darüber hinausging. Vollends war das Verlangen, bürgerlich zu sein oder bürgerliche Ideale zu vertreten, immer weit stärker als Klassen- oder Parteibindungen (so haben z.B. Anhänger der SPD in den fünfziger Jahren ihre Partei weitaus überwiegend als bürgerlich bezeichnet – 40 Jahre nach dem Niedergang und vielfach verkündeten Tod des bürgerlichen Liberalismus in Deutschland).

Was mit dem Ersten Weltkrieg verloren ging, war die bürgerliche »Sekurität« des 19. Jahrhunderts, auch sie von Krisen unterbrochen, aber als Orientierungswert fast unangefochten – was freilich in Deutschland, anders als in England oder Frankreich, noch nicht geheißen hatte, daß man nach der Macht im Staat greifen oder die Privilegien der Aristokratie übergehen konnte. Die Demokratien der ersten Nachkriegszeit haben demgegenüber in verschiedenen Formen die volle politische Gleichheit gebracht und doch die Freiheit erhalten. Sie waren insofern ein Höhepunkt der bürgerlich-liberalen Entwicklung – und erlebten im selben Augenblick ihre Anfechtung durch alte und neue Bewegungen, durch Restauration wie durch Revolution zugleich. Wo die bürgerliche Revolution längst gelungen war wie in England und Frankreich – und vor allem den USA –, hat sich auch der politische Liberalismus nicht selbst aufgegeben wie in Deutschland: nicht zuletzt, weil man wußte, was man ihm verdankte, und Zeit gehabt hatte, positive Erfahrungen mit dem liberalen Staat und seinen Vertretern zu machen.

Arbeiterschaft und Strukturwandel

Soziologisch gesehen waren die Übergänge überall gleich schmerzhaft; sie vollzogen sich vor allem im Bereich dessen, was in Deutschland als alter und neuer Mittelstand bezeichnet wurde. Der über Jahrzehnte dauernden Abnahme der kleinen Selbständigen entsprach die Zunahme einer breiten, in sich sehr weit gefächerten Schicht der Angestellten, die abhängig, aber durch Tätigkeit und Selbstbewußtsein von der Arbeiterschaft z. T. weit getrennt waren: in den USA, wo sie fast ein Drittel der Bevölkerung ausmachen, treffend als *white* (gegen *blue*) *collar workers* bezeichnet. Dazu kam der steigende Anteil einer anschwellenden staatlichen Bürokratie, die in der mehr oder weniger ausgeprägten Beamtentradition stand und ebenfalls betont mittelständisch-bürgerliche Züge zeigte. Es war eher eine Umstrukturierung als eine Entbürgerlichung, aber die Unsicherheiten im Selbstverständnis wie in der wirtschaftlichen Situation und die neuen, auch modernistischen Ansprüche (auf mehr Egalität und technischen Fortschritt), die dabei auftraten, sind in dem massenhaften Zustrom von Angestellten zum Nationalsozialismus besonders deutlich geworden.

Ein weiterer wichtiger Strukturwandel vollzog sich mit der fortschreitenden Verstädterung und dem Rückgang der landwirtschaftlich tätigen Bevölkerung. Auch hier haben wir es mit einer langfristigen Entwicklung zu tun. Der Weg von der Agrarwirtschaft zur Industrialisierung hat erst die grundlegenden sozialen Veränderungen in Gang gesetzt, die hinter dem dritten den vierten Stand, die Arbeiterschaft, zur größten sozialen Gruppe in den westlichen Demokratien gemacht hat. Aber auch hier sind viele Prophezeiungen fehlgegangen, die darin überhaupt *das* Prinzip der Zukunft, die Arbeiterschaft, das Proletariat, den Sozialismus als die einzige oder eindeutig dominierende Form der Gesellschaft und des Staates sehen wollten: nicht nur die marxistischen Optimisten, sondern auch die konservativ-reaktionären Pessimisten. Sie haben eine Tendenz verabsolutiert und darüber andere Tendenzen vernachlässigt. Indem man das »Proletariat« zur philosophischen Idee stilisierte, glorifizierend oder dämonisierend, verkannte man die empirische Realität »Arbeiterschaft«. Denn es zeigte sich: (1) daß diese Schicht keineswegs so einheitlich und geschlossen war, wie man geglaubt hatte; (2) daß sie nicht zu der übergroßen Mehrheit wurde, sondern bei etwa 50% der Bevölkerung verharrte; (3) daß die moderne Gesellschaft mit ihren Aufstiegsmöglichkeiten zu einer zunehmenden sozialen Mobilität führte; (4) daß schließlich die radikale Polarisierung und Konfrontation nicht unausweichlich waren, sondern Kompromißfähigkeit und begrenzter Konflikt das Verhältnis von Arbeiterschaft und anderen Gruppen bestimmen konnte, sofern die Begegnung auf dem Boden einer ausgereiften demokratischen und liberalen Tradition stattfand.

So hat denn in den USA die gewaltige Industrialisierung nicht einmal zu einer größeren sozialistischen Partei geführt, weil das Parteiensystem offen und nicht klassengebunden, die soziale Mobilität fast unbegrenzt, die demokratischen Traditionen ausgeprägter waren als sonst irgendwo. Überall aber wurden die Arbeiterparteien nach dem Kriege regierungsfähig, ja unentbehrlich, und die Abspaltung eines »revolutionären« Teils, der Kommunisten, zeigte noch deutlicher, daß Intransigenz gegenüber der liberalen Demokratie nicht die Regel, sondern die Ausnahme war. Es ist keine Widerlegung dieser Feststellung, daß im weiteren Verlauf diese Kooperation gestört wurde durch den Aufstieg radikaler Antisystemparteien von rechts und links. Das bedeutete ein nicht nur soziologisch, sondern mehr noch politisch zu bestimmendes Problem des jeweiligen Staates, wie jede differenzierende Erklärung z. B. der nationalsozialistischen Machtergreifung zeigt, die nicht bei soziologischen Formeln stehenbleibt, sondern die Frage beantwortet, warum und wie dies gerade in Deutschland und nicht in anderen Industriestaaten mit ähnlich liberalen Verfassungen geschehen konnte.

Heiß umworben und propagandistisch eingesetzt wurde die Arbeiterschaft von allen Diktaturbewegungen der Epoche: Marx und Lenin haben ihr die totale Diktatur des Proletariats verheißen, Mussolini und Hitler die Ernennung aller »Schaffenden« zu Arbeitern vollzogen. Aber sie blieben gerade in den Diktaturen der Zwischenkriegszeit Objekte einer von oben diktierten oder gesteuerten Politik und Ökonomie – abgesehen von denen, die durch aktives Mitmachen in Partei und System zum sozialen Aufstieg gelangten. Eine überzeugende Alternative zur Demokratie boten diese Systeme auch für die Arbeiterschaft nicht. Ihre »sozialistische Politik« brachte kaum mehr, eher weniger als die Verbesserungen, die ein Industriestaat ohnehin bieten konnte und mußte: lehrreich ist ein Vergleich der Arbeitszeiten oder der Renten in sozialistischen und westlichen Systemen. Der prinzipielle Unterschied aber besteht ja letzten Endes nicht darin, ob man nun den Klassenkampf für beendet und die Arbeiterschaft als siegreich bezeichnet, sondern ob sie im Konfliktfall für ihre Rechte und Ansprüche eintreten kann, ob sie das Oppositions-, Demonstrations- und Streikrecht besitzt. Auch hier erscheint der Fundamentalkompromiß der »bürgerlichen«, parlamentarisch-pluralistischen Demokratie dem vorgeblich perfekten, in Wahrheit repressiven »Arbeiterstaat« sozialistischer Prägung durchaus überlegen.

Die Veränderung der sozialen Strukturen, die so eng mit dem ökonomischen Auf und Ab und mit dem Unterschied der Systeme zusammenhängt, hat ihre politische Bedeutung auch in jenen Situationen entfaltet, in denen es um nationale Interessen und zwischenstaatliche Konflikte ging. Europas nationalstaatliche Zersplitterung feierte nach 1918 neue Triumphe. Entgegen den Erwartungen der Internationalisten im demokratischen wie im revolutionären Lager ist es erst nach dem Zweiten Weltkrieg zu einer überstaatlichen Koordinierung der ökonomischen und auch der sozialen Kräfte gekommen: zwangsweise in der neuen kommunistischen Welt, freiwillig und doch fast zwangsläufig in Westeuropa und anderwärts.

Und politisch fast völlig ignoriert, wenngleich zuweilen dramatisch diskutiert, wurde schließlich jene explosionsartige Zunahme der Weltbevölkerung, die seit dem 18. Jahrhundert in Europa und Amerika, schließlich in allen Kontinenten die Modernisierung begleitet. Seit den düsteren Prognosen des Engländers Thomas Malthus über das Mißverhältnis von Bevölkerungszunahme und Ernährungslage (1798) hatte manche warnende Stimme darauf hingewiesen, daß auf diesem Felde der größte Strukturwandel, die eigentliche soziale Problematik sich entwikkeln werde. Deutlicher denn je tritt die ungleiche Verteilung der Güter der Welt, die sich vergrößernde Disproportion zwischen wirtschaftlichem Potential und Geburtenziffer hervor: das heute sogenannte Nord-Süd-Problem, die immer stärker werdende Diskrepanz zwischen Industrie- und Entwicklungsländern. Während die Demokratien Europas und Amerikas mit den eigenen, einzelstaatlichen Sorgen und Ambitionen beschäftigt waren und auch internationale Organisationen wenig zur Schärfung des Bewußtseins oder gar zur Lösung jener globalen Probleme vermochten, spielten sie in den »Weltanschauungen« der großen politisch-ideologischen Bewegungen durchaus eine Rolle, wenn auch auf verzerrte Weise. Faschismus und Nationalsozialismus, Sozialismus und Kommunismus haben je eigene Theorien und ideologische Erklärungen propagiert, die nun mit großer Wirkung in diese Lücke stießen: Lebensraum- und Rassendoktrin, Imperialismus- und Weltrevolutionstheorie reduzierten jene vielschichtigen, schwer lösbaren Probleme der Zukunft jeweils auf eingängige, weil einlinige Formeln (wie »Blut und Boden« oder »Proletarier aller Länder ...«).

Dem Ersten Weltkrieg entspringt und folgt mit diesen Bewegungen ein »Weltbürgerkrieg«, der über die Staaten und Gesellschaften hinwegreicht. Seit 1917 schneidet der sozialistisch-kommunistische, seit 1922 und 1933 der faschistisch-nationalsozialistische Weltanspruch quer durch traditionelle Fronten und staatliche Loyalitäten; beide wenden sich aggressiv gegen überliefertes bürgerliches Bewußtsein. Wie einst im Zeitalter der großen Revolutionen, zumal nach 1789 und 1849, gibt es wieder das Phänomen der politischen Flüchtlinge. Doch sind auch darin die Dimensionen verschieden; die Massenemigration im russischen Bürgerkrieg trägt zur Auslöschung nicht nur der Aristokratie, sondern einer ganzen Mittelschicht in Stadt und Land bei; daneben gibt es das Schicksal der großen »Abweichler« aus dem eigenen Lager (wie Trotzki). Die Welt zerfällt in Verfolgerstaaten und Asylstaaten, wie in Diktaturen und Demokratien. Dazu kommen die nationalstaatlich begründeten Umsiedlungen und Vertreibungen, die im Zweiten Weltkrieg und danach zu ganzen gewaltsamen Völkerverschiebungen führen. Ihre furchtbaren Folgen für den Einzelnen werden noch übertroffen durch das Phänomen der »unpolitischen« Kollektiv-Verfolgungen und -Tötungen aus klassen- und rassenpolitischen Gründen, die jeweils von der Sowjetunion und dem Dritten Reich ausgehen. Nicht nur die jeweiligen Oppositionen werden verfolgt, sondern ohne Unterscheidung der Person pauschal ganze Gruppen und Bevölkerungsteile, weil sie andersartig sind oder nicht dem etablierten ideologischen Prinzip entsprechen. Die Emigration vor dem Nationalsozialismus kommt einer ganzen Kulturverschiebung aus Deutschland zumal nach Amerika gleich. Wie im Zeitalter der Glaubenskriege radikalisiert und zerstört die Ideologisierung der Politik und Gesellschaft viele menschliche Bindungen. Die schrillen und unmenschlichen Aspekte jener Krise der modernen Welt, die besonders auch die politischen, sozialen und kulturellen Eliten durch Verfolgung und Exilierung betroffen hat, sind ein wesentlicher Teil der so vielfach erregten, vielseitigen, ungleichartigen geistigen Kultur der zwanziger und dreißiger Jahre.

Tatsächlich war die geistige und psychologische Lage des modernen Europa gekennzeichnet durch tiefe Risse und Konflikte, durch eine polarisierende Ungleichzeitigkeit der Entwicklungen und Maßstäbe im intellektuellen wie im politischen Leben der Zwischenkriegszeit. Sie trat schon in der Schärfe des Generationskonflikts hervor. An der Spitze des politischen Establishments stand den großen Veränderungen zum Trotz weiterhin – und vielfach bis zum nächsten Krieg – die Vorkriegsgeneration: der Wechsel fand nicht statt, war nicht einmal in Sicht, und dies nutzten die diktatorischen Erneuerungs- und Führerbewegungen zumal der Rechten, die sich nicht zuletzt als antibürgerlicher Aufstand der »Frontgeneration« und der Jugend verstanden. Auch sie freilich blieben trotz dieses Anspruchs zugleich auf Parolen und Personen gestützt, die nicht neu und jung, sondern Teil des Vorkriegs- und Kriegs-Establishments waren. Das traf auf Schlüsselfiguren wie Hindenburg und Pétain, Horthy und Piłsudski, aber auch Lenin und Trotzki ebenso zu wie auf den Nationalismus und Sozialismus, die autoritären und revolutionären Bewegungen rechts und links, die sie vertraten oder denen sie zur Macht verhalfen.

Auch die furchtbaren Menschenverluste des Krieges haben dazu beigetragen, die Wirkungszeit der Vorkriegsgeneration noch zu verlängern, und dies stand im scharfen Kontrast zu den gewaltigen Erschütterungen und Veränderungen, die nach neuen Ansätzen des geistigen und politischen Lebens verlangten. In den Nachkriegsdemokratien vermochten nur wenige Angehörige der Kriegsgeneration in die Führungspositionen aufzurücken, und dies eben war der Vorwurf der antidemokratischen Bewegungen. Wenn jene an die Spitze gelangten, wie 1930 Heinrich Brüning in Deutschland oder dann auch Daladier in Frankreich, blieben sie innerlich unsicher, gleichsam in einer Doppelrolle befangen: als Repräsentanten des alten Staates und zugleich der neuen Impulse, hin- und hergerissen zwischen demokratischen und autoritären Maßstäben, am Ende Gescheiterte. Die Veränderungen der dreißiger Jahre, verstanden als verspäteter Durchbruch der Kriegsgeneration, waren bezogen, ja fixiert auf diesen Komplex des unbewältigten Krieges. Es fand seinen schärfsten Ausdruck im

Hitlerregime, trat aber auch anderwärts hervor: in der fortdauernden Bewunderung der Kriegsführer (rechts) oder Revolutionäre (links), in der weiteren Verunsicherung, Verleugnung oder Verhöhnung des »Bürgerlichen«, in der Resignation vor einem autoritären Zeitgeist. Die Nachkriegszeit ging nicht allmählich zu Ende, sondern der Krieg blieb auf der Tagesordnung, politisch in der Revisionsbewegung, ideell (und psychisch) in der Verstärkung autoritärer Wertvorstellungen auf Kosten der Liberalität und Toleranz.

Schließlich wurde der Glaube an die Ideale und Werte der westlichen Zivilisation, den der Krieg und die Nachkriegskrisen schon so nachhaltig erschüttert hatten, durch den neuen Einbruch der Weltwirtschaftskrise weithin endgültig zerstört. Ihre Folge war es vor allem, daß sich das Klima der dreißiger Jahre tief verschieden vom Geist der zwanziger Jahre entwickelte. Nun erst kam die ganze Schwere der Erschütterung, die Krieg und Kriegsfolgen für ganz Europa bedeuteten, voll zum Ausdruck. Die zwanziger Jahre waren noch von einer Art Betäubung, vom Verdrängen und Überspielen des schwer Faßbaren gekennzeichnet. Nun aber trat die umfassende Kulturkrise voll hervor. Sie erschütterte das Vertrauen in den steten Fortschritt der modernen Welt, in ihre technischen Errungenschaften und geistigen Wertvorstellungen. Der Rückgriff auf die barbarischen Ideale der Gewalt, des sozialdarwinistischen Kampfes, des Biologismus hatte schon mit der Technisierung der kriegerischen Zerstörung und Vernichtung eine neue Dimension gewonnen. Dahinter wirkte die Erfahrung, wie leicht und rasch die moralisch-humanitären Wertvorstellungen überwunden oder zurückgedrängt wurden, wie reibungslos der Übergang vom zivilisatorischen Friedensideal zur militanten, haßgetriebenen Massenmobilisierung und zur perfektionistischen Organisation der Zerstörung verlief, wie widerstandslos schließlich in den meisten Ländern Europas demokratische Verfassungsordnungen und liberales Geistesleben diktatorischen Erfolgsregimen und Veränderungsphilosophien Platz machten.

Die kulturelle Szene der zwanziger Jahre, überschattet und polarisiert durch die unheilvollen Erfahrungen des Krieges und die unheildrohenden Perspektiven der Nachkriegszeit, spiegelte zuerst den fieberhaft intensiven Ausbruch von Gefühlen und

Experimenten, die fast etwas Endzeitliches an sich hatten, dann aber auch eine große Verarmung und Ernüchterung hinter und jenseits dieser Erwartungen und Illusionen. Offenkundig war der Widerspruch der Realität zu den Proklamationen des Friedens, der moralischen Restauration, der politisch-sozialen Gerechtigkeit; es tat sich die Diskrepanz zwischen einer viktorianischen oder wilhelminischen Ordnung des gesellschaftlichen wie privaten Lebens und jener Stärke und Tiefe der emotionalen Bedürfnisse und Triebkräfte auf, die Kriegserfahrung und psychologische Aufklärung je auf ihre Weise sichtbar machten. Rebellion und Aufstand gegen ältere Generation und Eltern, bis hin zum Topos des Vatermords und zur Theorie des Ödipus-Komplexes, waren schon angebahnt in der Entstehung einer antibürgerlichen Wandervogel- und Jugendbewegung vor dem großem Krieg. Nun aber erschien die viktorianisch-wilhelminische Unterdrückung der »echten« Gefühle, die Illusion ihrer zivilisatorischen Bändigung im vollen, grellen Lichte der Existenzkrise, die Kriegs- und Nachkriegszeit bedeutete. Die echten Gefühle: das hieß die Freisetzung anarchistischer Bedürfnisse aus der bürgerlichen »Repression«, wie sie von den linken Revolutionären gefordert oder von der Freudschen Psychologie analysiert wurde; es hieß aber auch Hypostasierung dieser Gefühle im Sinne eines neuen heroischen oder irrationalen Zeitalters, wie es die Adepten der Machtphilosophie Nietzsches und Sorels oder der Lebensphilosophie Henri Bergsons und Ludwig Klages' proklamierten.

In allen Fällen war der »neue Geist« gegen die restaurierte Zivilisationswelt des 19. Jahrhunderts gerichtet, ob er sich nun als Moderne progressiv oder als neuer Durchbruch des Elementaren antimodernistisch verstand. Der Angriff auf die konventionelle und traditionelle, christliche oder humanistische Moral bezog seine Wirkungskraft in jedem Fall aus dem Bruch und der Auflösung der Maßstäbe, die man seit 1914 erlebt hatte. Aber noch hielt in den ersten Nachkriegskrisen doch zugleich die Hoffnung auf den Wiederaufbau die Balance, zumal es in den mittleren zwanziger Jahren aufwärts ging und der Ausbruch des Pessimismus in einer neuen Blüte von Literatur und Kunst sublimiert wurde. Um so verherrender mußte der Zusammenbruch in der weltweiten Wirtschaftskrise wirken: von den Zweiflern und Gegnern als eine neue Widerlegung der westlichen Zivilisation und ihrer bürgerlichen Werte angeprangert, bot sie dem rechten wie dem linken Radikalismus Gelegenheit zum zweiten und fatalen Ansturm. Wenn nicht, wie in Stalins Sowjetunion und in Hitlers Deutschland, die Kultur der zwanziger Jahre in ihren modernen und realen Ausdrucksformen überhaupt als dekadent oder entartet abgetan, verfemt und verfolgt wurde, so ging ihre unmittelbare Kraft und Fülle zurück. Sie verschwand hinter den verflachenden, pseudorealistischen Formen eines nationalistisch oder sozialistisch auftretenden Kulturgebarens, das sich auch so manchen Vertreter der neuen Literatur (wie den expressionistischen Dichter Gottfried Benn) vorübergehend einzugliedern vermochte. Mit dem Siegeszug der autoritären Diktaturen ging auch die Bühne verloren, von der aus Kunst und Geist, Literatur und Wissenschaft experimentierend in das Zeitgeschehen einzugreifen versucht hatten. Zugleich machte freilich dieser rasche Wandel, der in Deutschland so viele persönliche Schicksale der Verfolgung, Emigration und Selbstverleugnung mit sich brachte, den schwankenden Boden der zwanziger Jahre und das unsichere Gewicht des neuen Kulturaufschwungs deutlich – zum Teil auch das Versagen seiner Exponenten vor der Aufgabe der menschlichen wie der soziopolitischen Bewältigung der Kriegs- und Nachkriegskrise. Das zeigt ein Blick auf die vielgerühmte Kulturblüte der Weimarer Republik, die in vielem repräsentativ für die Stärken und Schwächen der geistigen Entwicklung zwischen den Kriegen war, diese zugleich besonders scharf wie unter einem Brennglas zum Ausdruck brachte, bevor sie im Feuer der Bücherverbrennung unterging.

Kritik und Republik – die Entfremdung von Geist und Macht

Die politische Bedeutung der Zwischenkriegskultur ist vor allem in zwei Richtungen zu kennzeichnen. Einerseits erwies sich gerade das militärisch geschlagene, politisch instabile und zerrissene Deutschland als ein kulturelles Experimentierfeld per se, auf das für einige Jahre die Aufmerksamkeit des Westens konzentriert war und aus dem dann nach dem Zusammenbruch der Republik, nach der Vertreibung seiner großen Vertreter durch den Nationalsozialismus, Impulse von kaum zu überschätzender Tragweite in die Welt gingen. Gleichzeitig aber trug die Schärfe der geistigen Auseinandersetzung und das politisch und moralisch oft extreme Verhalten der Intellektuellen, die das geistig-künstlerische Leben fieberhaft vorantrieben, zur Verunsicherung der Republik und zur Bloßstellung der Schwächen bei, die ihre Gegner dann so schonungslos zu nutzen verstanden: vor allem die republikanische Toleranz auch gegen die radikalen Feinde der Demokratie. Der tiefe Widerspruch des Kulturbetriebes, ihr erregender und zugleich deprimierender Charakter, wie er in den Bildern eines George Grosz, im Kontrast von Amüsierleben und sozialem Elend zum Ausdruck kam, mag auch als Folge eines verzweifelten Eskapismus interpretiert werden. Aber tödlich scharf war die Kritik gerade der Linken an der »bürgerlichen« Republik, dem Gebilde der unerfüllten Hoffnungen, und doch ließ diese toleranter als irgendeine Zeit und irgendein Land die Experimentierer wie die Kritiker gewähren. Das Experiment endete negativ, die Selbstkontrolle funktionierte nicht, der Rückschlag war um so furchtbarer. Diese Erfahrung hat bewirkt, daß zunächst nach dem Zweiten Weltkrieg ungleich vorsichtiger und zurückhaltender, mit dem steten Vorbehalt der politischen und moralischen Konsequenzen gedacht und geschrieben, experimentiert und theoretisiert wurde: vor allem in Deutschland, wo das Verfassungsprinzip der verteidigungsbereiten, »wehrhaften« Demokratie gegen die Erfahrung von Weimar gesetzt wurde, bis die linksradikalen Anfechtungen im Gefolge der weltweiten Studentenrevolte alte Gefahren aufs neue beschworen.

Gewiß: die härtesten Feinde der Weimarer Republik standen rechts, wie die politischen Morde und Putsche, schließlich der Untergang der Demokratie bewiesen. Und gewiß übten obrigkeitsstaatliche Kräfte und Strukturen zum Teil noch einen starken Einfluß auf staatliche und gesellschaftliche Institutionen aus. Aber Deutschland besaß zugleich den liberalsten Staat seiner Geschichte. Die Weimarer Liberalität ermöglichte deutsche Filme, die in Frankreich und England verboten wurden; bis zum Ende von 1933 waren Beschränkung und Zensur nicht hemmender als in anderen freiheitlichen Ländern. Damit kontrastiert die Tatsache, daß viele der Intellektuellen, die davon profitierten, dennoch mit Hohn von der glanzlosen »bürgerlichen« Republik sprachen und weder Verständnis für die junge Demokratie noch Voraussicht für seine Belastbarkeit bewiesen. Und wie der Kommunismus, so wurde am Ende auch Hitler nicht wirklich ernst genommen: in der linken »Weltbühne« wollte man ihn ans Ruder lassen, damit er abwirtschaften könne, und die verächtliche Weigerung zu wirklicher Auseinandersetzung mit einem so niveaulosen Phänomen wie dem Nationalsozialismus drückte das verhängnisvoll typische Wort des großen Wiener Literaten Karl Kraus aus, das unbegreiflicherweise bis zum heutigen Tag zustimmend zitiert wird, obwohl es doch das Versagen der Intellektuellen vor der politischen Problemlage demonstriert: »Mir fällt zu Hitler nichts ein.«

An die damaligen und heutigen Bewunderer der »goldenen zwanziger Jahre« stellt sich die Frage, ob sie nicht mit der überscharfen Kritik an allem Bestehenden ein Klima förderten, in dem auch die Verhöhnung der Republik und ihrer Repräsentanten besonders gedieh, ihre Verteidigung noch schwerer gemacht wurde. Fortschritt, Modernismus, Experimentieren – das hieß für viele ein Vorherrschen von Amoralismus in Kunst und Literatur, und eine demonstrative Libertinage trug dazu bei, das Vertrauen in republik- und demokratiefreundliche Intellektuelle zu erschüttern oder zu unterminieren. Diese ungewollte Gegenwirkung, ein »counter-productive effect«, tritt vor allem in der Einstellung zum Staat überhaupt und zur Frage eines normalen Patriotismus als Alternative zum chauvinistischen Nationalismus der Rechten hervor. Indem sie das natürliche Bedürfnis einer nationalen Identifikation vernachlässigte, deren gerade auch die Republik unter den schweren inneren und äußeren Belastungen der Nachkriegszeit bedurfte, hat sich die Linke insgesamt und besonders eine betont international orientierte, verletzend antibürgerlich argumentierende »Linksintelligenz« vor den Augen der breiten Bevölkerung diskreditiert. Der von rechts geschürte Haß auf die linksintellektuellen »Verräter« konnte sich leicht der Empörung über verletzende Aussprüche bedienen: etwa Tucholskys Slogan vom »Deutschland der Richter und Henker«, seiner Verhöhnung jeder Manifestation patriotischer Gefühle (»deutsch ist doof«) oder der ätzenden Karikaturen des »typischen« Weimar-Deutschen, mit denen George Grosz den Zorn des »Normalbürgers« geradezu herausforderte.

Es kam hinzu, daß solche provokativen, schonungslosen Kritiker der Vergangenheit und Gegenwart sich mit keiner der Parteien zu identifizieren vermochten und gerade jene Politiker – wie Ebert oder Stresemann – als Reaktionäre und Spießbürger verhöhnten, die ein bislang unerhörtes Maß an politischer und kultureller Freiheit garantierten, von dem die Intelligenz in erster Linie profitierte. Daß solche Kritiker über das Ziel hinausschossen, damit ihr eigenes Anliegen gefährdeten, oft einer fragwürdigen Rangordnung in der Wahl der Themen folgten und bei ihrer Kritik am Konservativen und am Bürgerlichen im Vergleich mit anderen Ländern allzu einseitig-negativ verfuhren – all dies ging wohl auch zurück auf jene enttäuschte Erwartung einer unbürgerlichen Republik der Künstler und Intellektuellen, die in den Umbrüchen und Krisen von 1918/19 entstanden war, jedoch in den erforderlichen praktischen Kompromissen der Folgezeit auch von den Sozialdemokraten, die man im übrigen ihres kleinbürgerlichen Lebensstils wegen belächelte, nicht erfüllt werden konnte.

Diese Grundenttäuschung, die nichts anderes als ein neues Kapitel in der Geschichte der Entfremdung von Geist und Macht war, spiegelt eine allgemeine Problematik im Verhältnis des Intellektuellen zur Politik wider. Aber sie trat am deutlichsten dort hervor, wo nach der Niederlage eines überalterten politischen Systems inmitten der Verzweiflung auch die Hoffnungen auf eine neue, bessere Welt jenseits der traditionellen Politik und Gesellschaft besonders hoch aufflammten. Zerbrochen war schon in der bayerischen Räterepublik der Anspruch, selbst zu regieren – jene revolutionär-utopische alte Sehnsucht der Intellektuellen, die sich auch wieder bei den französischen Unruhen von 1968 in deren vielzitiertem Slogan meldete: »die Phantasie an die Macht!« Es war eine Anmaßung, zu der sie, die so glühend für Demokratie und Volkswillen stritten, niemand legitimiert hatte. Der Anspruch, die Zukunft zu kennen und zu gestalten, stand gegen die Notwendigkeit, mit den Aufgaben der Tagespolitik fertig zu werden. Die volle Schärfe dieses Grundkonflikts des politischen Lebens wurde wiederum im Deutschland der zwanziger Jahre besonders sichtbar, weil auch die deutschen Sozialdemokraten mehr als die Sozialisten etwa Frankreichs ein antiintellektuelles Mißtrauen gegen Literaten und Künstler entwikkelten, je mehr sie deren hochmütig anmaßende Verachtung für solide Organisation und politische Tagesarbeit, für reformistische statt revolutionäre Zielsetzung spürten.

Die Haltung der Rechten war ohnehin durch einen traditionell ausgeprägten Anti-Intellektualismus gekennzeichnet. Dabei stellten die Rechtsintellektuellen der »Konservativen Revolution« eine eher exzeptionelle Erscheinung dar. Als Offiziere ohne Soldaten glossiert, schleuderten auch sie – mit elitärem Anspruch – der demokratischen Republik die antibürgerliche Kriegserklärung einer »Revolution von rechts« entgegen, bis sie schließlich nolens volens dem autoritären Umbruch gleichsam als »Trotzkisten« des Nationalsozialismus anheim oder zum Opfer fielen.

So saßen die geistigen Neuerer, wie radikal demokratisch oder auch elitär ihre Ideen und Absichten sein mochten, im Endeffekt zwischen allen Stühlen, während sie zugleich die Republik, die sie zur wahren Demokratie oder zum wahren Staat machen wollten, durch ihre Agitation ruinierten oder durch ihre Kritik nicht so stützten, wie dies notwendig und möglich gewesen wäre. Dem geistigen Niveau und der künstlerischen Qualität der Nachkriegskultur, so umstritten sie sein mochte, standen alle Möglichkeiten offen; und gerade das verhöhnte und totgesagte Bürgertum hat diese Kultur getragen und doch toleriert; man denke an die Erfolge der antibürgerlichen, antikapitalistischen Stücke etwa Bert Brechts, des Apostaten des Augsburger Bürgertums. Aber die politische Wirkung war bestenfalls gleich null, weil ein positiver Bezug zu der realen Republik im Sinne jener kritischen Sympathie fehlte, auf die es in jeder Demokratie so entscheidend ankommt; meist war die Wirkung vielmehr negativ, weil die überkritische Darstellung und Deutung der Zeit eher als nihilistisch denn als wegweisend, konkretisierbar und positiv empfunden wurde.

Es kam noch hinzu, daß die Kommunisten ihrerseits gegen die bürgerlichen Linksintellektuellen standen, die sich ihnen nicht unterwarfen, auch wenn sie ihre nützlichen Dienste im Sinne einer kulturellen Volksfronttaktik leisteten. Die antiintellektuelle Polemik der KPD konnte es zuweilen durchaus mit jener der Nationalsozialisten aufnehmen. Die beiden Extremparteien besaßen jeweils ihre eigenen Spitzenintellektuellen: Literaten wie Goebbels und Alfred Rosenberg (bei der NSDAP) oder Johannes R. Becher und die Propagandisten des Münzenberg-Konzerns (bei der KPD) wurden vom Verdikt gegen die bürgerlichen Intellektuellen ausgenommen, während sie virtuos die Kampagnen führten, die das geistige Leben vergifteten und reif machten für die Kapitulation vor den autoritären und totalitären Kräften. Es ist bezeichnend, daß unter Intellektuellen trotz allem weit mehr Sympathien für die Kommunisten als für die Sozialdemokraten bestanden: das militante Pathos der Radikalen schien dem intellektuellen und künstlerischen Anspruch auf volle Verwirklichung, Perfektion eher zu entsprechen als »kleinbürgerliche« Kompromißpolitik der gemäßigteren Demokraten.

Auch dies war ein großes Mißverständnis, das in den sechziger Jahren wiederkehrte, als Studentenbewegung und »Neue Linke« sich auf die großen Ideale einer abstrakten Demokratie und Gerechtigkeit beriefen, um die bestehenden Demokratien als »spätbürgerlich« zu denunzieren, als untergangsreif zu bekämpfen. Das Sendungsbewußtsein einer »progressiven« Kunst und Literatur war um so entschiedener gegen jeden Status quo des Gesellschafts- und Parteiensystems gerichtet, je mehr die Polarisierung des politischen Lebens fortschritt. Sie hat schließlich alles verengt zu jener radikalen Scheinalternative vieler Intellektueller und Künstler der zwanziger und dreißiger Jahre, der man sich als vermeintlich unausweichlich unterwarf: Faschismus oder Kommunismus.

Es kam noch eine weitere Dimension hinzu, die zugleich als Komplikation wirkte: der große Beitrag der Juden zur Kultur der Zeit. Die Spannung von Tradition und Modernisierung, von Sonderbewußtsein und Assimilationsdruck setzte ein großes Potential schöpferischer Kräfte frei, aber die rasch in den Vordergrund gerückte Stellung der jüdischen Minderheit im kulturellen Leben stieß in der jungen, ihrer selbst unsicheren Republik auf antisemitische Ressentiments, die schon im religiösen und ökonomischen Bereich seit der Bismarckzeit starke Wurzeln besaßen. Es beeinträchtigte Wirkung und Integration der Kultur von Weimar ganz besonders, daß sie als Werk »undeutscher« Kräfte gescholten und mit antibürgerlich-antikapitalistischen Slogans, vor allem aber mit jenen antisemitischen Stereotypen belegt wurde, gegen die rationale Argumente wirkungslos waren: die Juden diffamiert als Repräsentanten einer antinational-kosmopolitischen Kultur, als wurzellose und destruktive Kritiker, als Gegensatz zum »schöpferischen« deutschen Geist.

Das Klischee von der »jüdisch-überfremdeten« Kultur diskreditierte zugleich überhaupt die westliche Zivilisation der nachrevolutionären Moderne, und es verschärfte die Spaltungen zwischen rechts und links, bürgerlich und sozialistisch, reformistisch und revolutionär, nationalistisch und internationalistisch noch um eine entscheidende Nuance. So erfolgte dann auch gerade in Deutschland, wo sich jene Spaltungen besonders tief auftaten, der Umschlag von der weltoffenen, liberalen Kulturblüte der zwanziger Jahre zur engsten totalitären Reglementierung mit besonderer Heftigkeit. Aber kaum geringer war schließlich auch die Desillusionierung der intellektuellen Zukunftsvisionen im Blick auf die Sowjetunion Stalins, die auf ihre Weise ebenso repressiv auf den Traum von der herrschaftsfreien Politik und einem Vernunftreich der Intellektuellen reagierte.

Es war eine Erfahrung, die nach 1945 noch über zwei Jahrzehnte hin wirkte und eine Renaissance liberaler Demokratie in Westeuropa ermöglichte, freilich auch ein ähnlich enthusiastisches Aufblühen der Kultur bremste. Als in den sechziger Jahren jene Erfahrung verblaßte, wurden fast krampfhaft die kritischen Positionen und Probleme der zwanziger Jahre wieder aufgenommen. Doch führt dies eher zu einer Reprise als zu neuer Entfaltung; schon nach wenigen Jahren erweist sich die Unwiederholbarkeit jenes geistigen und künstlerischen Aufbruchs, der auf ambivalente Weise, durch Vision und Destruktion, so wesentlich zu der so vielfältigen, zugleich verwirrenden und irrenden Entfaltung der Zeit zwischen den Kriegen beigetragen hat. Die historische Erfahrung sollte gleichwohl auch heute, im Zeichen linksintellektueller Renaissancen und unpolitischer Nostalgien, ernstgenommen werden.

Die Zukunft des »Bürgers«

Im Rückblick auf jene historische Erfahrung sind für die gegenwärtige Diskussion vor allem die folgenden Gesichtspunkte hervorzuheben:

1. Es gibt einen *politischen* Bürgerbegriff, der bis zur Gegenwart die Funktion und das Verhältnis des Einzelnen zum Staat bezeichnet: von der griechischen Vorstellung des polites

und der tragenden Rolle des »Mittelstandes« in der Polis (Aristoteles) über den römischen civis (Cicero) zum citizen und citoyen, zur middle class in der Neuzeit.

2. Die *sozialen* Bedingungen des Bürgerbegriffs wandeln sich im Lauf der neueren Geschichte: von der Stadt des Mittelalters über die Modernisierung des Staates im Absolutismus zur Aufklärung, bürgerlichen Revolutionen, liberalen Bürgergesellschaft. In der Entwicklung der industriellen Massengesellschaft gelingt es freilich dem hochentfalteten Bürgertum nicht, die seinen Bedürfnissen adäquaten Sozialstrukturen zu stabilisieren, vielmehr setzt es im Zivilisationsprozeß antibürgerliche Automatismen in Gang, die seine Weiterexistenz, die bürgerliche Lebensbasis selbst, aufs Äußerste in Frage stellen: der Weg »vom dritten zum vierten Menschen« (Alfred Weber), zum »eindimensionalen Menschen« (H. Marcuse) zeichnet sich ab.

3. Das bürgerliche Zeitalter des 19. Jahrhunderts und sein Wertsystem gerät gerade zum Zeitpunkt seines scheinbar endgültigen Triumphs in eine tiefe Krise. Eine doppelte Anfechtung von links und rechts, die je unter dem Slogan des »Sozialismus« vordringt, betont die egalitär-kollektiven gegenüber den individuell-liberalen Fortschritts- und Ordnungsvorstellungen: als internationaler oder als nationaler Sozialismus. Die antibürgerliche Welle beschwört die Zerreibung, den Verlust der Mitte herauf.

4. Aber der Niedergang des Bürgertums im Zeitalter der Weltkriege resultiert keineswegs im prophezeiten Verschwinden, sondern in einer *Verallgemeinerung* des Bürgerlichen, einer Tendenz zur allgemeinen Verbürgerlichung selbst unter »sozialistischen« Systemen, die mehr ist als ein residuales Überleben historischen Bürgertums. Die politischen Formen sind verschieden, aber die bürgerrechtliche Komponente als Träger und Garant politischer Kultur tritt überall hervor; ihr Fehlen oder ihre Schwäche ist denn auch ein Hauptproblem der Dritten Welt. Konstitutiv bleiben die Traditionen des politischen Bürgers nach den Modellen des französischen Republikanismus und des englischen Parlamentarismus, die Axiome des Middle-class-Egalitarismus in der betont nicht-sozialistischen Gesellschaft der USA, aber auch die fortdauernden »bürgerlichen« Ideale im Sozialismus – als unterschwellige Tendenz zum sozialen Aufstieg wie als menschenrechtliches Postulat.

5. Die negativen wie die positiven Prägungen des Bürgerbegriffs, vom Spießbürger zum Staatsbürger und zur Bürgerinitiative, bilden denn auch bis zum heutigen Tag einen mächtigen Faktor des politischen und gesellschaftlichen Bewußtseins. Im Auf und Ab der Entwicklung Deutschlands hat sich die Ambivalenz und Vieldeutigkeit des »Bürgerlichen« besonders gravierend ausgewirkt: im Versagen von 1933 wie im Wiederaufstieg nach 1945. Die Mißverständnisse der Diskussion von Hegel bis Habermas, die hierzulande vorwiegend spekulativ geführt wird, hängen auch mit der Tatsache zusammen, daß die empirisch begründeten Differenzierungen von citoyen, bourgeois, middle class im deutschen Bürgerbegriff vermischt und generalisiert auftreten.

6. Die antibürgerlichen Wellen unserer neueren Geschichte signalisieren Kampfsituationen, aber nicht definitive, »geschichtsnotwendige« Entwicklungen. Marxismus und Leninismus, Faschismus und Neomarxismus, allesamt mit totalitärem Endzeitanspruch bewaffnet, haben in hundertfünfzigjähriger Folge ihre pseudowissenschaftlichen Prophezeiungen ausgestoßen. Zu früh und zu Unrecht! Die Eule der Minerva hat ihren Flug schon mehrmals vergeblich begonnen. Noch sind die Bürger freiheitlicher Staaten nicht gezwungen, vor ihrem Flügelschlag verführt oder resignierend zu kapitulieren.

4. Vier deutsche Gestalten

Gustav Stresemann – und Europa

Die jüngere deutsche Geschichte ist nicht reich an politischen Gestalten, die als Alternativen zur Gewaltgeschichte ihre Zeit überdauern und unserer Zeit etwas zu sagen haben. Zu ihnen gehört Gustav Stresemann (1878–1929), dessen Name nach seinem vorzeitigen Tod wohl mehr als irgendein anderer verschwiegen, vermieden und – zumal von den Nationalsozialisten – beschmutzt worden ist. Als es nach 1945 um die »Bewältigung der Vergangenheit«, um ein wahrhaftigeres Geschichtsbild und den Neuaufbau freiheitlich-rechtsstaatlicher Politik nach innen und außen ging, richtete sich der Blick auch auf die Verständigungspolitik der Weimarer Republik, die vor allem die Politik ihres Außenministers Stresemann war.

Sein Leben und Wirken repräsentiert auf geradezu elementare Weise jene Epoche deutscher Schwierigkeiten, in der wir für Europa »das deutsche Problem« wurden. Aber dieses Leben läßt in den Bedrohungen und auch im Scheitern zugleich jene übernationalen Ansatzpunkte erkennen, aus denen schon damals eine europäische Lösung hätte erwachsen können. Dieser historische Aspekt, der weit über das eigentümlich Deutsche in der Erscheinung Gustav Stresemanns hinausweist, widerlegt auch das pauschale Verdikt, das im Gefolge des Zweiten Weltkriegs über die Weimarer Außenpolitik gefällt worden ist, als man sich bemühte, die Vorgeschichte des Nationalsozialismus in einer weitgespannten Ahnenreihe durch die ganze deutsche Geschichte zu begründen. Eine englische Darstellung von 1946 sah in der Weimarer Republik nichts als die »Ouverture to the Third Reich« und ging soweit, das Kapitel über Stresemann (frei nach Clausewitz) mit der Überschrift zu versehen: »A continuation of war by other means«.

Solche Fehlinterpretationen, die wir in der Unsicherheit des Deutschlandbildes in Ost und West bis zum heutigen Tage vorfinden, können sich auch deshalb immer wieder Gehör verschaffen, weil offizielle Stresemann-Darstellungen den Politiker und Staatsmann oft allzu idealistisch aus seinem geschichtlichen und politischen Milieu herauslösen. Im Zentrum der biographischen Deutung steht indessen die Frage nach dem Zeitpunkt und den Ursachen jener Wandlung, die den nationalliberalen, gut kaiserlich-wilhelminischen Politiker zum »Vernunftrepublikaner« und zum Vorkämpfer übernationaler Ordnungsgedanken werden ließen.

Der Sohn eines Altberliner Gastwirts wuchs, ein Deutscher seiner Zeit, in den Glanz der wilhelminischen Welt hinein. Das nationale Selbstbewußtsein des neuen Deutschen Reiches hatte um die Jahrhundertwende über die Grenzen der Bismarckschen Selbstbescheidung hinausgegriffen, die überschwengliche Gründerstimmung war in ein Macht- und Überlegenheitsgefühl eingemündet, das den in den siebziger Jahren geborenen Bürgersöhnen zunächst wenig Anlaß gab, über die gefährlichen Strukturprobleme der wilhelminischen Ordnung und über Fragwürdigkeiten der nachbismarckschen Außenpolitik nachzudenken. Diese nationale Gefühlsgrundlage hat Stresemanns Generation auch nach dem Zusammenbruch der Welt des Kaiserreichs 1918 noch wesentlich bestimmt. Die tätige Anpassung an die Wirklichkeit der parlamentarischen Republik ist nur wenigen gelungen. Auch Stresemann kann sie nicht leichtgefallen sein. Aber freilich war die wilhelminische Wirklichkeit nur die eine Komponente seiner Entwicklung. Es ist bezeichnend für den problemreichen Werdegang des Liberalismus in Deutschland vom innen- zum außenpolitischen Freiheitspathos, wie das Vorbild der revolutionären Bewegung von 1848 auch in die so andersartige Welt des »Zweiten Reiches« hereingenommen wurde. Noch Stresemanns Großvater hatte auf den Barrikaden gekämpft; die Impulse jener mißglückten Revolution mündeten in das Zeitgefühl der Vorweltkriegsperiode und verschmolzen zu einem politischen Idealismus eigener Prägung.

Die Verbindung der romantischen Sehnsucht eines (wie der Sohn Wolfgang Stresemanns es einmal ausgedrückt hat) »zu spät auf die Welt gekommenen Achtundvierzigers« mit dem national-imperialen Weltgefühl der Zeit ist denn auch der Kern des Nationalliberalismus gewesen, dem sich der Fünfundzwanzigjährige 1903 anschloß. Freilich ist bedeutsam, daß Stresemann schon sieben Jahre vorher zu der national-sozialen Bewegung

Friedrich Naumanns gefunden hatte und auch nach der Trennung von den Linksliberalen der fortschrittlichen Richtung der Nationalliberalen um den Parteiführer Bassermann angehörte. Wie er die antisemitischen Tendenzen der Burschenschaften ablehnte und eine Frau aus jüdischem Hause heiratete, so hat er sich auch in seiner raschen Karriere nach dem volkswirtschaftlichen Studium als ein Mann eigener Gedanken und Initiativen bewiesen: zunächst in Unternehmerverbänden, wo er ein großes Organisationstalent entwickelte, dann, die Wirtschaft als Sprungbrett benutzend, in dem Bereich, dem von Anbeginn an sein eigentliches leidenschaftliches Interesse galt: in der Politik. Von der Wirtschaft in die Politik ging sein Weg, und es blieb eine enge Verbindung; aber wo der Primat liege, war für ihn keine Frage, und als es später galt, eine weithin unpopuläre Außenpolitik durchzusetzen, hat Stresemann in gewiß schmerzlichen Auseinandersetzungen mit dem eigenen Lager diesen Primatsanspruch der Politik durchgekämpft bis zum Ende.

Der rasche Aufstieg des jungen Politikers war durch jenen kraftvollen und entschiedenen Sinn für die Macht getragen, der schon 1906 im ersten Auftreten auf dem nationalliberalen Parteitag in Gotha in Erscheinung trat, als er den Parteifreunden gouvernementale Haltung und mangelnden Machtinstinkt vorwarf. Zugleich freilich hat er die Wahlkampagne, in der er sich einen Platz im Reichstag erkämpfte, durchaus im Geist der äußeren Machtentfaltung Deutschlands, der verstärkten Kolonial- und Flottenpolitik geführt. So bedenklich ihre Folgen waren, so entsprach sie der Einstellung nicht nur expansionshungriger Alldeutscher und rüstungsbedachter Militärs, sondern eines im Grunde doch weltläufig gesinnten Bürgertums in Wirtschaft, Beamtentum und Bildung. Um so eigenwilliger waren die innenpolitischen Vorstellungen, in denen Stresemann seine wirtschafts- und organisationspolitischen Fähigkeiten fruchtbar zu machen und sich zu jenem »Realpolitiker« herauszubilden suchte, als der er später im Sinne staatsmännischer Einsichtsfähigkeit gelten wollte und konnte. Sein Eintreten für den Ausbau der Sozialgesetzgebung, die seit Bismarcks Abgang ins Stocken geraten war, brachte ihn hierbei auch schon in einen Gegensatz zur Schwerindustrie, der durch Stresemanns begründeten Kampf um die Stärkung eines gesunden Mittelstandes bestimmt wurde und später das Verhältnis zur eigenen Partei und zu den Exponenten wirtschaftlicher Macht so sehr kompliziert hat. Wie Bassermann, so stützte auch er sich auf den linken Flügel der Partei, der durch Hansabund, Bauernbund und nationalliberalen Jugendverein repräsentiert wurde. Er erlitt daher einen empfindlichen Rückschlag, als die Konservativen den aufstrebenden Politiker 1912 aus seinem sächsischen Wahlkreis Annaberg verdrängten; erst im Dezember 1914 brachte ihn eine Neuwahl in den Reichstag zurück, dem er nun freilich als einer der markantesten Parlamentarier bis zu seinem Tode anderthalb Jahrzehnte später angehörte

Die Aktivität, die Stresemann im Ersten Weltkrieg entfaltet hat, nachdem er die erzwungene Pause 1913 zu einem Studienbesuch Amerikas genutzt und die Leitung des Deutsch-amerikanischen Wirtschaftsverbandes übernommen hatte, war ganz von dem allgemeinen Empfinden der Zeitgenossen bestimmt: von der Überzeugung des gerechten Krieges und einer raschen siegreichen Entscheidung gegen eine vermeintlich aggressive Einkreisung zunächst, dann von einem Willen zum Durchhalten, der über die innenpolitische Einheitsfront des Burgfriedens hinaus den Anspruch auf weitgehende Annexion der eroberten Gebiete und bis zum Schluß die offizielle Siegfriedens-Propaganda vertrat. An diesem Punkt war das politische Deutschland seit 1916 in zwei Lager gespalten, und Stresemann stand gegen jene politischen Kräfte vom Zentrum bis zu den Sozialdemokraten, die schon seit der Friedensresolution von 1917 die Parteiengrundlage der Weimarer Republik vorbereitet haben. Freilich waren die romantisch-nationalen Motive, die den jungen nationalliberalen Parteiführer an der Seite der konservativen Rechten hielten, durch eine Kluft von jenen ungleichen Bundesgenossen um Hugenberg und andere getrennt, die großindustrielle Interessen mit einer sozialimperialistischen Strategie verbanden: der Ablenkung des steigenden Selbstbewußtseins der unteren Schichten auf äußere Erfolge und Gewinne.

Stresemanns Fehleinschätzung der militär- und außenpolitischen Wirklichkeit hat ihm gewiß die kommende Wendung zum einsichtsfähigen Realpolitiker, zum Vorkämpfer friedlicher Revisionspolitik und eines übernationalen Kompromißkurses erschwert. Doch genügt es nicht, einfach einen Bruch der politischen Entwicklung zu konstatieren. Das verbindende Element, der stärkste

Antrieb zum politischen Denken stammte vor dem Zusammenbruch von 1918 so gut wie in der Nachkriegsperiode aus jener tiefen, ursprünglich politischen Leidenschaft, ohne die alles Geschick und alle Geschäftigkeit in der Tagespolitik steckenbleibt, ohne die nichts Großes, Fortwirkendes auf der Welt geschieht. Nur so ist es auch zu verstehen, daß Stresemann 1918 ungleich seinen bisherigen Verbündeten klaren Blicks das Ende der wilhelminischen Illusionen erkannt und sich nach den vielfältigen Enttäuschungen der Revolutionswochen und dem Scheitern einer Zusammenfassung aller liberalen Kräfte durch die Gründung der Deutschen Volkspartei mit zäher Energie eine neue Basis für das politische Wirken unter den neuen Verhältnissen geschaffen hat. Der Prozeß der Neuorientierung in diesen entscheidungsschweren Monaten ist auch dadurch gefördert worden, daß Stresemann ganz im Gegensatz zu seiner kriegspolitischen Unterstützung des Ludendorff-Kurses, anders auch als sein Parteichef Bassermann, sich schon im März 1917 gegen das preußische Dreiklassenwahlrecht gewandt und für die Einführung des parlamentarischen Systems eingesetzt hatte. Er bewies damit ein Gefühl für die innenpolitische Entwicklung, das damals noch in starkem Kontrast zu seinen außenpolitischen Illusionen stand.

Die wachsende Einsicht in die Bedeutung und Dringlichkeit innerer Reformen und die scharfe Kritik an der »beinahe absoluten Monarchie« eines unfähigen Kaisers, die an zahlreichen Äußerungen der letzten Kriegsjahre abzulesen ist, bildete denn auch allen Widerständen der eigenen Partei zum Trotz das wichtigste Verbindungsglied im Übergang zur neuen demokratischen Wirklichkeit der parlamentarischen Republik. In diesen entscheidenden Monaten revolutionärer Veränderung und mühsamen Wiederaufbaus erwies Stresemann sich als ein *homo politicus,* in dem sich Leidenschaft und Optimismus mit Manövrierkunst und Kompromißbereitschaft zu einer kraftvollen Synthese der konstruktiven Machteinschätzung und Machtausübung verbanden. Kennzeichnend für diesen Prozeß waren schon vor Kriegsende seine unermüdlichen Appelle an die unwilligen Parteifreunde, die Wirklichkeit zu sehen, etwa wenn er im Oktober 1918 einem renitenten Freund schrieb: »... es hilft mir als Politiker nichts, wenn ich die Menschen in meine Kalkulation einstelle, wie sie sein sollen, anstatt sie so zu nehmen, wie sie sind«; um dann mit der für alles Künftige so bedeutsamen Vorurteilslosigkeit den Eintritt der Sozialdemokratie in die Regierung als absolut notwendig und darum eben politisch gerechtfertigt zu bezeichnen – wie tief auch immer die Kluft bleiben mochte. Es ist hier, in den Schlußwochen der nationalliberalen Existenz, schon dieselbe Bereitschaft zur Überschreitung soziologischer und ideologischer Tabukomplexe, zumal der Sozialistenfurcht, zugleich aber auch dieselbe Konfliktlage mit der eigenen, beharrenden Partei zu erkennen, die dann Stresemanns Verhältnis zu Parlament und Regierungsbildung und seinen krisenreichen Weg zwischen Partei- und Außenpolitik bezeichnet hat.

So bedarf es nicht der Legende von einem tiefen Bruch der Entwicklung, um zu verstehen, daß die neuen Aufgaben einer von den Fehlern und dem Versagen des Kaiserreichs aufs schwerste belasteten Republik ihn rasch bereit und fähig gefunden haben. Wohl hat die Deutsche Volkspartei gemäß ihrer nationalliberalen Erbschaft sich von dem republikanischen Liberalismus der Demokratischen Partei distanziert und weithin an der Monarchie festgehalten. Doch zeigte sich ihr Führer kaum gewillt, über den geschickten Ausgleich der verschiedenen Parteielemente hinaus sich durch prinzipielle Parteidogmen in der politischen Bewegungsfreiheit behindern zu lassen. Das gilt zumal für seine Einstellung zu jenem Zentralproblem deutscher Nachkriegspolitik, dessen Auswirkungen das letzte Jahrzehnt seines Lebens fast ausschließlich gewidmet war: dem Versailler Frieden. Im Unterschied zu der prinzipiellen Ablehnung und moralischen Entrüstung, die von Versailles ausgehend das innere Leben der Weimarer Republik vergiftet und ihre äußere Position zusätzlich erschwert hat, vermochte Stresemann seine Beurteilung in einen größeren Rahmen, auf realistischere Einsicht zu stellen. Charakteristisch ist, wie er dem ins Unfruchtbare, Psychopathische übersteigerten Entsetzen von Volk und Politikern über Versailles das Streben nach einer konstruktiven außenpolitischen Verhandlungs- und Verständigungspolitik entgegensetzte, die als Mittel friedlicher Revision zum Inhalt seines Denkens und Handelns wurde, so wie sie für uns heute im historischen Sinne den Inbegriff dieses Namens Stresemann verkörpert.

Der Weg zum Vernunftrepublikaner war nicht leicht. Die

Vergangenheit drängte Stresemann in die Opposition, und es hatte auch taktische Vorteile, daß er zunächst nicht an der Verantwortung für die Liquidation des Krieges beteiligt war. Aber die Jahre des Wartens und Neuorientierens bis 1923 vermitteln ihm zugleich soviel Anschauung und neue Erfahrung, daß jener Entwicklungsprozeß nahezu abgeschlossen war, als Stresemann auf dem Höhepunkt der inneren und äußeren Krise zur Lösung einer entscheidenden Aufgabe an die Spitze der Reichsregierung berufen wurde. Noch in der Krise des Kapp-Putsches (1920) hatte die volksparteiliche Führung sich unentschieden verhalten, auch wenn Stresemann später den »verbrecherischen Wahnsinn« verurteilte. Nach der Ermordung Rathenaus zwei Jahre später (1922) trat er jedoch schon gegen den Willen der eigenen Partei eindeutig und leidenschaftlich für den Schutz der Verfassung ein; es bezeichnet den Durchbruch zur realpolitischen Einsicht und das Bekenntnis zur Republik, wenn Stresemann nun die »Ungerechtigkeit« kritisierte, »diejenigen, die heute Träger dieses Staates sind, verantwortlich machen zu wollen für die Not und das Elend, in dem sich das deutsche Volk befindet«. Im Sommer 1923 schließlich, im Augenblick der äußersten Bedrohung durch wirtschaftlichen Zusammenbruch und Bürgerkrieg, geschah der lang erwartete Schritt in die Regierung selbst: Stresemann hatte den Mut, auf diesem wahrhaften Tiefpunkt Kanzler der Republik zu werden. An der Spitze der ersten Großen Koalition von den Sozialdemokraten bis zur Volkspartei, die er gegen die Vorurteile vieler Parteifreunde durchsetzte, schuf Stresemann mit der Liquidation des sinnlos gewordenen Ruhrwiderstandes, mit der Stabilisierung der Währung und mit der Beseitigung der links- und rechtsradikalen Putschgefahr die Grundlage für jene Periode der Konsolidierung, in der Deutschland nun auch außenpolitisch schrittweise die Bewegungsfreiheit wiederzugewinnen vermochte. Ihr Inhalt und zugleich die Quintessenz des ganzen weiteren Wirkens Stresemanns, der nun das feste Rückgrat im schnellen Wechsel der folgenden Kabinette bildete, war die Überleitung einer auf bloß negative Reparations- und Erfüllungsleistungen beschränkten Vollzugspolitik in eine Politik echter Vereinbarungen, internationaler Gremien und friedlicher Ablösung der Versailler Überbelastungen.

Der Europagedanke wurde ein besonders wichtiges Ferment dieser Entwicklung, der sich Stresemann fortan mit all der optimistischen Leidenschaft und all dem Macht- und Realitätssinn widmete, die sein politisches Wirken seit je getragen hatten. Dabei sollte man heute nicht vergessen, wie anders die Voraussetzungen, wieviel geringer die politischen Erfahrungen waren, die das fernliegende Ziel einer Einigung Europas aus den Wunschvorstellungen einzelner privater Vorkämpfer zum Gegenstand politisch-institutioneller Neuordnung hätten machen können. Selbst heute erleben wir, daß sie nur auf begrenztem Raum und nur schrittweise von der Ebene der wirtschaftlichen Integration aus vorangetrieben werden kann. Um so mehr war die Weimarer Außenpolitik, die noch in die Fesseln enger Bedingungen und feindseliger Isolierung gebannt war, auf den Weg mühsamer Einzel- und Teilbemühungen verwiesen. Zwei Bereiche, denen Stresemann zu Recht den ersten Rang einräumte, standen im Zentrum dieser Bemühungen: das deutsch-französische Verhältnis und der Völkerbund. Nach einer anderen Seite waren die Dinge schon ein Jahr zuvor mit dem Rapallo-Vertrag (1922) in Fluß gekommen: im Verhältnis mit Rußland. Ob und wie diese viel beargwöhnte Doppelorientierung der republikanischen Außenpolitik, die Anerkennung der Westgrenze und zugleich eine friedliche Revision der Ostgrenze, mit dem europäischen Verständigungskurs vereinbart werden konnte, daran scheiden sich heute noch die Beurteilungen. Hier lag ein traditionelles Problem deutscher Außenpolitik: es ist so unhistorisch wie oberflächlich, dies Problem zu bagatellisieren oder gar im Vollgefühl erreichter Integrationserfolge die angebliche Zwiespältigkeit in der West-Ost-Konzeption, eine ungenügende Westorientierung Stresemanns oder gar seine »Schaukelpolitik« zu bemängeln.

Wenn man den Europagedanken ins Auge faßte, dann konnte er damals nicht bei Deutschland oder gar an der Elbe enden und mußte eher die West-Ost-Problematik in Kauf nehmen, als einer westeuropäischen Teillösung den Schein endgültiger Erfüllung zu verleihen. Die Aktualität dieser Problemstellung ist offenbar; es bleibt die deutsche Zwischenlage. Freilich besitzt sowjetische Außenpolitik heute ein ganz anderes Gewicht. Hier endet die Vergleichbarkeit der Situation, nachdem jene furchtbare Vision, mit der Stresemann damals die Anhänger einer allzu betonten Ostorientierung besonders auch in der Reichswehr gewarnt hat, Wirklichkeit geworden ist: die Sowjetunion steht inzwischen, wie er befürchtet hatte, in der alten Reichshauptstadt und an der Elbe, und von einer Option zwischen West und Ost kann ernstlich keine Rede sein.

Wie immer man die vielfältigen Probleme der Weimarer Außenpolitik beurteilen mag: unbestreitbar bleibt die Tatsache, daß Stresemann nicht nur seinen schwierigen Kurs mit unerwartetem Erfolg einzuhalten verstand, sondern dabei auch ein Maß an Verständnis und Bewunderung auf sein Wirken zog, ohne das die raschen Fortschritte noch seiner Nachfolger nicht möglich gewesen wären. Daß es ausgerechnet ein deutscher Staatsmann war (der von der nationalen Rechten kam), dem nur drei Jahre nach der internationalen Vertrauenskrise des Ruhreinmarsches gerade mit dem französischen Kollegen (der politisch von der Linken kam), mit Aristide Briand, 1926 der Friedensnobelpreis verliehen wurde, zeigt die kaum glaubliche Wandlung, die er in wenigen Jahren wie an sich selbst, so auch in der friedlichen Aktivierung der deutschen Außenpolitik zu vollziehen vermochte. Daß er sich seit der Einstellung des Ruhrwiderstandes nun selbst dem diffamierenden Haß der nationalistischen Rechten gestellt hat, ohne noch von diesem Kurs zu lassen, daß er die Zweifrontenstellung nach innen und außen unerschütterlich durchgehalten hat, obgleich die innere Anfeindung in seinem Rücken ihn noch ungleich mehr treffen mußte als einen Mann der Linken, das hebt ihn aus der Kategorie tüchtiger Politiker heraus in die kleine Reihe der Staatsmänner und begründet einen Anspruch auf historische Größe.

Voraussetzung und Grundlage dieser neuen Politik war und blieb, daß Stresemann in endgültiger Distanzierung von der nationalistischen Opposition die unumgängliche Wirklichkeit und Verbindlichkeit der Weimarer Position anerkannte, die er 1923 betont hatte: »Wir haben den Krieg verloren und wissen, daß wir die Folgerungen daraus ziehen müssen. Die heutige Regierung ist sich dessen voll bewußt, daß sie im Rahmen der Fähigkeit Deutschlands Leistungen zu übernehmen hat.« Nur von dieser Illusionslosigkeit konnte eine Revisionspolitik ausgehen, wollte sie nicht den anderen Weg der Gewalt und des Kriegsrisikos wählen, auf dem zehn Jahre später Hitler alles erreichte Vertrauen verspielt und schließlich das Reich zerstört hat.

Es ist auch heute noch faszinierend zu verfolgen, wie Stresemann von der Position des geschickten Taktikers gegenüber den Alliierten hineinwuchs in die Rolle eines Staatsmannes, der all die persönliche Wärme und politische Leidenschaft, deren er fähig war, für das Ziel der dauerhaften Versöhnung und gleichberechtigten Zusammenarbeit einsetzte, und wie er Deutschland über die Klippen des Mißtrauens von außen und der innenpolitischen Diffamierung erst in den Locarnopakt (1925) und dann auf einen geachteten Platz im Völkerbund führte. Bewundernd hat der englische Außenminister Austen Chamberlain über Briand und Stresemann in Locarno geäußert: »Der Mut, die Sachkenntnis, der Takt, die Rücksichtnahme, die jene beiden Vertreter zweier mächtiger Staaten zeigten –, diese Gaben jener beiden Männer, die dem jahrhundertealten Mißtrauen ein Ende zu machen suchten, hoben die Aussprache zu der höchsten Höhe menschlicher Beredsamkeit und rührten die Herzen aller, die ihnen lauschten.« Und Stresemann selbst hat über den noch neuen Rundfunk der europäischen Bedeutung dieses Ereignisses beredten Ausdruck verliehen: »Der Sinn von Locarno besteht in der Erkenntnis, daß die europäischen Staaten nicht länger gegeneinander wüten dürfen, wenn Europa nicht zugrunde gehen soll. In allen Staaten Europas hat die Not ihren Einzug gehalten und ist eine ernste Mahnerin zur Vernunft geworden... Zwang, Diktate und Gewalt haben es nicht vermocht, ein neues und besseres Europa zu schaffen. Lassen Sie uns versuchen, dieses Ziel auf der Grundlage des Friedens, deutscher Gleichberechtigung und deutscher Freiheit zu erreichen.«

Unbestreitbar war die Revision des deutsch-französischen Verhältnisses durch Locarno, war die Verbesserung des allgemeinen Verhandlungsklimas durch den Einzug in den Genfer Völkerbundpalast binnen kurzer Zeit entschiedener gefördert worden als in all den Jahren zuvor. Auch die Reparationsfrage war durch das Dawes-Abkommen seit 1924 endlich auf eine festere Basis gestellt; nun war wieder wirtschaftspolitische Kalkulation möglich, konnten amerikanische Anleihen den Konsolidierungsprozeß stützen, war ein Verhandlungsklima erreicht, das weitere und bessere Regelungen aus wirtschaftlicher Vernunft absehbar machte. Der vielzitierte »Silberstreifen am Horizont« war sichtbar geworden, er war allem Spott und aller Obstruktion zum

Trotz stets gewachsen. Stresemanns historisch gewordene Reden in Genf, sein unermüdlicher Kampf gegen eine nationalistische Anti-Völkerbundhetze auch in den eigenen Reihen, seine unvollendeten Hoffnungen im Verhältnis mit Briand, trotz Enttäuschungen die optimistische Beharrlichkeit, mit der bis zum letzten Tag der von schwerer Krankheit Gezeichnete immer von neuem die deutschen Notwendigkeiten mit den übernationalen Zielen der besten seiner Zeitgenossen zu verbinden strebte – sie haben der Weimarer Außenpolitik ihre oft verkannte Bedeutung, aber auch ihre Tragik verliehen.

Sie kulminierte in den zwei Ereignissen jenes schicksalsschweren Oktober 1929, die nach den Jahren der Hoffnung die Welt in eine Krise von unerhörtem Ausmaß und weltgeschichtlichen Folgen stürzen sollten: In der Nacht vom 2. zum 3. Oktober 1929 wurde der deutsche Außenminister im Alter von einundfünfzig Jahren mitten aus seiner Arbeit gerissen, nachdem er noch wenige Stunden zuvor seiner Fraktion ein Ja zur Regierungspolitik hatte abringen und den Bestand des Kabinetts sichern können; und am Ende desselben Monats leitete der Zusammenbruch der New Yorker Börse den Ausbruch der Weltwirtschaftskrise ein. Gewiß, es bestand kein kausales Verhältnis zwischen den beiden Ereignissen. Aber der politische und geschichtliche Zusammenhang ist uns heute wie schon manchem Zeitgenossen damals offenbar geworden. Wenige Monate danach zerbrach mit der Großen Koalition die letzte parlamentarische Mehrheitsregierung der Weimarer Republik. Ihre auseinanderstrebenden Flügel waren nun nicht mehr durch die Autorität und das Verhandlungsgeschick Stresemanns gebändigt, und zumal die Deutsche Volkspartei folgte einem Sog nach rechts, der endgültig weg von der Republik, in die Nähe der Harzburger Front und zur Kapitulation des Bürgertums vor Hitler führte.

In der Hilflosigkeit der letzten Präsidialkabinette ging denn auch, allen Bemühungen der Nachfolger Brüning und Curtius zum Trotz, die klare Linie Stresemannscher Verständigungs- und Europapolitik verloren. Gewiß zeitigten ihre großen Ansätze noch späte Erfolge: im Sommer 1930 erfolgte die vorfristige Räumung des Rheinlands, die Stresemann Briand abgerungen hatte, und zwei Jahre später fiel Papen der endgültige Verzicht der Alliierten auf Reparationen in den Schoß. Aber in beiden

Fällen waren es neue, andersgeartete Herren, die diesen Erfolg einheimsten; sie erwähnten nicht einmal Stresemanns Namen, als sie die Früchte seiner Politik dem aufflammenden Extremismus zum Opfer gaben. Sachlich gesehen waren wesentliche Ziele der Stresemannschen Außenpolitik in dem Augenblick verwirklicht, in dem Hitler an die Macht gelangte. Aber inzwischen war die Republik zusammengebrochen. Daß Hitler dann in schnellem, gewaltsamem Zugriff die sorgsam aufgebauten Grundlagen deutscher Außenpolitik zerstörte, als er durch den Auszug aus dem Völkerbund diese Verhandlungsposition aufgab und durch die Zerreißung des Locarnopakts statt fortschreitender friedlicher Revisionspolitik die Drohung der Waffen gebrauchte – und daß Frankreich und England mit schwachen Einwänden hinnahmen und anerkannten, was sie der verhandlungsbemühten Republik allzu lange verweigert hatten: darin liegen Tragik und Schuld zugleich.

Für die politische und geistige Bewältigung dieser Hypothek freilich sind zu allererst wir selbst zuständig und verantwortlich – auch gegenüber Stresemann. Das Bild dieses Mannes, das zunächst die schwachen Nachfolger verdunkelt, dann die nationalsozialistischen Liquidatoren Deutschlands verzerrt und beschmutzt haben, ist heute noch im In- und Ausland vom Gefühl eigenen Versagens belastet. Es enthält, bei aller Verschiedenheit der Situation, wesentliche Elemente politischen Denkens und Handelns, deren auch ein gespaltenes Deutschland und Europa im weltpolitischen Widerstreit unserer Tage bedarf. Wir finden hier politische Vernunft, realistische Einsichtsfähigkeit, kompromißwillige Zusammenarbeit im nationalen und übernationalen Bereich und einen hoffnungsstarken Willen zum Wesentlichen, dem sich die eingewurzelten Vorurteile nationaler oder ideologischer Art zu beugen haben. Mit begeisterter Zustimmung hatte Stresemann noch wenige Wochen vor seinem Tode in Genf Briands Plan von den »Wirtschaftlich Vereinten Staaten von Europa« begrüßt und bekannt: »Ich lehne es ab, die wirtschaftliche Vereinigung der europäischen Staaten als eine Utopie zu betrachten.« Der Rückfall in den Nationalismus hat dann alles zugrunde gerichtet. Doch reicht der Gewinn, der uns aus der vergegenwärtigten Erinnerung an diesen Mann erwächst, über die zeitgeschichtlich-politische Dimension hinaus. Denn »für den denkenden Menschen«, so schließt Jakob Burckhardt seine Betrachtung über historische Größe, »ist das Offenhalten des Geistes für jede Größe eine der wenigen sicheren Bedingungen des höheren geistigen Glückes«.

Julius Leber – und die Demokratie

Unter den Sozialdemokraten, die in der Geschichte des deutschen Widerstands gegen den Nationalsozialismus eine aktive Rolle gespielt haben, verdient Julius Leber (1891–1945) den ersten Rang. Sein politisches Wirken und sein persönliches Schicksal, von der ersten Verhaftung schon in der Nacht des 30. Januar 1933 bis zur Hinrichtung am 5. Januar 1945, symbolisieren geradezu beispielhaft die Möglichkeiten und die Grenzen, die einer Opposition aus demokratischer Tradition und Gesinnung gesetzt waren, nachdem der Zusammenbruch der Weimarer Parteien einschließlich der Linken schon seit 1932 die legalen Bastionen eines Widerstands gegen den Nationalsozialismus ausgehöhlt hatte.

Verfolgung und Verhaftung, Flucht und Emigration taten ein übriges, um die Gegenkräfte zu brechen, sie zu einer wirksamen Vertretung der demokratischen Alternative gegenüber der totalitären Diktatur unfähig zu machen.

Inmitten dieser bestürzenden Auflösung der Demokratie, die die Eroberung der Macht durch den Nationalsozialismus überhaupt erst ermöglicht hat, gab es viele Beispiele von Widerstand und Opfermut, und Julius Leber gab eines der nobelsten.

Aber so gewiß es vor allem die politische Linke war, von Kommunisten zu Sozialdemokraten und Gewerkschaftern, die den Widerstand der ersten Stunde getragen hat – diese deutsche Linke war doch zugleich weithin unfähig, den wahren Charakter der nationalsozialistischen Machtergreifung und des Regimes zu erkennen. Schuld daran war nicht zuletzt eine marxistische Faschismustheorie, die Hitler nur als einen deutschen Mussolini und reaktionären Agenten des Monopolkapitals sah und den massenrevolutionären Charakter jener Bewegung verkannte. Es kam hinzu, daß die Kommunisten seit Jahren immer wieder die Sozialdemokraten als Hauptfeind, als »Sozialfaschisten« angeprangert und die Weimarer Demokratie oft genug Seite an Seite mit ihren rechtsradikalen Feinden bekämpft hatte.

Dies Mißverständnis, diese Fehleinschätzung des Nationalsozialismus, die auch heute noch oder wieder in der Faschismustheorie der Marxisten und der neuen Linken zu finden ist, läuft mit ihrem Gerede vom »deutschen Faschismus« auf eine Bagatellisierung des Nationalsozialismus hinaus. Die Unterschätzung Hitlers und seiner Bewegung hat das Verhalten und die Widerstandsfähigkeit der Linken vor und nach 1933 weithin beeinträchtigt. Julius Leber gehörte zu den wenigen, die früh und entschieden solchen Illusionen der marxistischen Faschismustheorie und dem daraus resultierenden Fehlverhalten der Linken eine schonungslose Kritik linker Politik in der Weimarer Republik entgegengesetzt hat. Sie findet sich in vielen publizistischen Äußerungen lange vor 1933, und sie ist besonders scharf dann in den Aufzeichnungen formuliert, die Leber während der Untersuchungshaft verfaßt hat: in seinen »Gedanken zum Verbot der deutschen Sozialdemokratie Juni 1933«.

Wer war dieser Mann, und was hat sein politisches Verhalten damals und heute zu bedeuten? 1891 als Sohn eines Maurers im Oberelsaß geboren, war Julius Leber auf entbehrungsreichen Umwegen von der Dorfschule zum Studium der Volkswirtschaft und Geschichte gelangt. Den Ersten Weltkrieg – für den sozialdemokratisch gesinnten Elsässer auch politisch besonders einschneidend – hatte er als Reserveleutnant mitgemacht, im Kapp-Putsch von 1920 bewährte er sich unter Lebensgefahr als einer der wenigen republikanisch gesinnten Offiziere. Im selben Jahr noch promovierte er zum Dr. rer. pol. und trat dann unmittelbar in die politische Wirklichkeit ein: als Chefredakteur einer sozialdemokratischen Zeitung in Lübeck, bald auch als Führer der Lübecker Sozialdemokratie selbst, die er zu einer der stärksten Bastionen sowohl gegenüber den Kommunisten wie gegenüber den Rechtsradikalen ausbaute. Als Schriftsteller, Redner und Organisator wurde er bald eine profilierte Gestalt der Weimarer Sozialdemokratie; seit 1924 Reichstagsabgeordneter, trat er durch seine selbständigen politischen Auffassungen auch innerhalb der Partei hervor.

Besonders eindringlich plädierte Leber für ein realistisches, praktisches Verhältnis der Sozialdemokratie zur Macht;

früh hatte er ihre Schwäche und Ambivalenz zumal in der Wehrfrage, im Verhältnis zum Nationalgedanken, in der aktiven Beteiligung an der demokratisch-parlamentarischen Machtausübung erkannt. Daher rührten auch die Konflikte, die er mit seiner Partei hatte, daher die Abstempelung als »Rechter«. Aber seine Ablehnung eines doktrinären Marxismus war doch nichts anderes als die Anwendung und Anpassung der praktischen Tradition sozialdemokratischer Politik an die Möglichkeiten und Erfordernisse der demokratischen Republik – ein Ziel, das mit mehr Erfolg nach dem Zweiten Weltkrieg im Weg zum Godesberger Programm und in der Entwicklung von der Klassen- zur Volkspartei verfolgt werden konnte.

Damals war dieser Kampf um eine realistische Praxis der Sozialdemokratie noch wenig aussichtsreich. Politiker wie Ebert, Braun oder Severing waren eher umstrittene Ausnahmen, und das galt auch für Julius Lebers Bemühen um eine sozialdemokratische Bejahung und Gestaltung der Weimarer Republik, um die Festigung ihres Staatsbewußtseins und um eine positive Überwindung auch der traditionellen Kluft zur Wehrpolitik, die aus unpolitischer Abstinenz oder weltfernem Pazifismus stammte.

Julius Leber als einen rechten Sozialdemokraten abzustempeln, verfehlte damals wie heute die eigentliche Bedeutung seiner Position und seines politischen Wirkens. Er stand in einer Reihe mit jenen jüngeren sozialdemokratischen Politikern, die anstelle erstarrter ideologischer Traditionen praktische Alternativen zur Verteidigung der Republik forderten – und zwar gerade in jenen Bereichen, in denen die Nationalsozialisten mit ihren nationalen und sozialen Parolen so erfolgreich zur Macht drängten, indem sie die emotionalen Bedürfnisse einer Krisengesellschaft berücksichtigten und von dem Vakuum profitierten, das nicht zuletzt durch die Abstinenz, das gestörte Verhältnis der SPD zur Macht entstanden war.

Sogenannte rechte Sozialdemokraten wie Theo Haubach, Carlo Mierendorff, Adolf Reichwein und Kurt Schumacher waren es dann ja auch, die im Unterschied zur etablierten Parteiführung und zur marxistisch-ideologischen Linken die Erfahrung des Scheiterns von Weimar in ihr Denken und Verhalten aufnahmen und zur Konkretisierung des Widerstands mit den anderen politischen Gruppen kooperierten, bis hin zum Bündnis mit der

Generalität in der gemeinsamen Anstrengung des militärisch-politischen Putsches vom 20. Juli 1944.

Der wesentliche Ansatzpunkt war dabei, im Unterschied zu einem politisch nutzlosen Festhalten an sozialistisch-doktrinären Positionen, angesichts der neuartigen Problematik eines Widerstands im totalitären System praktische Formen der konspirativen Kooperation über ideologische und klassenpolitische Schranken hinweg zu entwickeln. Denn das erste Ziel konnte nicht die ideologisch oder klassenpolitisch reine Revolution, sondern mußte die Überwindung und der Sturz des NS-Regimes sein, und dies konnte nur der vereinten Anstrengung sehr verschiedener Gegner Hitlers gelingen. Insbesondere bedurfte es dazu der Verbindung zu Oppositionellen innerhalb des Systems selbst, auch zu Militärs und Konservativen – und dies in demselben Maße, in dem es klar wurde, daß die von marxistischen Faschismustheoretikern geweissagte revolutionäre Massenbewegung gegen die NS-Diktatur ebenso wie die baldige sozialistische Revolution Illusionen waren. Die totalitäre Diktatur besaß vielmehr eine Massenbasis und bald auch eine organisatorische Macht, die – wenn überhaupt – nur auf dem Wege eines Staatsstreiches mit militärischer Hilfe zu brechen war.

Das waren die Umstände und Überlegungen, die Männer wie Julius Leber oder Wilhelm Leuschner trotz vielen politischen Differenzen und Bedenken in die volle Zusammenarbeit mit bürgerlichen, konservativen, militärischen Widerstandskreisen führten. Julius Leber hatte hellsichtig und unermüdlich schon in der Weimarer Zeit die Auseinandersetzung mit den Nationalsozialisten, aber auch mit den Linksdoktrinären der eigenen Partei im Sinne eines realistischen Politikverständnisses geführt. Die Leidenszeit der Verfolgung ab 1933 hat ihn dann Schritt für Schritt in jene Position geführt, die seither so entscheidend zum Neuverständnis des demokratischen Sozialismus und zum Abwerfen von ideologischem Ballast, zur Konzeption der demokratischen Volkspartei und zum Verständnis der militanten Demokratie nach 1945 beigetragen hat.

Schon in der Nacht vom 30. zum 31. Januar 1933 ist Leber von Nationalsozialisten verhaftet und zusammengeschlagen worden. Vorübergehend freigelassen, lehnte er es ab, zu fliehen. Erneut festgenommen wurde er von der SA am 23. März 1933 beim Betreten des Reichstags – vor jener berüchtigten Verabschiedung des Ermächtigungsgesetzes, bei der die SPD-Fraktion ihre letzte tapfere Opposition gegen das neue Regime demonstrierte. Ungebrochen kam er 1937 nach Jahren im Konzentrationslager in eine von der Gestapo überwachte »Freiheit«. Unterhalt und Tarnung bot eine Tätigkeit als Kohlenhändler in Berlin; dort verbrachte er nun die Jahre der Konspiration. Seine bisherige Tätigkeit, sein Hintergrund als Arbeiterkind wie als Offizier, Dr. rer. pol. und Schriftsteller ermöglichten ihm die Anknüpfung und Konkretisierung jener Kontakte, die ihn schließlich ins Zentrum einer Verschwörung mit einem einzigen Ziel führten, das er so formulierte: »Um zum Umsturz zu kommen, würde ich mit dem Teufel paktieren. Was danach kommt, regelt sich von selbst, wenn von uns der Wille zur Verantwortung, zur Gestaltung als zwingende Lebensbedingung empfunden wird.«

Schon an den Putschplanungen anläßlich der Sudetenkrise 1938 war er beteiligt, bei den Attentatsplänen der Kriegsjahre bemühte er sich vor allem um die Verbindung der militärisch-politischen Verschwörung mit zuverlässigen politischen Kräften aus den ehemaligen demokratischen Parteien, bis hin zu jener sozialdemokratischen Basis, in der er die notwendige Grundlage für einen Neuaufbau nach dem Staatsstreich erblickte. Nur auf diesem Wege konnte der nationalsozialistischen Massenverführung entgegengewirkt und der Putsch zu einer wirklichen Überwindung des NS-Systems erweitert werden. Und dies war auch der Sinn und die Substanz jener engen Zusammenarbeit zwischen Leber und Stauffenberg, die schließlich zur Auslösung der Aktion vom 20. Juli 1944 geführt hat – in dem Augenblick nämlich, als Leber nach einem Treffen mit Kommunisten, unter denen sich ein Gestapoagent befand, erneut verhaftet wurde und Stauffenberg der Frau Lebers die Nachricht zukommen ließ: »Wir sind uns unserer Pflicht bewußt.«

In einem 1946 von Freunden herausgegebenen Buch (Julius Leber, Ein Mann geht seinen Weg) sind die Zeugnisse gesammelt und die Namen der Freunde und Mitarbeiter genannt (unter ihnen auch der junge Willy Brandt), die den Weg Julius Lebers vor und nach 1945 kennzeichnen: Ernst von Harnack und Ludwig Schwamb, Leuschner und Mierendorff, Hermann Maaß,

Haubach und Reichwein, aber auch – außerhalb der eigenen Partei – Theodor Heuss, die Männer des Kreisauer Kreises Moltke, Yorck und Trott zu Solz, schließlich vor allem die Freundschaft mit Stauffenberg. Das Scheitern von 1944, die brutale Erhängung in Berlin-Plötzensee setzten dem Leben ein Ende, das konsequent der freiheitlich-demokratischen Verwirklichung des Sozialismus gewidmet war und durch Zeugnis und Opfer die zweite deutsche Republik vorbereitete. Die SPD als Volkspartei, die militante, abwehrbereite Demokratie waren Konsequenzen, die unmittelbar mit dem politischen Leben und Tod Julius Lebers verknüpft sind.

Beim Lesen der hinterlassenen Zeugnisse sollte freilich stets berücksichtigt werden, unter welchen konkreten Bedingungen sie formuliert wurden und welche Beschränkungen die Zeit des Kampfes und der Diktatur allen Äußerungen des aktiven Politikers auferlegt hat. Eine bloß theoretische Betrachtung und Bewertung, wie sie in Verkennung jener Bedingungen heute wieder von vielen Kritikern des Widerstands gepflogen wird, verfehlt die Wirklichkeit und die Substanz jener tapferen, opfervollen Bewegung, die trotz allen von Leber scharf kritisierten Schwächen und Fehlern doch das einzige Licht in den dunklen zwölf Jahren der deutschen Kapitulation und Diktatur bedeutete.

Dietrich Bonhoeffer – und der Widerstand

Daß die Gestalt und das Werk Dietrich Bonhoeffers (1904–1945), des im Konzentrationslager Flossenbürg hingerichteten Theologen, nicht in der autoritären Anarchie des NS-Regimes untergegangen ist, verdanken wir der Rettung des Nachlasses und vor allem der monumentalen Biographie (1967), die uns der überlebende Freund Eberhard Bethge nach seiner Befreiung aus der Haft in jahrzehntelanger Arbeit gegeben hat. Für die persönliche Vergegenwärtigung dieses bedeutenden Mannes, aber auch für die Geschichte der Zeit und die Probleme des Widerstands bietet sie mehr und Unentbehrlicheres als die meisten zeitgeschichtlichen Analysen. Wenn heute wieder der alte Streit um Methoden und Erkenntnisinteressen der Historie entbrannt ist, so geht es nicht zuletzt um die Frage nach dem Verhältnis von biographischer und strukturgeschichtlicher Betrachtungsweise. Dem Beispiel Bonhoeffers und dem Werk Bethges kommen hier pionierhafte Bedeutung zu: sie haben dem Biographischen als Zugang zum Geist und zu den Problemen jener Epoche in einer theorie- und ideologiehaltigen Zeit wieder die Wege geöffnet.

Der Nachholbedarf, den zumal die deutsche Historie nach den Irrwegen und Zerstörungen der jüngsten Vergangenheit hatte, wirkte sich seit dem Zweiten Weltkrieg in einer wachsenden Neigung zur sozial- und verfassungsgeschichtlichen Forschung aus. Diese Tendenz wurde noch verstärkt durch die Unsicherheit, die angesichts des Mißbrauchs einer Historie der großen Männer in der neueren deutschen Kulturtradition entstanden war. Das Fehlen großer Biographien kontrastiert aufs deutlichste mit der Fülle unserer zeitgeschichtlichen Spezialliteratur zur Epoche der Weimarer Republik und des Nationalsozialismus. Auch die jüngsten Auseinandersetzungen um vermeintliche »Hitler-Wellen«, die der umfassenden Hitler-Biographie Joachim Fests (1973) folgten und in Sebastian Haffners scharfsinnigen »Anmerkungen zu Hitler« (1978) mündeten, sind Zeugnis jener fortdauernden Unsicherheit. Aber sie weisen zugleich darauf hin, welchen wichtigen, unverzichtbaren Beitrag personenbezogene Geschichtsbetrachtungen zur Vertiefung und Verarbeitung der historisch-politischen Auseinandersetzung leisten können, ja müssen.

Das gilt auch für die Geschichte des deutschen Widerstands. Je deutlicher hervorgetreten ist, in wie vielfältiger, aber auch disparater Weise sich die Opposition gegen nationalsozialistische Politik unter den Bedingungen einer totalitären Diktatur entwickelt hat, desto größere Bedeutung gewinnt die Erforschung und Analyse der so heterogenen Ansätze und Motive, Gruppen und Personen, die auf sehr verschiedene Weise den Alleinherrschafts-Anspruch des Hitler-Regimes angefochten haben. Der Rang der großen Bonhoeffer-Biographie liegt nicht zuletzt darin, den wichtigen Zusammenhang zwischen jenen verschiedenen Aspekten zeitgeschichtlicher Rekonstruktion und Interpretation aufgewiesen zu haben: die geistig-religiösen, organisatorisch-kirchlichen, politischen und persönlichen Dimensionen, in denen sich die Geschichte des »Dritten Reiches« abgespielt und auf so katastrophale Weise erfüllt hat.

Das beginnt mit der Leistung der Sammlung und der Rekonstruktion. Hier wird schlagartig der evangelische Kirchenkampf mit der ganzen Ambivalenz des Verhältnisses von Kirche und Staat aus der Sicht und Wirkung des Mannes verständlich, der wie kein anderer – auch Niemöller nicht – die Problematik des Übergangs von einem gleichsam ressortbezogenen »speziellen« zum eigentlich politischen Widerstand durchkämpft und durchlitten hat. Bethges Pionierleistung liegt nicht allein in der krönenden Biographie, sondern auch in den sie begründenden und begleitenden »Gesammelten Werken«: eine einzigartige Rettung verstreuter, halbvollendeter, weiterführender Zeugnisse des Mannes, dem seit der Reifung und Zuspitzung seines Lebens keine zusammenhängende Darstellung seiner Gedanken mehr vergönnt war.

Die theologische und kirchenpolitische Bedeutung dieser aus dem Jahrzehnt immer schärferer Beschränkung und schließlich dauernder Haft stammenden Schriften, deren Überlieferung und zeitgeschichtliche Zusammenordnung Bethges Werk ist, hat inzwischen weltweite Würdigung erfahren; ohne ihre anregende Kraft sind die Auseinandersetzungen über moderne Religion und mündige Welt weit über den Protestantismus hinaus nicht zu denken.

Die historisch-politische Dimension der Zeugnisse, die das Leben und Wirken Dietrich Bonhoeffers umfaßt und verdeutlicht, ist demgegenüber noch nicht voll erschlossen worden. Nur wenige größere Darstellungen, die wie Klaus Scholders Werk »Die Kirchen und das Dritte Reich« (1977) den weiteren politischen Zusammenhang einbeziehen, haben davon mehr als beiläufigen Gebrauch gemacht. Bei den Forschungen zur Auflösung der Weimarer Republik und zum Nationalsozialismus wurde schon in den fünfziger Jahren zunehmend die zeitgeschichtliche Reichweite und Beziehungshaftigkeit der Bonhoeffer-Papiere und das besondere Verhältnis dieser unschätzbaren Quellen zur inneren und äußeren Entwicklung des »Dritten Reiches« erkannt.

An wenigen Punkten sei versucht, auf einige zeitgeschichtliche Aspekte aus der Sicht des Nicht-Theologen hinzuweisen. Dem Übergang von der Weimarer Republik zur nationalsozialistischen Diktatur (1929–1933) sind in der Biographie die Kapitel über

Bonhoeffers Berliner Assistentenzeit, ersten Amerika-Aufenthalt, Dozentur und Pfarramt in Berlin gewidmet. Es ist ein Weg vom »Desinteressement« zur ersten großen Konfrontation mit der neuen Politik, deren totalitäre Dimension damals nur wenige auch auf der gegnerischen Seite zu ermessen vermochten. Der im Familienkreis und im Ausland geschärfte Blick für die deutsche Entwicklung ließ ihn zwar die Ernennung Hitlers als Unglück erkennen, doch eröffnete das erregende Jahr 1933 erst Stufe um Stufe den wahren Charakter einer Machtergreifung, die allzu vielen als vorübergehende Episode erschien – sei sie nun reaktionären oder revolutionären Zuschnitts.

Die Äußerungen und das Verhalten Bonhoeffers auf dem Wege *von der Kritik zum Widerstand* lassen in den entscheidenden Monaten vom Mai bis zum September 1933 hinter der kirchenpolitischen Auseinandersetzung die Anatomie des totalitären Gleichschaltungs- und Ideologisierungskurses erkennen, der einen ersten Höhepunkt und Testfall in der Anwendung des »Arierparagraphen« findet: frühes Zeichen einer Ausweitung der rassistischen Kerndoktrin des Hitlerismus, die damals von den meisten noch ebensowenig ernst genommen wurde wie die radikal totalitäre Grundnatur des Nationalsozialismus.

Die *Täuschungen und Realitäten* der ersten Jahre des »Dritten Reiches«, im Zeichen von Friedensbeteuerungen, Arbeitsbeschaffung, Konsolidierung des Regimes für die meisten Deutschen und nicht wenige Ausländer untrennbar vermischt, werden in Bethges Bericht und in den Bonhoeffer-Zeugnissen klarer zurechtgerückt als in den schönenden Rückblicken der Zeitgenossen, aber auch vielschichtiger sichtbar als in einer alles wissenden, unhistorisch urteilenden Post-festum-Literatur, die den Zeitgenossen schon das spätere Wissen der Nicht-Betroffenen abverlangt. Wieder trägt es zur Schärfung des Blickes bei, daß der Standpunkt von verschiedenen Seiten erhärtet wird. Nicht das Entweder-Oder einer innerdeutschen oder ausländischen Wahrnehmung des NS-Regimes, sondern das Sowohl-Als-Auch der Beurteilung zugleich von Deutschland und vom Ausland her befähigt Dietrich Bonhoeffer in dieser Periode der so weitreichenden Hinnahme der Diktatur zu einem illusionslosen und doch problemnahen, durchaus politischen Erfahren und Artikulieren, das gleichweit entfernt ist von pharisäischer Nichtachtung und opportunistischer Optik des Geschehens.

Die Tätigkeit in London und in der Ökumene (1933–1935), das legale und dann illegale Amt im Predigerseminar von Finkenwalde (1935–1937), schließlich die Zuspitzung in Deutschland und der Entschluß zur Rückkehr aus Amerika unmittelbar vor dem Beginn des Krieges eröffnen tiefe Einblicke in die letztlich doch unaufhaltsame Entwicklung. Sein Zeugnis widerlegt auch die damals wie heute immer wieder erwogene Möglichkeit, das nationalsozialistische Regime nach seinen unleugbaren »Erfolgen« bis 1938/39 in eine friedliche Entwicklung überzuleiten. Die Illusion nicht nur in den Kirchen, sondern auch in Teilen des Widerstands bis hin zu Goerdeler, das Regime könne in eine weniger aggressive Form verändert, gleichsam entradikalisiert werden, prallte an den Realitäten der Kriegsentschlossenheit und der steten Verschärfung der Diktatur ab, in die nun Bonhoeffer selbst immer tiefer hineingezogen wurde.

Es gibt wenige Berichte zu der so schwer zu enthüllenden, so komplexen Vielschichtigkeit des Vorkriegs-Regimes mit seinen Irreführungen und Verlockungen, die es auch für Nicht-Nationalsozialisten bereit hielt. Wie hinter der persönlichen Geschichte die allgemeineren Zusammenhänge, Zwänge und Verführungen (nicht zuletzt auch im kirchlichen Bereich) sichtbar werden, das ist ein beispielhafter Beweis für den elementaren Beitrag, den eine Biographie und eine personenbezogene Dokumentation auch zur Darstellung und Enträtselung der historischen Entwicklung erbringen kann.

Dazu gehören auch die *Folgerungen,* die der Weg in den immer totaleren Krieg der Widerstandshaltung und der Denkentwicklung Dietrich Bonhoeffers teils ermöglicht, teils auferlegt hat, ob man sie nun nachträglich als konsequente Entfaltung oder als wesentliche Umorientierung des Denkens und Glaubens interpretiert. Nicht die konservative, liberale oder progressivistisch-revolutionäre Deutung, die heute die Geister erregt, bis hin zu einer forcierten Beziehung auf die Probleme der Dritten Welt, sondern die Innenseite des Zwangs- und Vernichtungsregimes, die hier in ihrem Eindruck auf die persönliche und intellektuelle Existenz sichtbar wird, macht die unmittelbar zeitgeschichtliche Bedeutung der Äußerungen und Schriften aus, die uns Bethge im Kontext der Oppositions- und Haftzeit überliefert hat.

Auch wenn man die Einzelstellung bedenkt, auf die Bonhoeffers Weg in der Spannung zu Politik und Kirche zuläuft, so enthält die Zeit der Illegalität, des Doppellebens in Canaris' und Osters »Abwehr«, des Ringens um die Fragen des Tyrannenmordes und des Gebets um die Niederlage des eigenen Landes wiederum eine Fülle an Informationen und Details, die zum Verständnis der besonderen Lage des Widerstands in Deutschland – im Unterschied zur patriotischen Resistance der besetzten Länder – Unschätzbares beitragen. Es gibt wohl keinen Bericht, der ähnlich dicht und zugleich authentisch den Zusammenhang von Gedanken, Tätigkeit und Leiden im innerdeutschen Widerstand erkennbar macht, aus den persönlichen Motiven wie aus dem Leben und Denken des betroffenen Bürgertums verstehbar, und am Ende doch weit hinausgehoben über die natürlichen Reaktionsweisen des Bürgers und auch des Christen unter der Diktatur und im Kriege.

So vermittelt das Werk, das wir Eberhard Bethge verdanken, dem Zeithistoriker und Sozialwissenschaftler nicht zuletzt zweierlei Einsichten: den unschätzbar nahen Blick in die komplexe Realität einer Diktatur, die bei aller Virtuosität und Gewalt der totalitären Organisation doch vor allem auf der Fehlbarkeit und Verführbarkeit der Menschen beruhte – in Staat, Gesellschaft, Kirche. Und eine differenziertere Einsicht in die Probleme des deutschen Widerstands, der aus so verschiedenen Gruppen und Formen, vor allem aber aus Menschen bestand, von denen wenige wie Dietrich Bonhoeffer die traditionellen und ideologischen Hemmnisse endgültig zu durchstoßen vermochten. Das ist es, was einer Biographie ihren wahren Rang gibt: sie ist geschichtliches Zeugnis und zugleich Vergegenwärtigung einer Person, die im noch immer gültigen Sinne die Bedeutung eines Vorbilds und zugleich einer Alternative besitzt.

Konrad Adenauer – und der Wiederaufbau

Das Hundertjahrdatum 1976 hat mit der Fülle von Adenauer-Literatur die Breite und Verschiedenartigkeit der Deutungen sichtbar gemacht, die dem ersten Bundeskanzler, seinem langen politischen Weg und seinen fortdauernden Wirkungen gerecht zu werden suchten. Um so erstaunlicher mutet die Tatsache an, daß nur wenige Jahre nach dem Tod eines Politikers, der noch im hohen Alter so leidenschaftliche Auseinandersetzungen hervorgerufen hat, die Diskussion weithin auf einen milden Ton gestimmt ist und daß dabei Anerkennung und Neugierde überwiegen. Dies scheint alles andere als selbstverständlich. Man sollte eher erwarten, daß die tiefgreifenden Konflikte um die Geschichte der Bundesrepublik und um die großen politischen Weichenstellungen der ersten fünfzehn Jahre, die seit dem »Machtwechsel« von 1969, seit der Ära der betonten Reform- und Ostpolitik so leidenschaftlich diskutiert werden, auch eine neue Polarisierung der Adenauer-Diskussion zur Folge hätte haben sollen – gewissermaßen eine Neuauflage der großen Kämpfe in den fünfziger Jahren um die West- und Deutschlandpolitik unter den veränderten, doch kaum weniger dramatischen Verhältnissen der siebziger Jahre. Aber das Gegenteil ist eingetreten: die CDU kann sich auf »ihren« Adenauer als wichtigstes Element der Konsolidierung und des neuen Anspruchs auf die politische Führung berufen; die SPD versteht ihre eigene Politik durchaus als Fortführung und Abrundung der Adenauer-Politik: dem Westkurs ist die Ostpolitik gefolgt, dem Wiederaufbau Westdeutschlands der modernisierende Ausbau der zweiten deutschen Demokratie, der Ausbau ihrer Stellung auch nach Osten, in der UNO, zur DDR. Und die F.D.P. verbindet ihre beiden Rollen als Partner der Adenauer-Regierung wie der sozial-liberalen Koalition in der Anerkennung sowohl der Ära Adenauer als auch der Veränderungen danach.

Wie ist diese fast paradoxe Übereinstimmung der Beurteilung im großen zu erklären, wo doch die Details der politischen Beurteilung umstritten bleiben und das Jubiläumsjahr gleichzeitig Wahljahr war? Der Umstand spiegelt das hohe Maß von Übereinstimmung wider, die über die Jahre allen Konflikten zum Trotz in der politischen Gesellschaft der Bundesrepublik ständig noch gewachsen ist: am sichtbarsten in der Stabilität des Parteiensystems und in einer weitreichenden Anerkennung der demokratischen Strukturen und Prozesse, die Bonn so stark von Weimar unterscheiden. Die in Büchern und Ausstellungen, Reden und Symposien beschworene Erinnerung an Konrad Adenauer, den Politiker und den Menschen, läßt in der Tat einen fast schon historischen Abstand erkennen – Wirkung auch des hohen Alters, in dem dieser noch aktive Politik betrieb, so daß nicht nur die CDU, sondern weithin sogar die Bundesrepublik in ihrer ersten Epoche mit Adenauer identifiziert wird. Steht das nicht im Widerspruch zur historisch-politischen Realität, wenn man Adenauers Lust an Konfrontation und Polarisierung gegenüber der Opposition, seine Abneigung gegen eine große Koalition bedenkt und man sich die unmittelbare, bis heute fortwirkende Aktualität der großen, erbittert umkämpften Entscheidungen in den Anfangsjahren der zweiten deutschen Republik vergegenwärtigt? Dabei ging es ja nicht nur um die Entscheidungen in der Deutschlandpolitik und die Westorientierung, wodurch offenkundig der neue Staat ermöglicht und bestimmt wurde. Vielmehr bestand ein enger Zusammenhang zwischen Außen- und Innenpolitik: Es ging mit ebensoviel Bedeutung um die Gestaltung von Staat und Gesellschaft, des Parteiensystems und insgesamt um die Schwächen und Stärken jener stabilen Parlamentsdemokratie als einer ›Kanzlerdemokratie‹, die bis zum heutigen Tag den besonderen politischen Charakter der Bundesrepublik begründet. Wenn sie im internationalen Vergleich zunehmend als ein Typ der gemäßigten, effizient operierenden Parlamentsdemokratie mit wirksamen Führungs- und Ausgleichsstrukturen bewundert wird, so ist doch nicht zu vergessen, daß diese neue Aufwertung der Kanzlerdemokratie als Werk des ersten Bundeskanzlers eine bemerkenswerte Verdrängung der Alternativen zur konkreten Regierungspolitik Adenauers voraussetzt oder zur Folge hat. Was wurde und wird aus all den kritischen Beurteilungen nicht nur der Außenpolitik Adenauers – sofern sie keine Wiedervereinigungspolitik war –, sondern auch seiner Innenpolitik, deren autoritär-patriarchalische Züge den Abbau des traditionellen deutschen Obrigkeitsstaats nicht gerade zu fördern schienen?

Blickte man mit den Augen Hegels auf das erste Vierteljahrhundert der Bundesrepublik und auf die zwanzig Jahre Adenauerscher Nachkriegspolitik, dann könnte man die Widersprüche mit dem Hinweis auf eine ›List der Vernunft‹ abtun. Aber es wäre zu einfach und auch nichtssagend, wollte man in diesem Sinne den Unterschied zwischen Ursachen und Wirkungen, von Gewolltem und Tatsächlichem leugnen und den Politiker zum Agenten der

Geschichte degradieren. Was sich im Rückblick zeigt, ist vielmehr die große, primäre Bedeutung der Ära Adenauer für die Gewöhnung der Westdeutschen an ein stabiles, verläßlich und erfolgreich funktionierendes politisches System mit demokratischen Institutionen.

Dies war im Kontrast zu den Krisen und Katastrophen der Weimarer Republik der entscheidende Vorgang. Viele jener Eigenschaften und Aktionen des ersten Bundeskanzlers, die der begründeten Kritik der Zeitgenossen unterlagen, gewannen im Blick auf die Bedeutung des Übergangs und der Stabilisierung eine andere, positivere Qualität: das hohe Alter Adenauers und seine lange Regierungszeit, seine Verachtung von Theorien und Ideologien, die Skepsis gegenüber moralisierenden oder spekulativen Auffassungen von Politik und die in langer Verwaltungs- und Kommunalerfahrung geschulte, nüchterne, taktisch versierte Regierungs- und Führungstechnik. So kam ein Element der Dauer in jenen politischen Fluß und Wechsel, der für Demokratien charakteristisch ist, sie oft genug schwächt und sie als instabil gelten läßt. Mehr noch: Die Vaterfigur des Kanzlers war eine Brücke nicht nur zur Weimarer Republik, sondern bis zum Kaiserreich. Inmitten all der Brüche in der neueren deutschen Geschichte wurde eine Kontinuität sichtbar, die nicht mit dem großdeutschen Nationalismus und der hegemonialen Reichsidee zusammenhing, aber auch nicht den radikalen Bruch mit der Vergangenheit zuließ, den viele Intellektuelle nach 1945 gefordert hatten.

Dieser *Mittelkurs* zwischen einer skeptischen Distanz zur deutschen Geschichte und gleichzeitig ihrer Fortführung unter veränderten Umständen war es, der, im Zeichen der Neuorientierung auf den Westen und auf die Europapolitik, Adenauer zu einem wirkungsvollen Symbol der Verbindung zwischen Altem und Neuem machte. Es war die Kontinuität des ›anderen Deutschland‹, denn an der Gegenposition zum Nationalsozialismus bestand kein Zweifel. Aber es war zugleich das von schwerer und begründeter Kritik begleitete Unterfangen, auch ehemalige Nationalisten und Nationalsozialisten, Enttäuschte und Vertriebene einzubeziehen, wobei viele zweifelhafte Kompromisse in der Koalitions- und der Personalpolitik stattfanden – von Globke bis Seebohm. Was aber vielen als machiavellistische Bedenkenlosigkeit erschien, wurde zur Wegbereitung für die Integration. Sie führte in den neuen Staat und in die wenigen Parteien, die den Weg zu integrierenden ›Volksparteien‹ zu gehen vermochten: neben der CDU gelangte auch die SPD auf den Kurs einer Integration aller gesellschaftlichen Gruppen; nur die F.D.P. konnte sich gegenüber der Sogwirkung behaupten.

Trotz aller Kritik an der ›Erfolgstaktik‹ des ersten Bundeskanzlers und an den ›versäumten Reformen‹, über die selbst besorgte Mitgründer der CDU klagten (so v. d. Gablentz), läßt sich heute nicht darüber hinwegsehen, daß es Adenauer durch seine Rolle als Träger einer geschichtlichen Kontinuität des bürgerlichen Rechtsstaats zwischen nationalistischen Ambitionen und sozialistischen Ordnungsvorstellungen zugleich möglich war, einen von Jahr zu Jahr mehr fundierten Weg in die Anerkennung jener vorsichtig abgesicherten Demokratie zu bahnen, die das Grundgesetz aus den schmerzlichen Erfahrungen der Weimarer Republik abgeleitet hatte.

Worauf beruhten Erfolg und Autorität des Mannes? Die lange Erfahrung als Kölner Kommunalpolitiker hatte Adenauer das nüchterne Geschäft des politischen Taktierens gelehrt und jenes betont westdeutsche Profil seiner nationalen und europäischen Überzeugungen geprägt, das dann der Situation des neuen Staates entsprach. Der patriarchalische Stil des mächtigen Oberbürgermeisters von 1917 bis 1933 ging nun in die Auffassung einer Kanzlerregierung ein, die weniger auf kollegialer Kabinettspolitik denn auf persönlicher Führung mit Hilfe einer starken und zuverlässigen Verwaltung beruhte. Einige klare Grundgedanken, an denen er stark und starr festhielt, machten die charakteristische Sicherheit aus, mit der Adenauer die politischen Möglichkeiten seines Amtes ergriff und festhielt, sie oft genug rücksichtslos und ohne Skrupel nutzte, weil er den intellektuellen Zweifel kaum kannte. Aber mit dieser einlinigen Verfolgung seiner Politik vermochte er die Position des Kanzlers voll auszuschöpfen und zugleich die klare Frontstellung zu vertreten, aus der die Entwicklung der Bundesrepublik so rasch in die wirtschaftliche und politische Stabilisierung führte.

Es war die Frontstellung des Kalten Krieges. Aber nicht ein preußischer Militarist vom Schlage Wilhelms II. oder Hindenburgs repräsentierte sie, sondern ein bürgerlich-katholischer Zivilist, dessen Stärke im taktischen Geschick und in der Ausdauer lag, mit der er die Grundposition des Staates von 1949 gegenüber allen anderen Möglichkeiten behauptete und ausbaute: außenpolitisch die volle Westorientierung gegen jeden Neutralismus, innenpolitisch den bürgerlichen Rechtsstaat gegenüber radikaldemokratischen Experimenten. Eine Politik des effizienten Verwaltungs- und Wirtschaftsstaates, abgesichert in einer antikommunistischen Sicherheitsallianz, die vor allem die Stabilisierung einer souveränen Bundesrepublik im europäisch-atlantischen Verband zum Ziel hatte – das war die Weichenstellung der frühen Ära Adenauer.

Nicht zuletzt aber war es die neue Form der Kanzlerdemokratie, die im Vergleich zur permanenten Autoritätskrise der ersten Republik mit ihren labilen Regierungsverhältnissen schon bald eine veränderte Einstellung der Bevölkerung bewirkte, die aus der politischen Apathie der Nachkriegszeit herausführte. Die Konsolidierung der Republik wurde mit dem Kanzlerregime Adenauers identifiziert, und auch jene Konzentration des Parteiensystems auf wenige große Gruppierungen, die einen grundlegenden Wandel gegenüber der Zersplitterung des Weimarer Parteienfeldes ausmacht, geschah vornehmlich im Gefolge der Integrations- und Sogwirkung des Kanzlerregimes: der Aufstieg einer großen bürgerlichen Sammelpartei, der CDU, die das wesentlich Neue der Bundesrepublik ausmachte, hing aufs engste damit zusammen.

Der persönliche Stil des ersten Bundeskanzlers, seine oft als autoritär kritisierte ›Politik der einsamen Beschlüsse‹, die eher auf die Diskussion mit einem engeren Kreis von Gesprächspartnern als mit den zuständigen Gremien von Partei, Parlament und Regierung zurückging, ist zuweilen mit Bismarcks oder de Gaulles Regierungsweise verglichen worden. Doch der Unterschied ist beträchtlich. Adenauer wirkte durch Einfachheit, Nüchternheit, betonte Bürgerlichkeit. Auch seinen scharfen und zuweilen demagogischen Parlaments- und Wahlreden fehlten rhetorischer Aufwand und Pathos, ganz im Gegensatz zur leidenschaftlichen Rhetorik des Kontrahenten Kurt Schumacher oder zur Grandeur de Gaulles, aber vor allem im betonten Kontrast zum Pathos der Hitlerzeit.

Charakteristisch erscheint die Distanz auch zu den meisten

Mitarbeitern, die Verachtung politischer Geschäftigkeit, vor allem aber die Fähigkeit, Kabinett und Parlament, Parteien und Interessengruppen, die Öffentlichkeit als Instrument zu handhaben, wenn nicht zu manipulieren. So fern ihm jede theoretische oder ideologische Begründung seiner Politik lag, die durchaus pragmatisch aufgefaßt wurde, so bewußt bediente er sich der großen emotionalen Wirkung, die in der Beschwörung einer globalen Konfrontation mit dem Kommunismus enthalten war: In dieser Konzentration der politischen Sinnfrage auf eine beherrschende Frontstellung lagen nicht zuletzt Stärke und Plausibilität des Adenauer-Kurses. Hinzu kam das Gewicht der Innen- und der Wirtschaftspolitik: die enge Verflechtung von Außen- und Innenpolitik machte gerade die Stärke der Adenauerschen Politik aus. Als besonders bedeutsam erwies sich die virtuose Erfolgstaktik gegenüber den Interessenverbänden, den wirtschaftlichen pressure groups und den großen Vertriebenenorganisationen. Indem Adenauer ihren Vertretern direkten Zugang zum Bundeskanzleramt gewährte, vermochte er seine (zuständigen) Minister ebenso wie Parteien und Parlament oft zu überspielen, seine Position noch zu stärken. Hier lag die originelle Leistung und Stärke des gelernten Oberbürgermeisters. Sein unverkennbarer Beitrag zur Konsolidierung der Bundesrepublik bestand in der Kunst, den widersprüchlichen Pluralismus der politischen und sozialen Interessen, die verwirrende Vielfalt der Gruppen und Ziele, Traditionen und Sentiments zu entschärfen, indem er sie in das Bett seines Erfolgskurses zu lenken verstand.

Diese positive Perspektive der umstrittenen Innenpolitik Adenauers tritt wohl erst heute so richtig hervor, da sich das Obrigkeitliche in der innenpolitischen Atmosphäre jener Adenauerzeit verflüchtigt hat und die stabilisierende, integrierende Wirkung dieser durch und durch zivilen Regierung in ihrer historischen Konsequenz sichtbar wird: endlich die Begründung und Bestätigung einer demokratischen Tradition aus den Brüchen der neueren deutschen Geschichte geschaffen zu haben. Zunächst schien der Preis dafür fast zu hoch: Stagnieren der Deutschlandpolitik, Tabuisierung des Problems der Ostgrenze (auch zur Beschwichtigung der Vertriebenen), Gegensatz zwischen Wiedervereinigungsanspruch und faktischer Westintegrationspolitik. Seit den

Berlinkrisen von 1958 und 1961 wurde zunehmend deutlich, daß die Zeit nicht für eine Taktik des Verschiebens und des Vertrauens auf automatische Verknüpfung von Westpolitik, Wirtschaftswunder und Wiedervereinigung arbeitete. Diese Basis der Kanzlerschaft Adenauers sollte sich als brüchig erweisen. Ihre Widersprüche haben die Auseinandersetzungen und Veränderungen am Ende der Ära Adenauer (1963) bestimmt und schließlich auch zum Wechsel der Regierungskonstellation selbst (1969) beigetragen. Wenn heute gegenüber der Ostpolitik von Brandt und Scheel geltend gemacht wird, auch Adenauer habe in der zweiten Hälfte seiner Regierungszeit Initiativen zur Lösung der deutschen Frage erwogen oder gar in Gang gesetzt, so kann sich dies allenfalls auf geheime, teilweise unbekannte Zeugnisse einer Eventualplanung im Kanzleramt – wie den ›Globkeplan‹ von 1959 – stützen, die politisch nicht wirksam geworden ist. Es gehörte zu den Bedingungen der Ära Adenauer, daß Grundprobleme der Bundesrepublik ausgeklammert blieben: neben drängenden inneren Reformen vor allem die Spannung und der Widerspruch zwischen dem Provisorium und dem Definitivum des westdeutschen Staates und damit zugleich die Frage nach der politischen Identität der Bundesrepublik, deren Bürger sich in erster Linie unpolitisch mit dem wirtschaftlichen Erfolgs- und Benefizsystem identifizierten.

Das staatliche Provisorium mußte auf die Dauer der Ausbildung eines demokratischen Staatsbewußtseins eher hinderlich sein. Im Zeichen einer Veränderung der internationalen Situation, eines Wechsels der Generationen und einer Krise der Wiedervereinigungsidee kam am Ende der Ära Adenauer das Unfertige, Problematische der neuen, scheinbar so stabilen Demokratie wieder stärker zum Vorschein als in den Jahren selbstverständlicher Eingliederung und Aufwärtsentwicklung als Teil der westlichen Welt. Aber die Zustimmung der westdeutschen Bevölkerung zur zweiten Republik war zu dem Zeitpunkt, als Adenauer dem zweiten Bundeskanzler Platz machte, größer als jemals in der Geschichte der deutschen Demokratie. Während 1951 noch fast die Hälfte der Bevölkerung der kaiserlichen Zeit vor 1914 und fast ebensoviele der Hitlerzeit nachgetrauert hatten, waren 1964 zwei Drittel der Westdeutschen überzeugt, es sei Deutschland noch nie in diesem Jahrhundert so gut gegangen wie jetzt. Wenngleich vor allem ökonomisch motiviert, bewies dieses Maß an Zustimmung zur Bundesrepublik im Unterschied zur Ablehnung der Weimarer Republik sowohl die Tiefe der Zäsur von 1945 wie auch die stabilisierende Wirkung der Kanzlerdemokratie. Obwohl die nationalen Einbußen viel schwerer waren als nach der nie akzeptierten Niederlage von 1918, wurde jetzt nicht mehr kurzschlüssig wie damals die Demokratie dafür verantwortlich gemacht.

Die Wandlungen der Adenauer-Interpretationen gehen einher mit den Wandlungen des Demokratieverständnisses. In den letzten Jahren sind sie besonders gekennzeichnet durch den Wert, der wieder zunehmend der innenpolitischen Stabilität der Bundesrepublik – nicht zuletzt im Blick auf Schwächeerscheinungen anderer westlicher Demokratien – beigemessen wird. Das kontrastiert deutlich mit den betonten Reformtendenzen der sechziger Jahre; mancher Kritiker der vielerörterten ›Tendenzwende‹ fühlt sich an die so umstrittene wie populäre Parole ›Keine Experimente‹ erinnert, unter der Adenauer seine größten Wahlsiege errang. Aber im selben Maße, in dem lange vermißte Reformen und erwünschte Veränderungen mehr und mehr auch in ihren problematischen Aspekten erfahren werden, sofern sie einseitig, überfordernd oder rücksichtslos vorangetrieben wurden, tritt die Bedeutung der Ära Adenauer und die Rolle hervor, die sie bei der Anpassung der Deutschen an die moderne Demokratie (und ein funktionsfähiges Parteiensystem) gespielt hat. Sie war nicht geringer als die außenpolitische Eingliederung und Sicherung der Bundesrepublik, die aus der größten Verirrung und Katastrophe der deutschen Geschichte 1933–1945 so unerwartet rasch herausgeführt hat – freilich unter Beibehaltung der Teilung Deutschlands und Europas: die Erbschaft der Hitlerzeit kann nicht aus der Geschichte eliminiert werden.

Es bleibt die große, entscheidende Leistung des ersten Bundeskanzlers, die auch der politische Gegner anerkennt, durch seine Person wie seine Politik den notwendigen »Abstand zu dem geschaffen zu haben, was zuvor geschehen war, Zeit gewonnen zu haben für diesen neuen Staat« (Willy Brandt). So trug er wesentlich dazu bei, daß Weimarer Verhältnisse nicht wiederkehrten. Von dem verhängnisvoll scheiternden Heinrich Brüning, dem einstigen jüngeren Rivalen um die Reichskanzlerschaft der Weimarer Republik, unterschied ihn das tiefere Verständnis für die Realität der Politik. Noch in einem Gespräch mit Golo Mann (1966) hat Adenauer dies auf seine Weise deutlich gemacht: ›Aber Brüning war so sehr theoretisch! Ein grundanständiger, integrer Mann, aber kein Politiker, durchaus theoretisch.‹

Man mag Adenauer einen Konservativen nennen, aber er durchbrach die deutsche Tradition, auf unpolitische Weise angeblich überparteiliche, ja überpolitische Politik zu machen. Das bewirkte eine dauernde Veränderung des politischen Selbstverständnisses, auf dem die zweite deutsche Demokratie beruht. Sie ist nach einem Jahrzehnt des politischen Wechsels nicht mehr der Adenauer-Staat, als der sie gerühmt oder getadelt wurde; aber sie ist ohne Adenauer heute so wenig wie damals zu denken – in ihrem Aufstieg wie in ihren Grenzen.

III

Perspektiven der achtziger Jahre

1. Fortschritt – Krise einer Ideologie

Die Kontroverse

In den weltweiten Auseinandersetzungen der sechziger und siebziger Jahre spielen Begriffe und Vorstellungen, die mit dem Anspruch des *Fortschritts,* des *Progressiven* verknüpft sind, eine fundamentale Rolle[1]. Gewiß gilt dies auch schon für die konfliktreiche Geschichte des politisch-sozialen Denkens der vergangenen zwei Jahrhunderte, seit die amerikanische und die französische Revolution mit diesem Anspruch auftraten. Aber heute erfährt die Idee des Fortschritts eine so tiefgreifende Anfechtung, daß die klassische Frontstellung »progressiv-konservativ« zunehmend als überholt oder schief, jedenfalls kaum mehr definierbar und primär *ideologisch* erscheint. Was seit dem Beginn des modernen politischen Denkens die Deutung der Geschichte und des Staates, der Gesellschaft und der Kultur, der Wissenschaft und der Wirtschaft bestimmt hat und im rapiden Aufstieg der Zivilisation auch bestätigt schien, wird einem grundsätzlichen Zweifel unterworfen. Die lange Zeit vorherrschenden Parolen vom unaufhaltsamen Fortschritt und von der konservativen »Reaktion« erscheinen in einer Welt, die an die Grenzen der Selbstbedrohung gestoßen ist, als fragwürdiges oder gar irreführendes Schema zur Rechtfertigung von Herrschafts- oder Gruppeninteressen, kurz: als bloße Ideologie.

Wenn wir es also mit der Krise, vielleicht mit dem Ende einer Ideologie zu tun haben, so bleibt freilich um so dringender zu fragen: wie weit gilt dies auch für die Geschichte des Fortschrittsdenkens überhaupt? Oder handelt es sich eher um eine zeitbedingte Veränderung des Begriffs und seines Sinnes, welche die bisherigen Fronten verkehrt und schließlich aus fanatischen Progressivisten ebenso fanatische Konservative macht?

In der Tat verläuft die Diskussion der letzten zwei Jahrzehnte in zwei widersprüchlichen, entgegengesetzten Etappen: einem stürmischen und quasi-revolutionären Aufschwung der linken Fortschrittsideologie folgt seit Beginn der siebziger Jahre ein nicht minder rascher und oft gewalttätiger Umschlag in Krisengefühle und Schreckbilder des Fortschritts. Für diese dramatische Wendung gibt es eine Fülle äußerer Ursachen und Indizien: die globale Ausbreitung der Fortschrittsparole begleitet zunächst die Emanzipation einer »Dritten Welt« der Entwicklungsländer und neuen Staaten; dann aber zeigt sich die Unmöglichkeit einer Verwirklichung der explosiv aufbrechenden Erwartungen mit den Mitteln und Methoden, die für den Aufstieg der westlichen Industrieländer typisch waren und ihn als logischen und unaufhaltsamen Fortschritt begründet haben.

Aber hinter diesen äußeren, materiellen Ursachen stecken die Widersprüche, die der Fortschrittserwartung und dem Progressivismusargument überhaupt inhärent sind: die *Ambivalenz* des Fortschritts ist eine Erfahrung der Geschichte, die nur zeitweise überdeckt wurde durch die gewaltigen, immer rascheren Erfolge der Modernisierung in Wissenschaft und Technik. Ihre Kehrseite ist in den zerstörerischen Weltkriegen und menschenfeindlichen Diktaturen unseres Jahrhunderts hervorgetreten. Man suchte auch diese als bloße Unterbrechungen oder barbarische Rückfälle zu deuten: als Anormalitäten inmitten des Prozesses der Zivilisation und nicht als dessen Widerlegung. Aber sie bestätigten die alten Zweifel einer tiefgreifenden Kulturkritik (Tocqueville und Nietzsche), die Kampfansage an die »Illusionen des Fortschritts« (Sorel 1908), ja die Visionen eines drohenden »Untergangs des Abendlandes« (Spengler 1918) und eines fälligen »Abschieds von der bisherigen Geschichte« (Alfred Weber 1945); und aus den unaufhörlich tönenden marxistischen Prophezeiungen vom Ende des Kapitalismus und des bürgerlichen Zeitalters ging schließlich das Schreckbild des »eindimensionalen Menschen« (Herbert Marcuse 1967) hervor.

Schon seit der Jahrhundertwende verunsicherte die von links wie von rechts verkündete Diagnose eines zur Neige gehenden »Spätkapitalismus« oder »Spätbürgertums« das westlich-demokratische Fortschrittsverständnis, das durch Industrialisierung und Liberalisierung das Wohlergehen aller zu fördern versprach. Charakteristisch die erwähnte Schrift des französischen Sozialismus-Theoretikers Georges Sorel »Die Illusionen des Fortschritts« (1908): der Fortschrittsgedanke wird zur bourgeoisen Ideologie erklärt und vom neuen Mythos der revolutionären Aktion (der Arbeiterklasse) abgelöst. Immer stärker klafften in der Folgezeit auch die Begriffe auseinander: eine pessimistische Geschichtsschau und ein utopischer Progressivismus standen sich gegenüber. Beide aber entwickelten ideologische Stoßkräfte, auf die Spitze getrieben von den totalitären Regimen des Nationalsozialismus und des Kommunismus, die das bisherige Vertrauen in die stete Aufwärtsentwicklung der Menschheit erschütterten.

Die Verwandlung des Fortschrittsgedankens in eine Ideologie war immer möglich: man denke an die Mutationen der französischen Revolution, die im Namen des Fortschritts der Menschheit zur Schreckensherrschaft Robespierres und zur Kriegshegemonie Napoleons führten, oder man betrachte die Okkupation des marxistischen Fortschrittsdenkens durch die stalinistische Despotie. Aber erst die tatsächliche Globalisierung der Zivilisation, die den Prozeß der steten Ausdehnung an die Grenzen der Möglichkeit und des Sinnes von Fortschritt führt, entzieht dem bisherigen Progressivismus seinen Realitätsgehalt und macht ihn zur bloßen Hülse, in die höchst verschiedene, ja gegensätzliche Auffassungen und Tendenzen gefüllt werden können. Sie alle suchen von dem ursprünglichen Wert des Fortschrittsgedankens zu profitieren, ohne an dessen Voraussetzung, die konkrete Möglichkeit der steten Ausdehnung und vor allem Verbesserung der menschlichen Verhältnisse, gebunden zu sein. Nun aber lautet die Frage: ist diese qualitative Verbesserung auch ohne die bisherige quantitative Ausdehnung denkbar?

Ideengeschichte und Fortschrittsgedanke

Seit ihrem Beginn steht die Geschichte des politischen Denkens im Zeichen einer wechselvollen Spannung. Auf der einen Seite hat sie es mit einer Reihe von Grundfragen und bestimmten wiederkehrenden *Schlüsselideen* zum Problem des Politischen, zum Verhältnis vom Individuum und Gemeinwesen zu tun. Gedanklich wie begrifflich gehen diese größtenteils auf die griechische und römische Antike zurück: Demokratie und Diktatur, Konstitution und Konsens, Natur- und Menschenrechte.

Gleichzeitig handelt politische Ideengeschichte jedoch von dem Anspruch *neuer Fragestellungen,* die den »klassischen« Schlüsselideen und Schlüsselbegriffen entgegengesetzt werden, sie anfechten oder überholen. Renaissancen und Revolutionen des politischen Denkens bestimmen den Spannungsbogen zumal der modernen Ideengeschichte. Was neuerdings mit dem Schlagwort vom »Paradigmenwechsel« (Th. Kuhn) bezeichnet wird, bedeutet nichts anderes als jenes Ringen um neue Sehweisen und Denkstile des Politischen. Es impliziert zugleich die Vorstellung, daß nicht eine kontinuierliche Entwicklung und Fortführung der »klassischen« Fragestellungen, sondern eine Kette gedanklicher Revolutionen den Gang der politischen Ideengeschichte bestimmen.

Für beide Auffassungen und Interpretationen kann man gewichtige Beispiele anführen. Ein Fall, in dem die grundlegende Spannung besonders deutlich sichtbar wird, ist die Idee des *Fortschritts.* Schon die Frage ihres Ursprungs ist umstritten: haben Antike und Mittelalter eine Fortschrittsidee gekannt, war diese mithin eine Schlüsselidee, ja eine Denknotwendigkeit? Oder ermöglichte erst der große Durchbruch der wissenschaftlichen und technischen »Neuzeit« auch die dominierende Rolle des Fortschrittsgedankens, wie man im Bann des modernen Neuerungsstolzes, des Progressivismus der Aufklärer und Revolutionäre seit dem 18. Jahrhundert geglaubt hat?

Genauere neue Untersuchungen (L. Edelstein, Chr. Meier) machen deutlich, daß es ältere Äquivalenzen für den Fortschrittsbegriff gibt, die zwar nicht diesen selbst, aber doch seine Denkform auch in der Welt der Antike und des Mittelalters aufweisen lassen. Der entscheidende Unterschied zwischen antikem und neuzeitlichem Fortschrittsdenken liegt mithin nicht in der Schlüsselidee selbst, als vielmehr in ihrer historisch-politischen Stellung und Funktion. Während der Gedanke der Veränderung, Vermehrung, Verbesserung (auxesis, progressus) lange Zeit als eine Denkweise unter anderen figurierte, ja der Idee des Kreislaufs aller Dinge und Zeiten meistens untergeordnet war, wird die Entwicklung der Neuzeit, besonders seit der zweiten Hälfte des 18. Jahrhunderts, als weitgehend beherrscht von der Fortschrittsidee, ja mit ihr geradezu identisch gesehen. Aber das begrenzt sie nicht auf die Neuzeit. Anders als noch Iring Fetscher in seiner »Dialektik des Fortschritts« geht die jüngste Gesamtdarstellung des Themas davon aus, daß »keine einzelne Idee bedeutsamer war als die Idee des Fortschritts in der westlichen Zivilisation über fast dreitausend Jahre« (Robert Nisbet).

Mit dieser allgemeinen Feststellung, die ältere Auffassungen über eine antike und mittelalterliche Unfähigkeit zur Fortschrittsidee hinter sich läßt und der Komplexität dieser Idee wie auch jener Zeiten gerechter wird, ist nun freilich nicht geleugnet, daß erst die moderne Entwicklung den Glauben und schließlich das Dogma vom unaufhaltsamen linearen Fortschritt hervorgebracht hat. Die Antike hielt nur partielle Fortschritte für möglich, und sah sie immer der Gefahr des Niedergangs ausgeliefert, wie auch die zeitstolzen Klassiker der römischen Kaiserzeit nicht leugnen. Erst die stürmische Ausdehnung und Beschleunigung der intellektuellen Revolutionen im Denken der Renaissance und der Aufklärung und erst die gewaltigen materiellen Konsequenzen der Entdeckungen und der Industrialisierung schaffen jene scheinbar unwiderleglichen und unwiderstehlichen Beweise, die der Fortschrittsidee auch in der allgemeinen Meinung der weiteren Bevölkerungsschichten, zumal des aufsteigenden Bürgertums, und nicht allein in den Konstruktionen der Philosophen und Geschichtsdenker, zum Triumph verhelfen. Die Erwartung des Fortschritts wird schließlich zum »populären« Anspruch der Allgemeinheit, des Populus, und die Verkündung des Fortschritts dient der Legitimation des politischen Handelns, der Macht- und Herrschaftsordnung: der Weg zur *Ideologisierung* wird beschritten.

Freilich ist auch dies nichts gänzlich Neues. Der antike Staats- und Herrscherkult des Hellenismus wußte sich durchaus der Parolen eines zivilisatorischen Fortschritts zu einer allgemeineren überstaatlich-naturrechtlichen Ordnung und Universalgeschichte im Sinne der stoischen Menschheitsphilosophie zu bedienen. Und im römischen Imperium wurde der Anspruch auf weltweite Sicherung des Friedens und der Wohlfahrt, den die Kaiser und ihre Dichter verkündeten, zur erstarrten Propaganda der Münzen und Inschriften ausgebaut und stilisiert. Sie sprachen vom »Progressus« und von der Ewigkeit des Reiches und seiner Segnungen, und suchten damit dem Einbruch der (germanischen) Barbaren und dem drohenden Niedergang der antiken Zivilisation entgegenzuwirken. Denn freilich: gleichzeitig entwickelte sich auch das römische Verfallsdenken, das schon seit dem Ende der Republik jene Bedrohungen vorwegnahm und schließlich mit Augustinus in die christliche Kritik am heidnischen Imperium mündete.

Die Entwicklung Roms zeigt eine geradezu prototypische Form der Ideologisierung des Geschichts- und Kulturdenkens, die viele Elemente der heutigen Ideologiedebatten enthält, so verschieden die Voraussetzungen der Fortschrittsproblematik sein mögen. Charakteristisch ist in allen Fällen die Erstarrung in begrifflichen Formeln und der Ausbruch von intensiven Glaubenskonflikten. Damals war es die metahistorische Dogmatisierung des Romgedankens zur weltweiten Sendungsidee, die eine unentbehrliche Funktion dann auch für das künftige christliche Sendungsbewußtsein inmitten der Krisen- und Verfallserscheinungen der Zeit erlangte. Heute erleben wir die ideologische Instrumentalisierung und Pervertierung, schließlich fast die Verkehrung der politischen Fronten im alt-neuen Widerstreit von Fortschritt und Verfall. Die einstigen Kritiker des Bestehenden werden als Progressivisten zu Verteidigern des Alten, die Revolutionäre zu Konservativen, ihre bürgerlichen Gegner aber zu Verteidigern des Fortschritts. Schon im frühmittelalterlichen Übergang des christlichen Staatsdenkens von der Untergrund- zur Herrschaftsposition wird dieser Wandel vom Verfalls- zum Fortschrittsgefühl sichtbar. In der kommunistischen Erstarrung des sozialistischen Progressismus zur totalitären Propaganda, im jüngsten Wandel der betont progressiven Linken zu ökologischen »Wertkonservativen« (E. Eppler), der Vorkämpfer von Modernisierung zu Kritikern der Zivilisation: immer aufs neue tritt jene Wechselbeziehung von Fortschritts- und Verfallsdenken hervor. Die Zukunftsvorstellungen suchen sich, wenn sie an materielle Grenzen gelangt sind, in Richtung auf eine Konsolidierung und Humanisierung des Erreichten zu entwickeln.

Krise und Ideologisierung der Fortschrittsidee, das bedeutet aber nicht nur ihre elementare Anfechtung durch Kulturkritik und Zivilisationspessimismus, sondern auch ihre Inanspruchnahme durch revolutionäre Bewegungen, die das bisherige Ordnungsgefüge in Frage stellen und es mit seinen eigenen Argumenten zu überwinden suchen: mit einem neuen Fortschrittsbegriff auf den Ruinen des alten, an seine Grenzen gelangten, resignativ gewordenen Progressivismus der westlichen Zivilisation.

Die Krise einer Fortschrittsidee, die zur Ideologie geworden ist, bedeutet mithin nicht ihr Ende, sondern ihre Transformation; sie bedeutet vor allem die Aufdeckung ihrer Ambivalenz. Ihre Anfechtung geschieht von zwei Seiten zugleich: einerseits durch einen kulturanthropologischen Pessimismus – die erfahrungsschwere Einsicht, daß der Mensch und seine Ordnungen stets unvollkommen und nur durch starke Institutionen zu bewahren sind; andererseits durch einen messianisch-chiliastischen Sendungs- und Perfektionswahn – die Erwartung, das Paradies auf Erden werde erreichbar durch revolutionäre Beschleunigung und Globalisierung der Veränderung von Mensch und Gesellschaft, in neuerer Zeit mittels einer Vergesellschaftung des Menschen selbst, durch Sozialismus. Zwischen diesen beiden Polen der Erhaltung und Veränderung, des Dekadenz- und des Revolutionsdenkens eingeklemmt findet sich der evolutionäre Fortschrittsbegriff der Liberalen – freie Entfaltung des Einzelnen garantiert steten Fortschritt von Wirtschaft und Gesellschaft – und der Reformkonservativen – Anpassung der bestehenden Institutionen verbessert die menschliche und staatliche Existenzsicherung.

Wenn wir hier Krisen der Fortschrittsidee konstatieren, so halten wir doch daran fest, daß sie ein konstituierendes Element geschichtlicher Entwicklung und politischen Denkens darstellt, das nicht nur für ein Überleben der westlichen Zivilisation, sondern für menschliches Handeln in der Geschichte überhaupt unentbehrlich bleibt – unter welchen sozio-politischen Vorzeichen und Glaubensformen immer es auftreten und benutzt werden mag. Die modernen Ausprägungen haben vor allem auch in der amerikanischen Demokratie-Idee seit dem 19. Jahrhundert eine weltgeschichtliche Bedeutung gewonnen: Ihre humanen und freiheitlichen Werte, Besserung der Lebensverhältnisse und Sicherung der Menschenrechte für alle, wurden zum Gemeingut westlicher Zivilisation. Davon ist nun aber die historisch begrenzte Konkretisierung und Instrumentalisierung des Progressivismus in bestimmten Parteien und Bewegungen zu unterscheiden, zumal jene Geschichte des Wortes »progressiv« im Zusammenhang der philosophischen und politischen Auseinandersetzungen unserer Zeit, die zur Propagandageschichte gerät und schließlich von den zerstörenden Kräften des Anarchismus und des Totalitarismus in Anspruch genommen wird.

Wie ambivalent ein solcher Begriff ist, mit welch verschiedenen Inhalten er gefüllt werden kann, zeigt die antizivilisatorische, antiliberale, revolutionär-totalitäre Dimension des Progressivismusarguments, das in unserem Jahrhundert der ideologischen Slogans eine verheerend destruktive Wirkung entfaltet und seinen ursprünglich befreienden, produktiven Charakter ins Gegenteil verkehrt hat. Progressive Befreiungsbewegungen als Träger des geschichtlichen Fortschritts, das konnte in der Realität des 20. Jahrhunderts auch die »Befreiung« zur Diktatur und Ineffizienz, zu »egalitärem« wirtschaftlichen Elend und »volkssouveräner« politischer Unterdrückung bedeuten. Die Fragwürdigkeit einer Übertragung und Anwendung des westlichen Fortschrittsbegriffs, zur Ideologie geronnen und im Widerspruch zu den ihn tragenden liberalen und sozialen Wertvorstellungen verwirklicht, wird an der zwanzigjährigen Geschichte der »Entwicklungspolitik« in der Dritten Welt besonders eindringlich erkennbar. Das gilt für die politischen so gut wie für die sozio-ökonomischen Aspekte der Entwicklung. Mit der Einführung des westlichen Fortschrittsbegriffs sind Erwartungen geweckt worden, die um so grausamer enttäuscht wurden, als sie entweder in der ideologischen Form eines quasimarxistischen Diktatur-Sozialismus oder als ideologischer Überbau technokratisch-militärischer Diktaturformen importiert und vorangetrieben wurden.

In dieser Lage, da die Slogans des Progressivismus unglaubwürdig und hoffnungslos ideologisiert erscheinen, doch der Gedanke des Fortschritts als integrierender Bestandteil abendländischer Geschichte und Modernität unentbehrlich geblieben ist, kommt vieles darauf an, ob das eine vom anderen zu trennen ist oder ob wir resignieren vor der unvermeidlichen Ambivalenz der Fortschrittsidee. Sie war Antrieb zur Aufwärtsentwicklung der menschlichen Verhältnisse und zugleich Vehikel politischer Propaganda, brachte Verbesserung und zugleich Zerstörung durch Veränderung mit sich. Die unmenschlichen Kosten des Fortschritts haben zu Fluchtbewegungen und zur Forderung nach »alternativen« Lebens- und Gemeinschaftsformen geführt. Aber die prinzipielle Anfechtung des Fortschrittsbegriffs, die Return-to-nature-Parolen der Dekadenztheorie und des Primitivismusdenkens erscheinen zweihundert Jahre nach Rousseau und zweieinhalb Jahrtausende nach den Philosophen eines »Goldenen Zeitalters« nicht minder ideologisch.

Fortschrittsstreben bleibt auf der Tagesordnung, weil es ein Grundbedürfnis des Menschen ausdrückt: das Bedürfnis nach Verbesserung. Als Vehikel politischer Mobilisierung und Rechtfertigung ungebrochen, kann dieses Bedürfnis weder für tot erklärt noch auch länger als Monopol *einer* politischen Richtung hingenommen werden. Vielmehr geht es um eine Entideologisierung des Begriffs nach den Hoch-Zeiten der Ideologisierung im 19. und 20. Jahrhundert, vor allem aber nach der jüngsten Re-Ideologisierung und den Übertreibungen progressistisch stilisierter Veränderung und Expansion zumal in der Bildungspolitik, der die Ernüchterung auf dem Fuße folgt.

Geschichtliche Übergänge

Im Licht der Geschichte wird immer wieder das Grundproblem erkennbar. Vor allem in Perioden des Übergangs treten die beiden Momente, Substanz und zugleich Ideologiehaltigkeit des Progressivismus hervor. Einige historische Beispiele mögen in der gegenwärtigen Krisendebatte deutlich machen, was Fortschritt in Zukunft noch oder wieder heißen könnte, wenn er vom geschichtsideologischen Progressivismus unterschieden, geschieden wird.

Die großen Übergänge der antiken Geschichte, der Hellenismus als Verallgemeinerung des griechischen Denkens, das römische Reich und seine christliche Transformation in das frühe Mittelalter, wurden von vielen Zeitgenossen und Kritikern eher als Rückfall denn als Fortschritt empfunden. In der Tat: der hohe politische Standard der griechischen Demokratie als Selbstherrschaft des mündigen Bürgers und dann auch die stolze Bürgermoral der römischen Republik weichen den wiederkehrenden Formen der Einherrschaft; und die Ausbreitung zivilisatorischer Errungenschaften ist teuer erkauft mit einer Entpolitisierung des öffentlichen Lebens durch autokratische Großsysteme und Erstarrung des politischen Lebens. Mit wenigen Ausnahmen sind die antiken Zeitbetrachter pessimistisch gestimmt. Wohl mag ein Polybios den Aufstieg Roms als politischen Fortschritt deuten, der den ehernen Kreislauf der Verfassungen durchbricht, aber auch dieser griechische Bewunderer des kommenden Weltreichs kann den Gedanken an den möglichen Verfall einer so wohlgelungenen, aus monarchischen, aristokratischen und demokratischen Elementen gemischten und daher bislang ausgewogensten Verfassung nicht unterdrücken.

Ähnliches gilt hundert Jahre später von dem Stolz Ciceros auf die römische Republik im Angesicht ihrer tödlichen Krise und eines Cäsarismus, dem er selbst zum Opfer fiel. Und selbst die großen Lobdichter einer neuen Ära, der anbrechenden Kaiserzeit des Augustus, Horaz und Vergil, sind mit ihrer Beschwörung römischer Geschichte und Staatsmoral eher rückwärtsgewandt als fortschrittsüberzeugt. Lange vor dem tatsächlichen Niedergang des zivilisationsstolzen Imperiums bleiben die Schriftsteller Roms schon seit dem ersten nachchristlichen Jahrhundert skeptisch: von Tacitus und Juvenal bis Boethius. Sie liefern dann auch dem größten christlichen Kritiker der römischen Geschichte und Gegenwart, Augustinus, die reichlichen und schlagenden Argumente zu einer pessimistischen Deutung der Entwicklung, aus der uns schließlich nur die Unterscheidung zwischen dem irdischen und dem Gottesstaat retten kann.

Die christliche Auffassung der Geschichte wurde freilich in der Folge, nach dem Triumph über die heidnische Vergangenheit, nicht weniger stark hin- und hergerissen: zwischen der Aneignung und Fortführung römischer Reichstradition sowohl im Papsttum wie im Kaisertum – mit dem darin angelegten Dauerkonflikt von Staat und Kirche, von weltlicher und geistlicher Gewalt – und den chiliastischen Erwartungen einer christlichen Heilsgeschichte. Die Übertragung dieser heilsgeschichtlichen Vorstellung auf das mittelalterliche Geschichtsbild brachte eine merkwürdige Mischung von Relativierung des Bestehenden und Verabsolutierung endzeitlicher Erwartungen, von Untergangsgefühlen und Visionen eines tausendjährigen Reiches, von pessimistischen und optimistischen Deutungen der abendländischen Geschichte hervor. Es waren Grundfiguren des Denkens, die auch in der Neuzeit in säkularisierter Form immer wiederkehren. Die Ideologisierung einer progressiven Heilsgeschichte geschah im Mittelalter durch ihre Gleichsetzung mit der Kirchen- und Reichsgeschichte, deren Ansprüche wechselseitig durch die Ideologen des Papsttums beziehungsweise des Kaisertums geltend gemacht oder angefochten wurden: mit dem Ergebnis eines umfassenden Glaubenskonflikts, der die kirchlichen Reformatoren zur Leugnung der päpstlichen Universalgewalt trieb, während die zunehmende Entkirchlichung der Geschichte weltlicherseits durch die Theorie der staatlichen Eigensouveränität, des Absolutismus und der Volkssouveränität begründet und bestätigt wurde; schon früh hatte Marsilius von Padua in seiner Schrift »Defensor Pacis« (1324) dafür ein epochales Zeichen gesetzt.

Die Säkularisierung der heilsgeschichtlichen Fortschrittserwartung geschah auf höchst verschiedenen Ebenen. Im Protestantismus wurde neben der eher geschichtspessimistischen Tradition des Luthertums der Kalvinismus in seiner englischen und besonders in seiner amerikanischen Ausprägung zum Träger der Überzeugung von der heilsbegründeten, providentiellen Fortschrittsmission der Neuen Welt Amerikas. Es war die Überzeugung, daß mit der Demokratie, die Glaubensfreiheit und wirtschaftlichen Aufstieg verband, die göttliche Vorsehung nun auch im weltlichen Bereich sichtbar und wirksam wurde: der berühmte Zusammenhang von Protestantismus und Kapitalismus (Max Weber). Schon die Wiedererweckung des antiken Republikanismus im humanistischen Kultur- und Freiheitsdenken der Renaissance, konkreter noch die Entwicklung der liberalen Staats- und Gesellschaftsauffassung im aufsteigenden Bürgertum der Aufklärung profitierte von der säkularisierten Version eines individualistisch geprägten protestantischen Freiheits- und Fortschrittsbewußtseins.

Viele Faktoren kamen also zusammen, die diesen Umbruch zur Neuzeit vom 16. zum 18. Jahrhundert bewirkten: geistige wie materielle. Die jüdisch-christliche Vorstellung vom Menschen als Zentrum der Schöpfung verband sich mit den fortschrittlichen Entwicklungen auf den Gebieten des Handels, der Naturwissenschaften, der Gesellschaft. Entdeckung und Unterwerfung der Welt konnten als göttliches Gebot und zugleich menschliche Errungenschaft verherrlicht werden. Scharfe Kritik an den Kehrseiten der fortschreitenden Zivilisation meldete sich freilich, am vornehmlichsten in Rousseaus Verklärung der Natur, die den künftigen Gegenbewegungen der Romantik bis hin zu den Alternativideen der Gegenwart Nahrung gab.

Bedeutsam blieb aber auch ein pseudoreligiöses Grundelement der neuzeitlichen Fortschrittsdiskussion, das in den immer wieder auftretenden chiliastischen Strömungen des Mittelalters verwurzelt war. Als ein Prototyp dieser Denkhaltung, die sich in den Wiedertäufer- und Bauernbewegungen der Reformationszeit zu politisch-sozialem Revolutionarismus verdichtete und die auch in den ideologischen Endzeitparolen der großen Revolutionen in England, Frankreich und Rußland steckt, kann der Mönch Joachim von Fiore gelten. Von großem Einfluß in der unruhigen Zeit des 12. Jahrhunderts, bestätigt seine endzeitorientierte Geschichtsdeutung das mittelalterliche Bedürfnis nach einem einheitlichen und zwingenden Geschichtsschema progressivistischer Ausrichtung. Geschichte verläuft, der religiösen Trinität entsprechend, in drei Stufen: die vorchristliche Ära, die gegenwärtige Krisenzeit »zwischen Fleisch und Geist«, und nach einer Folge von Katastrophen und Leiden, welche die Menschheit reinigt und christlich einigt, die Verwirklichung des Himmels auf Erden.

Der »Joachimismus«, Glied in der Kette der großen Utopisten von Platon zu Morus, Campanella und – Marx, wurde zwar bald von der Kirche und ihren Philosophen (zumal Thomas von Aquin) verdammt. Joachim selbst scheute die revolutionären Implikationen seiner Ideen (ähnlich wie später auch Morus und Rousseau, nicht freilich Marx); sie widersprachen durchaus dem statischen mittelalterlichen Ordnungsgefüge. Die Idee des irdischen Paradieses, die das 12. Jahrhundert erregte, fand denn auch ihre Entladung eher in den Visionen und Abenteuern der Kreuzzüge, mit ihren heilsgeschichtlichen Implikationen und Erwartungen, nicht in inneren Umwälzungen, die jenen Ordnungsrahmen gesprengt hätten.

Aber es ging ja auch im weiteren nicht nur um das modernisierende Element eines realistischen Progressismus, sondern es blieb jene heilsgeschichtliche Komponente, die in künftigen Revolutionen aufbrechen sollte, sie mit quasireligiöser Intensität auflud und zum fanatischen Vollzieher des auf endzeitliche Erfüllung hindrängenden Geschichtsprozesses erhob. Doch hat nicht nur der sektiererische, fanatisierende Aspekt des Joachimismus die sich wiederholenden Wellen einer Ideologisierung der Fortschrittserwartung inspiriert. Neben der erregenden Prophetie ist auch die intellektuelle Wirkung seiner Deutung der Geschichte als Fortschritt immer von neuem aufgegriffen und schließlich selbst von so rationalen, wissenschaftsbewußten Fortschrittsdenkern wie dem Aufklärer Gotthold Ephraim Lessing oder dann auch dem positivistischen Geschichtssoziologen Auguste Comte aufgenommen worden.

Freilich: Geschichte als Fortschritt im aktuellen politischen Vollzug, das hatte für das Mittelalter etwas Umstürzendes, Unvollziehbares bedeutet. Zunächst noch christlich und zumal kalvinistisch begründet, wurde es für die säkularisierte Neuzeit hingegen eine Selbstverständlichkeit, gegen die sich eigentlich nur noch Unaufgeklärte, Unmündige oder Despoten wenden konnten, nachdem doch der Fortschritt der Entdeckungen und der Wissenschaften alles Bisherige so eindeutig hinter sich ließ. Die stolzen Fortschrittsbilanzen von Bildung und Kommunikation, Technisierung und Wirtschaft, materieller Kultur und sozialer Sicherung schienen unwiderlegbar.

Politik und Moral

Auf zwei wesentlichen Gebieten allerdings blieb der Fortschritt immer kontrovers und dann auch blutig umkämpft, da zutiefst problematisch, am schnellsten zur bloßen Ideologie herabsinkend: im politischen und im moralischen Bereich. Schon immer lag hier ein Haupteinwand gegen den Glauben an die gleichsam automatische Übertragung der materiellen auf die allgemeine Verbesserung der menschlichen Verhältnisse. Der Fortschritt der Staaten zu Großorganisationen vermochte nicht ihr Grundproblem zu lösen, die Handhabung der *Gewalt:* nach innen als Problem der Unterdrückung, und nach außen als Problem des Krieges. Politischer Fortschritt, verstanden als Fortschritt zum Frieden (Kant) hat in der Entwicklung der Demokratie und des internationalen Rechts zwar Instrumente zur friedlichen Konfliktlösung hervorgebracht, zugleich aber auch die Mittel zu Unterdrückung und Krieg noch vervielfacht: von der allgemeinen

Wehrpflicht bis zu den Vernichtungswaffen. Und dem Fortschritt zu den menschenwürdigeren Formen eines gewaltenteiligen, machtbegrenzenden Verfassungsstaates, der die Freiheits- und Menschenrechte des Einzelnen sichert, stand ein Mißbrauch der egalitären Komponente der Demokratie entgegen, die im Verein mit der technischen Entwicklung eine Übersteigerung der politischen Gleichheit zur Gleichschaltung der Gesellschaft ermöglichte. Autoritäre und totalitäre Systeme moderner Prägung verdrängten die freiheitliche Demokratie nach kurzen Perioden der Ausdehnung weltweit in eine fast hoffnungslose Minderheitsposition. Die Überspannung und Mißdeutung der Begriffe von Fortschritt und Demokratie konnten nun zur immer neuen Rechtfertigung von immer neuen Diktaturen führen. Die Ideologisierung des progressivistischen Demokratiebegriffs, auf den sich heute auch die erdrückende Mehrheit despotischer Staaten in der ganzen Welt beruft, weist auf die tiefe Defizienz des politischen Fortschrittsgedankens, seine stete Anfälligkeit für Begründungen von Gewalt hin.

Nicht anders steht es um den moralischen Fortschritt. Der tiefe Skeptizismus politischer Anthropologen seit Thomas Hobbes, dessen »homo homini lupus« gegen den sozialen Optimismus von Aristoteles bis zum Liberalismus steht, scheint sich immer wieder zu bestätigen, denkt man an die Brutalisierung der kollektivierten Massengesellschaften, an den Mißbrauch und das Unterlaufen der Menschenrechtsidee in aller Welt, an die politische Ausbeutung der Religionen und die Hilflosigkeit des einzelnen gegenüber den großen Apparaten der Lenkung, Propaganda, Verführung.

Auch der Glaube an die Erziehbarkeit der (aller?) Menschen, der zu den zentralen Elementen des modernen Progressivismus gehört, erleidet immer neue Rückschläge. Erziehung und Bildung sind keineswegs allemal die zuverlässigen Garanten moralisch-gesellschaftlichen Fortschritts, sondern können – seit den Tagen Platons – zugleich Instrumente der politischen Manipulation und der ideologischen Irreführung und Tummelplätze einer Indoktrination sein, die im Namen des Fortschritts des Jungen gegen das Alte zerstörend oder autoritär verfälschend wirkt. Auch die Bildungsexplosion unserer Tage steht in der Gefahr, einem megalomanischen Glauben an Fortschritt durch Quantität und Riesenschulen zu huldigen, statt einer differenzierenden Bildungsförderung Raum zu schaffen, die freilich weniger rasch und spektakulär jeder Veränderung des Tages nachkommt. Der hektische »emanzipatorische« Progressismus der Bildungspolitiker erscheint als eines der großen Beispiele ideologisierter Mißdeutung des Fortschritts. Mit dem Aufschwung der Massenkultur und der Vervielfachung der Bildungsanstalten trifft eine höchst labile Unsicherheit des geistigen und moralischen Standorts zusammen, die sich durch die »fortschrittliche« Ausweitung und Ausbreitung psychologisch-soziologischer Denk- und Erziehungsweisen noch ungemein verschärft hat.

Auf den beiden wichtigsten Gebieten eines geschichtlichen Fortschritts, in Politik und Moral, ist die Bilanz also besonders zweideutig. Das kann nicht heißen, daß viele tatsächliche Verbesserungen politischer Organisation, mit der Chance stärkerer Beteiligung und größerer Rechtssicherheit des einzelnen Bürgers, geleugnet werden. Der tiefe Unterschied zwischen den politischen und sozialen Systemen, zwischen freiheitlicher Demokratie und kollektiver Diktatur, kommunistischer Staatsallmacht und pluralistischer Gesellschaftspolitik ist nach wie vor von grundlegender Bedeutung. Doch die »demokratischen« Verbesserungen sind weder so zwangsläufig und unwiderstehlich noch so umfassend und allgemein, daß von einem stetigen politischen Fortschritt der Menschheit gesprochen werden kann, solange nur ein Fünftel der heutigen Staaten (kaum dreißig von über einhundertsechzig Mitgliedern der UNO) als Demokratien im Sinne eines »limited government« zu bezeichnen sind. Die Geschichte verspricht hier eher weitere Rückfälle und neue Katastrophen, blickt man auf die geistigen und sozioökonomischen Bedingungen politischen Fortschritts in den Welten des Kommunismus und der Entwicklungsländer: in politischer Hinsicht eher Rückentwicklungsländer, Rückfälle in die Autokratie der kolonialen oder vorkolonialen Zeit. Kurzfristige Fortschritte in der Überwindung nationalistischer Machtpolitik durch überstaatliche Zusammenarbeit bedürfen noch der weiteren Stabilisierung: die erste universale Weltorganisation der Geschichte (UNO) und mehr noch die Anfänge supranationaler Integration in Gestalt der Europäischen Gemeinschaft ragen heraus.

Und der moralische Fortschritt? Seinen vornehmsten Ansatzpunkt, der eher als alle hohen Ermahnungen und idealistischen Glaubensformeln Fortschritte verspricht, könnte heute die Menschenrechtspolitik bilden. Im Gedanken und in der Geschichte der Menschenrechte, seien diese nun naturrechtlich, christlich oder verfassungsphilosophisch begründet, stecken fundamentale Impulse zu einer wirksamen Verbesserung der politischen und sozialen Existenz des Menschen, vor allem aber zur Sicherung seiner persönlichen Integrität und Freiheit, die ihn auch als moralisches Wesen entscheidungsfähig machen. Diktaturen sollten gerade hier, an ihrem empfindlichsten Punkt, beim Wort genommen werden. In der Tat kann heute kaum ein Regime mehr darauf verzichten, sich mit demokratischen Verfassungen zu legitimieren und auch die Existenz von Grundrechten zu konzedieren. Alles wird darauf ankommen, diesen seit dem Aufstieg des Verfassungsstaates allgemein gewordenen Anspruch auch wirksam in der politischen Ordnung zu verankern, ihn einklagbar zu machen. Der Ansatz der Helsinki-Konferenz (1975) war insofern durchaus ein »Fortschritt«, auch wenn er zunächst uns die fortbestehende Kluft zwischen Buchstaben und Wirklichkeit nur noch evidenter gemacht hat. Auch hier aber geht es darum, die konkrete verfassungspolitische Realisierung zu sichern, statt der Ideologie des oft pervertierten Postulats zu erliegen, das so häufig mißbraucht wurde – wie in der französischen und mehr noch in der kommunistischen Revolution – und heute zu einer fatalen Vernachlässigung politischer zugunsten vorgeblich sozialer Menschenrechte in »fortschrittlichen« Diktaturen hinführt.

Nun werden freilich gerade auf jenen zwei Gebieten, die eine Schlüsselbedeutung für jede Fortschrittstheorie haben und sie doch so wenig zuverlässig bestätigen, die Fortschrittsparolen besonders stark betont und benutzt. Zumal diktatorische Bewegungen und Systeme können sich hier nicht genug tun, vor allem wenn sie sich im Besitz eines totalitär verstandenen Heilsplans wähnen. Die Idee des Fortschritts ist zur Ideologie geworden und in eine tiefe Krise geraten, ja an ihr (vorläufiges) Ende gekommen, sobald sie sich überhebt und schließlich gewalttätig auf jene Schlüsselbereiche menschlicher Existenz bezogen wird. Indem die Ideologen des »emanzipatorischen« Progressismus die Möglichkeit und Forderung ihrer jeweiligen Fortschrittsvorstellung auf dem Felde der Politik und der Moral durchzusetzen suchen, identifizieren sie diese kurzerhand mit materiellen oder intellektuellen Fortschritten. Am verhängnisvollsten geschah dies in der Gleichsetzung von Politik und Moral zum Zwecke der totalitären Zukunftsschöpfung eines »neuen Menschen« und seiner Unterwerfung im Namen des Fortschritts, wie dies Kommunismus und Nationalsozialismus propagierten. Hier vermag Progressivismus als Ideologie die schrecklichsten Rückfälle in die Barbarei zu rechtfertigen, die im Gewande des materiellen Fortschritts auftreten, und mittels einer technisch hochgetriebenen Indoktrination in totalitäre Heilsversprechungen gekleidet werden.

Demgegenüber mögen jene kritischen Folgen des Fortschritts, die heute im Zusammenhang mit den Energiefragen und den Umweltproblemen einer hochentwickelten Zivilisation beschworen werden, als sekundär erscheinen. Sie sind aber nicht nur wegen der unabsehbaren Folgen einer antizivilisatorischen Welle in den westlichen Demokratien ernst zu nehmen. Wichtiger ist die Tatsache, daß die heillose Verwirrung der Fronten und der Mißbrauch der Begriffe, die das Fortschrittsargument seit dem Auftreten der großen Ideologien vor zwei Jahrhunderten zum Spielball radikaler Gruppen und Weltveränderer werden läßt, die innere Sicherheit des Menschen bedrohen. Als ein »Mängelwesen« (A. Gehlen), das sich durch Intelligenz Institutionen und Technik aus den Abhängigkeiten der Natur befreit hat, bleibt er angewiesen auf rationales Handeln und Planung der Zukunft. Beides aber erfordert die Möglichkeit freier Entscheidung zwischen Bewahrung und Veränderung.

Fortschritt und Demokratie

Man kann die Ambivalenz des Fortschritts auch als Dialektik bezeichnen und zwischen einem »alten, liberalen und sozialistischen Fortschrittsglauben« und einem »qualitativen Fortschritt in Richtung auf die Schaffung und Bewahrung humaner Lebensbedingungen« unterscheiden (Fetscher). Doch ist der Dialektikbegriff im allgemeinen Gebrauch selbst der Philosophen – ganz zu schweigen von den Ideologen – nicht weniger unscharf als der des Fortschritts selbst. Was daran richtig erscheint, ist jene ständige

Spannung zwischen Fortschritts- und Verfallsdenken, die ganz besonders die moderne Ideengeschichte durchzieht. Daß sie auch der Antike neben dem Kreislaufgedanken nicht ganz unbekannt war, wurde schon bemerkt. Aber die Kehrseite des Fortschritts und seine Wünschbarkeit sind in der Tat am schärfsten in jener pessimistischen Kulturkritik problematisiert worden, die seit dem 18. Jahrhundert die gewaltige Ausdehnung und den Optimismus der modernen Zivilisation begleitet.

Entgegen den alten Hoffnungen des westlichen Demokratiegedankens schien vor allem die Anpassung der moralischen und politischen Entwicklung an den technischen Fortschritt kaum zu gelingen. Entweder endete sie in der gewaltsamen Diktatur der ideologischen Glücksbringer von Robespierre bis Hitler und Stalin, denen auch Hegel und Marx mit ihrer Gleichsetzung von Geschichte und Vernunft zuarbeiteten. Oder sie führte in die tiefe Skepsis des Dekadenzdenkens, dessen typische Argumente von Rousseau bis Nietzsche auch heute wiederkehren. Dagegen haben sich die Philosophen trotz der entschiedenen Plädoyers, die Kant für die Idee des Friedens und für ein republikanisches und föderales Europa publiziert hatte, nur zögernd mit den tatsächlichen Möglichkeiten eines politischen Fortschritts beschäftigt. Die meisten waren entweder auf die seit Plato traditionelle Frage nach der besten Staatsform fixiert, oder sie hielten die Entwicklung einer demokratischen Theorie für eine sekundäre Beschäftigung, während man die genauere Betrachtung zumeist Juristen oder Historikern überließ. Denker wie der liberale Reformtheoretiker John Stuart Mill und der Demokratieanalytiker Tocqueville waren große Ausnahmen, während das Gros der Fortschrittstheoretiker sich eher auf die Gesellschaft als auf den Staat konzentrierte.

In Wahrheit ist aber die Geschichte der politischen Grundgedanken und Grundformen, die in die moderne freiheitliche Demokratie einmünden, für die Fortschrittsidee kaum weniger bedeutsam als die naturwissenschaftlich-technische Entwicklung. Ihre Hauptprinzipien: Menschen- und Bürgerrechte, Volkssouveränität und Mehrheitsprinzip, Freiheits- und Gleichheitsidee, Schutz der Minderheit und Gewaltenteilung, stehen seit Locke und Montesquieu nicht nur in engem Zusammenhang mit der politisch-sozialen »Modernisierung« des Abendlandes, sondern auch mit der wissenschaftlichen Revolution der Neuzeit. Besonders wichtig war hier der Gedanke des Gleichgewichts. Seine Umsetzung in Politik und die Entfaltung des Verfassungsstaates bedeuteten einen Fortschritt, der freilich allzu wenig Gnade vor den Augen der progressistischen Perfektionisten fand, weil er eben gerade auf die Beschränkung und nicht die größtmögliche Entfaltung von Macht oder auf eine paradiesische Ordnung gerichtet war.

Aber es ist kein Zufall, daß die liberale Demokratie darum von beiden Seiten, von Kulturpessimisten wie von utopischen Progressisten, gleichermaßen bekämpft wurde. Auf ein romantisches Zurück zur Natur (Rousseau) oder historische Skepsis (von Ranke zu Meinecke), auf ein Absterben des Staates (von Condorcet bis Marx-Engels) oder technokratische Diktatur (Saint-Simon) waren die Alternativen gestimmt, die dem empirischen, praktischen Charakter der liberalen Demokratie entgegengehalten wurden. Denn die empirische »Qualität« des verfassungspolitischen Fortschritts versagte sich den ideologischen Endzeiterwartungen ebenso wie den absoluten Staatsvorstellungen. Und wenn heute im Westen an der Möglichkeit weiteren Fortschritts überhaupt gezweifelt wird, so ist zugleich auf das große Defizit in einer Welt der Diktaturen hinzuweisen, das weniger mit einem Zuviel an Fortschritt als mit einem Nachhinken seiner politischen Umsetzung zu tun hat.

Man hat die Dialektik des Fortschritts in der Gegenwart dahingehend definiert, »daß sein durchschlagender Erfolg die eigenen Voraussetzungen zerstört« (Fetscher). Das mag in bezug auf die möglichen Folgen atomarer und biologischer Kriegführung wahr sein. Das Argument bleibt aber hinsichtlich aller anderen Folgen der technologischen Entwicklung in sich durchaus widersprüchlich. Denn deren Fortschritte werden ja gerade benötigt, um der Probleme einer zurückbleibenden sozialen und politischen Entwicklung Herr zu werden: von der Meeresboden- bis zur Raumforschung. Und das gilt eben nicht nur für eine im einzelnen wohl fragwürdige weitere Industrialisierung, sondern z. B. gerade auch für die technische Förderung und Steigerung der Landwirtschaft zumal in der Driten Welt. Ein »Nullwachstum« könnte die Katastrophe noch beschleunigen; dies verführerisch klingende Konzept (der Club-of-Rome-Anhänger) wird der Komplexität der Modernisierung im globalen Rahmen nicht gerecht. Denn es ist nicht so sehr die expansive Dynamik des industriellen Wachstums in einem ja teilweise schon »post-industriellen« Zeitalter (Daniel Bell), welche die Menschheit vor allem bedroht, sondern gerade auch die politische Unfähigkeit der unterentwikkelten Diktaturen in Asien, Afrika und Lateinamerika, die Bevölkerungsexplosion zu bewältigen.

Die im Westen um sich greifende Technik- und Wissenschaftsfeindlichkeit enthält keine brauchbare Antwort. Nicht nur Wissenschaft und Technik, sondern vor allem das Versagen oder die theoretische Unterschätzung der Politik (z.B. Verteilungsprobleme) haben die Folgen des Fortschritts so verschärft. Gewiß kann man geltend machen, daß auch eine weitere Perfektion der Demokratie sowohl nach der liberalen wie nach der sozialen Seite hin jene Tendenzen zur Selbstzerstörung nicht hindert, die es den Diktatoren schon zwischen den beiden Weltkriegen ermöglicht haben, sie mit ihren eigenen Mitteln zu überwinden. Aber eben dies geschah nicht zuletzt, weil die »bürgerliche« Demokratie als bloße Notlösung von allzu vielen Intellektuellen und Philosophen verachtet oder als bloße Zwischenform abgetan wurde. Die politische Bewältigung der Fortschrittsprobleme steht und fällt aber mit den ausgleichenden Funktionen einer rechtsstaatlich-demokratischen, pluralistischen Verfassungsordnung, die weder einer ökodiktatorischen Expertokratie die Entscheidungen überläßt noch auf die anarchische Beliebigkeit von Alternativgruppen mit ihrem umgekehrten, nun zivilisationskritischen Progressiv-Anspruch vertraut.

Eine demokratische Bewältigung der Fortschrittskrise schließt gewiß auch mehr Bürgerteilnahme am politischen Prozeß ein. Aber in der zum magischen Schlagwort erhobenen »Partizipation« den wichtigsten Fortschritt der Demokratie zu sehen, hieße wiederum die Bedeutung verkennen, die der Leistungsfähigkeit des Staates gerade im Zeitalter der durch den Fortschritt gesteigerten Gesellschaftserwartungen zukommt. Es geht auch nicht um die unmögliche »Demokratisierung der Wissenschaft«, die nichts als eine Ideologie ist, sondern es geht um die Einsicht, daß am ehesten noch eine pluralistisch-rechtsstaatliche Form der Demokratie jenen friedlichen und zugleich sachgerechten Ausgleich des Konflikts der Interessen und Meinungen ermöglicht, um den auf der Suche nach der rechten politischen Ordnung seit Aristoteles gerungen wird. In der alten Konfrontation mit den verführerischen Theorien eines perfekten Staates oder einer staatlosen Utopie zeichnet sich heute mehr denn je die folgenschwere Alternative zwischen einer »offenen Gesellschaft und ihren Feinden« (K. Popper), zwischen geschlossener Diktatur und offener Demokratie ab. Hier vor allem wird über die Freiheit und die Zukunft des Menschen entschieden.

Der abendländische Fortschrittsgedanke hat in den totalitärchiliastischen Ideologien seine höchste Steigerung und zugleich seine tiefste Erniedrigung erfahren. Der Begriff des Fortschritts ist dem Menschen unverzichtbar, aber ebenso auch seine Fähigkeit, den Mißbrauch und die Grenzen des Fortschrittsgedankens mitsamt den Versuchungen und Zumutungen eines Progressismus zu durchschauen, der als Ideologie immer wieder in geschichtliche Irrwege geführt und Menschen geknechtet hat und heute mehr denn je die befreiende Wirkung geistiger und materieller Verbesserungen ins Gegenteil zu verkehren droht. Die Krise des Fortschrittsbegriffs angesichts der Probleme technisch-ökonomischer Entwicklung könnte als Chance begriffen werden, ihn als ideologische und massenpsychologische Größe, als Götzen eindimensionalen Denkens zu entschleiern. Eine solche Entideologisierung tut not nach den Re-Ideologisierungen der letzten zwei Jahrzehnte. Aber nicht um ein radikales Umdenken, wie es die neuen Propheten zumal des Ökologismus fordern, sondern um ein sorgsames Abwägen muß es dabei gehen. Das viel beschworene »Altern der Ideologien« bietet die Chance zu einer veränderten Wertorientierung, die freilich nicht allein (und unrealistisch) den Verzicht predigt, sondern auch die Gedanken einer freiheitsfeindlichen »Ökodiktatur« (W. Harich) abwehrt.

Die »Verlangsamung des Fortschritts«, die einst vor über zwei Jahrhunderten Rousseau gefordert hat, trifft auf eine veränderte Welt. Auch der Kulturpessimismus hat kein Rezept, nach dem es möglich wäre, die industrielle Gesellschaft rückgängig zu machen oder ihre Güter einfach zu verweigern. Beide Extreme, die lineare Fortschrittsidee wie die Lähmung ökonomischen Wachstums, drohen in menschheitsbedrohende Krisen zu führen. Aber die Ausarbeitung neuer Überlebenskonzepte der Menschheit, die Änderung ihrer Erwartungshaltungen und Glücksvorstellungen kann nicht einfach von Intellektuellen diktiert oder von Diktatoren erzwungen werden. Die Folgen wären im einen Fall Anarchie, im anderen Zwangsherrschaft.

Wie das Leben, so bewegt sich das Denken der Menschen zwischen Fortschritt und Verfall. Es ist eine Art Selbstbeschränkung, ja teilweise Selbstüberwindung der Fortschrittsidee, um die das Bemühen geht. Auf ähnliche Weise ist ja auch die Idee der modernen freiheitlichen Demokratie auf einer Selbstbegrenzung der politischen Macht begründet. In beiden Fällen ist es der Verzicht auf radikale, perfektionistische Durchführungen, die Rücksichtnahme auf die anderen, die moralische und menschenrechtliche Wertorientierung, die allein die Korrekturen zu bewirken vermögen. Dazu bedarf es nach wie vor der wissenschaftlich-technischen Fähigkeiten und des Potentials an Erfindungen und Entwicklungen, die allein den Lebensstandard einer wachsenden Erdbevölkerung sichern können. Es gibt einen unlöslichen Zusammenhang von menschlicher Freiheit und Fähigkeit zum Vorausdenken. Eine zunehmende Verteufelung des wissenschaftlichen und technischen Denkens wäre verhängnisvoll.

Fortschritt oder Verzicht sind keine realistischen Alternativen. Es geht vielmehr um einen immer neuen Ausgleich zwischen Veränderung und Bewahrung – und zwar unter Bedingungen, die den menschlichen Geist nicht knebeln, sondern zu weiteren Problemlösungen frei machen. Unsere gegenwärtige Diskussion der techno-ökologischen Krise muß nicht zuletzt in der Lage sein, auch jenen Versuchungen des Alt- und Neo-Marxismus zu steuern, die nach der wissenschaftlichen Relativierung der Religionen und Philosophien und nach dem Scheitern der faschistischen und nationalsozialistischen Geschichtspropheten am suggestivsten beanspruchen, im Alleinbesitz des Fortschrittsplanes der Menschheitsgeschichte zu sein. Nüchterner geworden gegenüber dem Überschwang des Aufklärungs- und Wissenschaftsglaubens wie auch der revolutionären Utopien, können wir eine Balance gewinnen in der fortdauernden Spannung zwischen Vergangenheit und Zukunft. Sie verlangt eine historisch geschärfte Skepsis gegen progressivistische Ideologien, aber auch ein positives Votum für jene Offenheit menschlichen Denkens und Handelns, die überhaupt erst die Problemlösungen für ein technisch fortschreitendes und zugleich freiheitlich demokratisches Zeitalter zu finden erlaubt.

2. Die doppelte Zeitgeschichte – zwei gegenwärtige Vergangenheiten

Schon immer hat es der Historiker, der die Vergangenheit betrachtet, zugleich mit seiner eigenen Zeit zu tun. Der Begriff der Zeitgeschichte sucht diesen Sachverhalt zum Ausdruck zu bringen, der seit den antiken Ursprüngen des Geschichts- und Politikdenkens so vertraut wie umstritten ist. Man denke an so verschiedenartige Historiker wie Herodot oder Thukydides, deren zeitgeschichtliche Grunderlebnisse – die Konfrontation der Griechen mit den Persern oder der Peleponnesische Krieg – die historische Perspektive ihres Werkes prägen; oder an Polybios und Tacitus, denen Aufstieg und Krise des Römischen Imperiums unmittelbare Gegenwart, zugleich Kriterium des historischen Interesses und Deutens ist.

Aber auch unsere neuzeitlichen, betont wissenschaftlichen Geschichts- und Politikbegriffe sind in all ihren Wandlungen aufs engste verknüpft mit zeitgeschichtlichen Grunderfahrungen, mögen die Forscher selbst auch in gelehrter Betonung der historischen Distanz sich noch so entlegenen, sachlich und zeitlich fernen Themen und Epochen widmen. Der Streit um den Historismus, um die Probleme der Wertfreiheit und Objektivität, um das Bild des Mittelalters oder der Antike aus der Sicht des 19. und 20. Jahrhunderts hat immer aufs neue den engen Zusammenhang zum Bewußtsein gebracht, der zwischen Vergangenheits- und Gegenwartsgeschichte besteht.

Dabei ist freilich stärker als früher auch der Unterschied hervorgetreten, der sie trennt. Wohl nie ist der Eigencharakter zeitgeschichtlicher Betrachtung so deutlich geworden wie in unserem Jahrhundert. Das hat einmal zu tun mit unseren verbesserten Möglichkeiten, auch des laufenden Geschehens, der *current history,* gewahr und habhaft zu werden: ständig gesteigerte Information und Publizität kommen in unvergleichlichem Ausmaß solcher Vergegenwärtigung zugute, auch wenn sie zugleich die Verwirrung steigern, das Erkennen der wesentlichen Züge der Entwicklung komplizieren. Zum anderen sind es scharf umrissene Einschnitte unserer Epoche, so besonders die wahrhaft weltgeschichtlichen Daten 1917/18 und 1945, die der Zeitgeschichte als der Geschichte der lebenden Zeitgenossen schärfere Konturen verleihen, ihren epochalen Zusammenhang frühzeitiger erkennen lassen, ihre historisch-politische Erfassung und Deutung in einen umfassenderen Rahmen stellen.

Doppelter Bezugsrahmen

Ein ganz besonderes Charakteristikum unserer jüngsten Vergangenheit ist aber nun eine eigentümliche Mehrdimensionalität des historischen Bezugssystems und eine Doppelbödigkeit des politischen Bewußtseins, die ich hier in das Bild von der »doppelten Zeitgeschichte« fassen möchte. Mit der Erbschaft des Faschismus und des Nationalsozialismus belastet und von der Stabilisierung des Nachkriegs-Provisoriums getragen, stehen wir heute in Deutschland und Europa gewissermaßen unter der Wirkung und im Zeichen von zwei Zeitgeschichten, die tief verschieden und doch nahezu gleichstark unmittelbar in unser politisches Dasein hineinwirken, einen doppelten Bezugsrahmen unseres politischen Bewußtseins bilden: die Zwischenkriegszeit seit 1917/18 und die Nachkriegszeit seit 1945 beziehungsweise 1949/50. Unser Leben und Denken ist im Vergleich zu anderen Epochen in einzigartiger Weise von diesem doppelten Bezugsrahmen geprägt; darin liegt, wie mir scheint, das Besondere und zugleich Paradoxe der gegenwärtigen Auseinandersetzung um Richtung und Sinn unserer Epoche.

Es handelt sich um zwei Ebenen und Dimensionen von Zeitgeschichte, die sich überschneiden und vielfältig ineinander verflochten sind: eine ältere und eine neuere Zeitgeschichte, die in einer großen Kontinuität der Ideologien und Herrschaftsformen, der Gesellschafts- und Wirtschaftsordnungen zusammenhängen, und die dann doch wieder deutlich getrennt sind durch den tiefen Einschnitt von 1945 – zwei Zeitdimensionen, die seitdem aufeinanderstoßen, miteinander ringen, einander überlagern. Doppelte Zeitgeschichte, das heißt die eindringliche Erfahrung: der älteren Zeitgeschichte, jenen drei Jahrzehnten der letzten Machtentfaltung und Selbstzerstörung von 1914 bis 1945, stehen die drei Jahrzehnte der neuen Zeitgeschichte gegenüber, in denen sich eine neue Rolle und neue Strukturen Europas abzeichnen. Aber beide Perioden sind noch immer eng miteinander verflochten und aufeinander bezogen: die großen Ideologien, die Herrschafts- und Gesellschaftssysteme wirken vom Ersten Weltkrieg bis in die Gegenwart, so gewaltig die Veränderungen im Gefolge des Zweiten Weltkrieges sein mögen.

Dieser Konflikt der Zeitgeschichten bedeutet anderes und mehr als bloß den immer wiederkehrenden Konflikt der Generationen, die sich auf verschiedenartige Erfahrung und ein verändertes Bezugssystem berufen. An der Geschichte – Leidensgeschichte – der vielzitierten Bewältigung unserer Vergangenheit, deren Widersprüche und noch im Rückblick »unversöhnliche Erinnerungen« immer wieder auf so bestürzende Weise aufflammen, an diesem immer neuen Einbruch der alten Zeitgeschichte in die neue – und zwar nicht nur in Gestalt des Nationalsozialismus, sondern auch der stets aktuellen Weimar-Debatte –, wird das Besondere der doppelten Zeitgeschichte sichtbar, in der wir leben. Zeitlich voneinander Getrenntes ist doch ständig einander konfrontiert und zugleich konfliktreich verbunden durch die kurze, besonders entscheidungsreiche Zwischenperiode von 1945–50, die aus den Folgen des Krieges die fortdauernden Weichenstellungen für den Frieden, freilich den relativen Frieden des Kalten Krieges hervorbringt und zementiert. Jeder Blick auf die vergangenen dreißig Jahre hat diese Doppelschichtigkeit, diese Doppelbödigkeit des Erfahrungsgrunds zu berücksichtigen, die unserer »neuen Zeitgeschichte« seit 1945 eigentümlich ist.

Wissenschaftspraktisch gesehen ist es zunächst der Umstand, daß wir den ursprünglichen Begriff der Zeitgeschichte, mit dem einst (bei der Neubegründung von Instituten und Zeitschriften dieses Namens) ganz konkret die Zeit zwischen 1917 und 1945 gemeint war, ständig ausdehnen. Zur ersten Nachkriegszeit kommt die zweite Nachkriegszeit, deren Archive sich öffnen, deren Zeitgenossen ihre Memoiren publizieren. Dabei bleibt aber die anhaltende Bedeutung jener großen Entscheidungen und Frontstellungen sichtbar, die schon aus dem Ersten Weltkrieg erwachsen sind. Die drei epochalen Antworten von damals – liberale und soziale Demokratie, radikal nationalistische Regime, kommunistische Diktatur – sind auch nach dem Sturz von Faschismus und Nationalsozialismus in den Rechts- und Linksdiktaturen des autoritären Nationalismus und des totalitären Kommunismus als Herausforderung an die rechtsstaatliche, pluralistische Demokratie präsent geblieben, ja erst weltweit wirksam geworden. Trotz allen Brüchen besteht ein Zusammenhang der Epoche seit dem Ersten Weltkrieg, eine Kontinuität der großen Probleme und Fragestellungen: gerade auch in den so betont abgehobenen Revolten des letzten Jahrzehnts, die sich indessen nicht zuletzt als Wiederbelebung und Wiederbenutzung von Polarisierungen und Ideologisierungen der zwanziger Jahre erweisen, wenn sie sich nicht geradewegs auf die Oktoberrevolution von 1917 berufen – auf weltrevolutionären Internationalismus oder nationalistische Selbstbestimmung, auch auf demokratische Menschenrechte, alles Leitideen der ersten Nachkriegszeit.

Kontinuität und Wandel

Zugleich stehen wir aber vor tiefgreifenden Veränderungen, die sich in den Fragestellungen und Methoden der Zeitgeschichte vollziehen. Die erregten Diskussionen des letzten Jahrzehnts in den Geistes- und Sozialwissenschaften sind von den Politisierungen und institutionellen Umwälzungen im Bildungs- und Hochschulwesen stimuliert, aber auch überschattet und oft bedenklich verzerrt worden. Dabei wirkten Forschungstendenzen mit, die im nationalen wie im internationalen Maßstab vorangetrieben wurden: vor allem die Einbeziehung interdisziplinärer und komparatistischer Methoden, die in der Forderung nach sozialwissenschaftlicher Fundierung und Erweiterung der Geschichtsforschung zugleich die bisherigen Maßstäbe und Ergebnisse in Frage stellen. Eine Marxismus-Renaissance, die mit dem lautstarken Auftrieb der »neuen Linken« sich jener Tendenzen zu bemächtigen suchte, hat die Komplizierung und Verwirrung der Begriffe und Methoden noch gesteigert. Es kam zu vehement vorgetragenen Theorieforderungen gegenüber der darstellenden Historie und zur radikalen Anfechtung der bisherigen Interpretationsmuster, die wesentlich aus dem Bemühen um eine Auseinandersetzung mit den Katastrophen von 1933 und 1945 hervorgegangen waren.

Zwei große Zusammenhänge bestimmen zunächst die Strukturen und Tendenzen der *neuen* Zeitgeschichte nach dem

Zusammenbruch des »Dritten Reiches«, der zugleich als das Ende der älteren Zeitgeschichte erschien: Renaissance der Demokratie und Kalter Krieg.

In demselben Maße aber, in dem dieser von der unmittelbaren Erfahrung des Dritten Reiches geprägte Bezugsrahmen verblaßte, durch den Generationswandel in Frage gestellt wurde und vorzugsweise gesellschaftskritischen Bezugspunkten Platz machte, gerieten auch die Begriffe und Deutungen ins Kreuzfeuer. Ein expandierender Taschenbuchmarkt trug zur starken Wirkung jener Theorie- und Revisionsforderungen bei, verzerrte aber damit gleichzeitig die Maßstäbe, nach denen sich Wert und Unwert, Beachtung oder Nichtbeachtung der historisch-politischen Literatur bestimmten. Am deutlichsten artikulierte sich die Kampfansage an liberal-demokratische Wertmaßstäbe mit erbitterten Angriffen auf den Totalitarismus-Begriff und mit der uferlosen Ausweitung einer generellen Faschismus-Theorie, die nach neuen wissenschaftlichen Hypothesen (etwa im Werk Ernst Noltes) rasch zurückfiel in die marxistisch-kommunistischen Agitationsformeln der zwanziger und dreißiger Jahre. Der westliche Demokratiebegriff wurde als spätbürgerlich oder spätkapitalistisch, die liberal-parlamentarische Erneuerung Deutschlands und Westeuropas als restaurativ angefochten; eine scheinaufklärerische Demontage bisheriger Maßstäbe zeitgeschichtlicher und politikwissenschaftlicher Arbeit, ihrer Vielseitigkeit und Offenheit, zugunsten ideologischer Mono-Erklärungen zeichnete sich ab. Solche Tendenzen griffen weit über neomarxistische Dogmatismen hinaus auf die liberale Wissenschaft über. Auch nichtmarxistische Autoren haben sich von dem sozio-ökonomischen Impetus, der Abstraktionsfähigkeit und dem sprachlichen Gestus einer linksmodischen Soziologisierung der Zeitgeschichte beeindrucken lassen. National wie international änderten sich Sprache und Stil der zeitgeschichtlichen Interpretation.

Seit den sechziger Jahren kommt eine Reihe weiterer Faktoren hinzu, die berechtigen, von einer »neuen Zeitgeschichte« zu sprechen: vor allem die globalen Wandlungen der internationalen Politik im Zeichen der nachstalinschen Ost-West- und Nord-Süd-Problematik, des Kampfes um die »Dritte Welt« und der Spannung zwischen Stabilisierung und Dynamisierung der modernen Demokratie; diese werden aber eigentümlich überlagert durch die älteren Ideen und Konflikte der zwanziger und frühen dreißiger Jahre – um Faschismus, Kommunismus, Demokratiekritik, die mit den kulturrevolutionären Verunsicherungen erneut durchbrechen und schließlich in die vielberufene Nostalgiewelle mit ihren zivilisationspessimistischen Zügen münden.

Die neue Zeitgeschichte ist seither charakterisiert durch eine tiefe Unsicherheit und gespannte Ambivalenz. Auf der einen Seite erleben wir die emphatische Ablehnung der Väter- und Großväterzeit, die – als ältere Zeitgeschichte – bis in die fünfziger Jahre hinein verlängert erscheint und der noch Namen wie Stalin und Churchill, Adenauer und Eisenhower, ja auch de Gaulle zugerechnet werden. Auf der anderen Seite geschieht – mit dem Höhepunkt von 1968 – ganz emphatisch die Beschwörung und Glorifizierung der großen Durchbrüche und Polarisierungen am Ende des Ersten Weltkriegs, der Rückgriff auf die Ideologiekämpfe, die Revolutionserwartungen, Experimente und Lösungsverheißungen. Sie werden beschworen in der Parole von den goldenen zwanziger Jahren, in den Raubdrucken und Neuausgaben, den Ausstellungen und intellektuellen Diskussionen zu dieser Krisenzeit, in der Marxismus-Renaissance und ihrer Kritik, in einer der Entideologisierungsperiode von 1945–1960 folgenden Reprise der alten Spätkapitalismus- und Spätbürgertum-Debatte, die ja bis zur Jahrhundertwende zurückreicht. Wieder geht es zugleich um eine Konfrontierung der so verschiedenen Bezugspunkte und Erfahrungsebenen, von denen die Geschichtsbetrachtung zumal in Deutschland im Zeichen der Umbrüche von 1918, 1933, 1945, aber auch der Veränderungen seit den fünfziger und sechziger Jahren bestimmt wird. Es gilt diese nun näher zu bezeichnen und damit die wesentlichen Züge der letzten dreißig Jahre hervorzuheben. Dabei kommt es zu sehr verschiedenen Versuchen, sich den historischen Erfahrungen zu stellen.

Generationsprobleme und Faschismusdebatte

Jede zeitgeschichtliche Betrachtung stößt immer wieder unmittelbar auf das Problem der Generationen und ihrer unterschiedlichen Erfahrungsebenen. Ein altes Problem. In seinem Essay über »das Wesen gesellschaftlicher Krisen« hatte der spanische Kulturphilosoph Ortega y Gasset schon Anfang der dreißiger Jahre geschrieben: »Die Generation ist mit der Struktur des menschlichen Lebens in einem bestimmten Augenblick identisch. Man kann nicht versuchen zu erfahren, was wirklich zu diesem oder jenem Zeitpunkt geschah, wenn man nicht vorher feststellt, welcher Generation dieses geschah, das heißt innerhalb welcher Form menschlicher Existenz es sich ereignete. Ein und dasselbe Ereignis, das zwei verschiedenen Generationen zustößt, stellt eine ganz verschiedene vitale und deshalb historische Tatsache dar.« Man kann auch von unterschiedlichen »Realitätsebenen« (Karl Mannheim) sprechen, auf denen verschiedene Generationen leben und die vor allem in der frühen Jugend ausgebildet werden: sie bestimmen die Bezugsrahmen, an denen auch die weiteren Erfahrungen gemessen werden. Das gilt nicht nur für die jeweilige Gegenwart, sondern sowohl für das Zukunfts- wie für das Vergangenheitsbewußtsein.

Die doppelte Zeitgeschichte findet eine Entsprechung in der generationsbedingten Überschneidung der verschiedenen Bezugsrahmen. Ein jüngstes Beispiel der deutschen Problematik bildet die erregende Holocaust-Diskussion von 1979/80, die ja in der Sache nicht neu ist, sondern vielmehr durch die Beschleunigung der Fernsehverbreitung und den Generationswechsel seit Ende der sechziger Jahre eine dramatisierte Fortsetzung und Ausweitung der deutschen und internationalen Diskussion seit 1945 darstellt. Sie zeigt zugleich aber auch, wie tief die Kluft zwischen Geschichtserfahrung und historisch drapierter Theorie, in diesem Fall einer alles überwuchernden Faschismustheorie werden kann. So heißt es in der DDR offiziell: Holocaust betrifft uns nicht, wir haben den Faschismus ein für alle Mal ausgerottet, indem wir den Sozialismus endgültig durchgesetzt haben; damit sind wir auch die Verantwortung los. Und manche bei uns sprechen diese Zauberformel nach: Sozialismus als alles lösende und heilende Alternative, als *die* Antidosis zum Faschismus.

Aber damit wird die geschichtliche Erfahrung gerade verfehlt oder gar verfälscht. Nicht der fehlende Sozialismus brachte Hitler zur Macht: dieser *predigte* ja auch einen, freilich »nationalen« Sozialismus, und auch er ritt auf der Welle des Antikapitalismus und Antiliberalismus, verkündete das Ende des bürgerlichen Zeitalters. Das Wesentliche ist nicht das Problem einer sozialistischen Alternative, sondern die elementare Warnung vor der totalitären Verführung, die in der mit Holocaust endenden Geschichte steckt, ob diese nun politisch-ideologisch oder ökonomisch-sozial motiviert ist, oder ob sie auf die Lebens- und Existenzängste der Massen bezogen zur antikapitalistischen, kollektivistischen Massenbewegung mobilisiert wird. In diesem Sinne haben denn auch einst tatsächlich rechts- *und* linksradikale Bewegungen durch ihr negatives Zusammenwirken die Weimarer Republik erdrosselt: im Zerstörerischen durchaus einig – und übrigens auch ganz eindeutig gegen das freiheitliche Verständnis der Sozialdemokratie gerichtet.

Nicht Faschismus oder Sozialismus muß also seither die weltgeschichtliche Alternativstellung lauten, sondern: Demokratie oder Diktatur, bürgerliche Freiheit oder bürokratischer Kollektivismus, soziale Demokratie oder Staatsparteisozialismus, liberale Offenheit oder totalitärer Ideologismus. Verhängnisvoll war und ist die Verkennung dieser tatsächlichen Alternativstellung nach 1917 und wieder heute, ist ihre Verneblung durch eine angeblich unabdingbare Verknüpfung von Demokratie und Sozialismus, fatal aber auch die tendenziöse Weise, in der die »antifaschistische« an die Stelle der antitotalitären Kritik gesetzt wird, weil diese ja auch den Kommunismus treffen würde. Dabei ist der manipulierende Gebrauch und Mißbrauch von Wörtern und Begriffen von größter Bedeutung.

Die Doppelbödigkeit der Zeitgeschichte wird auch in dieser Hinsicht für die Deutschen in West und Ost immer wieder besonders empfindlich spürbar: in der DDR wohl noch unmittelbarer, denken wir an das Neben- und Gegeneinander von sozialprogressistischem Kollektivismus und Elementen historisch-bürgerlicher Kultur oder gar preußischen Staatsverständnisses. Es sind widersprüchliche Schichtungen und Terminologien einer mehrfach gebrochenen Zeitgeschichte in einem Land, dessen Bewohner nicht den neuen Menschen des »Kommunismus« darstellen, sondern ebenso nach bürgerlichen Freiheiten verlangen wie die Westdeutschen, so schwerwiegend die Unterschiede der Herrschaftssysteme sein mögen.

Die neue Zeitgeschichte, von der wir hier sprechen, hat also ihre tiefen Wurzeln in der älteren Zeitgeschichte. Aber sie ist von ihr zugleich in zweifacher Hinsicht geschieden, ihr entgegengesetzt: erstens durch die schwerwiegenden Entscheidungen von 1945–1950, die auf die katastrophalen Erfahrungen der Zwischenkriegszeit antworten; und zweitens durch die veränderten Faktoren der innen- wie außenpolitischen Entwicklung, die seit den sechziger Jahren vordringen, den Generationswechsel überschatten, die Lösungen der unmittelbaren Nachkriegszeit in Frage stellen. Sie münden schließlich in eine tiefe Ambivalenz des Zeitgefühls. Dem anfangs euphorischen Fortschrittsglauben folgt ein um so stärker einbrechendes Verfallsbewußtsein, signalisiert in dem doppelsinnigen Begriff einer »Tendenzwende«, die je nach Standort positiv oder negativ verstanden wird.

Nach der relativen Ruhe der fünfziger Jahre kam es seit Mitte der sechziger Jahre zu stürmischen Umbrüchen. Von »Kulturrevolution« und »Emanzipation« handeln die Schlagworte, mit denen diese tiefe Veränderung bis zur Mitte der siebziger Jahre bezeichnet wird. Mit der Energiekrise entstand dann eine neue große Unsicherheit über den Sinn unseres Fortschritts: es erwuchsen fundamentale Zweifel am Sinn ökonomischen Wachstums und gesellschaftlicher Veränderung. Sie setzten dem Aufbruch der sechziger Jahre, dem Sprung von den Tagen Kennedys zum »Machtwechsel« in Bonn, von den weltweiten Jugendbewegungen zum Glauben an eine unbegrenzte Emanzipation plötzliche Grenzen. Auch dies eine Frage der Generationen?

Man kann in der Tat so etwas wie einen Rhythmus der Generationen erkennen, die sich im Abstand von jeweils etwa fünfzehn Jahren folgen: 1945, 1960, 1975 und wohl die achtziger Jahre umfassend. Zunächst (1945), die »skeptische« Generation der politisch-ideologischen Ernüchterung und des Wiederaufbaus, dann (seit Anfang der sechziger Jahre) die der drängenden Kritik, der Rebellion und Ideologisierung, schließlich (seit Mitte der siebziger Jahre) eine Generation des Zweifelns an Werten und Sinngebung, einer Kulturkrise inmitten hochentwickelter Technik und Kommunikation, gleichzeitig des Bedürfnisses zu neuer privater und religiöser Erfahrung. Dabei überschneiden sich revolutionäre Tendenzen aus den späten sechziger Jahren mit Gefühlen des Verfalls, der Bedrohung, die aus den neuen Schwierigkeiten mit Energie- und Umweltproblemen erwachsen und sich mit alten Ideologien, antikapitalistischen und antizivilisatorischen, verbinden.

Das Ausmaß und die Tiefe der Brüche, die den Weg in die achtziger Jahre bezeichnen, wird deutlich, wenn man zugleich immer wieder die Frage nach der zeitgeschichtliche Kontinuität stellt. Denn wir beobachten langandauernde Trends und eine erstaunliche Zählebigkeit bestimmter Strukturen und Ideen, die wie die Konfrontation von Kapitalismus und Sozialismus schon seit den großen technisch-wirtschaftlichen Umwälzungen der Jahrhundertwende datieren. Aber nach dem Zweiten Weltkrieg schien doch, wie es Alfred Weber 1946 formulierte, der »Abschied von der bisherigen Geschichte« definitiv, eine neue Welt greifbar nahe, während die Ideen der alten Welt in Trümmer sanken.

Damals sprach man von der Ära der *Entideologisierung* nach den ideologischen Überanstrengungen und Enttäuschungen der dreißiger und vierziger Jahre. Ein konservativer Nonkonformist wie Ernst Jünger, lange selbst der Ideologie einer »konservativen Revolution« zugetan, hat in diesen Jahren (1950) prognostiziert: »Die Zeit der Ideologien, wie sie noch nach 1918 möglich waren, ist vorbei; sie liegen den großen Mächten nur noch als ganz leichte Schminke auf« (Über die Linie). »The end of ideology« verkündete der einflußreiche amerikanische Zukunftsforscher Daniel Bell noch 1959.

Diese endgültige Entideologisierung schien möglich, weil der liberale Staatsgedanke an neue Realitäten angepaßt und modifiziert wurde durch soziale und demokratische Aspekte der Modernisierung. Aber die grundlegende, ursprüngliche Spannung zwischen liberal und sozial, zwischen Freiheit und Gleichheit, zwischen Leistungselite und Massendemokratie besteht nach wie vor; ja, in der neuen Problematisierung dieser Spannung, in der Ausdehnung der Freiheits- und Gleichheitsforderung auf alle Menschen, liegt ein wesentlicher Ansatzpunkt der heutigen Re-Ideologisierung, die den Weg in die achtziger Jahre überschattet. Die Spannung zwischen Freiheit und Gleichheit, liberal und sozial wird auf doppelte Weise empfunden und dadurch noch verschärft. (1) *Innergesellschaftlich* sind es die wachsenden Ansprüche an eine demokratisch verstandene Wettbewerbskultur; Wohlfahrtsstaat und Sozialismus erstarken. Und (2) *international* ist es der Nord-Südkonflikt, das wirtschaftliche und soziale Gefälle zwischen Industrie- und Entwicklungsländern; er bringt scharfe Verteilungskämpfe und damit ebenfalls grundlegende Zweifel an der gerechten Funktionsfähigkeit liberaler Wirtschafts- und Geschen, verbinden.

Auch die Auseinandersetzung um das richtige politische System überhaupt wird dadurch dramatisiert. Wir brauchen nur auf die Verteilung der Staatsformen in der Welt zu sehen. In den letzten fünfzehn Jahren hat sich die Zahl souveräner Staaten mehr als verdoppelt. Und die Zahl der freiheitsfeindlichen Diktaturen steigt ebenso unaufhaltsam. Das ist ein eklatanter Widerspruch zu der nach wie vor gewaltigen Bedeutung liberaler Gedanken und ihrer tatsächlichen wirtschaftlichen Fähigkeit. Wie wird sich diese tiefe Diskrepanz in der Zukunft entwickeln, wie wird sie sich auswirken? Denn auch bei uns wachsen ja die Selbstzweifel. Die Erwartungen reichen von pessimistischen Untergangsprognosen bis zur Überzeugung von der weltweiten Ausbreitung, der Amerikanisierung und Europäisierung der Welt. Eines ist sicher: an der Freiheitsfrage entscheidet sich letztlich auch der Wert des Fortschritts.

Dialektik der Freiheit

Aber die Anfechtung und Bedrohung des liberalen Gesellschafts- und Kulturverständnisses kommt eben nicht nur von der wachsenden Überzahl der Diktaturen und der tendenziell totalitären Ideologien. Die Gefahren stecken paradoxerweise gerade auch in der *westlichen Freiheitsidee* selbst und in ihren immanenten Konsequenzen. Unsere Gesellschaft ist in der Lage, sich selbst in die Luft zu sprengen, und zwar nicht nur materiell, sondern auch geistig: durch Überspannung und Mißbrauch ihrer eigenen Freiheitsprinzipien. Wir kennen die Stichworte: internationale Tendenzen zur »permissiven Gesellschaft«, zu Anarchismus und Terrorismus, zur Verunsicherung und Verneinung jeder Art von Herrschaft, die selbstzerstörerische Freiheit zum Austeigen aus den sozialen Ordnungen, die verführerischen Parolen von Subkulturen oder Alternativkulturen. Und all diese antiautoritären Tendenzen, die sich durchaus auf liberale Prinzipien berufen, können paradoxerweise rasch in neototalitäre Neigungen umschlagen. Es ist die geradezu klassische Situation, die wir aus dem Untergang der Weimarer Republik kennen: Zerstörung der Freiheitsordnung mit Hilfe einer Freiheitsforderung, die alle Grenzen sprengt. Hier setzen auch die ideologischen Manipulationen ein, die diese Verunsicherung für sich ausnützen und das krankgebetete System nach ihren Vorstellungen umzugestalten suchen.

Diese immanente Selbstgefährdung gehört freilich zum Wesen der liberalen Demokratie. Sie bedeutet ihre Schwäche und Stärke zugleich: eine Spannung, eine Ambivalenz, die zu erkennen und auszuhalten große politische Reife erfordert. Denn der hohe zivilisatorische Rang liberaler Demokratie besteht gerade darin, daß sie der Komplexität menschlicher Existenz am ehesten entspricht. In einem komplizierten, geistig-moralisch und politisch-anspruchsvollen Prozeß versucht sie die menschlichen Interessen auszubalancieren und jeden Mißbrauch von Macht einzuschränken. Dieser immer neu zu leistende Balanceakt schließt freilich perfekte Lösungen aus. Und hier ist ein entscheidender Punkt, der liberales Ordnungsdenken gerade auch in den Augen der Jugend als widersprüchlich und brüchig, ständig verunsichert, weltweit überholt und ans Ende gekommen erscheinen läßt.

Man darf sich über die fundamentale Selbstbedrohung der westlichen Demokratie weder durch die Bewältigung des Ölschocks von 1973 noch durch den großen Aufschwung der Menschenrechtsdiskussion in den letzten Jahren täuschen lassen. Wohl ist die Anziehungskraft liberal-demokratischer Bürgerrechtsbewegungen unbestreitbar, gerade auch in Diktaturen. Doch ihnen tritt zunehmend ein *nichtliberales* Menschenrechtsverständnis entgegen, mit der Gefahr der Überwältigung und Pervertierung gerade auch im ökonomisch-sozialen Verständnis von Freiheit. In diesem nichtliberalen Menschenrechtsverständnis werden Gesellschaft, soziale Sicherheit, Recht auf Arbeit und neuerdings gar »Menschenrecht auf Energie« den ursprünglichen Menschenrechten vor- und übergeordnet. Das bedeutet aber letztlich eine Verstärkung der Staats- und Gesellschaftsmacht im Sinne kollektivistischer Ordnung. Viele auch bei uns sehen darin eine Bestätigung des Weges zum Sozialismus, den weltweit die große Mehrzahl der Staaten eingeschlagen hat, wenn auch die ideologischen Vorzeichen noch zwischen kommunistischem und nationalistischem Sozialismus schwanken. (Die Entwicklung wird zumal in der Dritten Welt noch kompliziert durch den tiefen Unterschied, der zwischen Werten der westlichen Kultur und den zeitweise überdeckten, doch immer erneut hervorbrechenden Wertvorstellungen anderer Kulturkreise besteht.) Eine wichtige Frage an die achtziger Jahre ist also, ob dieser Prozeß der Entliberalisierung sich ausweitet und schließlich unumkehrbar wird, ob seine äußeren Ursachen noch kontrollierbar und korrigierbar sind: vor allem Unterentwicklung, Wachstums- und Energiekrise, Arbeitslosigkeit, Bevölkerungsprobleme gehören zu den bedrohlichen Faktoren.

Zukunftsforschung

Fragt man nach den Veränderungen an der Schwelle zu den achtziger Jahren, so heißt das nicht, sich einfach auf dem in letzter Zeit so beliebten Feld der sogenannten Futurologie zu tummeln. Diese Zukunftsforschung erhebt einen stolzen Anspruch und kann beträchtliche Wirkungen auslösen: man denke nur an die Voraussagen des »Club of Rome« und deren großen Einfluß auf die hochaktuelle Debatte über »Grenzen des Wachstums«. Sie kann nicht nur Wirtschaft und Politik einer liberalen Gesellschaft in fundamentaler Weise beeindrucken, sondern auch die Lebenserwartungen und Wertvorstellungen zumal der jungen Generation einschneidend verändern und nicht zuletzt auch tief verunsichern; man blicke auf den Zusammenhang mit den Bewegungen zum Schutz der Umwelt, der Lebensqualität, der Energie, die sich so rasch ausgebreitet und zum Teil auch bedrohlich radikalisiert haben.

Angesichts dieser Macht einer aktuellen Zukunftsforschung gilt es, ihre Gefahren zu bedenken. Sie krankt meist an der Neigung, die schon ältere Gattung der Utopien oder auch die neuere Form der Science Fiction aus ihrer durchaus anregenden literarischen oder technischen Phantasieform in den Rang wissenschaftlicher Prophezeiung zu erheben. Im Zeitalter der Wissenschaftsgläubigkeit droht hier die Gefahr einer Wissenschaftsskepsis und einer Angst oder Resignation aus Antizipation der Zukunft, einer Flucht aus der rationalen in irrationale Denkweisen, wenn sich die Voraussagen als unzutreffend erweisen oder aber in unmenschliche Dimensionen weisen. Von vielen Futurologen wird dabei die grundlegende Schwäche, der nur halb wissenschaftliche Charakter solchen Bemühens übersehen oder überspielt: daß es nämlich auf eine mehr oder weniger subjektive Fortschreibung vorhandener Entwicklungen in eine unbekannte Zukunft hinausläuft, oder daß es sich gar um politisch oder ideologisch motivierte Streitschriften handelt, welche die Zukunft als Argument für die Interessen- und Meinungskämpfe der Gegenwart verwenden, wie das die Utopisten ja schon immer getan haben, von Platon über Thomas Morus, Campanella und Condorcet bis zum Marxismus und utopischen Sozialismus.

In seinem neuen Buch »Plädoyer für das dekadente Europa« (1978) kennzeichnet der französische Soziologe Raymond Aron diese Tendenz, den Streit über Fragen der Gegenwart als wissenschaftliche Gewißheit über die Zukunft zu dogmatisieren, mit den Worten: »Die Marxisten jedoch und in allgemeinerer Form auch die Progressisten lehnen die Hypothese ab, daß es einen Gegensatz zwischen unseren Sehnsüchten und dem Lauf der Geschichte gebe ... Ich kenne die Zukunft nicht, aber ich kämpfe mit dem Besten, was ich habe – mit der Feder oder mit meinen Worten –, damit sie so weit wie möglich unseren Hoffnungen entspricht. Ich bin (aber) nicht der Meinung, daß die Zukunft jemals die Antagonismen aufheben wird oder daß sie die Gestalt unserer Träume annehmen wird. Wer die Hitler- oder die Stalinzeit überlebt hat, weiß, daß das Schlimmste immer möglich ist. Das Vertrauen bewahren heißt daran glauben, daß das Schlimmste nicht immer sicher ist.«

Ein grundsätzlicher Einwand ist daher, daß der Wissenschaftsanspruch der Futurologie geradezu die *Freiheit* des Menschen selbst bedrohe. Vor allem der Historiker sieht diese Gefahr, sofern er die Vielfalt und Vieldimensionalität der Geschichte erforscht und sie als Erfahrung den Zeitgenossen vermitteln will. Jakob Burckhardt kommt in seinen »Weltgeschichtlichen Betrachtungen« (1868–71) zu dem entschiedenen Verdikt: »Aber so wenig als im Leben des Einzelnen ist es für das Leben der

Menschheit wünschenswert, die Zukunft zu wissen!« Das ist die wissenschaftliche und zugleich moralische Gegenposition zu jenen großen Ideologen und Geschichtspropheten, die wie Oswald Spengler beanspruchen, »Geschichte vorauszubestimmen«, wie sein pessimistisches Werk über den »Untergang des Abendlandes« (1918) schon im ersten Satz verkündet. Aber auch wenn man nicht so prinzipiell pro oder contra argumentiert, vielmehr in der Zukunftserwartung eine wichtige Dimension der Gegenwart erblickt, so bleibt der Einwand, daß von vielen Futurologen doch ein wichtiger Unterschied verkannt wird: derjenige zwischen Prognose und Prophezeiung. Wissenschaftliche Voraussagen haben allenfalls Modellcharakter, sie können die zukünftige Entwicklung nicht vorausbestimmen, sondern nur mittels gewisser Annahmen auf mögliche Entwicklungen aufmerksam machen.

Ganz allgemein ist zu beobachten: der Druck auf die liberale Grundstruktur der westlichen Gesellschaften verstärkt sich. In demselben Maß dringt eine Gegenfront vor, die aus sehr verschiedenen Kräften und Impulsen besteht. Wir beobachten die Vermehrung der bürokratischen Strukturen, den Drang zum kollektiven Sozialstaat und die Wiederkehr autokratischer Regierungsformen in aller Welt. Und wir sehen im Westen gleichzeitig den Zug zu apolitischem Verhalten, zu einem Soziologismus und Psychologismus, der traditionelle Werte der abendländischen Kultur in Frage stellt, auflöst.

Grundlegend ist dabei das Erlebnis des unerhört raschen Wandels unserer Zivilisation. Er wird dramatisch vergegenwärtigt in einer bedrängenden Flut an Informationen, die im Zeitalter der Television – also in den letzten zehn bis fünfzehn Jahren! – auf den Einzelnen, die Familie, die sozialen Gruppen zukommt. Sie gilt es zu verarbeiten und einzuordnen. Dem Druck machtvoller Medien und Organisationen ist die private Existenz abzuringen. Das wird in der modernen Konkurrenz- und Leistungsgesellschaft für viele zur schweren Belastung. Neurosen, psychische Fluchtbewegungen zeichnen sich ab. In den sechziger Jahren war die Antwort auf die veränderten Bedingungen modernen Lebens Reformdruck und Reformeuphorie. In den siebziger Jahren stoßen diese Fortschrittsimpulse auf die materiellen Grenzen, und es treten die geistigen und moralischen Kehrseiten hervor. Wachstums- und Berufserwartungen werden in Frage gestellt. Fünf

Jahre vor 1984 werden stärker als je zuvor die Befürchtungen beschworen, denen schon 1948 George Orwell in seinem Zukunftsroman »Nineteeneightyfour« Gestalt gegeben hatte: die Vision einer gleichgeschalteten Gesellschaft, elektronisch gesteuert und perfektioniert, die dem Menschen eine standardisierte Kultur überstülpt, ihn der eigenen Entscheidung enthebt. Wir kennen die Schreckvisionen der Futurologen: die totale Informationsgesellschaft, die mit systematisiertem Computerwissen jeden erfaßt und durchleuchtet, der Staat als allmächtiger großer Bruder, das tödliche Atomwissen fast in jeder Hand, zugleich der totale Leistungs- und Konsumstaat, der alles verspricht und alles nimmt, vor allem die Freiheit.

Dahinter steht die alte Frage, ob Geschichte sich als ein Auf und Ab von Fortschritten und Katastrophen vollziehe, oder ob nicht doch – wie es der moderne Zivilisationsgedanke seit den Entdeckungen und Erfindungen der Neuzeit will – die wachsenden Errungenschaften einer verwissenschaftlichen Welt eine nachhaltige Verbesserung der menschlichen Verhältnisse auch in anderen Teilen der Welt ermöglichten, wenn es nur gelänge, auch die politischen und gesellschaftlichen Formen für den unaufhaltsamen Wandel zu finden. Die pessimistische Alternative dazu lautet: Verzicht und Rückzug im Sinne eines ewigen Kreislaufs der Geschichte zwischen Natur und Zivilisation, zwischen Aufstieg und Untergang der Kulturen im Sinne Spenglers, und es ist ja seit einigen Jahren kein Mangel an Visionen des Untergangs, nun nicht mehr nur einzelner Völker und Kulturen, sondern der ganzen Menschheit.

An der Schwelle der achtziger Jahre

In einigen thesenhaften Bemerkungen wird ein Ausblick auf jene Fragen versucht, die uns im Augenblick besonders bedrängen und Antwort verlangen. Ich nenne fünf Problembereiche.

Erstens die *historische* Perspektive. Auch im Blick auf die achtziger Jahre stehen sich die *starken Kontinuitäten und die jähen Brüche* der modernen Entwicklung in spannungsreichem Wechsel gegenüber. Stärker als zuvor tritt die Relativität und die Kehrseite des Fortschritts hervor, dem wir täglich ausgesetzt sind. Aber die Notwendigkeit des Fortschritts ist nicht zu leugnen. Die Alternative ist entweder Zerfall oder aber Eruption der unerfüllten Ansprüche: beides zerstörerisch. Wieder stehen wir unter dem Druck der doppelten Zeitgeschichte. Auf der einen Seite erleben wir die Fortdauer und Wiederbelebung der großen Fragestellungen, die der westlichen Kultur seit 1917 und wieder seit 1945 das Gepräge geben und auf die ganze Welt ausstrahlen. Auf der anderen Seite machen sich die tiefen Veränderungen geltend, die seit den sechziger Jahren neue Faktoren und Perspektiven in das Lebensgefühl zumal der jüngeren Generation eingeführt haben: Aufstieg der Dritten Welt, Krise der Weltwirtschaft, Energie- und Beschäftigungskrise, weltweite Kommunikation und Tendenz zur Weltgesellschaft, zugleich Verschärfung der Verteilungskämpfe, die erstmals im globalen Maßstab spürbar, als Weltkrise antizipierbar werden. Hier kommen wir nicht um Entscheidungen herum, und diese fallen zuerst im gesellschaftlichen und ideellen Bereich: vor allem in der Konfrontation zwischen einem offenen und einem geschlossenen Politik- und Gesellschaftsverständnis. Es stehen uns neue Kraftproben bevor zwischen ideologischer Bindung und Freiheit, zwischen liberaler und totalitärer Politik, zwischen Wettbewerbs- und Zwangsstaat. Es kommt alles darauf an, diese Offenheit anstelle geschlossener Ideologien zu bewahren und als die große Errungenschaft der westlichen Geschichte zu verteidigen: die Freiheit des Geistes, auf der die politische Wahlmöglichkeit beruht.

Damit sind wir beim *zweiten* Problembereich: *dem Wandel des Kulturbegriffs*. Es besteht eine tiefe Diskrepanz zwischen der materiellen und technischen Entwicklung einerseits, ihrer geistigen und moralischen Auswirkung andererseits. Wie nie zuvor hat die Beschleunigung der technisch-industriellen Revolution jene Kluft aufgerissen, die rationale und emotionale Kräfte und Bedürfnisse der Menschen voneinander trennt. Wir sprechen vom »cultural lag«, vom Nachhinken der geistigen und politischen Strukturen angesichts der ökonomischen und gesellschaftlichen Wandlungen. Die hochgetriebene, strenge Rationalität der modernen Organisation bringt Fluchtreaktionen in irrationale, pseudoreligiöse Formen des Denkens und Verhaltens hervor. Wir erleben sie jüngst in den Vorgängen um eine Re-Islamisierung des

Iran, in der Neubetonung regionaler und nationaler Kulturtraditionen, aber auch in der Entstehung von Subkulturen und Alternativgemeinschaften in den westlichen Gesellschaften (die ideellen Vorzeichen solcher Gegenbewegungen mögen kommunistisch, anarchistisch, primitivistisch oder auch religionshaft sein, denken wir an den Massenselbstmord von Guayana). Im Ökonomismus der modernen Gesellschaft muß wieder mehr Raum für nichtökonomische Werte sein. Wachstum und Effizienz sind durchaus kulturelle Werte, aber wir müssen die Gefahr sehen und vermeiden, daß die Schwierigkeiten im ökonomischen Feld zu immer größeren Reglementierungen und zunehmender Unfreiheit führen. Ein großer Meinungsspielraum ist Grundbedingung unserer Kultur, freilich gilt es sie auch gegenüber der Verführungskraft einlinigen politischen Glaubens zu bewahren – und gegen eine »Flucht aus der Freiheit« wie 1933 (Erich Fromm).

Dem dritten Problembereich, dem *Bildungsproblem,* kommt hier immer größere Bedeutung zu. In unserer hochtechnisierten Gesellschaft droht mit dem Auseinanderfallen von Ausbildung und allgemeiner Bildung eine neue Entfremdung. Diese bildungspolitische Herausforderung ist um so dringlicher, als in einer industriellen und technischen Gesellschaft kein Menschenbild mehr zur Norm erhoben werden kann, aus dem die wirtschaftlichen und technischen Leistungen ausgeklammert sind. Denn auch sie sind in hohem Grade geistige Leistungen. Darüber dürfen jedoch die humanen Wertmaßstäbe nicht vernachlässigt werden, die alle Erziehung zusammenhalten. Sie schützen vor der Auflösung in Spezialistentum und bloße Anpassung an technische Effizienz und vor der Absage an jede Autorität. Mit der soziologisch-psychologischen »Hinterfragung« und Aushöhlung geistiger und moralischer Werte, ihrer Reduzierung auf materielle oder gesellschaftliche Interessen ist es nicht getan. Der Sinnfrage und Wertorientierung vor allem hat noch jede Kulturerziehung zu gelten, soll nicht ein verhängnisvolles Vakuum entstehen, in dem sich dann Manipulation und Diktatur der Menschen bemächtigen können. Erziehung zur Freiheit bleibt das Ziel – aber sie hat nicht zuletzt die politischen Bedingungen und Konsequenzen zu bedenken.

Viertens die politischen Konsequenzen: das ist vor allem der Problembereich der *Demokratiekritik.* Die Frage, wie Politik und Gesellschaft zukunftsfähig werden, wie sie uns instand setzen können, mit der Zukunft fertig zu werden, äußert sich gegenwärtig auch in den bedrohlichen Zweifeln an der repräsentativen, parlamentarischen Demokratie. Auch dies ist ein altes Problem. Schon immer wird die »Krise« der Parlamentsdemokratie beklagt, dient als Rechtfertigung für die Errichtung von Diktaturen. Zwei Hauptargumente werden der westlichen Demokratie entgegengehalten: sie sei zu umständlich und langwierig, den technischen Erfordernissen nicht gewachsen: das technokratische Argument. Und sie sei elitär, biete zu wenig Raum für demokratische Mitbestimmung und Selbstbestimmung. Der Ruf nach mehr Partizipation und nach plebiszitären Formen der Demokratie ist freilich in der politischen Praxis umstritten. Solche Formen sind letztlich noch umständlicher und vor allem sehr viel anfälliger für demagogische Verführung; so sind denn auch entsprechende Versuche mit einem Rätesystem in der Geschichte noch immer in Diktaturen umgeschlagen. Der aktuelle Kern aber, den die Forderung nach Aktivierung des Bürgers enthält, erscheint am ehesten in Form einer größeren *Differenzierung* politischer Einheiten realisierbar: in einem Föderalismus, der auch das anachronistische Gegeneinander von Nationalstaaten abmildern, ihrer Interdependenz und Verschiedenartigkeit Rechnung tragen kann, wie es die Europaidee erstrebt. Selbstverwaltung, regionale Gliederung, Übersichtlichkeit des politischen Prozesses ermöglichen größere Nähe und Beteiligung der Bürger. Sie entsprechen auch der Vielfalt menschlicher Interessen und der Vielgestaltigkeit, die das Wesen jeder Kultur ausmacht. Der moderne Staat neigt dazu, der Komplexität moderner Daseinsvorsorge durch zentralistische Eingriffe und diktatorischen Dirigismus Herr zu werden. Dies führt aber keineswegs einfach zu größerer Effizienz von Wirtschaft und Verwaltung, wie das Beispiel der sozialistischen Länder beweist, und es geschieht um den höchsten Preis überhaupt, den der bürgerlichen Freiheit, des Verzichts auf freie Alternative, auf öffentliche Diskussion.

Fünfter Problembereich: Information. Die Möglichkeit zu immer umfassenderer Information stellt den Menschen schließlich vor die größte Probe. Keine frühere Zeit ist vor allem darin der unseren vergleichbar, und die Zukunft verspricht weitere Steigerung. Darin liegen die großen Chancen, aber auch die Bedrohungen einer Mediengesellschaft, die unter ständigem, verwirrenden Informationsdruck steht. Information könnte und sollte allgemeineres Wissen und Erhellung bedeuten, die volle Mündigkeit der Welt. Es gab die zwei großen Informationsstöße des 16. und 18. Jahrhunderts – des Jahrhunderts des Buchdrucks und des Jahrhunderts der Aufklärung. Wie damals bringt auch die elektronische Revolution stürmische, tiefgreifende Umwälzungen mit sich, stellt hohe Anforderungen an die Menschen, nicht zuletzt die Gefahr, daß die Verfügung über abrufbare, totale Information in die Hand geschlossener Ordnungs- und Herrschaftssysteme gerät, die Texte und Daten unterdrücken oder mißbrauchen, statt sie dem informierten Staatsbürger zugutekommen zu lassen: zum Bewußtmachen politischer Entscheidungen und Möglichkeiten.

Die Zukunft des Menschen, der an der Schwelle der achtziger Jahre in die Welt der immer perfekteren technischen Systeme aufbricht, hängt mehr denn je davon ab, ob er der Grundentscheidung zur Freiheit fähig und willens bleibt und die Erfahrung unserer Geschichte ernst nimmt: daß dem Mißbrauch der Freiheit zur Beseitigung der Freiheit rechtzeitig zu steuern ist, indem jeder Form von Extremismus oder Staatsallmacht gleichermaßen gewehrt wird durch eine politisch offene, doch rechtsstaatlich gesicherte Demokratie im Sinne des *limited government.* Raymond Aron sagt: »Der Kampf zwischen der Versuchung des Totalitarismus und den liberalen Sehnsüchten dauert an. Er wird ebenso lange fortgesetzt werden wie unser Auge reicht. Die Freiheiten, deren wir uns erfreuen, behalten im Westen die Zerbrechlichkeit der kostbarsten Errungenschaften der Menschheit.«

Diese Einsicht zu erhalten, sie an die jüngere Generation weiterzugeben und im Bewußtsein der Zeitgenossen zu verankern, ist eine Verpflichtung des Westens gegenüber der großen Mehrzahl von Staaten, die jene Freiheitsrechte noch nicht oder nicht mehr besitzen. Darin liegt auch der ganz persönliche Beitrag, den alle leisten können, die mit der Vermittlung von Wissen und Information zu tun haben: die kostbare Zerbrechlichkeit der Zivilisation durch rationale Problemlösungen zu schützen vor den Katastrophenrufen und Furchtvisionen – und vor den radikalen Lösungen, die sie zerstören. Dann kann auch die fortdauernde Spannung zwischen den verschiedenen Dimensionen und Lektionen unserer Zeitgeschichte, die miteinander im Konflikt liegen, in eine tragende Erfahrung verwandelt werden, die politischen Halt gibt.

3. Geschichte und Medium im Fernseh-Zeitalter

Die Diskussion über Möglichkeiten und Grenzen historischer Fernsehsendungen ist sowohl durch aufsehenerregende Einzelfälle (Holocaust) als auch durch die zunehmende Auseinandersetzung um Medienpolitik in letzter Zeit verschärft worden. Dabei tritt neben den allgemeinen Fragen der Vermittlung von Geschichtswissen und Geschichtsverständnis, die mit den spezifischen Bedingungen und Wirkungen einer vorwiegend optischen Behandlung historischer Probleme zu tun haben, die besondere deutsche Problematik hervor: Die Brüche und Teilkontinuitäten unserer Nationalgeschichte stellen besondere Anforderungen an die Auswahl, Darstellung und Interpretation historischer Gegenstände. In drei Fragestellungen ist diese Problematik zu erörtern: gebrochenes Geschichtsbild und historische Identität; sachliche Bezugspunkte und emotionale Faktoren der Fernsehdarstellung zwischen Dokumentation und Dramatisierung; enger Zusammenhang von historischen und aktuellen Sendungen. Die suggestive Wirkung des Fernsehens als Massenkommunikation durch Bild enthält Chancen und zugleich Gefahren, die in ihrer Bedeutung für die Verbreitung und Schärfung, aber auch Veränderung und Manipulation des Geschichtsbewußtseins ernst zu nehmen sind.

Eine Erfahrung, die wir im Verlauf der letzten zwanzig Jahre immer wieder machen mußten, hat uns anläßlich der Holocaust-Debatte (1980) besonders bewegt, ob wir nun in Bildung und Wissenschaft, in der Politik oder in den Medien mit Fragen der Geschichte und des Geschichtsbewußtseins befaßt sind. Wir beobachten die große Diskrepanz zwischen Angebot und Rezeption historischen Wissens, die sich hierzulande auftut, wenn immer die politische Situation den Deutschen Geschichtsverständnis, d.h. Einsicht in den Zusammenhang von Vergangenheit und Gegenwart abverlangt. Und dies angesichts einer Fülle an Dokumentationen und Darstellungen, die im Verlauf der letzten 20–30 Jahre vorgelegt wurden, sowie zahlreicher, immer neuer Bemühungen von Bildungseinrichtungen und Medien.

Es stellen sich vor allem drei Fragen:

Erstens: Welche Schwierigkeiten behindern nach wie vor die unter dem Stichwort »Bewältigung der Vergangenheit« vorangetriebenen Bemühungen? Wieweit handelt es sich dabei noch immer um ein spezifisch deutsches Problem, ein Problem unserer katastrophalen Geschichtsbrüche? Wir denken an 1918, 1933, 1945, aber auch an die früheren Unterbrechungen der Geschichtsentwicklung, die ein Ausreifen des Nationalstaats und der politischen Kultur durchkreuzt haben: Konfessionsspaltung und Dreißigjähriger Krieg, territoriale Zersplitterung und kleindeutsche Lösung mit imperialem Überhang. Also an das schon sehr viel ältere deutsche Problem, die Identitätsfrage: Was ist des Deutschen Vaterland?

Zweitens: Welche Möglichkeiten und Formen der Vermittlung und der Rezeption von Geschichte bestehen heute? Sind sie nicht im Zeitalter der Kommunikations- und Bildungsexpansion günstiger denn je? Wie werden sie genutzt und welche Erfahrungen sind daraus abzuleiten?

Drittens: Welche Wirkung kommt den indirekten Akzentuierungen und Deutungen geschichtlicher Zusammenhänge im täglichen Programm der Medien zu? Zeigen sich nicht Widersprüche zwischen betont historischen Darstellungen und tagespolitischen Informationen, zwischen wissensmäßiger Vergegenwärtigung der Vergangenheit und kulturideologischen Deutungsmustern der Gegenwart, die eher zur Verunsicherung als zur Vertiefung von Geschichtsbewußtsein führen?

In kurzen Antworten sind diese schwierigen Fragen gewiß nicht abzuhandeln. Es seien aber einige Gesichtspunkte skizziert, die zur Erklärung beitragen könnten.

1. *Zur ersten Frage: Kontinuität*

Eine Neuorientierung, ja ein Bruch des Geschichtsbewußtseins in Deutschland war nach den Irrwegen und Katastrophen der jüngsten Vergangenheit nicht nur verständlich, sondern geradezu unvermeidlich. Infragestellung und Revision des Geschichtsbilds, nach der nationalen Überspannung der vorangehenden Zeit von vielen Deutschen plötzlich und radikal als Zusammenbruch empfunden, forderte ihnen Anstrengungen ab, die zu einer negativen oder gar agnostischen Haltung, zu Verdrängung statt Aufarbeitung führen konnten. Schroff standen die

»Negativlektionen« der Vergangenheit den Positivlektionen der Gegenwart und den Normallektionen einer kontinuierlichen Geschichte gegenüber. War es nicht eine betonte Erfahrung der Nachkriegszeit, daß das Vermeiden historischer Fehler, die auch in der Weimarer Republik noch nicht voll erkannt waren, die Stabilisierung der Demokratie in der Bundesrepublik ermöglichte? Ein solcher Umgang mit der Geschichte enthielt aber die Gefahr, daß die historische Kontinuität überhaupt in Frage gestellt wurde. Der Geschichtsbruch bedeutete beides: Chance und Hemmnis. Chance zur Offenheit nach vorne, Hemmnis bei der Versicherung einer positiven Aneignung von Geschichte, eines zusammenhängenden Geschichtsbilds.

Im Unterschied zu anderen Völkern und Staaten besitzen die Deutschen nach 1945 kaum selbstverständliche historische Festpunkte, Daten, historische Überzeugungen (auch der 20. Juli wurde nicht angeeignet). Das beginnt beim Politik- und Nationalverständnis, Nationalbewußtsein und gipfelt in der Frage nach der Identität der Bundesrepublik, die in vielen zweifelnden Rückblikken zum dreißigjährigen Bestehen gerade jetzt wieder aufgeworfen wurde.

Erinnern wir uns:

Inmitten der »deutschen Katastrophe« von 1945 hatte der damals wohl bedeutendste deutsche Historiker, Friedrich Meinecke, das Ende der politischen Geschichte Deutschlands diagnostiziert: Nur als Kulturnation könne es hoffen, auf absehbare Zeit fortzuexistieren. »Abschied von der bisherigen Geschichte« hieß auch das Buch des Kultursoziologen Alfred Weber von 1946. Von der Stunde Null sprachen die Publizisten, und eine staatliche Kontinuität erschien politisch wie historisch fragwürdig, mochte sie auch staatsrechtlich postuliert werden. Und als Karl Jaspers nach dem ersten Jahrzehnt der Bundesrepublik, am Ende der fünfziger Jahre, in seiner streitbaren Schrift »Freiheit und Wiedervereinigung« die Westdeutschen ermahnte, ihre politische Freiheit über die nationale Einheit zu stellen, da begründete er diese kontroverse These – die auch mit unserer Verfassung in Konflikt gerät –, indem er daran erinnerte, daß das Deutsche Reich als Nationalstaat nur wenig mehr als siebzig Jahre gedauert hat, also eher eine Ausnahmeerscheinung als den Regelfall der deutschen Geschichte bedeutete.

Aber demgegenüber bleibt zu bedenken, welches historische Gewicht gerade jene Epoche besitzt und wie unmittelbar die ungelösten Probleme des gespaltenen Deutschland noch immer mit ihr zusammenhängen. Die deutsche Diskussion darüber ist in vollem Gang geblieben: Bismarck-Zeit und Wilhelminismus, Erster Weltkrieg und Weimarer Republik, Drittes Reich und Zweiter Weltkrieg sind seit der Katastrophe von 1945 in zahllosen Deutungen und in reichhaltigen Spezialuntersuchungen behandelt worden; allein die Bibliographie könnte ein Buch füllen. Freilich ist diese deutsche Diskussion sehr oft in der eigenen Introspektion befangen; sie bleibt immer wieder in den tiefen Widersprüchen stecken, die an den kritischen Punkten und schicksalhaften Weichenstellungen jener kurzen, doch ereignisschwer verdichteten Periode des deutschen Nationalstaats aufbrechen und bis heute ungelöst sind.

Aber auch wenn wir hinter die nationalstaatliche Periode zurückgreifen, ist die Orientierung schwieriger, widerspruchsvoller als im Falle der anderen europäischen Staaten. Der deutschen Geschichte des Mittelalters und der Neuzeit fehlt vor dem 19. Jahrhundert der durchgehende, zur staatlichen Einheit drängende Zug, und selbst danach bleibt die Identitätsfindung umstritten, schwankend: zwischen den Traditionen der Teilstaaten, zwischen Preußen und Österreich, zwischen groß- und kleindeutscher Form, zwischen Unitarismus und Föderalismus, zwischen Kultur- und Staatsnation, zwischen traditionalem Reichsgedanken und modernem Einheitsstaat. Das Vielfältige gegenüber dem Einheitlichen tritt bei der Suche nach den historischen Entwicklungslinien, nach den Grundlagen von Kontinuitäten hinter und jenseits der Nationalstaatsbildung hervor, die für das heutige Geschichtsbewußtsein – einer geteilten Nation – von besonderer Bedeutung sind.

So ist auch die Aufgabe der Vermittlung schwieriger, anspruchsvoller, als wenn eine einheitliche Entwicklungslinie samt einem in der modernen Nationalgeschichte gipfelnden Geschichtsmythos durchgezogen werden könnte wie bei den älteren und sogar bei den meisten neuen Nationalstaaten. Wann immer dies in Deutschland versucht wurde, in der romantischen und nationalen Geschichtsschreibung und schließlich in der nationalimperialen Ideologie des Nationalsozialismus – wie übrigens auch im Faschismus, dem Produkt der italienischen Form einer verspäteten Nation –, dann führte es zur Verkrampfung und Übersteigerung, zu Verfälschungen des Geschichtsbildes.

Die besondere deutsche Situation erfordert im Blick auf diese Erfahrung, daß gerade die Vielheit und Vielfalt der vornationalstaatlichen Entwicklung bejaht, in ihrer Komplexität dargestellt und in ihrem Reichtum auf allen Gebieten gewürdigt wird. Aber auch das Einheitsstreben seit den Befreiungskriegen von 1813, der gescheiterten Revolution von 1848 und selbst der Reichsgründung von 1871 darf nicht einfach als Fehlentwicklung abgetan oder dämonisiert werden. Sie bildet gerade mit ihrem ambivalenten Gehalt, ihren negativen wie positiven Zügen der Modernisierung, den unmittelbaren Erfahrungsschatz im Hintergrund der gegenwärtigen politischen Lage aller Deutschen – in West und Ost. Nicht nur die Katastrophen von 1933 und 1945, auch die erstaunliche Erfolgsgeschichte der Bundesrepublik als einer freiheitlichen Demokratie – und freilich zugleich das Zwangsgebilde der DDR – ist mit jener Periode der Modernisierung verknüpft, beruht auf ihr.

Aber dabei gilt es freilich die Vielfalt der politischen Entwicklungslinien vor und auch während der scheinbar so definitiven Geschichte Deutschlands im 19. und 20. Jahrhundert ernst zu nehmen. Es gilt jene unhistorische »Reduktion der Vielfalt zur Einfalt« (Fritz Stern) zu vermeiden, mit der Nationalisten und Nationalsozialisten, ausländische Vereinfacher und marxistische Monokausalisten in seltsamer Allianz die deutsche Geschichte zum bloßen Auftakt des deutschen Imperialismus, zur Einbahnstraße in den Faschismus verkürzen. Dies ist wichtig, wenn wir uns mit der Tatsache auseinandersetzen, daß das Deutschlandbild eines großen Teils der gegenwärtigen Menschheit von Adolf Hitler geschaffen wurde. Aber die deutsche Geschichte hat nicht mit Hitler begonnen und hat auch nicht mit Hitler geendet.

2. *Zur zweiten Frage: Darstellung*

Damit sind wir bei der Frage nach der Vermittlung von Geschichte und nach den besonderen deutschen Bedingungen, die als Chance und Hemmnis zugleich wirken – aber auch bei der Frage nach den Möglichkeiten, die die Medien eröffnen, und den damit verbundenen Problemen. Das beginnt mit den historischen Themen und Festpunkten, die für eine Vergegenwärtigung der

Geschichte zugleich als Auswahlkriterien und als Kontrast zur Gegenwart wichtig sind, gerade auch im Hinblick auf die große Wirkung des Mediums Fernsehen. Dabei geht es natürlich auch um den alten und neuen Streit der Historiker, ob stärker biographische oder sozial- und strukturgeschichtliche Aspekte berücksichtigt werden. Aber das scheint mir hier ein eher sekundäres Problem: Sowohl die Geschichte großer Gestalten als auch die heute so viel gefragte Gesellschaftsgeschichte kann das historische und politische Verständnis wecken, und das Fernsehen besitzt die Mittel, beidem gerecht zu werden.

Wichtiger ist die Auswahl der Perioden und Zusammenhänge, die ein Gefühl für Kontinuität vermitteln und damit historisches Selbstverständnis überhaupt ermöglichen können. Allzu kurzatmig wirkt dabei freilich das heute so modische Bemühen, im Interesse einer Festigung demokratischen Bewußtseins z. B. weit auseinanderliegende Fälle von Rebellionen isolierend zu behandeln. Das kann auf eine statische Politiklektion hinauslaufen, der gerade die geschichtliche Dimension, der differenzierende Sinn für die verschiedenen Möglichkeiten und die vielfältigen Bedingungen historischer Entscheidung fehlt. Die wichtige Auseinandersetzung mit Revolutionsgeschichte erfordert weniger eine punktuelle Darstellung der Ereignisse als vielmehr das Verständlichmachen von Voraussetzungen und Alternativen des Geschehens, das den Sinn für die Mehrdimensionalität möglicher geschichtlicher Entwicklungen erweitert und öffnet. Der Blick auf die punktuellen Bruchstellen der Geschichte leistet dagegen der bedenklichen Neigung Vorschub, ein Problem zu verabsolutieren oder zu verkürzen: so wenn z. B. der Blick auf die mißglückte Rebellion des Bauernkriegs beschränkt statt auf den großen Zusammenhang und die weltgeschichtlichen Impulse der Reformationszeit gerichtet wird.

Demgegenüber wird in den letzten Jahren, nach den Überspannungen der Veränderungs- und Revolutionsphilosophie auch in der Geschichtsbetrachtung, unter politisch aufgeschlossenen, nicht indoktrinierten Jugendlichen immer dringender nach der Möglichkeit gefragt, solche Gehalte, Beispiele und Perspektiven unserer Geschichte kennenzulernen, die im deutschen wie im europäischen Zusammenhang einen eigenen Standort begründen. Auch für die Begegnung und unvermeidliche Auseinandersetzung mit den Nachbarn, die das deutsche Problem im Hinterkopf haben, bedarf es mehr als der apologetischen Ausweichmanöver entweder in ferne Geschichte oder in materielle Gegenwartserfolge der Bundesrepublik. So gewiß diese mehr Würdigung verdient, als ihr eine unersättliche Selbstkritik zubilligt, so wenig genügt dies gegenüber dem nationalen Geschichtsstolz der Nachbarn, auch im eng verflochtenen Westeuropa.

Der deutschen Situation wird freilich nicht ein neuer Nationalstolz gerecht, sondern die politische Aneignung der freiheitlich-demokratischen Werte und Leistungen dieser Staatsgesellschaft: daß sie mehr ist als ein Wunder, ob Wirtschafts- oder Stabilitätswunder, wird erst durch das durchaus geschichtliche Verständnis auch der Eigenart, der Traditionen und Tugenden deutscher Geschichte lange vor und nach der Nazizeit plausibel, begründbar: nicht im Sinne chauvinistischer Abgrenzung eines Nationalcharakters, sondern einer eigenen Standortbestimmung. Warum Deutsche so sind, es so machen, im Positiven wie im Negativen, ist ein geschichtliches Resultat. Ob nun die Geographie, die Ökonomie, die Arbeitshaltung, der soziale Fortschritt oder die industrielle Kompetenz als Kriterium dienen – dahinter stehen doch Jahrhunderte der Erfahrung und Bemühung, der Beharrung und Veränderung, steht eine Kultur- und Geistesgeschichte, in welcher die bürgerlich-freiheitlichen Werte des demokratischen Rechtsstaats angelegt sind, die freilich in der politischen Entwicklung zu kurz kamen.

Das Dritte Reich war kein bloßer Betriebsunfall, aber es bildet auch nicht den einzigen Bezugspunkt der deutschen Geschichte. Die schonungslose Auseinandersetzung damit soll gerade frei machen für jene lebensnotwendige Geschichtsoffenheit, Geschichtsbewußtheit.

Die anfangs erwähnten großen »Negativlektionen« waren gewiß für die ältere Generation bestimmend und zugleich auch motivierend. Dasselbe trifft aber nicht für jene Mehrheit der Bevölkerung zu, die inzwischen nach Nazizeit und Kapitulation herangewachsen ist. Sie steht in einem anderen historisch-politischen Bezugssystem[1]. Ihrem veränderten Erfahrungshorizont entspricht das natürliche Bedürfnis nach positiven Orientierungspunkten auch in einer gebrochenen Geschichte. Lassen wir sie hier im Stich, so müssen wir uns nicht wundern, wenn es zu geschichtslosen Haltungen kommt, die dann Manipulationen ausgesetzt sind, wie sie zumal in den letzten zehn bis zwölf Jahren um sich greifen konnten.

Was die für uns so besonders düstere Zeitgeschichte bis 1945 angeht, so ist hier der Tendenz einer deterministischen Geschichtsbetrachtung entgegenzuwirken, welche die Entwicklung zur Barbarei der »deutschen Diktatur« als notwendige Konsequenz unserer ganzen neueren Geschichte und Gesellschaft charakterisiert. Demgegenüber gilt es vielmehr, die konkreten Entscheidungen und die mehrspurigen Weichenstellungen zu verdeutlichen. Es geht um die Offenheit der jeweiligen geschichtlichen Situation und die Eigensubstanz der Epoche, die nicht einfach Vorgeschichte der Diktaturen und Weltkriege ist, sondern alternative Möglichkeiten aufweist, die Anknüpfungspunkte für heutige Problemstellungen bieten. Davon zeugt die kulturgeschichtliche Nostalgiewelle, aber auch das sich wandelnde Bismarck-Verständnis, das etwa einen großen Außenpolitiker wie Henry Kissinger unmittelbar beeinflußt. In der Tat kommt nicht nur der Weimarer Republik, sondern der Bismarckzeit, ihrer Vorgeschichte und Nachgeschichte eine zentrale Bedeutung zu.

Ein zweiter Komplex ist die entferntere, gleichwohl gegenwartsbedeutsame Geschichte, die erst die volle Dimension des menschlichen Daseins anschaulich macht: Diesem Komplex wäre etwa auch der Dreißigjährige Krieg mit »Wallenstein« zuzurechnen. Die Tragweite, die historischen Dramen, wohl auch dem historischen Roman zukommt, tritt dabei besonders hervor: Der Dokumentation sind hier sehr viel engere Grenzen gesetzt als in der neueren Geschichte. Und das gilt auch für den dritten Komplex, den Bereich der antiken Geschichte, deren Bedeutung seit je in der exemplarischen Thematisierung menschlicher Kultur- und Herrschaftserfahrung liegt.

Die Frage der Dramatisierung von Geschichte in *Features und Spielfilmen* wirft gewiß schwierige Probleme auf – für den Historiker wie für das Fernsehen. Im Zusammenhang des Holocaust-Films ist darüber ausgiebig und höchst kontrovers diskutiert worden. Das Bemühen um die Vielschichtigkeit und innere Wahrheit hinter den Fakten, um die innere Beteiligung der Zuschauer bleibt für jede frei gestaltende, Geschichte künstlerisch umsetzende Bewältigung historischer Stoffe zentral wichtig.

Daran ändert auch die skeptische Beobachtung nichts, »wie wenig selbst starke emotionale Eindrücke die ethische und allgemeine Lebenspraxis zu bestimmen vermögen« (Dieter Stolte, Lehren aus Holocaust). Ich teile die Bedenken gegenüber der Verkürzung des historisch-politischen Rahmens und der vereinfachenden Reduzierung auf wenige Personen und Szenen, ja einer gewissen Trivialisierung des Themas. Aber solche Bedenken müssen doch auch der Tatsache Rechnung tragen, daß es in einer Geschichtsdarstellung für das große Publikum um mehr geht als um intellektuelle oder antiquarische Wissensaneignung.

Geschichte als Gedächtnis der Menschen will, ausgesprochen oder nicht, die moralischen Wertfragen zur Anschauung und Entscheidung stellen, die zur Orientierung und Ortsbestimmung der Gegenwart beitragen. Und hier besitzt die emotionelle Komponente der geschichtlichen Anschauung, das Angebot zur Identifikation mit menschlichen und politisch-gesellschaftlichen Schicksalen, eine wesentliche Bedeutung. Gerade unser zerspaltenes, verunsichertes Bild der Vergangenheit verlangt danach, daß hinter den Dokumenten auch die menschliche Dimension, das menschlich Verständliche wie das Unverständliche erscheint, daß die Bedeutung nicht nur *des* Staates und *der* Gesellschaft oder *der* Klassen und *der* Nation, sondern die Empfindungen des einzelnen, der Familie, der namenlosen Durchschnittsbürger ebenso wie der geschichtlichen Figuren verständlich, nachfühlbar gemacht werden. Hier liegt die Chance der Literatur und des Films, die Chance des Fernsehens zumal, das über die verschiedenen Darstellungsformen verfügt.

Hier liegt freilich auch die Notwendigkeit, falscher Emotionalisierung und Akzentuierung zu steuern und natürlich sachliche Fehler zu vermeiden. Ganz ohne die Begleitung durch Historiker geht es nicht, wie gemischt auch die Erfahrungen sein mögen, die das Medium mit diesen zuweilen eigensinnigen Fachleuten gemacht hat. Das böte auch den Vorteil, daß die sehr reiche neueste Forschung viel unmittelbarer und substantieller aufgenommen, umgesetzt, verbreitet werden könnte (als durch gelegentliche, meist dürftige TV-Buchrezensionen). Dem Anspruch auf kompetente Geschichtsvermittlung müßte die Bereitschaft entsprechen, eine laufende Beratung aller geschichtsrelevanten Projekte in regelmäßiger Folge, vielleicht in Beiratsform, zu gewährleisten.

Die gelegentliche Beiziehung von Historikern zur Diskussion oder zu Statements – gekürzt, abgeschnitten zumeist – genügt nicht, weil es hier eben nicht nur um die mediengerechte Aufbereitung durch Fernsehspezialisten gehen kann, sondern mehr Gleichgewicht zwischen Machern und Forschern vonnöten scheint. Nicht nur der im allgemeinen doch wohl eher als unbefriedigend empfundene Verlauf der Diskussion im Anschluß an die Holocaust-Sendungen scheint mir dafür zu sprechen, daß auch die Frage der Moderation von ganz entscheidender Bedeutung ist – und höchste sachliche Qualifikation erfordert.

Gute Spielfilme sind nun gewiß ein Glücksfall. Sie bilden aber einen unerläßlichen Bestandteil jeder Bemühung um ein film- und fernsehgewohntes Publikum. Natürlich machen sie die geduldige Beschäftigung mit der Geschichte, das weitere Nachfragen nicht überflüssig. Im Gegenteil! Aber sie können anrühren und anregen, zur tiefergehenden persönlichen Auseinandersetzung veranlassen. Wenn es die einzige Begegnung mit dem Thema bleibt, so mag dies bedauerlich, vielleicht auch gefährlich sein – bei nationalistischer oder ideologischer Verzerrung, auch bei allzu starker Vereinfachung, bei Heroisierung oder Dämonisierung der Großen der Geschichte. Aber es ist nicht zu verkennen, daß dieser »triviale« Weg für viele, vielleicht die meisten den einzigen Zugang zu Geschichte überhaupt öffnet. Lektionen sind gut, Erleben ist besser – und jedenfalls unersetzlich, weil es über die Lernwilligen hinausgreift.

3. *Zur dritten Frage: Deutung*

Einen weiteren Streitpunkt bildet schließlich das problematische Verhältnis zwischen Geschichts- und Zeitsendungen. Diese Frage verdient, wie ich meine, besondere Beachtung, ist freilich auch besonders komplex, weil sie notwendig über die bloße Betrachtung von direkten Geschichtsdarstellungen hinausführt. Wir beobachten etwa im Gespräch mit Studenten, daß das Bemühen um die Vermittlung historischer Einsichten und Maßstäbe in Geschichtssendungen ganz wesentlich tangiert wird durch die metahistorische Wirkung von tages- und weltpolitischen Sendungen. Das ist nur natürlich. Es genügt deshalb nicht, allein die Qualität konkreter Geschichtsdarstellungen zu erörtern. Zu bedenken ist auch die indirekte Mit- oder Gegenwirkung von Akzentuierungen, Wertungen und Deutungen in der aktuell-zeitgeschichtlichen, täglichen Berichterstattung, in Kommentaren und Magazinen.

Für Diktaturen, die sich der Rolle und Wirkung der Medien als gestaltender und manipulierender Kraft bei der Formung des gegenwärtigen Geschichtsbilds bewußt sind und sich im Besitz der totalen Wahrheit wähnen, ist das selbstverständlich. Anders im demokratischen Westen. Bei uns herrscht der Glaube, daß sich wohl am ehesten ein ausgewogenes, zeitgenössisches Geschichtsbild einbürgere, wenn in liberalem Vertrauen auf die Vielfalt des demokratischen Meinungsspektrums der Berichterstattung und Kommentierung ein möglichst großer Freiraum überlassen werde. Diesem laissez-faire liegt auch verständliche Furcht vor irgendeiner Form von Zensur oder Dirigismus zugrunde. Aber dabei kann es zu gewollten oder ungewollten Akzentverschiebungen kommen, die man nicht steuern kann, ohne sich dem Vorwurf der Illiberalität auszusetzen. In den Jahren seit Vietnam erlebten wir eine überhitzte Berichterstattung über radikale Befreiungsbewegungen und diktatorische Revolutionen, über antikapitalistische und auch zunehmend anti-israelische Entwicklungen. Sie durchdrang Nachrichten- und Informationssendungen in unverhältnismäßiger Breite – einseitig auch, weil eine ähnlich kritische Bild-Information und Durchleuchtung der kommunistischen oder revolutionären Seite des Geschehens (samt deren historisch-politischen und menschlichen Hintergründen) nicht ebenso offen geboten wurde. Die totalitäre Drohung, die Haupterfahrung unseres Jahrhunderts, verschwand auf diese Weise mehr und mehr aus dem allgemeinen Bewußtsein.

Diese verdeckte, unvermeidlich oft einseitige Form der täglichen Politiklektion kann stärker auf das rudimentäre Geschichtsverständnis der Hörer und Seher durchschlagen als viele sorgfältige, doch scheinbar fernabliegende Geschichtsdarstellungen noch so guter Qualität. Die Verantwortung und Sorgfaltspflicht derer, die Information über Tagesereignisse sichten und einordnen, ihren Umfang und ihr Gewicht für Nachrichten oder Magazinsendungen bestimmen oder gar ihre Bewertung im politischen – und dabei notwendig auch historischen – Zusammenhang vornehmen, wiegt hier noch schwerer als die wissenschaftliche Verantwortung eines Historikers, schon weil man es im Fernsehen nicht mit vorbereiteten, geduldigen Lesern, sondern mit einem meist unvorbereiteten, nur punktuell aufmerksamen Massenpublikum zu tun hat – und zwar gerade in den Tagessendungen.

Aber mehr noch: Die suggestive Wirkung des Fernsehens, seine Chance und zugleich seine Gefahr, liegt in der scheinbar authentischen, quasi dokumentarischen Darbietungs- oder Darstellungsform. Das Leben selber bewegt sich auf dem Schirm, das gegenwärtige und vergangene: die Wahrheit scheint handgreiflich. Das historische Buch dagegen kann nur Geschehen übersetzen, Quellen zur Vertiefung anbieten, nie die Ereignisse selbst abbilden, sie unmittelbar ins Wohnzimmer bringen[2].

Angesichts dieser Überzeugungskraft wird der Umstand vergessen oder überspielt, daß Auswahl, Gewichtung und Interpretation gerade in einem solchen Fall sehr viel schwerer wiegen und die Realität stärker zeichnen oder verzeichnen können als ein noch so einseitiges Geschichtsbuch, dem jederzeit ein anderes zur Seite oder entgegengestellt werden kann, wenn man schon beim Lesen ist. Der Begleitlektüre und auch den Programmheften zu historischen Sendungen kommt darum hohe Bedeutung zu. Aber solche Hilfestellungen und Korrekturen sind nicht möglich bei der Vergegenwärtigung der Weltpolitik, ihrer ausgewählten Darstellung und Deutung, ihrer punktuellen, klischeehaften Wirkung auf ein lückenhaftes, defizientes Geschichtsverständnis des Millionenpublikums. Auch die Diskrepanz zwischen Wort und Bild oder die Überdeckung des Mangels an authentischem Material durch bloße Illustration kann irreführende Wirkung haben.

Es mag umstritten sein, welche Schlüsse hinsichtlich der wünschenswerten Ausbildung und Qualifikation der verantwortlichen Journalisten und Redakteure daraus zu ziehen sind. Auch ist die Meinungsvielfalt gewiß eine conditio sine qua non unseres freiheitlichen Medienverständnisses. Aber mit der Bemühung um Ausgewogenheit ist es nicht getan, wenn nicht zugleich bei allen geschichtsrelevanten Zeitsendungen, wie bei Geschichtsdarstellungen selbst, zum Gebot der Objektivität auch die Möglichkeit der öffentlichen Korrektur durch Diskussion und Gegenmeinung kommt. Was sich beim gedruckten Wort in Wissenschaft und Publizistik von selbst versteht, sollte beim gehörten und bebilderten Wort nicht fehlen – auch weil dies zur Sorgfalt und Verantwortung erzieht, wie jeder Buchautor erfahren muß.

Daß Zeitsendungen auf historisches Bewußtsein stärker wirken als Geschichtssendungen, macht sie zu einer Art ständigen, wenn auch sprunghaften Geschichtsunterrichts, der zudem mit dem besonderen Anspruch authentischer Wahrheit ausgestattet ist. Um so mehr können Widersprüche zwischen historischer Darstellung und politischer Information zur Verunsicherung oder zur Verzerrung des Geschichtsverständnisses führen. Die oft beklagte Eindimensionalität der Zeitgenossen, ihr Ausweichen vor der konkreten Geschichte in nostalgische Hobbyzonen der Vergangenheit, hat nicht zuletzt mit dieser Verunsicherung, mit der Kollision oder der Kluft zwischen Politikdeutung und Geschichtswelt zu tun – ein wohl unvermeidliches Dilemma. Um einem Mißverständnis vorzubeugen: damit soll keinesfalls gesagt werden, daß Geschichtsdarstellungen notwendig objektiver sind als Informationssendungen; oft ist das Gegenteil der Fall. Es geht vielmehr um das Bewußtsein von der engen Verflechtung beider Bereiche.

Ohne näher auf die Fernseh-Wirkungsforschung einzugehen, ist noch besonders auf die neueste Studie von Reinhold Bergler hinzuweisen (Psychologie des Fernsehens, Bern 1979). Eines seiner relevanten Ergebnisse ist, daß die Darstellung von Gewalt zumal auf Jugendliche sich vorwiegend negativ auswirkt und nicht etwa im Sinne einer Katharsis zu sehen ist. Daß nach dieser Untersuchung der Einfluß von TV-Sendungen auf die Lernfähigkeit und Aneignung von Werten umstritten bleibt, sollte uns aber nicht entmutigen.

Geschichte und Fernsehen ist ein Problemthema, das mitten in die Kontroversen über Sinn und Möglichkeiten politischer Bildung hineinführt. Leider ist der Wert geschichtlicher Bildung für politisches Denken und Verhalten eine Zeitlang unterschätzt und zugunsten sozialtheoretischer, auch ideologischer Ausrichtung vernachlässigt worden: Beispiele sind die Zurückdrängung des Geschichtsunterrichts und selbst die Veröffentlichungspraxis der Bundeszentrale für politische Bildung. Seit einigen Jahren hat sich das wieder geändert. Die Medien machen bemerkenswerte Anstrengungen, geeignete Formen zu finden, in denen über die spezialisierte Dokumentation hinaus mehr Verständnis für geschichtliche Entwicklung und Kontinuität in den heutigen Zeitgenossen geweckt oder genährt werden kann.

Gewiß bildet die Zeitgeschichte einen wichtigen Ausgangspunkt: In ihr kulminieren die kontroversen Meinungen und Empfindungen, mit denen die deutsche Geschichte nach den tiefen Einbrüchen von 1933 und 1945 belastet bleibt. Aber nicht zuletzt der Generationswechsel macht es nötig und möglich, daß diese Zeitgeschichte nicht für sich oder als Endpunkt, sondern im größeren Zusammenhang der deutschen und europäischen Geschichte der Neuzeit gesehen und begriffen wird. Unsere nationale Problematik, welche die Relativität nationalstaatlicher Geschichte zum Bewußtsein bringt, enthält das Gebot und die Chance einer Weltoffenheit, von der die Bundesrepublik lebt. Ihre ökonomische Stärke ist krisenanfällig, vordergründig; sie bedarf der geistigen, der historischen Dimension. Es geht um das Vermögen, die europäischen und kosmopolitischen Ansätze ebenso wie die föderalen und Selbstverwaltungstraditionen als geschichtliche Werte aufzusuchen und zu vergegenwärtigen. Der Nationalstaat ist nicht letzte Instanz; aber dies kann nicht Verzicht auf geschichtliches Bewußtsein, Geschichtslosigkeit heißen – im Gegenteil.

Das alles erfordert nicht nur umfassendere, weiter zurückgreifende Darstellungen und Diskussionen. Die Vergegenwärtigung der Geschichte und die auch emotionale, persönliche Anregung zur Wissensvertiefung lebt von dem Anknüpfen an vorhandene, sichtbare Denkmäler, an regionales und lokales Geschichtsinteresse, an das Interesse für die konkreten Lebensumstände früherer Zeiten und Generationen (»Nostalgiewelle«), an soziale Veränderungen und kulturelle Werte, gültige und überholte, um so das Bewußtsein dafür zu schärfen, wie vieles, was in vergangenen Jahrhunderten erstrebt und ersehnt wurde – von der Freiheit zur sozialen Gerechtigkeit und zur materiellen Verbesserung –, heute der Verwirklichung näher gerückt ist. Freilich: unter welch furchtbaren Opfern und mit welchen Einbußen an Menschlichkeit, die auch gerade die moderne Zivilisation fordert!

Zu beidem bietet die Geschichte das Anschauungsmaterial, das auch ältere Perioden näher auf die Gegenwart bezieht, wenn sie auf die Grundprobleme der Menschen hin befragt werden. Dafür wird immer wieder zitiert, was vor hundert Jahren Friedrich Nietzsche über den Nutzen und Nachteil der Historie für das Leben geschrieben hat. Noch lieber halte ich mich an meinen Landsmann Friedrich Schiller, der gerade als Dichter leidenschaftlich Geschichte betrieben und vermittelt hat und den man heute als Drehbuchautor wie als Berater wohl brauchen könnte. In seiner berühmten Antrittsvorlesung von 1789 über das Studium der Universalgeschichte sagt er:

»Fruchtbar und weit umfassend ist das Gebiet der Geschichte; in ihrem Kreise liegt die ganze moralische Welt. Durch alle Zustände, die der Mensch erlebte, durch alle abwechselnden Gestalten der Meinung, durch seine Torheit und seine Weisheit, seine Verschlimmerung und seine Veredlung, begleitet sie ihn, von allem, was er sich *nahm* und *gab,* muß sie Rechenschaft ablegen. Es ist keiner unter Ihnen allen [zum Publikum], dem Geschichte nicht etwas Wichtiges zu sagen hätte; alle noch so verschiedenen Bahnen Ihrer künftigen Bestimmung verknüpfen sich irgendwo mit derselben; aber eine Bestimmung teilen sie alle auf gleiche Weise miteinander, diejenige, welche Sie auf die Welt mitbrachten – sich als Menschen auszubilden – und zu dem Menschen eben redet die Geschichte.«

(Schillers Werke, Insel Verlag, 1966, Bd. 4, S. 421)

4. Bildung und Gesellschaft im demokratischen Wandel

Begriffe und Spannungen

Der Theologe Dietrich Bonhoeffer, der im Widerstand gegen Hitler sein Leben ließ, hat uns aus den Jahren vor der Haft und Hinrichtung (1940–1943) Notizen zu einer Ethik übermacht. Darin bezeichnet er Bildung unter anderem als »Wissen um persönlich-menschliche Ordnungen in der Welt«, als »Bescheidenheit (Grenze des Wissens) und Weite des Verständnisses«. Und er nennt es ungebildet, »momentane Schwäche auszunützen« und »etwas zu verspotten, nur weil es anders ist als man ...«

Heute über das Verhältnis von Bildung und Gesellschaft zu sprechen, heißt zwei Begriffe benutzen, die seit den aufgeregten späten sechziger Jahren in aller Munde sind und dadurch nicht gerade an Präzision gewonnen haben. Bildung und Gesellschaft dienen als Schlagworte und Lückenbüßer, wenn Unklarheit herrscht über die Werte einer sich ändernden Welt, und wenn polarisierende Kampfrufe den Konflikt zwischen geschichtlichen Traditionen und neuen Verheißungen anheizen. Dabei ertönt unablässig die doppelte Forderung: nach umfassender »Bildungsreform« und nach »gesellschaftlicher Relevanz« allen Tuns.

Solche Postulate sind in den letzten zehn bis fünfzehn Jahren über Parteienpropaganda und besonders über die Medien tief in die öffentliche Meinung eingedrungen. Sie haben sowohl den Bildungs- wie den Gesellschaftsbegriff auf dramatische Weise verallgemeinert und zugleich zugespitzt. Intolerant und zuweilen fast totalitär konnte man den aggressiv-klassenkämpferischen Druck empfinden, der von dieser Verallgemeinerung der Signalworte Bildung und Gesellschaft auch auf die private Diskussion und das politische Handeln selbst ausgeht und neben Schule und Hochschule auch Familie und Wirtschaft erfaßt: Keiner kann sich jenem Druck der bildungspolitischen Forderungen und gesellschaftspolitischen Erwartungen entziehen, der auf alle Gruppen und Institutionen, auf Fachsprache wie Umgangssprache, auf Wissenschaft und Kultur ausgeübt wird.

Dem steht nun aber die Tatsache gegenüber, daß sehr

verschiedene, ja oft konträre Vorstellungen mit solchen Begriffen verbunden werden. Sie sind zu *Allerweltswörtern* geworden, die gleichwohl sehr scharfe Empfindungen und Reaktionen in den unterschiedlichen Lebenskreisen und Denkrichtungen unserer gegenwärtigen Zivilisation auslösen. Es ist das klassische Problem des Wandels von politisch-sozialen Begriffen, die etwas höchst konkret Wichtiges bezeichnen und doch durch Verallgemeinerung fragwürdig und mißbräuchlich werden können. Das Problem wird noch kompliziert durch den Umstand, daß Bildung und Gesellschaft tatsächlich aufs engste miteinander zusammenhängen, daß ihre Verbindung aber seit je konfliktreich verläuft, weil Bildung mehr auf das Individuum, Gesellschaft stärker auf das Allgemeine zielt. Oft auch treten sie in zeitlicher Verschiebung auf: einmal scheint das Bildungsideal der politisch-sozialen Entwicklung nachzuhinken, oder aber Bildungsprogramme beanspruchen, der gesellschaftlichen Entwicklung vorauszueilen.

Gemeinhin freilich werden gesellschaftliche Entwicklung und Bildungshöhe, soziales und geistiges Bewußtsein miteinander identifiziert. Das geht auf die geschichtlichen Erfahrungen zurück, die den Aufstieg der modernen Demokratie begleiten. Besonders die liberale Bewegung seit dem 18. Jahrhundert war von der Überzeugung getragen, daß aller politische und gesellschaftliche Fortschritt auf der Ausweitung von Bildung beruhe, und daß umgekehrt ohne Bildung keine staatsbürgerliche Verantwortung und auch kein allgemeines Wahlrecht möglich, mithin weder politische Freiheit und bürgerliche Gleichheit noch wirtschaftlicher und sozialer Fortschritt denkbar seien. Im Schlagwort von der Bildung als Bürgerrecht und als Sozialpflicht wird diese Auffassung schließlich zum Schlachtruf unserer jüngsten Bildungsrevolution gesteigert. Keine Demokratie ohne allgemeine Bildung, ohne gleiche Bildungschancen für alle Bürger – so lautet das Credo der Gesellschaftsreformer, dem sich nun nicht nur die Schulen, sondern auch alle Hochschulen anpassen müssen, wobei die Medien wirkungsmächtig sekundieren. Hier zeigt sich schon die Problematik, die immer bestand, wenn die an sich richtige Betonung des engen Zusammenhangs von Bildung und Gesellschaft bis zur Gleichschaltung zur Erziehungsdiktatur und zivilen Religion übersteigert wird.

Bildung ist also unabtrennbar vom Verständnis des Bürgers, das heißt von dessen politischem Selbstverständnis im Rahmen eines konkreten Gemeinwesens. So war der Begriff der Bildung schon in der griechisch-römischen Antike gefaßt worden: die »Paideia« bezeichnete die Formung des Menschen von Jugend an, und zwar als eines Individuums *und* eines gesellschaftlichen Wesens zugleich – nämlich in seiner Befähigung zur staatsbürgerlichen Person und Rolle in der Polis, also »politisch«. Diese antike Vorstellung vom Zusammenhang persönlicher und politischer Bildung ist erneut seit der Renaissance in das philosophisch-moralische, politische und soziale Fortschrittsdenken der Moderne aufgenommen worden.

Vor allem aber aus dem geschichtlichen Zusammenhang der Aufklärung erwächst das moderne Verständnis von Bildung und Gesellschaft, und ihre Wechselbeziehung ist eng mit der politischen Emanzipation des Bürgertums verknüpft. Es ist darum auch kein Zufall, daß die Demokratisierung und Radikalisierung des Bildungsbegriffs in den letzten anderthalb Jahrzehnten wiederum mit einer Renaissance des Aufklärungs- und Emanzipationsdenkens verbunden war. Auch die vieldiskutierte »kritische Theorie« der sogenannten Frankfurter Schule versteht sich ja als radikale Vollendung der Aufklärung und hat so auf die Jugend gewirkt – im Sinne der Befreiung von tradierten Strukturen und Privilegien. Freilich war das verbunden mit einer tiefen Verunsicherung der unsere Gesellschaft tragenden Werte. Und vor allem geschah es – das ist das tief Einschneidende – nun mit einer marxistisch verstandenen Wendung gegen alles Bürgerliche, von dem übrigens seit fast hundert Jahren schon behauptet wird, daß es als »spätbürgerlich« dem baldigen Untergang geweiht sei.

In dieser Wendung finden wir das alt-neue Streben nach einer völligen Identität von Einzel- und Gesamtinteresse, es ist der Anspruch auf verbindliche Übereinstimmung von Individualbildung und Gesellschaftsentwicklung, es ist schließlich der Traum von der sozialistischen Endgesellschaft, in der jeder jedes kann und darum die Übel der Arbeitsteilung und Entfremdung, der Hierarchie und Herrschaft endgültig aufgehoben seien. Auf diesen utopischen Anspruch, der unter den Bedingungen des rasch fortschreitenden Massenzeitalters im 19. Jahrhundert entwickelt worden ist, bauen seitdem die Ideologen des Kollektivismus und Kommunismus auf: am konsequentesten der Marxismus mit seinen Verheißungen einer radikalen Lösung des Bildungs- und Gesellschaftsproblems, vor der alle schrittweisen Reformen als bloße Verhüllung der bürgerlich-kapitalistischen Herrschaftsverhältnisse abgetan werden können.

Seither stehen sich gerade auch in der Bildungsfrage und ihrer Beziehung zum Gesellschaftssystem das *liberale und das kollektive Demokratieverständnis* gegenüber. Ich nenne einige markante Leitfiguren der historischen Diskussion, die um dieses Grundproblem unserer modernen Entwicklung geführt wird: Rousseau und Humboldt, Tocqueville und John Stuart Mill, Friedrich Naumann und Karl Jaspers. Sie alle waren keine professionellen Bildungsphilosophen – vielleicht mit Ausnahme Rousseaus. Um so bemerkenswerter ist die Wirkung, die sie auf die gesellschaftliche und politische Dimension des Bildungsverständnisses ausgeübt haben. Hier waren die großen Alternativen eröffnet: Jean-Jacques Rousseau, der alles dem Willen der Gesellschaft unterwarf; Wilhelm von Humboldt, dem die Bildung des Individuums die Gesellschaft erst ermöglichte; Alexis de Tocqueville, der die schleichenden Gefahren demokratischer Gleichmacherei durchschaute – die Tyrannei der Mehrheit; John Stuart Mill, der die soziale Komponente und Dimension des Liberalismus, die immer erneute Versöhnung von Freiheit und Gleichheit als Zukunftsproblem erörterte; Friedrich Naumann, der in der Balance von liberalen, sozialen und nationalen Elementen die Hauptaufgabe jeder Bildungspolitik erblickte, aber freilich an der Schwelle der Weimarer Republik starb, die vor dieser Aufgabe gescheitert ist – gescheitert an der radikalen Übersteigerung und Zerspaltung eben jener drei großen Bestrebungen des Nationalen, Sozialen und Liberalen; und schließlich Karl Jaspers, der wie auch Hannah Arendt oder Karl Popper die große Herausforderung der totalitären Bewegungen, des totalitären Denkens für jede Bildungs- und Gesellschaftspolitik dargestellt hat.

Diese klassischen Positionen der letzten zwei Jahrhunderte, die liberalen, national-etatistischen und sozialistisch-marxistischen, sind nach wie vor präsent und aktuell. Ihr Wahrheits- und Wirkungsanspruch begründet sich jeweils aus einer Vorstellung des Menschen und seiner Gesellschaft heraus, die sehr verschiedene Aspekte und Funktionen der Bildung betonte. Gewiß, immer ging es dabei wesentlich um den Fortschritt, um die

Verbesserung der Verhältnisse. Aber wir müssen auch die Grundfrage stellen, wie dieser Fortschritt zu erreichen ist, ohne daß seine Kehrseite, die Verdrängung und Zerstörung bisheriger Werte, ihn wieder aufhebt. Was wir heute erleben und was viele beklagen, nämlich die Ambivalenz des Fortschritts, ist nicht so neu, wie uns die Apostel der Zivilisationskritik und die Propheten einer antikapitalistischen, antitechnischen oder leistungsfeindlichen grünen Revolution verkünden. Neu ist allenfalls die Verschiebung der politischen Akzente: im 19. Jahrhundert traten die linken Gesellschaftskritiker als fortschrittsgläubig auf, heute vertreten sie zunehmend pessimistische Prognosen und Einstellungen.

Angesichts dieser Verunsicherung betrachten wir besonders die Rolle der *politischen Bildung* und ihre Bedeutung für das Zusammenleben, nicht so sehr Einzelfragen der Bildungsinhalte, die den professionellen Pädagogen angehen. Dabei sind zwei große Gesichtspunkte zu beachten:

1. Bildung ist konfrontiert mit und bedingt durch die großen Kontroversen der gesellschaftlichen und politischen Systeme und Ideologien, die ihre jeweiligen Denkstile, Verhaltensideale und Utopien mit sich bringen. Ihre historische Dimension ist geprägt durch den philosophischen und sozialen Hintergrund jener politischen Auseinandersetzung: durch das Bild der Gesellschaft, das sie zu verwirklichen sucht, und durch das Bild des Menschen, die politische Anthropologie, von der sie ausgeht.

2. Diese Bedeutung hebt gesellschaftlich und politisch verstandene Bildung weit hinaus über eine bloß pädagogische Lehre. In Abwandlung eines berühmten Wortes von Clemenceau über den Krieg (ein zu ernstes Geschäft, als daß man es den Generälen überlassen darf) könnte man sagen, Bildung sei zu wichtig als daß man sie allein den Pädagogen überlassen könne.

Geschichtliche Erfahrungen

Hier lohnt ein Blick auf die schmerzhafte historische Erfahrung. Die Geschichte lehrt nicht nur, daß die Völker nie aus der Geschichte gelernt haben, wie Hegel meint. Man könnte immerhin lernen, wie man es nicht machen soll. Und wer aus der

Geschichte nicht lernt, könnte gezwungen sein, sie zu wiederholen. Gerade die Geschichte zeigt uns jedenfalls, welche Bedeutung der spannungsreichen Beziehung zwischen individuellen und gesellschaftlichen Bildungszielen, also zwischen Menschenbild und Funktionswert der Bildung zukommt. Wir finden diese Spannung auch in dem Verhältnis zwischen Wirtschaft, Gesellschaft und Staat überhaupt.

Im historischen Rückblick sieht man, daß alle bisherigen politischen Systeme stets an ihre Grenzen stießen, wenn innere Widersprüche aufbrachen und neue Möglichkeiten ökonomischer und wissenschaftlich-technischer Art auch nach neuen Formen verlangten. In der neueren Geschichte Europas blockierte die Feudalgesellschaft die wirtschaftliche Entwicklung; sie wurde als willkürliche Zersplitterung empfunden, gegen die das Bürgertum durch ein Bündnis mit den Fürsten seinen Entfaltungsraum zu erweitern suchte. Das Ergebnis war der Absolutismus. Und dessen Grenze wiederum bildete die Forderung nach liberalen Menschen- und Bürgerrechten, die nun gegen die absolutistische Herrschaft erhoben wurden.

So entstand der liberale Verfassungsstaat, in dem sich die westliche Gesellschaft entfalten konnte. Aber die Probleme der modernen technisierten und emanzipierten Massengesellschaft drohen nun wiederum die liberalen Systemgrenzen zu sprengen. Säkularisierung, Industrialisierung, Aufstieg des vierten Standes der Arbeiterschaft verändern die Legitimationsverhältnisse, und der Weg zum Sozialstaat wirft die Frage auf, ob die Zukunftsform der Sozialismus sei – wie die große Mehrheit der nicht-westlichen Staaten heute glaubt –, oder ob unsere westliche Freiheits- und Sozialform fortführbar und übertragbar sei, die auf einer höchst komplizierten, anspruchsvollen Form der repräsentativen Demokratie beruht.

Im 19. Jahrhundert waren es vor allem die industrielle Revolution und die Entwicklung über die Klassen- zur Massengesellschaft, die dem bürgerlich-elitären Bildungsbegriff die technisch funktionierende Ausbildung, dem humanistischen Gymnasium also die Realschule und das Berufsbildungswesen gegenübergestellt hat. Im 20. Jahrhundert verschärft sich mit der Beschleunigung der technischen Umwälzung und der Globalisierung des Fortschritts auch die Spannung zwischen den »zwei Kulturen«

(C. P. Snow), zwischen dem naturwissenschaftlich-technischen und dem geisteswissenschaftlichen Weltverständnis, das zu einer tiefen Krise der Weltanschauungen und der Wertsysteme führt.

Die deutsche Geschichte ist von diesen Umbrüchen, die den Prozeß der Modernisierung in allen Ländern begleiten, in besonderer Weise betroffen worden. Unter den deutschen Monarchien und im Kaiserreich von 1871 haben sich Wirtschaft und Gesellschaft schneller entwickelt als die staatlichen Strukturen. Die Entwicklung war durch die verspätete Nationsbildung ungeheuer beschleunigend zusammengedrängt und problematisiert. Etwas zugespitzt könnte man sagen, der Obrigkeitsstaat hinkte dem tiefgreifenden Wandel und der stürmischen Modernisierung Deutschlands nach; besonders nach der gescheiterten bürgerlichen Revolution von 1848 treten tiefe Spannungen zwischen politischer und gesellschaftlicher Entwicklung hervor. Symptomatisch und beispielhaft die drei großen Ereignisse, die jene Spannungen blitzartig erhellten: der preußische Verfassungskonflikt von 1862, in dem sich Bismarck (unter Mißachtung der Verfassung) gegen die Mehrheit des Parlaments und besonders gegen die Liberalen, die Repräsentanten der neuen, sich wandelnden bürgerlichen Gesellschaft durchsetzte; dann der aufwühlende Kulturkampf, der seit 1872 gegen den Katholizismus geführt wurde; und schließlich das Sozialistengesetz von 1878 mit seinen Folgen einer drohenden Verdrängung und Entfremdung der Sozialdemokratie vom Staat.

Zwar hat Bismarcks nationale Einigung von oben bald weite Zustimmung auch bei den liberalen Repräsentanten der stürmisch expandierenden deutschen Gesellschaft jener Gründerjahre gefunden, und selbst die Sozialisten identifizierten sich schließlich mehr als erwartet mit dem neuen Reich: die staatliche Sozialgesetzgebung ließ das deutsche Staatswesen auf diesem Gebiet als fortschrittlicher denn andere Staaten erscheinen, und der nationale Aufschwung von 1914, der auch die große Mehrheit der Sozialdemokraten umfaßt hat, verdeckte vorübergehend die tiefen Divergenzen und Spaltungen, die das äußerlich so mächtige Bismarckreich durchzogen. Aber charakteristisch für die tatsächliche Lage war doch ein fortdauernder Widerspruch zwischen sozio-ökonomischem Wandel und staatlichem Halbabsolutismus, sichtbar an der geringen Verantwortung der Parteien im politischen System des Zweiten Reiches. Folge war ein Zurückbleiben des Parteiensystems, das am Ende des Krieges dann Max Weber so lebhaft beklagt und prophetisch als schwerste Belastung der demokratischen Entwicklung gesehen hat, aber auch die ambivalente Rolle der großen wirtschaftlichen und gesellschaftlichen Verbände zwischen Einfluß und Ohnmacht gegenüber dem Obrigkeitsstaat.

Diese Strukturprobleme spiegeln sich deutlich in der politischen Bewußtseinsbildung. Man muß die Gestalten des »Hauptmanns von Köpenick« (1906) oder des »Untertan« (1914) freilich auch schon als Karikaturen, als Ausdruck der durchaus lebendigen Selbstkritik der wilhelmischen Zeit betrachten. Und gegen Ende dieser Epoche wird der Ruf nach politischer Mitverantwortung immer stärker, die Selbstbescheidung des deutschen Bürgers mit wirtschaftlichem Fortschritt immer fragwürdiger. Mit dem Aufbruch der Jugendbewegung seit der Jahrhundertwende gewinnt eine Rebellion gegen diese unpolitische Selbstbescheidung, gegen einseitiges Erfolgsdenken und opportunistische Untertanenmentalität auch im Raum der Bildung Auftrieb und Ausdruck. Sie führte wesentlich zu den pädagogischen Reformbewegungen der zwanziger Jahre, an die man nach dem Bruch von 1933 auch nach 1945 wieder anknüpfen konnte.

Es bestand ein tiefer Widerspruch schon im Bewußtsein der Kaiserzeit von 1871–1914: Auf der einen Seite das sozioökonomische Gewicht neuer Schichten der Bevölkerung und ihr Bedürfnis nach Modernisierung, auf der anderen Seite die Beharrungskraft veralteter Staatsstrukturen gegenüber zeitgemäßem Wandel zu demokratischen Formen. Zu diesem Widerspruch, den Liberale wie Friedrich Naumann mit der Zukunftsformel eines sozialen und demokratischen Kaisertums aufzuheben suchten, kamen die Spannungen zwischen den Bildungsidealen des klassischen Humanismus und Idealismus, des älteren preußischen Ordnungsgedankens sowie der neueren nationalistisch-imperialen Machtstaatsideologie. Symptomatisch war, wie eine weltoffene Kultur sich national verengte, wie Staats- und Weltbürgertum in einen Gegensatz traten und wie »kosmopolitisch« aus einem Ehrenwort in ein Schimpfwort verwandelt wurde.

Auch ein militaristischer Einschlag in der neueren deutschen Bewußtseinsbildung wird unverkennbar. Freilich ist das weitverbreitete Klischee vom preußisch-deutschen Militarismus als der vorherrschenden Grundhaltung irreführend. Es wird der Komplexität der deutschen Bewußtseinsentwicklung um die Jahrhundertwende nicht gerecht. In Wahrheit handelte es sich in der deutschen Kultur- und Bildungsszene um ein widersprüchliches, spannungsreiches Konglomerat, aus dem sich rechte wie linke Ideologien von großer Verführungskraft nähren und entfalten konnten: im Extremfall dann Nationalsozialismus und Kommunismus, die beiden totalitären Zerstörungskräfte des Jahrhunderts.

Die politische Bedeutung, ja Sprengwirkung dieser Widersprüche und Spannungen in der Bewußtseinsentwicklung des neudeutschen Nationalstaats ist dann aber doch erst in der Weimarer Republik zur vollen Wirkung gekommen. Wenn man zu Recht bemerkt, daß diese erste deutsche Republik vor allem am Mangel an Republikanern und am Fehlen einer politischen Kultur der Demokratie gescheitert ist, so weist das nicht zuletzt auf die zwiespältige Rolle des Bildungswesens. Die neue Wirklichkeit der parlamentarischen Republik, die ganz vom Willen und der Mitwirkung, vom Verständnis und Interesse der Bürger getragen sein wollte, stieß eben nicht nur auf einen Überhang an monarchisch-vordemokratischen Ordnungsstrukturen und -vorstellungen, sondern die Weimarer Demokratie hatte es zugleich mit der entschlossenen Feindschaft links- und rechtsradikaler Diktaturparteien zu tun, die immer entschiedener und ideologischer das Wertgefüge der liberalen Ordnung überhaupt in Frage stellten und bekämpften. Rechts- wie linksrevolutionäre und reaktionäre Kräfte wirkten zusammen. In den Schulen und Universitäten zumal traf diese Anfechtung und Unterminierung des freiheitlich-parlamentarischen Rechtsstaats auf zu wenig Widerstand; die Entfremdung der jungen Generation von der politischen Demokratie und von den Werten einer offenen Gesellschaft ging bestürzend rasch voran – rascher noch als auf der politischen Szene.

Schon lange vor der endgültigen Katastrophe, die im Lauf der Jahre 1930–1933 durch die destruktive Aktivität der totalitären Bewegungen, der Nationalsozialisten wie der Kommunisten besiegelt wurde, war der Einbruch totalitären Denkens und Verhaltens im Bildungsbereich spürbar und wirksam geworden. Es bestand eine Diskrepanz zwischen der realen Verfassung und einer politischen Romantik beziehungsweise einem Utopismus, reaktionär oder revolutionär getönt, der sich gegen den parlamentarisch-demokratischen Kompromißgedanken wendete. Hinzu kam, daß das Bildungsbürgertum im Machtglanz der Monarchie erzogen und durch die unerwartete Niederlage von 1918 geschockt sich bald von der verarmten und nüchternen, komplizierten und krisengeschüttelten Republik abzuwenden begann.

Die fortdauernde Zerspaltung der deutschen Gesellschaft in Klassen, Konfessionen, Ideologien und tiefe Interessenkonflikte konnte unter solchen Umständen nicht überbrückt werden. Anstelle der notwendigen gesellschaftlichen und geistigen Konsensbildung verschärfte sich die politische und soziale Auseinandersetzung zur bürgerkriegsartigen Konfrontation. Der Staat, die Republik blieb ein *Staat des Vorbehalts,* der kritischen, ja feindseligen Verdächtigung bei Intellektuellen, Bürgern, Arbeitern, und es gelang nie, ihm die innere Anerkennung zu verschaffen.

In die Terminologie unserer Tage gefaßt, war es eine permanente Legitimitätskrise, die sich die Systemgegner von links wie von rechts und schließlich endgültig die Nationalsozialisten zunutze machen konnten. Vertrauenskrise, Machtvakuum – wie immer man den fatalen Zustand bezeichnen mag, in dem sich die Weimarer Republik 1932 befand: er war ganz wesentlich Ausdruck einer tiefen Spaltung zwischen Gesellschaft, Staat und politischer Bewußtseinsbildung. So konnte sich die furchtbare Weltwirtschaftskrise in Deutschland – anders als in den westlichen Demokratien – vor allem deshalb politisch katastrophal auswirken, weil auch die Träger der Bildung für die heranwachsende Jugend kein Demokratieverständnis vermittelten, sondern im Gegenteil immer mehr Sympathien für diktatorische Lösungen erweckten. Im Grunde waren es auch damals, wie oft in Krisen, zwei extreme Möglichkeiten, in die man sich flüchtete: Rückzug auf den privaten isoliert-selbstbezogenen Interessenstandpunkt, oder aber Flucht in neue utopische Gemeinschafts- und Zielvorstellungen, wie sie verführerisch die Diktaturbewegungen boten. Ob nun vorwärts oder rückwärts gewendet, beides bedeutet, wenn es zur allgemeinen Stimmung und Verhaltensweise wird, das Ende eines Staates, zumal einer auf Zustimmung und Mitarbeit beruhenden Demokratie: die Flucht vor der Freiheit, wie es Erich Fromm genannt hat.

Freilich war die Diktatur, die sich als Alternative anbot und 1933 dann durchsetzte, eine kostspielige Lösung der Spannung und des Konflikts widerstreitender Normen zwischen Staat, Gesellschaft und Bürgerbewußtsein. An den katastrophalen Kosten der allgemeinen Gleichschaltung und der totalitären Einheit im Herrschaftssystem des Nationalsozialismus tragen wir noch heute schwer. Nicht die Unterdrückung von Konflikten, das lehrt die Leidensgeschichte der Diktaturen, sondern Offenheit, Flexibilität, Mobilität lautet die Antwort auf die Herausforderung demokratischer Politik. Deshalb muß die Auseinandersetzung mit Formen der Indoktrination und Verführung unter der nationalsozialistischen Diktatur stets auch den Blick auf die zweite deutsche Diktatur lenken, die in der DDR Gesellschaft und Bildung beherrscht: eine Fortsetzung totalitärer Politik mit umgekehrten Vorzeichen.

Der konfliktfreie Zustand, mit dem Nationalsozialisten und Kommunisten je auf ihre Weise locken, ist ja nicht nur eine freiheitsfeindliche Fiktion oder Illusion, sondern zugleich ein Hemmnis für schöpferische, eigenwüchsige Entwicklungen in Kultur und Gesellschaft, also zutiefst geist- und bildungsfeindlich. Am Ende des Dritten Reichs stand, trotz aller technischen und militärischen Leistungen, die Sterilität und Blindheit, die die letzten Entscheidungen des Regimes und seines Führers, aber auch die Lähmung der Widerstandskräfte bestimmten. Nicht anders steht es um die künstlichen Konfliktlösungen, die vorgebliche Harmonie in kommunistischen Systemen bis zum heutigen Tage. Das hat zuletzt der Ausbruchsversuch der polnischen Arbeiter aus der Fiktion der Staatsgewerkschaften bewiesen.

Neuanfang und neue Krise

Was nun die westlichen Demokratien und ihre Gesellschaft, was speziell die Bundesrepublik aus der Erfahrung der Krisen und Diktaturjahre lernen konnten und gelernt haben, ist seit 1945 unablässig diskutiert worden. Vieles ist hier umstritten geblieben. Seit dem zweiten Weltkrieg registrieren wir ein Auf und Ab der Bewußtseinsentwicklung, das man ungefähr nach Dekaden charakterisieren kann.

Auf den Schock des totalen Zusammenbruchs folgte die Zeit der »skeptischen Generation« (Schelsky), die sich zwischen intensivem Engagement beim Wiederaufbau und Mißtrauen gegen alle Ideologien bewegte. Die fünfziger Jahre waren so bestimmend getragen von dem sichtbaren wirtschaftlichen und sozialen Fortschritt, dem Willen zur Stabilität und der weiteren Erwartung des Aufstiegs, daß ein bislang unerreichtes Maß an Abbau von Konflikten im gesellschaftlichen Prozeß erreicht wurde. Es gründete bewußtseinsmäßig in der Anerkennung (1) der Leistungsgesellschaft, (2) des freiheitlich-demokratischen Rechtsstaats und (3) der antitotalitären Grundhaltung des Gemeinwesens.

Aber nur wenige Jahre später, in der ersten Hälfte der sechziger Jahre, zeigten sich schon die Grenzen der Harmonisierung und Entideologisierung. Es war nicht das »end of ideology«, von dem so scharfsichtige Soziologen wie der amerikanische Zukunftsforscher Daniel Bell (1959) gesprochen hatten. Und seit der Mitte dieser bewegten Dekade der sechziger Jahre, in der allmählich alles in Bewegung geriet, wurde der Konsens aufgebrochen durch jene weltweite Protestbewegung, in der so verschiedene Motive wie Vietnam-Protest und Dritte-Welt-Problematik, Neomarxismus und Wohlfahrtsstaatsforderungen zusammentrafen. Getragen zumal von Studenten, deren Zahl sich durch überstürzte Maßnahmen rapide vermehrte, strahlte die Bewegung seit Ende der sechziger Jahre auf Schulen und Lehrer, auf das Lebensgefühl, das Bildungs- und Gesellschaftsverständnis einer ganzen Generation aus.

Die Konsequenzen sind bis heute noch kaum abzuschätzen. Sie überschatten die siebziger Jahre mit einem Syndrom aus Angst und Verunsicherung, aus Verweigerung und Verachtung gegenüber Gesellschaft und Staat, mit der Konsequenz immer neuer Forderungen nach Veränderung, Reform, Auflösung von Institutionen.

Das Zeitalter eines Soziologismus und Psychologismus, in dem wir seitdem leben, hat die bisherigen Regeln der Bewältigung von Konflikten und der Einigung auf gemeinsames Handeln radikal in Frage gestellt. Es schwand jene Grundlage des allgemeinen Konsens in Politik und politischer Bildung, der sich nach 1945 in der Abwehr des Totalitarismus von rechts wie von links begründet hatte: in der freiheitlichen, pluralistischen Alternative sowohl zum gestürzten NS-Staat wie zu den neuerrichteten kommunistischen Diktaturen in Ostdeutschland und Osteuropa.

Damals waren historische und aktuell politische Erfahrungen zusammengetroffen. Nun aber, mit dem Wechsel der Generationen und mit dem zur modischen Masche verkommenden soziologischen und psychologischen Ansatz des »Hinterfragens«, der hinter allen hergebrachten Überzeugungen nur Egoismus und Klasseninteressen sieht, zerbricht dieser Konsens. Die politische Bildung, zunehmend polarisiert, verunsichert und nicht selten für einseitige Ziele mißbraucht, ist in eine empfindliche Krise geraten.

Neuerdings freilich beobachten wir auch ein erstaunlich plötzliches Wiedererwachen des Geschichtsinteresses. Modische Nostalgiewellen, Massenveranstaltungen wie die Stauferausstellung, Großkonsum von Büchern über Kelten und Germanen sind doppelt bemerkenswert nach der zeitweilig drohenden Verdrängung des Geschichtsunterrichts. »Daß die Vergangenheit fortschreitend interessanter wird« (Hermann Lübbe), kann man erklären aus den Schwierigkeiten, »die wir haben, ein historisch beispielloses Tempo des sozialen Wandels zu verarbeiten«. Wirkt Geschichte hier also als Kompensation für gefährdete »Orientierungssicherheit« und für »Zukunftsgewißheitsschwund«? (Lübbe). Man fragt sich, wie dieses Interesse als Bildungsinteresse sich auch nutzen ließe für das Bewußtwerden des Staatsbürgers und sein konkreteres Engagement in der gegenwärtigen Gesellschaft, die doch auf Geschichte beruht. Dabei kommt es natürlich auf die Inhalte, die Werte und Ziele geschichts- und gesellschaftsbezogener Bildung an. Und gerade hier gehen die Meinungen und Bestrebungen heute wieder gefährlich weit auseinander.

Das wird blitzartig besonders dann sichtbar, wenn krisenhafte Situationen aufscheinen: so in den letzten Jahren vor allem anläßlich der Terrorismusproblematik und der Auseinandersetzung um die sogenannten Berufsverbote, richtiger um den politischen Extremismus von rechts und links. Nach wie vor sind an den existentiellen Punkten solcher Auseinandersetzungen Begriff und Wirklichkeit der Demokratie umstritten, auch in der scheinbar so stabil gefügten und international bewährten Staatsgesellschaft der Bundesrepublik.

Besonders auffällig ist dies an den Zerrbildern, die einflußreiche intellektuelle Gruppen von dieser Staatsgesellschaft zeichnen, wenn sie klischeehaft von Schnüffelstaat und Überwachungsstaat, von Hexenjagd, Zensur und faschistischen Tendenzen sprechen. Weithin wird der Begriff der streitbaren Demokratie angefochten oder gar die freiheitlich demokratische Grundordnung als FDGO verhöhnt. Die bildungspolitisch negative Wirkung geht vor allem auf die Jugend und verstärkt den ebensowenig wünschenswerten Zug einer Abwendung ins Private.

Dabei zeigt sich ein Hauptwiderspruch: ein zunehmender Teil der jüngeren Generation lehnt die gegenwärtige Form unserer Industriegesellschaft als materialistisch ab. Sie blickt statt dessen auf alte und neue Utopien, zumal die des Sozialismus; oder ideologisiert die Sorge um Randgruppen und Dritte Welt; oder aber zieht sich in individuelle Meditations- oder kollektive Gemeinschaftsformen zurück: alles Anachronismen, für die Gesellschaft weder realisierbar, noch zu vereinen mit den gleichzeitigen Erwartungen an eine »fortschrittliche Gesellschaft«, die den hohen Kosten des Sozialstaats und nicht zuletzt auch des Bildungsservice gewachsen ist.

Auf der einen Seite also der hohe Anspruch einer freiheitlichen Industriegesellschaft, die wir nicht zurückdrehen können und gewiß – in der großen Mehrheit – auch nicht wollen, andererseits durch überproportionale Lautstärke und aggressives Auftreten kulturrevolutionärer oder alternativer Gruppen eine erstaunliche Verunsicherung der Politiker selbst, die sich dem Zug der Zeit nicht entziehen wollen oder gar einschüchtern lassen. Diese übersehen dabei, daß es sich gar nicht um eine »Zielkrise« handelt, wie emphatische Deutungen der Systemkritiker behaupten, sondern viel eher um das, was man etwas mechanistisch eine »Steuerungskrise« genannt hat (Lübbe): das Bemühen also um die geeigneten Mittel und Wege zur Bewältigung immer neuer Anpassungskrisen innerhalb dieser Gesellschaft.

Dazu gehört freilich auch, daß man weder die Auseinandersetzung um den Fortschritt noch den Anspruch auf Aufklärung allein einer Linken überläßt, die ihn so eifersüchtig exklusiv in Anspruch nimmt, nach dem Motto: Was Aufklärung und Fortschritt ist, bestimmen wir. Es gibt kein Monopol auf Wahrheit; gegen den Rousseauschen oder auch Leninschen Wahn von Intellektuellen, allein die volonté générale zu kennen, steht der Vernunftanspruch aller Staatsbürger.

Zu Beginn der achtziger Jahre ist nun deutlich zu spüren, daß die Zukunft schwieriger wird. Wir spüren, daß Gesellschaft, Wirtschaft und Politik in Deutschland besonders dicht und eng, mit wenig Spielraum ausgestattet sind, und daß die lebenswichtige ausländische Verzahnung die Krisenabhängigkeit noch verschärft. Daraus ergeben sich besondere Anforderungen an die Einsicht der Bürger. Wir stellen darum nicht ohne Sorge die Frage nach den Möglichkeiten, durch Bildung mehr Festigkeit und Überlebenskraft zu gewinnen, als es einst in den Krisen der zwanziger und dreißiger Jahre gelungen ist. Zur Verdeutlichung möchte ich aus der Fülle der Probleme vor allem sechs Punkte hervorheben.

1. Bildung, das heißt heute mehr denn je: Menschen befähigen sich zu orientieren, sie auf die Komplexität vorbereiten, die privates wie öffentliches Leben im bürokratisierten Sozialstaat ebenso wie in der Mediengesellschaft so verwirrend macht. In einer Zeit der stürmisch andrängenden Informationen, hierin keiner früheren Zeit vergleichbar, muß Bildung gegenüber Massenmedien und globaler Kommunikation fähig machen zur kritischen Auswahl und positiven Aneignung von Kenntnissen.

Der große Wandel, den die Heraufkunft der Fernsehgesellschaft in den letzten Jahrzehnten bewirkt hat, verlangt zunächst schon ganz vordergründig nach neuen Techniken der Wissens- und Urteilsvermittlung, vor allem aber nach Orientierungsmaßstäben, und zwar für alle Schichten unserer Gesellschaft. Das Eindringen von Bildungsansprüchen in die privatesten Sphären und die Allgegenwart der Medien, welche die ganze Bandbreite der ideellen und ideologischen Schattierungen widerspiegeln wollen, ist in der Tat ein revolutionäres Ereignis.

2. Dabei bleiben aber doch die Grundlagen, auf denen unsere zeitgeschichtliche Staats- und Gesellschaftsentwicklung beruht, durchaus aktuell. Es handelt sich um Voraussetzungen, mit denen auch heute die Stabilität und Lebensfähigkeit unseres freiheitlichen Gemeinwesens steht und fällt. Der Wandel der Demokratie kann den gewaltigen wissenschaftlich-technischen Veränderungen unserer Welt nur angepaßt werden, wenn der Wille besteht und an die nächste Generation weitergegeben wird,

die Institutionen der Gesellschaft und des Staates in ihrer Bedeutung für die Kontinuität zu verstehen und nicht, wie die Rebellen von 1968, auf eine tabula rasa hinzustreben. Gewiß kann die Suche nach Alternativen auch positive Züge tragen, sie kann durchaus politisches Interesse und Engagement für eine gute Sache verkörpern: aber nur soweit dies nicht verabsolutiert wird und, sich ins Utopische flüchtend, gegen die rechtsstaatliche Industriegesellschaft wendet.

Um so mehr hängt davon ab, daß Bildung auch wieder gemeinschaftsbezogen verstanden werden kann: Gemeinschaft hier nicht im totalitären Sinne mißbraucht und mißverstanden als gegen andere Völker, Minderheiten gerichtet, nicht als etwas Irrationales, Rauschhaftes im rechtsradikalen Sinne von »Volksgemeinschaft« oder »Volksgenossen«, auch nicht als nostalgische Rückschau oder als deutsche Sehnsucht zu transmoralischer Genialität, sondern Gemeinschaft als Anerkennung der Vielfalt, des Wachsens und Reifens von Ordnungen, des Gegenbilds zur Diktatur: Gemeinschaft als Gesprächsbereitschaft, als Rücksicht und Toleranz gegenüber gegensätzlichen Positionen, Respektierung und gegenseitige Anerkennung des guten Willens, Verzicht auf Gewalt und Schutz der Minderheit. Nur so wird es möglich sein, in stetem Bemühen und ständiger Auseinandersetzung einen Grundkonsens über Werte, Vorbilder und historische Traditionen zu gewinnen. Vor allem geht es bei der Bildung zu gemeinschaftsbezogenem Denken und Verhalten um die Befähigung zur Toleranz: Toleranz verstanden als der Raum, in dem Wahrheit gefunden und anerkannt werden kann, und zwar nie unter Zwang, sondern nur in Freiheit, freier Beteiligung. Das schließt jeden Extremismus aus, auch jede extreme Gleichmacherei, es erfordert vielmehr Einsicht und Anerkennung heterogener Anschauungen, als Fähigkeit zur Verständigung Verschiedener untereinander und als Wissen um die notwendige Pluralität der verschiedenen Bereiche, aus denen unsere vielfach gefächerte und spezialisierte moderne Industriegesellschaft besteht.

3. Eine Grundvoraussetzung hierfür bildet die Bereitschaft, in diesem konkreten Gemeinwesen miteinander zu existieren und sich im Verhältnis gegenseitiger Ergänzung zu sehen. Dem notwendigen politischen Band des *Consensus,* ohne den kein freies Gemeinwesen zu bestehen vermag, entspricht das

geistig-moralische Band der Bildung, die aufgeklärt, einsichtig macht und dadurch der Hauptgefährdung einer Gesellschaft entgegenwirkt, daß sie verfällt und zerfällt in sich verteufelnde Gruppen, in Freund-Feindverhältnisse, schließlich in ideologisch bürgerkriegsähnliche Verhärtungen und Fronten. Die »Auflösung« der Weimarer Republik bleibt ein warnendes Beispiel dieses Zerfalls durch mangelnde Einsicht.

Dabei kam und kommt die Gefährdung vor allem von denen, die dem sachlich-konkreten Bemühen um notwendige Leistungen einer Industriegesellschaft in Wissenschaft, Wirtschaft und Kultur keinen objektiven, übergreifenden Wert beimessen oder zubilligen, das heißt letztlich positive Bildung verneinen, indem sie weit über ein berechtigtes Hinterfragen hinaus in allen solchen Bemühungen nur Eigeninteressen und Klasseninteressen sehen (die Habermas-Methode, noch vulgarisiert, Erkenntnis als Interesse zu verdächtigen). Hier wird wissenschaftliche Analyse zum Vorwand im Dienste ideologischer Fragestellungen, etwa zu dem Zwecke, einem krampfhaft totgesagten »Spätkapitalismus« oder einer ebenso lange totgepredigten »spätbürgerlichen Gesellschaft« ihre angebliche Unwahrhaftigkeit und Morbidität vorzuhalten. Dann drohen Verdächtigung und Denunzierung die politische Bildung zu verderben, wobei Richtiges und Falsches verquickt, wissenschaftliche Verfahren und politikdogmatische Indoktrination verschmolzen werden.

4. Es bleibt das Problem jeder Bildung, daß sie durch Aufklärung, die man auch darin nicht einfach den linken Vereinfachern überlassen darf, den Blick für die Eigenart und Verschiedenheit der Phänomene, auch der Motive und Wahrheiten schärft und damit zunächst das analytische Moment im Blick auf Gesellschaft und Staat, also das Auseinanderfallen der Interessen markiert. Bildung muß darum auch zum zweiten Schritt befähigen: sie muß den Schritt vom Einzelphänomen, vom Besonderen und Analytischen zum Humanum und zum Blick auf die Werte, auf die Gemeinsamkeiten der Kultur ermöglichen und dadurch die moralische Dimension des Handelns und Denkens sichtbar machen. Es geht um die Besinnung auf die Grundlagen der Kultur, ob es die christlichen, humanistischen, die sozialen und liberalen Wurzeln unserer modernen demokratischen Gesellschaft sind. Sozial, das heißt dann Distanz zu gewalttätigen Auffassungen von

Sozialismus; liberal, das findet seine Grenze am Wohlergehen der anderen.

Das bedeutet zugleich, über die Grenzen der eigenen Gemeinschaft hinaus zu schauen. Zur deutschen Identität, so schwierig und gebrochen sie heute erscheint, gehört ein europäisches Selbstverständnis. Es bildet auch im Zeitalter der nach wie vor beherrschenden Ost-West-Spannung unseren eigentlichen Wurzelgrund. Zu unserem großen Schaden haben wir die Verbindung mit der europäischen Geisteswelt immer wieder abgeschnitten oder ausgeblendet, »als ob geschichtliche Identität sich in nationaler Identität erschöpfe« (Rudolf Thadden). Daher ist es wesentlich, die anderen Traditionen, Sehens- und Verhaltensweisen der Nachbarn im Blick zu haben und mit den unseren zu vergleichen, nicht zuletzt die der gemeinschafts- und demokratieerfahrenen englisch-amerikanischen politischen Kultur. Es gilt, nicht betriebsblind zu werden, ebenso wenig in den politisch-gesellschaftlichen Bezügen – wie dies in den ökonomisch-technischen, beruflichen Bezügen heute schon eine Selbstverständlichkeit ist: und das bedeutet lebenslanges Lernen.

5. Gegenüber dem Schatz an Erfahrungen und Wertorientierungen, die unsere westlich-demokratische Kultur für die Gestaltung gesellschaftlichen und politischen Verhaltens enthält, richtet sich die konkrete Aufgabe der Bildung neben dem Verstehen der Institutionen vor allem auf die Bewältigung der Konflikte im sozio-ökonomischen wie im politischen Bereich. Je stärker die Spezialisierung fortschreitet, desto dringender ist die Besinnung auf ein Minimum an gemeinsamen Wertvorstellungen, die das Wohlergehen aller umfassen und betreffen. Und je deutlicher die Erkenntnis von der Bedeutung des Konflikts als Realität, aber auch als Motor auf allen Ebenen des gesellschaftlichen und politischen Lebens hervortritt, desto wichtiger werden zugleich die Mittel und Möglichkeiten der friedlichen Konfliktlösung und der Kooperation.

Die Einsicht in das Aufeinander-angewiesen-Sein und eine unumgängliche *Kooperation,* die sich auch als soziale Partnerschaft gerade im Aufbau der Bundesrepublik so bewährt hat, bleibt nicht nur wegen der sachlichen Erfordernisse einer arbeitsteiligen Gesellschaft nötig, sondern auch zur Stärkung der Orientierungsfähigkeit gerade angesichts der neuen Herausforderungen durch Energiekrise, Umweltproblematik und Generationsverschiebung – beziehungsweise zunehmender Alterung unserer Gesellschaft. Der Kooperationssinn ergibt sich aus dem engen Zusammenhang selbst, in dem die am Konflikt Beteiligten stehen. Nur wenn sie den übergeordneten Sinn des Konflikts erkennen, gelangen sie auch über ihn hinaus. Dann wird gegenüber den zentri*fugalen* Tendenzen in der modernen Gesellschaft auch die lebenswichtige zentri*petale* Bedeutung sozialer Tugenden offenbar: nämlich die integrierenden Kräfte mitmenschlicher Verantwortung und gegenseitigen Vertrauens, ohne die keine Gesellschaft existieren kann. Über Konfliktpädagogik und allzu verwissenschaftliche Kenntnisvermittlung hinaus müßte unser Bildungssystem dem jungen Menschen regelrechte Möglichkeiten bieten, in denen er sein erwachendes Interesse an sozialer Mitverantwortung und am Gemeinwohl verbindlich praktisch erproben sollte (wie dies im englischen Schulsystem für die fünfzehn- bis sechzehnjährigen selbstverständlich ist). Das Unbehagen der Jugend an den Widersprüchen unserer Gesellschaft, in der keineswegs nach ethischen Maßstäben, sondern am materiellen Erfolg oder auch an Showeffekten gemessen wird, könnte dadurch fruchtbar gemacht statt in die Isolierung oder in den Alternativismus abgedrängt zu werden.

6. Schließlich weist die Spannung im Verhältnis von Bildung und Gesellschaft dem Gedanken des *Kompromisses* eine zentrale Bedeutung zu. Konflikte als tägliche Realität zu bestehen erfordert Kompromißbereitschaft, und diese ist nicht bloß als notwendiges Übel, sondern als Wert zu begreifen. Die geschichtlich-politische Erfahrung zeigt, daß hier die eigentliche Alternative zu Diktatur und Gewaltdenken liegt. Geschichte als Verherrlichung der großen Taten und Entscheidungen, als Beispielgalerie für das Recht der Stärkeren: das war und ist verhängnisvoll charakteristisch für eine populäre Form der Geschichtsbetrachtung, die das Recht des Schwächeren und die Erhaltung inneren Friedens vermöge kompromißbereiten Verhaltens in Staat und Gesellschaft abwertet. Wir finden es in der nationalistischen Tradition historischer Staatsverherrlichung, aber auch in den revolutionären Ideologien mit ihrem weltweiten Anspruch auf einseitige, gewaltsame Durchsetzung des als absolut richtig Verkündeten. Der merkliche Aufschwung von totalitären Sekten und

fanatischen Politik-Religionen zeugt von der Aktualität dieses Problems.

Kompromiß ist dagegen die friedliche Bewältigung von Konflikten, die dadurch ins Positive gewendet werden. Indem die Bildung zur Einsicht in Kompromißgedanken und -verhalten fähig macht, leistet sie einen ganz wesentlichen Beitrag zur Umwertung der alten Konfliktbegriffe, die meist auf Gewalt und Freund-Feind-Verhältnisse hinauslaufen. Das höchste Ziel und die vornehmste Errungenschaft der Kultur und ihrer Bildung, das heißt der Bildung zu wahrer Kultur, ist jedoch die Fähigkeit eines politischen Systems, einer Gesellschaft und heterogener Gruppen, Konflikte der Macht und der Interessen nach gemeinsam anerkannten Regeln freiwillig friedlich auszutragen: und dies nicht nur im eigenen Bereich, sondern – und das ist für die Erhaltung des Friedens von elementarer Bedeutung – ebenso auch im Zusammenleben der Völker darauf zu bestehen.

Bei der Entwicklung solcher demokratischen Fähigkeiten und Möglichkeiten kann die Bildung Entscheidendes leisten. Vor allem, wenn sie zu der Einsicht beiträgt, daß Politik nicht absolut gesetzte Ziele, und seien sie noch so groß und ideal, mit allen Mitteln durchzusetzen hat, sondern daß sie dem Zusammenleben von Menschen und ihren Bedürfnissen und Unvollkommenheiten zu dienen hat. Es ist die Einsicht in die *Ambivalenz* aller menschlichen Ziele, deren Realisierung ja stets auf Kosten anderer geht und die darum auf die Notwendigkeit der Balance, der Kontrolle und Korrigierbarkeit des Handelns hinweist. Jede Sache hat ihre zwei Seiten, so lautet das regulative Prinzip hinter allen jenen Vorstellungen, die ein offenes, empirisches Politik- und Gesellschaftsverständnis tragen. Das gilt auch für die Spannung zwischen Freiheit und Gleichheit, zwei Grundprinzipien der Demokratie, die in der menschlichen Natur angelegt und auch im Christentum zum zentralen Thema erhoben sind. Denn Freiheit bringt auch die Forderung nach Gleichheit hervor, und Gleichheit findet ihre Grenze im Freiheitsanspruch jedes einzelnen. Diese dynamische Spannung ist eine stete Herausforderung und ein Antrieb zugleich für die politische Bildung wie für die Gesellschaftspolitik.

Aus der Einsicht in die Ambivalenz resultiert die Notwendigkeit, die Fähigkeit und Bereitschaft zum Abwägen und zum

Gleichgewicht. In diesem Sinne geht es um den Kompromiß als Gleichgewicht der Argumente und Gründe, um Pluralismus als Gleichgewicht der Kräfte, um Demokratie als Gleichgewicht der Gruppen und Willen, schließlich um Frieden als Gleichgewicht der Macht. Eine gesellschaftspolitische Theorie der Freiheit, die den engen, doch spannungsvollen Zusammenhang von Bildung und Gesellschaft zum Ausdruck bringt, beruht wesentlich auf jener Einsicht in die Ambivalenz der menschlichen Zielvorstellungen und in die notwendige Bemühung um ihr Gleichgewicht.

Einer der frühesten Vor-Denker der Demokratie, Aristoteles, hat den Zusammenhang zwischen der Charakterbildung des Menschen und einer wohltätig begrenzten, freiheitlichen und sozialen Staatsform in das Wort gefaßt: »Der bessere Charakter ist immer die Ursache einer besseren Verfassung.« Ohne politische Bildung und ohne politische Kultur keine funktionsfähige Demokratie! Nur trifft leider auch heute vielerorts die Befürchtung Nietzsches zu, die Bildung werde täglich geringer, weil die Hast größer wird.

5. Über die Schwierigkeit der Demokratie

Hoffnungen und Realitäten

Eine demokratische Staatsordnung ist auch heute, im erklärten Zeitalter weltweiter »Demokratisierung«, alles andere als die natürliche, selbstverständliche Form politischer Organisation. Sie stellt vielmehr eine Ausnahme, ein höchst kompliziertes Ergebnis geschichtlicher Entwicklungen und politischer Denkprozesse dar. Das Postulat des englischen Schriftstellers H. G. Wells von 1914, »to make the world safe for democracy«, ist offenkundig ein Wunschtraum geblieben, so emphatisch es die Westmächte damals zum Kriegsziel erhoben hatten, und sooft es seitdem wieder beschworen wurde: nicht zuletzt nach dem Sturz der Diktatoren 1945 und dann in der hoffnungsvollen Bemühung um die neuen Staaten der »Dritten Welt«.

Wohl ereignete sich in Westeuropa das Wunder einer Renaissance der parlamentarischen Demokratien. Aber das geschah im Angesicht der Befestigung kommunistischer Diktaturregime in Osteuropa. Und bald zeigte sich, daß der Vorrang außenpolitischer, nationalistischer und imperialer Bestrebungen vor der Sicherung innenpolitischer Menschen- und Freiheitsrechte die Möglichkeiten zum Ausbau der Demokratie auch nach dem Zweiten Weltkrieg beeinträchtigte. Um so prinzipieller und umfassender stellt sich die Frage, welches denn überhaupt die Bedingungen und die Lebenschancen der freiheitlichen Demokratie in unserer Zeit seien.

Diese Frage war weder außenpolitisch noch ideologisch im Sinne des »safe for democracy« zu beantworten. An die Stelle des naiven Optimismus der zwanziger und der fünfziger Jahre, daß es dafür nur auf den ökonomischen Fortschritt und die richtigen Institutionen ankomme, ist inzwischen die tiefe Skepsis der Theoretiker und Praktiker der Entwicklungspolitik getreten. Nach den negativen Erfahrungen der sechziger und siebziger Jahre, in denen fast alle Entwicklungsländer zu Diktaturen wurden, gilt die Demokratie heute den meisten als unübertragbar, auf den Westen beschränkt – und auch dort im Verfall begriffen.

In der Tat sind die Antworten auf die Frage nach den Lebensbedingungen und den Zukunftsmöglichkeiten der Demokratie heute so vielschichtig und verschiedenartig, daß jede einfache und definitive Erklärung ausscheidet. Betont werden vielmehr die je besonderen historischen, geopolitischen und sozioökonomischen Faktoren, aber auch die religionssoziologischen und geistig-moralischen Voraussetzungen, die der westlichen Welt eigen sind. Der konkrete Begriff der Demokratie hängt mit den Begriffen der Gesellschaft und der Kultur zusammen, auf denen wiederum der Gedanke der richtigen oder guten politischen Ordnung im Sinne menschenwürdigen Zusammenlebens beruht. Eignet er sich zur weiteren Verbreitung in der Welt oder wenigstens zur Behauptung in Europa, oder bedeutet die Erscheinung der Demokratie nur ein relativ kurzes Intermezzo der Geschichte, ein Transitorium in wenigen Staaten und Kulturen?

Historische Aspekte

Im Blick auf die geschichtliche Dimension stellen wir fest, daß es wohl eine Tradition demokratischer Grundvorstellungen gibt, seit diese im Griechenland des 5. und 4. vorchristlichen Jahrhunderts erstmals bewußt vertreten wurden; als die zwei wichtigsten Voraussetzungen einer gemäßigten Staatsform hat Aristoteles damals schon die plurale Struktur des Gemeinwesens und eine tragende Mittelschicht der Bürger zur Verhinderung aller Extreme betont und empfohlen.

Aber es handelte sich um durchaus zerbrechliche, eher vereinzelte Fälle, wann immer in der Folge der Versuch einer Verwirklichung demokratischer Prinzipien unternommen wurde. Da waren die griechischen Stadtstaaten selbst mit ihren kurzen Perioden höchst umstrittener Direktdemokratie; da war die »demokratische« Komponente der römischen Republik, gepriesen von Polybios und Cicero als gemischte Verfassung und konsensgetragener Rechtsstaat (2. und 1. Jahrhundert v. Chr.); da war dann die spätmittelalterliche Übergangsgesellschaft der sich ausbildenden Territorial- und Nationalstaaten, denen streitbare Juristen wie Marsilius von Padua den Gedanken der Volkssouveränität als Legitimationsprinzip eingaben (14. Jahrhundert); da war vor allem der Aufstieg des englischen Parlamentarismus, der Hobbes und Locke auf den Plan rief und mit ihnen die Theorie des liberalen Ordnungs- und Rechtsstaats (17. Jahrhundert). Und schließlich geschah am Ende des 18. Jahrhunderts der revolutionäre Durchbruch eines selbstbestimmten Bürgerstaats in Nordamerika und in Frankreich.

Mit ihm verschärfte sich zugleich die Auseinandersetzung um die zwei Formen von Demokratieverständnis, die seitdem die Fronten geprägt hat: einerseits die an Rousseau anschließende Auffassung von der notwendigen Identität von Regierenden und Regierten, die durch Plebiszite bestätigt und bis zur Forderung der totalitären Einheit gesteigert wird; andererseits die Montesquieu oder Tocqueville folgende Betonung der repräsentativen und gewaltenteiligen, machtbeschränkenden Form der Demokratie.

Die westliche, freiheitliche Auffassung sucht zwar die repräsentativen und plebiszitären Komponenten zu verbinden, sie ist aber eindeutig gegen den identitären, tendenziell totalitären Anspruch gerichtet, mit der heute die Diktatoren in aller Welt ihre Herrschaft scheindemokratisch bemänteln oder rechtfertigen. Das Hauptkriterium bleibt der plurale Charakter von Gesellschaft und Staat, mithin die Teilung der Macht, ein Mehrparteiensystem und die Anerkennung der Opposition.

Einparteiensysteme, die sich als Demokratien bezeichnen, sind entweder ideologisch oder politisch unfähig, den friedlichen Prozeß der Integration und des Interessenausgleichs zu leisten; sie bleiben auf autokratische Zwangsordnungspolitik angewiesen, mögen sie diese mit noch so glühenden Visionen von herrschaftsfreier Gesellschaft (wie der Kommunismus) oder von klassenloser Volksgemeinschaft (wie der Nationalsozialismus) verbrämen oder glorifizieren.

Schon im 19. Jahrhundert hatte sich erwiesen, daß selbst die von mächtigen liberalen Bewegungen erwartete und vorangetriebene Demokratisierung sich nur langsam, unter Rückschlägen (1848) und sehr ungleichmäßig vollziehen konnte. Schon damals wurde auch, wie hundert Jahre später in der Dritten Welt, der Optimismus einer einfachen Übernahme und Anwendung der Demokratie auf andere Länder enttäuscht.

An zwei historischen Beispielen könnte gezeigt werden,

welche hemmenden Faktoren dabei mitspielten: an einer bislang kolonialen Gesellschaft wie der Lateinamerikas nach den Unabhängigkeitskämpfen von 1806–1825; aber auch an einer bereits hochentwickelten Kultur- und Wirtschaftsgesellschaft wie der Deutschlands nach der nationalen Einigung von 1871. In beiden Fällen ist der Zugang zur Demokratie nachhaltig verzögert oder verstellt worden: in Lateinamerika zugunsten eines Typs des autoritären Regimes, das sich zwischen parlamentarischer Demokratie und totalitärer Diktatur etabliert hat, populistisch oder militärisch fundiert; in Deutschland durch die Katastrophen zweier Weltkriege und den leidvollen Umweg einer ideologischen Totalherrschaft. Erst ihr Scheitern hat die antidemokratischen Traditionen und Illusionen beseitigt und nach dem Versagen der ersten Demokratie den Weg zu einer zweiten, stabileren freigemacht – nun freilich auf Kosten der nationalen Teilung.

Politische Dimension

Blickt man auf die vielschichtige demokratische Gedanken- und Verfassungsentwicklung zurück, so bleibt zu bedenken, wie ständig präsent die Möglichkeit eines Rückfalls in autokratische oder der Verführung zu totalitären Politikformen ist, die nach der Durchsetzung des modernen Rechtsstaats immer wieder hereinbrachen und in unserem Jahrhundert furchtbarste Wirklichkeit wurden. Man wird dann die westliche Demokratie weder als notwendige Konsequenz eines einlinigen geschichtlichen Fortschritts noch als ohne weiteres übertragbare »beste« Form einer politischen Verfassung im Sinne der ewigen Suche nach dem idealen Staat betrachten können. Sie ist vielmehr die Frucht einer höchst komplizierten sozialen und politischen Entwicklung und zugleich einer geistigen und moralischen Anstrengung, die immer wieder darauf ausging, die Schranken der bloß »natürlichen« Verhältnisse zu überwinden und den Prozeß der »Zivilisation« auch im politischen Bereich über einen bloßen Machtdarwinismus hinauszuführen.

Will man unsere Doppelfrage beantworten – hat die Demokratie auch in weiteren Staaten eine Zukunft, hält sie sich wenigstens im Westen stabil und funktionsfähig, oder ist sie nur eine

Zwischenform auf dem Wege zum Orwellschen 1984, zum perfekten Verwaltungs-, Medien- und Ideologiestaat? – so ist zunächst nüchterner Realismus vonnöten. Das gilt in zwei verschiedenen Richtungen: zunächst als Kritik allen naiv-fortschrittlichen Entwicklungstheorien gegenüber, wie sie z. B. auch jüngst einer der bedeutendsten Entwicklungstheoretiker, der Yale-Professor David Apter, in dem wichtigen Sammelband »A Generation of Social Thought« (London 1980) geübt hat; zum anderen aber geht es vor allem – mit Karl Popper – um die entschiedene Absage an alle politischen Theorien, die von Platons »Zauber« bis zu Hegels und Marxens Dialektik auf der Suche nach dem perfekten Staat den geschlossenen, abstrakten, letztlich unmenschlich totalistischen vor den offenen, unvollkommenen, pluralistischen Demokratiebegriff stellen.

An der Überforderung des Demokratiebegriffs ist einst die Weimarer Republik gescheitert: fast selbstmörderisch ließ sie ihre Feinde gewähren, ließ die Demokratie im Namen der Demokratie beseitigen – wie dies Überforderer des Demokratiebegriffs in heutigen Kampagnen gegen »Berufsverbote« wieder versuchen. Die Übererwartung und Überanstrengung des Demokratiegedankens als Idealkonstrukt der Philosophen und Soziologen, der Politökonomen und Staatstheoretiker führt – einst wie jetzt – in die Enttäuschung und das Versagen, weiterhin in die Widerlegung und das Für-Unmöglich-Erklären. So sind Köpfe wie Robert Michels vom Sozialismus zum Faschismus oder Carl Schmitt zur Theorie des totalen Führerstaates gelangt – und mit ihnen mancher Schüler. Und so erklärt sich auch heute die Frustration oder der Zynismus einer Generation, die der Entideologisierung der Nachkriegszeit einen Theorie- und Idealanspruch entgegenhielt, welchem Parlamentsdemokratien nicht genügen konnten.

Die große ideologische Debatte der sechziger und siebziger Jahre ist in ihrer teils marxistischen, teils liberalistischen Überhitzung verantwortlich für die Realitätsferne, mit der die Möglichkeit der Demokratie verkannt wurde. Daher auch die weltweite Flucht in den Einparteien-Sozialismus – statt des Wegs in die Mehrparteien-Demokratie, der entweder für unmöglich oder aber für unzureichend erklärt wird.

Totaler Sozialismus, ob nun leninistischer oder nationalistischer, bedeutet nichts anderes als Diktatur im Namen des Perfektionstraums, und mithin den verachtungsvollen Verzicht auf jenen »Gang der Schnecke« (Günther Grass) und jenes »beharrliche Bohren harter Bretter« (Max Weber), die allein zur Wirklichkeit der Demokratie führen – zu jener Staatsform, die alles andere als vollkommen und doch die am wenigsten schlechte unter den Formen menschlichen Zusammenlebens und politischen Machtstrebens ist: die einzige, in der nicht um des äußeren Erfolgs willen Opposition und Minderheiten unterdrückt, Interessen geleugnet, die Freiheit aufgehoben werden kann.

Armut oder Reichtum, feudale oder bürgerliche Struktur, Landwirtschaft oder Industriekultur, soziale Rechte und Bildungshöhe – alle diese Indikatoren einer Gesellschaft sind bedeutsam, wenn es um die Möglichkeit von Demokratie geht, und die westeuropäisch-nordamerikanische Mittelstandsgesellschaft bietet gewiß bessere Voraussetzungen für gemäßigte Regierungsformen als die sozial gespaltenen, verarmten, ideologisierten Klassengesellschaften Südeuropas und natürlich weit mehr noch als die der Dritten Welt.

Aber damit ist doch noch kein sicherer, automatischer Zusammenhang zwischen materieller Entwicklung und Demokratiechance hergestellt, wie auch die neuere Geschichte Europas beweist (wobei überdies die militärischen Machtverhältnisse und die Rolle von Supermächten die Demokratiechancen zumal in Osteuropa blockieren). Ebenso wichtig sind die geistigen und kulturellen Faktoren. Der religionssoziologische Erklärungsansatz, mit dem Max Weber schon zu Beginn unseres Jahrhunderts die kalvinistisch-kapitalistischen Wurzeln der europäischen Moderne aufgedeckt hat, ist auch heute, im Zeitalter neo-islamischer Revolution und ideologischer Erweckungsbewegungen, nicht überholt.

Vor allem aber bleibt es eine politisch-anthropologische Grundfrage, die Frage nach dem Wert des Einzelmenschen und dem freiheitlich gemeinschaftsbezogenen Menschenbild, die Idee des »Zoon politikon« als Person, die der europäischen Herkunft der Demokratie das Gepräge gibt. Es ist die schwer zu vermittelnde, schwierige, anspruchsvolle Einsicht, daß eben *nicht* der Zweck die Mittel heiligt und daß die Würde des Menschen und der Schutz gegen Machtmißbrauch höher steht als noch so hohe Ziele. Erst wo dies anerkannt ist, besteht heute und auch in Zukunft die Möglichkeit der Demokratie.

6. Europa zwischen National- und Weltpolitik

Historische Wandlungen

Die europäische Geschichte der vergangenen Jahrhunderte war in steter Steigerung Gewaltgeschichte. Sie stand im Zeichen einer Reihe von grundlegenden Spannungen, unter denen diejenige zwischen dem Aufstieg der Nationalstaaten und der gleichzeitigen Entfaltung der kolonialen und imperialen, weltpolitischen Rolle Europas hervortritt: freilich auch deren Verfall. Denn sie führte in die selbstzerstörerischen Krisen und Umbrüche des 20. Jahrhunderts, die in zwei Weltkriegen ausgetragen wurden – und die in den Konfrontationen des Kalten Krieges und auch des Nord-Süd-Konflikts fortdauern. Zeitgenössische Beobachter wie Sigmund Neumann und Gerhard Leibholz haben den Umbruch auf den Begriff des »Weltbürgerkriegs« gebracht[1] und zu der These zugespitzt: »Während man im Zeitalter des Nationalstaats ideologische Zielsetzungen mißbraucht hat, um mit ihrer Hilfe einen nationalistischen Imperialismus zu tarnen, werden im 20. Jahrhundert in Übereinstimmung mit dem Wechsel der strukturellen Grundlagen unseres Zeitalters nationale Zielsetzungen verfolgt, um eine ideologische Machtausweitung möglich zu machen.«[2] Doch im tiefgreifenden Wandel der Machtverhältnisse und in der Hinwendung zu einer europäischen Einigungspolitik besteht die alte Problematik fort: auch globale Blockpolitik und Internationalisierung von Außenpolitik verhindern nicht, daß der Nationalstaat als die politische Normalform gilt – noch immer in der alten Welt, und mit besonderer Emphase in der Welt der neuen Staaten.

Das Spannungsverhältnis zwischen nationalstaatlicher, ideologischer und weltpolitischer Orientierung bestimmt aber nicht nur die außenpolitischen Auseinandersetzungen der neueren Geschichte, es beeinflußt auch die zunehmend dramatisierten Wechselbeziehungen von Außen- und Innenpolitik und den stürmischen Modernisierungsprozeß Europas in den vergangenen zweihundert Jahren. Denn bei der ideologisch aufgeladenen Spannung zwischen den Ansprüchen imperialer Herrschaftsgestaltung und nationalstaatlicher Souveränitätspolitik geht es zugleich um die Frage nach dem letztgültigen Prinzip politischer Organisation, gesellschaftlicher Integration und staatlicher Legitimation, als deren Träger sich der säkularisierte Einheitsstaat im Kampf sowohl gegen partikulare wie gegen imperiale Formen der Politik versteht.

Das hat seine tiefen historischen Wurzeln. Die Geschichte Europas erscheint im Rückblick als ein ständiger, geradezu dialektischer Konflikt zwischen zwei Grundtendenzen: der Auseinanderentwicklung von Staaten, Nationen, Kulturen – und zugleich ihrem engen europäisch-abendländischen Zusammenhang; der Verschiedenheiten und der Ähnlichkeiten in der politisch-sozialen Entwicklung; der Differenzierung und der Vereinheitlichung der staatlichen Strukturen wie der gesellschaftlichen und zivilisatorischen Wertvorstellungen; der konfessionellen Spaltung und der christlich-abendländischen Weltauffassung. Nie ist Europa eine politische Einheit gewesen: auch nicht das außerrussische, aus dem Zerfall des römischen Reiches hervorgegangene Europa der westlichen Zivilisation. Die mittelalterlichen Kaiser strebten nach Vormachtstellung unter den europäischen Fürsten und Königen, nicht weniger und nicht mehr. So stark wie die kulturellen Bindungen des mittelalterlichen Europa durch die Kirche waren, so dezidiert hat sich gerade das Papsttum immer erneut gegen Universalansprüche von Kaiser und Reich gewandt und die partikularen Kräfte der Fürsten und der entstehenden »Nationen« gestützt: die Träume Dantes, der Staufer oder Karls V. – soweit sie universalistische Vision waren – blieben Träume, freilich von starker Beharrungs- und Prägekraft, oft gebraucht und mißbraucht.

Universalistische Tendenzen und partikulare Vielheit und Vielfalt standen in dauerhafter Spannung zueinander. Zugleich gab es immer wiederkehrende Formen eines Ost-West-Konfliktes seit den Zeiten der Völkerwanderung, Ostroms und des Islam, der Hunnen, Ungarn und Türken: Abendland gegen Morgenland. Außenmächte wie Türken und Russen wurden auch in der Folge häufig gegen die Bestrebungen mobilisiert, Europa durch eine Einigungsmacht zusammenzuhalten oder zusammenzuzwingen. Seit Beginn des 19. Jahrhunderts sind vor allem zwei große, gewiß sehr verschiedenartige Versuche zu einer gewaltsamen

Durchsetzung des Einheitsprinzips unternommen worden und gescheitert: der hegemoniale Versuch unter Napoleon 1806–1812 und der totalitäre unter Hitler 1940–1945. Ihnen folgte Stalin und die bis heute andauernde Tendenz sowjetischer Hegemonialpolitik. Aber auch die Versuche zur Stabilisierung eines europäischen Gleichgewichts haben stets nur vorübergehenden Erfolg gehabt. Solange Europa die Welt bedeutete, blieb die europäische Einheit ein ferner Traum, so real die Gemeinsamkeiten und Wechselbeziehungen waren. Ob die Eroberungen Europas nun mit dem Anspruch der revolutionär-zivilisatorischen Einigung (Napoleon) oder der geopolitischen und rassistischen Neuordnung (Hitler) begründet wurden, sie waren vor allem Hegemonialpolitik, Vorherrschaft eines europäischen Staates über die anderen, zugleich »imperiale« Reichspolitik in jenem doppelten Sinne des Wortes, der sowohl vom Imperium Romanum wie vom neuzeitlichen Kolonialismus, Expansionismus und Ideologismus zugleich abgeleitet wird[3].

Demokratische und totalitäre Europapolitik

In der Problemgeschichte Europas besteht also eine tiefe Kluft zwischen gemeineuropäischen Ideen und Parolen und den Realitäten staatlicher Macht- und Hegemonialpolitik. Das gilt schon für die historischen Auseinandersetzungen um Papsttum und Reichsgedanken, Universalismus und Nationsbildung. In der Neuzeit wird der Konflikt verschärft durch den Aufstieg umfassender Ideologien und scharf divergierender Herrschaftsformen, die schließlich in die Konfrontation demokratischer und totalitärer Systeme im 20. Jahrhundert münden.

Die Entwicklung der Europapolitik ist durch diese Konfrontation auf entscheidende Weise geprägt worden. Nach der tiefen Erschütterung nationalstaatlicher Politik im Ersten Weltkrieg hat die Berufung auf die europäischen Gemeinsamkeiten Europabewegungen inspiriert und Hoffnungen auf deutsch-französische Zusammenarbeit im Geiste Stresemanns und Briands emporgetragen. In seinem damals viel beachteten Buch »Der Aufstand der Massen« schrieb Ortega y Gasset 1929, inmitten der nationalistischen Welle zwischen den Kriegen: »Machten wir heute eine Bilanz unseres geistigen Besitzes – Theorien und Normen, Wünsche und Vermutungen –, so würde sich herausstellen, daß das meiste davon nicht unserem jeweiligen Vaterland, sondern dem gemeinsamen europäischen Fundus entstammt. In uns allen überwiegt der Europäer bei weitem den Deutschen, Spanier, Franzosen ...; vier Fünftel unserer inneren Habe sind europäisches Gemeingut.«[4] Und noch am Vorabend der Hitlerschen Machtergreifung beschwor der spätere Widerstandskämpfer Carlo Mierendorff, damals junger sozialdemokratischer Reichstagsabgeordneter, die »Besinnung auf Europa«:[5] »Es handelt sich um die Organisation Europas aus überstaatlichem Denken, es handelt sich um die Überwindung jenes Nationalstaatenwahns, an dessen Forcierung die europäischen Völker heute zugrunde zu gehen drohen.«

Aber den entscheidenden Einschnitt in der Entfaltung einer eigenständigen Europapolitik setzte doch erst das totalitäre Schreckensregime Hitlers, der Zweite Weltkrieg und die Drohung der Stalinschen Diktatur. In voller Schärfe wirkten sich nun erst jene neuen weltpolitischen Realitäten des 20. Jahrhunderts aus, die schon im Ersten Weltkrieg spürbar geworden, dann aber durch die Restauration der nationalen und imperialen Machtpolitik im Europa der zwanziger und dreißiger Jahre überdeckt worden waren. Erst die Katastrophe des Zweiten Weltkriegs machte endgültig die neuen Faktoren und Realitäten europäischer Politik sichtbar. Sie lassen sich in drei Punkte zusammenfassen:

1. Die europäischen Nationalstaaten werden vom Subjekt zum Objekt der Weltpolitik, die Geschichte Europas bestimmt nicht länger die Weltgeschichte, ist nicht mehr der Inbegriff der Weltgeschichte überhaupt.
2. An die Stelle der souveränen Einzelstaaten mit dem Anspruch auf Großmacht- und Kolonialpolitik treten machtpolitisch und ideologisch scharf abgegrenzte Blöcke; sie verfestigen eine Teilung Europas unter Vormachtstellung der außereuropäischen Supermächte, der Vereinigten Staaten von Amerika und Sowjetrußlands, die den Krieg entschieden und über den Frieden verfügten. Es ist ein »bipolarer Frieden« im Zeichen eines bis heute fortdauernden »Kalten Krieges«.

3. Aber der Zerteilung und Außenlenkung Europas in einem Kampf der politischen Systeme und Ideologien, der im Grunde schon seit 1917/18 fortdauert, steht nach 1945 ein unerwartet rascher Prozeß der Erholung und Erneuerung Westeuropas gegenüber. Er manifestiert sich vor allem in zwei großen Zusammenhängen: in einer Renaissance der oft totgesagten parlamentarischen Demokratie; und in den Durchbrüchen einer überstaatlichen Europabewegung und Europapolitik[6].

In diesem Prozeß spielt die immer enger werdende Verflechtung der Innen- und Außenpolitik in und zwischen den Staaten und Staatenblöcken eine bedeutsame Rolle. Die alte Streitfrage nach dem Verhältnis von innerer und äußerer Politik, die enge Beziehung zwischen der Staats- und Gesellschaftsverfassung und dem Streben nach internationaler Ordnung, schließlich die innen- wie außenpolitische Bedeutung der großen Ideologien wird durch die neue Europapolitik in ein schärferes Licht gerückt[7]. Was im Wandel der Staats- und Gesellschaftspolitik, in der weltweiten Ausdehnung des Demokratiegedankens, aber auch in der Steigerung autoritärer und totalitärer Herrschaftssysteme seit dem Ende des 19. Jahrhunderts hervortritt und durch die globalen Kriege unserer Epoche 1914–18 und 1939–45 noch beschleunigt wird, kommt im Ringen um Europa und seine künftige Identität besonders scharf zum Bewußtsein: die Bedeutung der gesellschaftlichen und der ideologischen Faktoren überlagert die Regeln der traditionellen Staatenpolitik.

Aber es wäre einseitig und irreführend, wollte man der zumal im Deutschland des 19. Jahrhunderts vorherrschenden Vorstellung vom Primat der Außenpolitik nun die These von einem Primat der Innenpolitik entgegenstellen. Denn zugleich beobachten wir, wie in der Zeit der Weltkriege und Weltbürgerkriege bestimmte Konstanten nationalstaatlichen Verhaltens und geostrategischer Bedingungen durchaus erhalten bleiben, ja noch gesteigert hervortreten und ideologisch verschärft werden. Im Kampf der Gesellschaftssysteme und im Begriff der Koexistenz steckt zugleich der Anspruch, die innere Ordnung der Staaten mit ihren äußeren Gegebenheiten in Einklang zu bringen. Auch der Gedanke des Friedens enthält beide Aspekte: den gesellschaftlichen wie den machtpolitischen.

In der Entwicklung der Europapolitik wird diese Ambivalenz besonders deutlich. Zwischen überstaatlicher Integration und staatlicher Interessenpolitik verläuft der Versuch, zum ersten Mal in der Geschichte die Spannung von einzelstaatlicher Machtentfaltung und übernationaler Kooperation institutionell zu lösen und einen Weg aus dem alten Dilemma europäischer Geschichte zu finden: aus dem Auf und Ab von Zerspaltung und zwangshafter Hegemonie, von Nationalismus oder Imperialismus. Es waren zwei Faktoren, die seit dem zweiten Weltkrieg diese Bemühungen beschleunigten: die aktuelle Konfrontation von freiheitlich-demokratischen und diktatorisch-totalitären Herrschaftssystemen, und die zeitgeschichtliche Erfahrung der Bedrohung Europas und der Welt durch eine hegemoniale Machtpolitik von bisher ungekanntem Totalanspruch im Zeichen universaler Ideologien und globaler Waffenwirkung.

Die beiden historischen Ansätze der Europapolitik sind in dieser Konfrontation enthalten: Hegemonie oder Kooperation. Vom römischen Reichsgedanken bis zu Karl V. und über den Herrschaftsdrang Ludwigs XIV. und Napoleons zum totalitären Imperialismus Hitlers und Stalins steigert sich der Versuch, die Vielfalt der politischen Gebilde und Beziehungen jeweils in eine einheitliche gelenkte, von einem Prinzip dominierte Herrschaftsform zu überführen, zusammenzuzwingen. Andererseits aber: der Gedanke des christlichen Abendlands, der westlichen Zivilisation und des Völkerrechts, das Streben nach einer liberalen Freiheitsordnung der Völker von Locke bis Kant mündet schließlich in die Idee der Vereinigten Staaten von Europa, die nach dem Ersten Weltkrieg aufflammte, von den Widerstandsbewegungen des Zweiten Weltkriegs aufgenommen und im Gedanken der europäischen Integration endlich zu institutioneller und machtpolitischer Realität drängte.

Gewiß sind diese beiden historischen Linien nicht immer deutlich geschieden; charakteristisch ist vielmehr, daß auch die hegemonistischen Versuche mit der Argumentation und dem Anspruch einer überstaatlichen Kooperation und Einigung auftreten, die sie dann freilich unter die eigene Einherrschaft und unter *eine* Idee zu zwingen suchen: sei dies nun die französische Revolutionsdoktrin, der germanisch-deutsche Rassengedanke, die sowjetrussische Kommunismus-Version. Demgegenüber war ein »dritter Weg«, nämlich der Gedanke des europäischen Gleichgewichts und des Konzerts der Mächte, auf die Dauer nicht imstande, jene grundlegende Spannung aufzuheben, die für die Entwicklung Europas charakteristisch ist. Das gilt besonders auch für das nationalstaatliche und demokratische Zeitalter des 19. und 20. Jahrhunderts. In den beiden Weltkriegen ist die Brüchigkeit innereuropäischer Gleichgewichtspolitik deutlich geworden, und seither tritt jene Konfrontation von freiheitlicher und totalitärer Europapolitik hervor, die zugleich auf einer neuartigen, intensiveren Verflechtung von Innen- und Außenpolitik, von gesellschaftlichen und ideologischen Motiven europäischer Staatsgestaltung beruht.

Neue Dimensionen

Wenn hier der Begriff des Totalitären benutzt wird, so geschieht dies bewußt gegen jene vielen neueren Kritiker, die in der »Totalitarismustheorie« nichts als eine Ausgeburt des Kalten Krieges und des Antikommunismus erblicken. Der Verfasser weiß sich seit drei Jahrzehnten mit Walther Hofer – wie mit dem gemeinsamen älteren Freund, dem 1975 verstorbenen Ernst Fraenkel – in der Einsicht verbunden, daß die klare Kennzeichnung und Unterscheidung, die der Totalitarismusbegriff einführt, eine grundlegende Komponente der modernen Diktatur und zugleich eine inhärente Bedrohung der modernen Demokratie aufdeckt[8]. Wie in der Innenpolitik und in der Regimelehre, so eröffnet auch im Bereich der internationalen Politik das Auftreten totalitärer Bewegungen eine neue Dimension der Machtpolitik, die trotz mancher Parallelen zum älteren Universalismus und Imperialismus eine neuartige Intensität der Organisation und der Rechtfertigung politischen Handelns begründet.[9] Während die innenpolitische Entwicklung seit 1917 in vielen Staaten zur pseudodemokratischen Legitimierung von Links- und Rechtsdiktaturen führt, deren Totalanspruch alle bisherigen Formen von Despotismus hinter sich läßt, indem sie mit der Proklamation der völligen »Einheit« von Staat und Gesellschaft, Bürger und Partei, Volk und Führung das Paradies auf Erden verheißt, ist die außenpolitische Perspektive des Totalitarismus auf die Erzwingung einer hegemonialen Neuordnung oder weltrevolutionären Zerschlagung des Staatensystems gerichtet.

Dabei spielt der alte Gedanke der Einheit Europas eine neue Rolle. Man kann in der Tat zwei große Ansätze erkennen, die jener Entwicklung entsprechen: den Gedanken einer föderalistischen, paneuropäischen, westlich-demokratischen Kooperation und Integration; und die von Napoleon über Hitler zu Stalin reichende Tradition imperialer »Neuordnung« unter einem ideologischen Prinzip. Dem Aufstieg diktatorischer und totalitärer Europapolitik tritt erst spät, im Augenblick der höchsten Bedrohung, die demokratische Europabewegung der vierziger Jahre entgegen; sie richtet sich zuerst gegen den nationalsozialistischen, dann gegen den Stalin-kommunistischen Hegemonismus.

Der Gedanke der Einheit Europas war im Mittelalter vor allem kulturell und religiös begründet: römische Kaiseridee und Papsttum bildeten den Kristallisationskern, in ihrem Konflikt lag der Ansatzpunkt der Einzelstaaten. Die Neuzeit hingegen definierte sich geradezu mit der souveränen Selbständigkeit der Einzelstaaten und ihrer säkularisierten Staatsräson.

Dem modernen Staatsgedanken folgte die Konstituierung der Nation als Grundeinheit des politischen Lebens. Das bedeutete nichts anderes als die Differenzierung Europas in verschiedene Länder, in denen nun eine neue politische Integration nach den Prinzipien monarchisch-absolutistischer Einzelherrschaft und nationalstaatlicher Lebensgemeinschaft durchgesetzt wurde. Der Prozeß erreichte im 19. Jahrhundert seinen Höhepunkt.

Zwei Faktoren haben dann zu einer neuen Wende geführt: die ökonomisch-technische Entwicklung, die seit der Industrialisierung und der Umwälzung des Verkehrswesens die Interdependenz fast ruckartig gesteigert hat; und – nach der Schwächung durch die großen Kriege – die politische Emanzipation der außereuropäischen Welt aus dem kolonialen Status hinaus, die Europa und seine Staaten mehr und mehr in die Rolle einer Macht unter anderen versetzte und geradezu notwendig auch den Gedanken an die Überwindung der politischen Zersplitterung erneuerte.

Die europäische Geschichte der letzten zwei Jahrhunderte stellt sich als ein Auf und Ab oder Hin und Her dieser Tendenzen dar. Auf das Konzert der europäischen Mächte folgten in der Zeit der Französischen Revolution und Napoleons die Parolen der

Modernisierung und Einheit im Sinne menschheitsumspannender Werte, aber zugleich auch der nationalen Erweckung der Völker Europas. Im Namen der »Heiligen Allianz« kam dann die Erneuerung der Mächtepolitik als ein Rückgriff auf den älteren Universalismus gegenüber dem revolutionären. Das alt-neue Konzert der Mächte wurde nur kurz und wetterleuchtend unterbrochen durch die Revolutionen von 1848, die nicht zuletzt ein Zeichen europäischer Gemeinsamkeit waren[10]. Aber schon damals gab es auch die Zukunftsvision von den zwei Supermächten jenseits Europas, Amerika und Rußland, die so nachdenkliche Beobachter von Revolution und Demokratie wie Tocqueville (1835) beschworen.

Nach dem Debakel des imperialistischen Konkurrenzkampfes um Weltmachtstatus im Ersten Weltkrieg dauerte das alte Mächtekonzert trügerisch fort, noch um die schrillen Dissonanzen gesteigert, die von zahlreichen neuen Nationalstaaten ins Spiel gebracht wurden. Der Krieg von 1914–18 hatte zwar das alte System nicht völlig zerstört – nur Rußland war zunächst ausgeschieden –, wohl aber sein Fortbestehen nachhaltig gestört. Aber zum Scheitern verurteilt war auch der neue Versuch einer hegemonialen Gleichschaltung Europas durch Unterwerfung, den das faschistische Italien und das nationalsozialistische Deutschland unternahmen. Als »zu spät gekommene«, doch betont »junge Nationen« verkündeten sie das neue Prinzip einer europapolitischen und weltgeschichtlichen Bewegung: die Achse Berlin–Rom, um die sich alles drehe. Mehr noch als die Versuche der Revolution Napoleons hatten diese Aktionen zur gewaltsamen Neuordnung Europas einen künstlichen Charakter, und ihr unmenschliches Grundprinzip, die extrem nationalistische und rassistische Terrorpolitik, sprach ohnehin jedem Anspruch auf europäische Geltung Hohn.

Das galt nun freilich auch für den dritten Versuch, der unmittelbar folgte: für den Kontroll- und Herrschaftsanspruch der Sowjetunion über das von Hitler befreite Europa. Die Ausbreitung kommunistischer Bewegungen lebte von den Führungsansprüchen, die sie als vorgeblich stärkste Widerstandskräfte gegen den »Faschismus« auch in Westeuropa erhoben – was sie freilich gerade in der kritischsten Zeit von 1939–41 nicht waren, als allein das England Churchills gegen Hitler stand.

Die historischen Parallelen treten bei aller Verschiedenheit der politisch-ideologischen Umstände und Ziele deutlich hervor. Bei jedem Versuch europäischer Vorherrschaft greifen außen- und innenpolitische Strategien und Wirkungen ineinander: an die Rolle der Jakobiner und der internationalen Sympathisanten der französischen Revolution erinnern die autoritären Sympathisanten der »Achse« Berlin–Rom, aber auch die Glaubenstruppen der kommunistischen Parteien, die in ganz Europa der sowjetischen Politik den Weg bereiten. Nach der Eroberung werden jeweils Satellitenregime eingesetzt und Grenzen willkürlich verändert; aber am Widerstand zuerst Englands und dann Rußlands scheitert sowohl 1812 wie 1941 der hegemoniale europäische Gewaltakt. Und auch im dritten Fall, bei der Ausdehnung der sowjetischen Macht nach 1944, tritt die bürgerkriegsmäßige Rolle der Sympathisanten-Bewegungen und der Satellitenpolitik hervor: jener Konflikt zwischen Patriotismus und Ideologie, Loyalität und Verrat, der quer durch die inneren Fronten Europas verläuft[11].

Damit endet freilich die Vergleichbarkeit. Der Platz und die Stellung Europas zwischen zwei Supermächten, die durch Teilung und Eindämmung die Balance zu halten suchen, ist etwas Neues in der europäischen Geschichte des Auf und Ab von einzelstaatlichen und universalen Tendenzen. Und dem entspricht nun auch das neue Prinzip einer schrittweisen Einigungspolitik Westeuropas durch Institutionen und Prozesse: auf der Grundlage der Gleichberechtigung aller Staaten und mit dem Ziel der friedenssichernden Integration, nicht der Vorherrschaft. Das war gegen die bisherige Tradition hegemonialer Einheitspolitik gerichtet, aber auch gegen einen Rückfall in die alternative Tradition der vielstaatlichen Machtpolitik. Freilich geschah es auf der Grundlage und zu Lasten einer tiefen Spaltung Europas, die alle bisherigen nationalen Differenzen in den Schatten stellte: Konsolidierung, Friedenssicherung, Europäisierung um den Preis einer bipolaren Dauerkonfrontation[12].

Der Zweite Weltkrieg besiegelte die lange verdrängte Einsicht, daß die europäischen Bruderkriege der Staaten und Nationen zur Niederlage aller und zum Verlust der Stellung Europas in der Welt geführt hatten. So brachte 1945 nicht nur die Befreiung vom totalitären Terror-Regime des Nationalsozialismus, sondern zugleich die schmerzhafte Loslösung von den Illusionen, die nach dem Ende des Ersten Weltkrieges fortgedauert hatten. Damit öffnete sich ein Weg zur Entwicklung zwischennationaler und schließlich supranationaler Politik, wie sie vorher nur als Idee und Wunschtraum existiert hatte.

Dazu trug nun freilich wesentlich die Teilung Europas in Blöcke und die Vorherrschaft einer totalitären Supermacht in Osteuropa bei. Wiederaufbau im Zeichen der Teilung Europas: das bedeutete die Enttäuschung der Hoffnung, daß aus diesem Kriege die freiheitliche Demokratie sicherer und definitiver als aus dem Ersten Weltkrieg als Sieger hervorgehen werde. Die Forderung nach europäischer Einigung hat eine lange Vorgeschichte. Nun aber traten neue, zwingende Motive hinzu. Sie stammten aus den Widerstandsbewegungen und dem Erlebnis des Zusammenbruchs, aber auch aus dem Bedürfnis und Zwang zu engerer wirtschaftlicher Zusammenarbeit in größeren Räumen und zu einer gemeinsamen politisch-militärischen Abschirmung Westeuropas[13]. Wenn nun von Europa die Rede war, dann von jenem Teil, der sowjetischer Herrschaft und Kontrolle entging und schon durch den Begriff »Freie Welt« als politisch zusammengehörig oder doch abgehoben empfunden wurde. Auch eine überkritische Betrachtung der Nachkriegsgeschichte, die dem Westen die Mitschuld an der Entstehung des Kalten Krieges gibt, wird jedenfalls den grundlegenden Unterschied zwischen dem Zusammenschluß Westeuropas und der Unterwerfung Osteuropas nicht leugnen können.

Es war ein Unterschied der inneren Verfassung und der Auffassung von Demokratie, aber es war auch ein Unterschied in der Form des Zusammenschlusses, der intendierten Integration, der Vorstellung einer möglichen Einheit Europas überhaupt. Den grundlegenden Unterschied macht schon die Position der Supermächte in oder gegenüber jedem Einigungsprozeß aus. In der Tat ist keine Art von übernationaler Organisation in Osteuropa zu denken, die nicht von der Macht der Sowjetunion beherrscht, mit ihr geradezu identisch wäre. Im Westen war demgegenüber von Anfang an der Gedanke der gleichberechtigten Mitwirkung und freien Wahl bestimmend. Der Bündnis- und Einigungsprozeß Westeuropas ist gerade nicht identisch mit dem Einfluß und der Macht der USA, die wohl in der NATO eine entscheidende Rolle spielt, die europäische Gemeinschaft aber nicht ähnlich dominiert wie die Sowjetunion die Organisation Osteuropas.

Drei Jahrzehnte später scheint uns heute der Verlauf der Ereignisse, die Europa und die Welt so entscheidend verändert haben, in vieler Hinsicht logisch oder gar unausweichlich, so heftig umkämpft die Nachkriegsentscheidungen von Fall zu Fall gewesen sind, so viele Einzelfaktoren sie beeinflußt haben. Auch in dieser Hinsicht ist die nachträgliche Kritik jener »revisionistischen« Historiker fragwürdig, die dem Westen eine fast verschwörerische Dramatisierung des Kalten Krieges unterstellen und in der engen Kooperation Westeuropas geradezu ein bewußtes Mittel zur Verschärfung der Konfrontation, zugleich das eigentliche Hindernis für eine gesamteuropäische Lösung der Nachkriegsprobleme sehen. Diese Sicht bedeutet im Grunde nichts anderes als eine Rückkehr zu den Illusionen von 1945. Aber die Hoffnungen auf die »one-world«-Konzeption, Alternative zur Spaltung und Konfrontation in Europa, ist damals durch die konträre Interessenlage der beiden Supermächte und das totalitäre Herrschaftsverhalten der Sowjetunion rasch und eindeutig ad absurdum geführt worden. Die Nachkriegsgeschichte Europas enthält in der nun schon fast historischen Perspektive der fortdauernden sowjetischen Hegemonialpolitik zu viel an Folgerichtigkeit, als daß ihr Verlauf und Ergebnis lediglich aus den Fehlern der Politiker oder gar aus einer dämonisierten »Verschwörung« von kapitalistischen Interessenten des Kalten Krieges zu erklären wäre[14].

Heute beobachten wir vor allem eine tiefe Diskrepanz zwischen der Weltbedeutung europäischer Wirtschaft und Kultur und der Bedrohung und Abhängigkeit Europas, zwischen seinem technisch-ökonomischen Fortschritt und seinen Verfallserscheinungen in den großen Anfechtungen und Auseinandersetzungen des 20. Jahrhunderts. Diese Diskrepanz entspricht den historischen Wandlungen Europas, und sie bestimmt das gegenwärtige Ringen um die Möglichkeit und die Entscheidungsfähigkeit einer supranationalen, die Nationalstaatspolitik übersteigenden Europapolitik. Dabei geht es nicht nur um die außenpolitische Entwicklung der europäischen Mächte, ihre Stellung zwischen Weltgeltung und partikularen Konflikten, sondern ebenso um die innenpolitischen und die ideologischen Dimensionen der europäischen Staats- und Gesellschaftsentwicklung. Das europäische Dilemma trat schon in der Herausbildung der großen Konfrontationen zwischen alten Autokratien, neuen Demokratien und autoritären, schließlich totalitären Diktaturen hervor, und es verschärfte jene europäischen Bürgerkriegslagen, die 1914 und 1917/18, 1933 und 1945 durchbrachen: lange vorausgeahnt schon von Denkern wie Tocqueville, die auf die künftige Polarisierung und Abhängigkeit Europas zwischen den Prinzipien der Freiheit und Knechtschaft hingewiesen haben – sowie auf die Abhängigkeit Europas von großen Außenmächten, die diese Prinzipien verkörpern sollten: Amerika und Rußland[15].

Diese Entwicklung nach 1945 war in der Tat nicht nur eine Frage der Außen- und Bündnispolitik. Die Unterschiede und die Gemeinsamkeiten der innerstaatlichen und gesellschaftlichen Strukturen werden nun zu dem großen Thema der Europapolitik. Nach den Erfahrungen des Zusammenbruchs in den zwanziger und dreißiger Jahren steht der Neuaufbau der parlamentarischen Demokratie im Zeichen ähnlicher Bedürfnisse und Tendenzen, ja einer Interessengemeinschaft gegenüber der übermächtigen Stellung der Sowjetunion. Daraus erklärt sich, daß es überall im nicht sowjetisch kontrollierten Europa zu ähnlichen Regierungs- und Parteiverhältnissen kommt, die eine immer engere Zusammenarbeit erleichtern und bestärken – um so mehr, als diese zu unerwartet raschen Erfolgen im ökonomischen und sozialen Bereich führen. Auch die heutige Diskussion über den »Eurokommunismus« muß beachten, daß die Begründung und Stabilität der Europapolitik auf gemeinsamer Ablehnung und Abwehr sowjetisch-kommunistischer Herrschaftsansprüche beruhte. Deshalb kommt der Frage, ob und wie Europapolitik und kommunistische Regierungsbeteiligung vereinbar sind, so große Bedeutung zu[16].

Es war der Augenblick der Überwältigung und Teilung Europas nach 1945, der gerade die Chance des neuen Ansatzes einer Einigung enthielt. Von daher datieren auch die Hoffnungen auf einen »dritten Weg« zwischen Nationalstaats- und Großmachtpolitik. Sie nährten die Illusion einer Neutralisierung zwischen den Supermächten, die immer wieder als Alternative durch die Diskussion der Ost-West- und Europapolitik des Westens geistert. Eine Alternative aber war dies gerade nicht, denn die treibende Kraft hinter der europäischen Einigungsbewegung und ihrer ökonomischen und politischen Konkretisierung war die Idee der Freiheit und der Demokratie, für die man gegen den totalitären Despotismus Hitlers gekämpft hatte. Es war eine westliche Idee, die auch in ihrer sozialistischen Form von der drapierten Despotie des Stalinismus weit und grundsätzlich getrennt war. Gewiß reagierte auch die Sowjetunion in ihrem Machtbereich mit der Schaffung von überstaatlichen Einrichtungen und ökonomischen Koordinationsprozessen, vor allem aber mit der Forcierung der Gleichschaltung. Auch der gelockerte Kurs nach Stalins Tod hielt daran fest: 1953 in Ostberlin, 1956 in Ungarn, 1968 in der Tschechoslowakei.

Dies mochte auf Dauer nicht ausschließen, daß sich auch in Osteuropa integrierende Wirkungen entfalteten, die einmal unter veränderten politischen Verhältnissen einem gesamteuropäischen Einigungsprozeß zugute kommen mochten. Es ist die gewichtige Frage nach der Möglichkeit, über Entspannungen und Koexistenz zu einer Annäherung zu kommen, in der die ökonomischen und technologischen Sachzwänge der Industriegesellschaft auf eine Konvergenz der Systeme und Blöcke hinwirken. Diese umstrittene Frage wird in Ost wie in West aus gegensätzlichen Gründen zumeist emphatisch verneint. Bipolarismus und Blockpolitik, Einigung Westeuropas und hegemoniale Zwangskooperation Osteuropas – dies alles bezeichnet und bewirkt tiefgreifende Veränderungen, mit denen das alte, oft totgesagte Europa in einer Weise transformiert wird, daß Form und Substanz noch ungewiß erscheint, solange die Teilung andauert.

Wahrscheinlicher ist die weitere Konsolidierung des getrennten Europa: Ost wie West. Nur das westliche freilich hat die Chance, im Zeitalter jener Europäisierung und Amerikanisierung der Welt, die der Ära der europäischen Weltherrschaft gefolgt ist, auch eine eigenständige Rolle zu spielen. Könnte dies zur Ablösung der bipolaren Weltpolitik durch eine neue »Pentarchie« von fünf Großmächten beitragen, der neben China und Japan auch wieder »Europa« angehörte? Voraussetzung ist der weitere Fortschritt auch der politischen Integration, ist die Funktions- und Handlungsfähigkeit Westeuropas als einer ökonomischen und politischen Macht. Voraussetzung dafür ist aber vor allem das Bündnis mit den USA, in dem das Schicksal der freiheitlichen Demokratie und ihrer geistig-moralischen Wertwelt beschlossen ist.

Die institutionelle Entwicklung Europas wird in diesem Sinne auch von ihren Kritikern und Gegnern als ein Testfall verstanden. Der neue Ansatz nach 1945 widersprach der marxistisch formulierten Wunsch-These des kommunistischen Lagers, daß der »Kapitalismus« sich selbst zerfleischen werde[17]. Es durfte nach dieser Sicht keine Renaissance eines eigenständigen, demokratischen Europas geben, sondern die Einmündung seiner Restbestände in eine sozialistisch-proletarische Weltrevolution und Weltzivilisation. Aber so zutreffend manche der auf Lenin zurückgehenden Prognosen von der Krise des Imperial- und Kolonialzeitalters erscheinen mochten, die Erwartungen vom Ende des liberal-demokratischen Europas trafen nicht ein: auch dann nicht, als seiner Unterjochung und Befreiung die Abspaltung des sowjetisch besetzten Teiles durch einen Eisernen Vorhang folgte.

Probleme europäischer Außenpolitik

Das Problem einer entscheidungsfähigen europäischen Außenpolitik steht nicht erst heute zur Debatte. Es ist im Grunde schon in den großen Weichenstellungen von 1947–1950 enthalten, die zumal unter wirtschafts- und sicherheitspolitischen Gesichtspunkten die Machtstrukturen Europas bis auf den heutigen Tag fast unverändert festgelegt und seit den fünfziger Jahren die dauerhafte Herausbildung einer europäischen Innenpolitik erzwungen haben. Die Institutionalisierung Westeuropas und die Forderung nach einer parlamentarischen Demokratisierung der Europapolitik, die schließlich zur Direktwahl eines Europäischen Parlaments im Juni 1979 geführt hat, fördert vor allem die Tendenzen zu einer Europäisierung des Parteiwesens und der innenpolitischen Willensbildung. Sie verstärkt aber auch das Bedürfnis nach einer einheitlicheren, verantwortlichen Artikulierung der Stimme Europas in der internationalen Politik. Oder anders ausgedrückt: nach einer Angleichung des außenpolitischen an das ökonomische und kulturelle Gewicht.

Wir haben es bei dieser Frage in ganz besonderem Maße mit den alten Problemen des Verhältnisses von Innen- und Außenpolitik und von Wirtschaft und Politik zu tun. Es ist zugleich die immer wieder gestellte und umstrittene Frage, ob und wie weit die nach dem Zweiten Weltkrieg angebahnte Entwicklung der ökonomischen und militärischen, im weitesten Sinne sicherheitspolitischen Zusammenarbeit in Westeuropa, wie sie in der Montanunion, in der EVG und in der EWG angelegt war, gleichsam automatisch und notwendig auch zu politischen Integrationsformen, zu einer umfassenden Institutionalisierung Europas nach innen und außen führen würde.

Es geht vor allem um einen dritten Schritt, der in der Logik der politischen Evolution Europas liegt: den Schritt auch zur außenpolitischen Identitätsfindung, das Entstehen von Willensbildung- und Entscheidungsstrukturen, die eine eigenständige, integrale Rolle Europas auch in der internationalen Politik ermöglichen. Auf diese Frage registrieren wir beides: Weitreichende Forderungen und gleichzeitig emphatische Ablehnung, Ansätze und Hemmnisse zugleich – aber jedenfalls ein wachsendes Bewußtsein von der Aktualität und Bedeutung, die eine außenpolitische Dimension des Europäisierungsprozesses schon besitzt und im weiteren gewinnen könnte. Es ist freilich vor allem auch, wie am Anfang der Europapolitik vor drei Jahrzehnten, eine Frage der führenden nationalen Parteien und Politiker. Damals war es die Einstellung der christlich-demokratischen Trias Schuman – de Gasperi – Adenauer, hinter der Männer wie Spaak, Monnet, Churchill standen. Heute gewinnen zudem die Erwartungen von außen an Gewicht: besonders prononciert aus China, aber doch auch aus dem Amerika Henry Kissingers. In eigentümlicher Weise ist der Gaullismus mit seinen nationalen und polyzentrischen Impulsen auch zugleich an der Möglichkeit einer europäischen Außenpolitik orientiert – mit dem Hauptzweck der Unabhängigkeit von den Supermächten und fixiert auf eine Antiblockpolitik, die doch ohne den atomaren Schutz der USA und das Natobündnis nicht möglich ist. Das Frankreich der »force de frappe« befindet sich freilich hinter der amerikanisch-deutschen Verteidigungslinie.

Anders ist die Situation der Bundesrepublik. Für ihre weltpolitische Lage und für die Einordnung des »deutschen Problems« besitzt die Frage einer europäischen Außenpolitik besonderes Gewicht. Sie erscheint im deutschen Fall sehr viel existentieller als für die anderen westlichen Staaten, seien diese nun Mitglieder der engeren EG oder auch des weiteren Europarats oder gar der transeuropäischen NATO. Das hat vor allem drei Gründe:

- Die deutsche Teilung, untrennbar mit der Nachkriegsordnung Europas und dem weltpolitischen Status-quo-Gleichgewicht verknüpft, verbietet und verunmöglicht eine konsequent nationalstaatliche Außenpolitik West- oder Ostdeutschlands.
- Die Kontrolle des deutschen Problems, nach dem Zweiten Weltkrieg das zentrale Interesse aller Mächte, ist durch die Einbindung in übernationale Strukturen gelöst worden. Diese Verwandlung von negativer in positive Kontrolle war gerade der Sinn der Montan-Union, und daraus resultiert eine besondere internationale Disposition oder auch nationale Selbstbeschränkung deutscher Außen- und Militärpolitik: von der (alliierten) Berlinfrage bis zum (atomaren) Bewaffnungsproblem bleibt sie international abhängig, auf übernationale Integration angewiesen.
- Das wachsende Gewicht der Bundesrepublik einerseits, die Verfestigung der Zweistaatlichkeit und die weltweite Anerkennung der DDR im Rahmen des Ostblocks und der osteuropäischen Zwangsintegration andererseits haben gerade in den letzten Jahren die Frage nach der Handlungsfähigkeit, ja ganz konkret nach der tatsächlichen Macht und der realen Machtpolitik Westdeutschlands innerhalb wie außerhalb der EG ungemein verschärft und aktualisiert – und dies nicht nur in wirtschafts- und militärpolitischer Hinsicht; man denke an die Rolle von Bundeskanzler Schmidt in den Spitzenkonferenzen des Westens, aber auch an die Rolle der westdeutschen Entspannungspolitik in der Entwicklung der Ost-West-Politik und an das ökonomische Gewicht Bonns in den Nord-Süd-Beziehungen.

Das Problem einer integrierten Außenpolitik ist für die Deutschen unter diesen Umständen relevanter als für irgendein anderes Land, das noch in einer unbeschädigten Nationalstaatlichkeit lebt und nicht unter dem fortdauernden Verdacht eines Revisionismus und einer alten oder neuen Machtpolitik steht: Ein Verdacht, der sich jedenfalls immer von neuem mobilisieren läßt, wenn die deutsche Politik den Nachbarn unbequem wird oder wenn ihre Funktion für die westliche Sicherung und Stabilität unterlaufen werden soll – wie es auch die jüngsten Offerten und Pressionen Breschnews zeigen.

Soviel zu dem oft gehörten Vorwurf, die Deutschen hätten leicht reden, wenn sie von einer Transzendierung nationalstaatlicher Politik träumen und das Europa der Vaterländer hinter sich lassen, sofern es das Europa der Nationen ist. Gewiß, sie stehen als einzige (neben Korea) außerhalb jener nationalstaatlichen Normalität, die nach wie vor auch die Weltpolitik bestimmt. Aber dies hat ja auch die Kehrseite, unter der seit Adenauer alle westdeutsche Politik laboriert: daß sie im Zwiespalt mit der nationalen Wiedervereinigungsforderung steht und daß jede supranationale Einordnung deutscher Außenpolitik mit einer Zurückstellung gesamtdeutscher Politik einhergeht. Es handelt sich also auch im deutschen Falle um ein durchaus ambivalentes Verhältnis zur Supranationalität, ja um einen Verzicht auf nationale Identität, wenn im Blick auf die übergreifenden Tendenzen der internationalen Politik und die Konfrontation der gesellschaftlich-politischen Systeme und ihrer Wertordnung nationalstaatliche Außenpolitik relativiert, der einzelstaatliche Souveränitätsbegriff angefochten wird. Denn dahinter steht der Weltgegensatz Demokratie oder Diktatur, der die traditionelle Machtpolitik überlagert.

Vor allem aber handelt es sich hier schon um ein viel älteres, durchaus historisches Problem: nämlich das allgemeine Problem des Strukturwandels der Außenpolitik unter den sich wandelnden Bedingungen, die der Übergang von der traditionellen Kabinettspolitik zur bürokratisch geformten und innenpolitisch angetriebenen Außenpolitik demokratischer und pseudodemokratisch-diktatorischer Massenstaaten mit sich bringt. Der Begriff der internationalen Politik sucht die Vorstellung der souveränen Außenpolitik diesem veränderten, umfassenderen Verständnis der zwischenstaatlichen Beziehungen anzupassen. Er geht von der engen Verflechtung von Innen- und Außenpolitik aus und setzt im Grunde die Anschauung eines in sich zusammenhängenden internationalen Systems voraus. Grundlegend ist jedenfalls die Erfahrung einer unausweichlichen Interdependenz, die der souveränitätsstaatlichen Außenpolitik bewußtere und betontere Grenzen setzt, sie auf den internationalen Problemzusammenhang verweist.

Die rapide Zunahme internationaler Gremien in unserem Jahrhundert, insbesondere seit 1945, demonstriert das Bedürfnis und auch das Bewußtsein dieses Zusammenhangs, aber auch der Hindernisse und Probleme, die er aufwirft. Denn auf allen Ebenen, von der regionalen Kooperation bis zur Welt- und UNO-Politik, verstärkt sich neben der weltwirtschaftlichen Interdependenz scheinbar unaufhaltsam und sogar durch die politisch-ideologischen Fronten hindurch das, was man übernationale Politik durch Konsultation, Information und Kommunikation, also ein Weltsystem konsultativer und kommunikativer Interdependenzen nennen könnte. Das bedeutet viel, auch wenn man den alten Traum einer Weltregierung nicht für realisierbar oder wünschbar halten mag (weil er die Gefahr einer Weltgleichschaltung, einer freiheitsfeindlichen Alternativlosigkeit impliziert), oder wenn man die von Karl Deutsch beschworene globale Kommunikationsgesellschaft oder C. F. Weizsäckers Parole von der »Weltinnenpolitik« für überzogen hält und darin eine Verkennung des Wesens der staatlichen Außenpolitik sieht, die zur Sicherung des Freiheitsraumes notwendig bleibt[18].

Es handelt sich jedoch nicht um ein einfaches Entweder-Oder zwischen nationaler und internationaler Politik oder zwischen Außen- und Weltpolitik, und gewiß auch nicht um die einfache Übertragung von innenpolitischer Demokratie, also der Methode der Mehrheitsentscheidung, auf außenpolitische Prozesse. Es geht vielmehr um das, was man treffender als transnationale Politik bezeichnet: ein Beziehungsfeld also, das zwischen nationaler, internationaler und supranationaler Politik liegt. Diese gewiß umstrittenen Begriffsunterscheidungen wollen jedenfalls eine Tatsache verdeutlichen, die auch im Interdependenzbegriff steckt: die Tatsache nämlich, daß es zahlreiche Ebenen der zwischenstaatlichen Beziehungen gibt, die sich im Laufe der technischen und wirtschaftlichen Modernisierung unterhalb der offiziellen außenpolitischen Beziehungen ausweiten – denken wir nur an so verschiedene Stichworte wie Gastarbeiter, multinationale Konzerne, Massentourismus. Dies gilt vor allem für die westliche, die atlantische und europäische Gesellschaftsentwicklung und ihren Einfluß auch auf die politische Interessenstruktur der einzelnen Staaten. Hier erscheint Europa für die Außenstaaten der zweiten und dritten Welt durchaus als eine Einheit. Nicht nur unter strategischen Gesichtspunkten wie für das China nach Mao-tse-Tung, sondern vor allem in dreierlei Hinsicht: als ein politisch-ökonomischer Raum mit starkem Konsens, mit hohem Entwicklungs- und Lebensstandard und mit weitestgehender Verwirklichung von Menschenrechten. Darin liegt denn auch die Kernsubstanz aller europäischen Politik im letzten Viertel unseres Jahrhunderts.

Wandlungen des Staatensystems – europäische Reaktionsfähigkeit

Wir beobachten eine doppelte Wandlung des Staatensystems und des Staatsverständnisses im freien Europa: innenpolitisch und außenpolitisch.

Innenpolitisch verlagert sich mit der Entwicklung zur Demokratie, samt den autoritären und totalitären Entartungen des Modernisierungsprozesses, die politische Entscheidung von traditionellen Eliten zu sozial und egalitär gerichteten Parteiführungen; die Macht des Staates wird gegenüber den Forderungen der Gesellschaft sowohl relativiert wie zugleich ausgedehnt; der Weg vom obrigkeitlichen Regime über den liberalen Minimalstaat zum sozialen Wohlfahrts- oder Daseinsvorsorgestaat mit seinen autoritären Versionen markiert diese innere Wandlung, die trotz vieler Eigenheiten und Unterschiede für alle europäischen Staaten charakteristisch ist.

Außenpolitisch geht die Entwicklung, vereinfachend ausgedrückt, über drei Stufen: vom traditionellen Konzert der Großmächte – Europa als Subjekt nationalstaatlich-imperialer Politik – über die Außenbestimmung durch Supermächte – Europa als Objekt internationaler Konfrontation – zu dem sich abzeichnenden dritten Stadium, in welchem die innere Gemeinsamkeit, nicht zuletzt das gleichartige Demokratie- und Menschenrechtsverständnis gegenüber der in der zweiten und dritten Welt vorherrschenden nationalstaatlichen, sozialistischen und imperialen Diktatur, Europa eine neue weltpolitische Rolle zuschiebt: Europa als Subjekt übernationaler Politik.

Auch dafür ist die innere Entwicklung Westeuropas nach 1945–49 ausschlaggebend. Denn nur die freiheitlich-demokratische Form ermöglicht diese neue Rolle, und sie erweist sich im weiteren Verlauf als so attraktiv auch für die verbliebenen Diktaturen Westeuropas: Portugal, Spanien, Griechenland. Europa als Kontinent der Demokratie – das ist die Voraussetzung.

Eine Reprise der alten europäischen Machtpolitik ist dabei ausgeschlossen, außenpolitisch so gut wie innereuropäisch. Aber als Vorreiter und als Modell eines neuen Verständnisses von Politik – auch von Außenpolitik – können historisch so einzigartige Gebilde wie die EG (und auch schon der Europarat) eine wichtige künftige Rolle Europas begründen: nicht nur in ökonomischer Hinsicht. Mit aller gebotenen Skepsis zeigt der Blick auf Einigungsbestrebungen Lateinamerikas, welche Bedeutung das Vorbild haben könnte, wenn es um die Überwindung nationalstaatlicher und wirtschaftspolitischer Zerspaltungen geht. Auch in anderen Teilen der Welt, ja sogar im kommunistisch dominierten Osteuropa, sind solche Wirkungen denkbar.

Noch stehen wir hier am Anfang, und die internationale Bilanz ist zwiespältig. Gewiß gilt allgemein die Beobachtung: »Je geschlossener Staaten als Gruppe auftreten, desto stärker werden sie als Gesprächspartner international aufgewertet und als politischer Faktor in die Überlegungen von Drittstaaten einbezogen.«[19] Eine neue Untersuchung des gemeinsamen und getrennten Auftretens der EG-Staaten in der UNO zeigt, daß diese auf dem kleinsten Nenner der gemeinsamen Erklärungen und Resolutionen manche Wirkung erreichen, daß aber in Kernfragen der internationalen Politik – Nahost, Südafrika, Rüstungs- und Wirtschaftspolitik – das alte Dilemma bleibt: es fehlt an verbindlichen Instanzen und Prozessen zur Definition und Durchsetzung der gemeinsamen außenpolitischen Ziele gegenüber dem *sacro egoismo* der Einzelstaaten.

In der 31. Generalversammlung der UNO (1976) kam es zu

folgenden Stimmabweichungen von der Haltung der EG: an erster Stelle Frankreich und freilich auch Dänemark (je zwanzig mal), gleich dahinter Irland (neunzehn mal), aber schon das vermeintliche Musterkind Bundesrepublik ging immerhin zehn mal seine eigenen Wege. Insgesamt haben die EG-Staaten in den letzten Jahren allerdings noch in der Hälfte der Abstimmungen einheitlich votiert. Es kommt darauf an, ob es im Sinne eines auch funktionalen Föderalismus gelingt, eine Arbeitsteilung in europäischer Außenpolitik zu praktizieren: auf der Grundlage von Fähigkeit und Kompetenz, nicht hegemonialer Gleichschaltung. Auch hier läßt sich feststellen: Europa hat auf dem Wege von einer »abgestimmten Diplomatie« zu einer »europäischen Außenpolitik« noch eine beträchtliche Strecke zurückzulegen[20], aber auch hier mag die Gewöhnung, die »Summierung und Wiederholung gemeinsamer Standpunkte zur Stärkung von politischen Positionen beitragen«, noch bevor die Institutionalisierung einer europäischen Außenpolitik gelingt[21].

Dabei zeugen immer wieder dramatische Krisen und Rückschläge von der Kompliziertheit auch des ökonomischen Integrationsprozesses, von dem man einst allzu automatisch die politische Integration selbst erwartet hatte. Doch alle Kritik an den umständlichen und oft genug widersprüchlichen Operationen um den gemeinsamen Agrarmarkt sollte beachten, daß ja auch nationalstaatliche Lösungen keineswegs um diese schweren Probleme herumführen können. Der größere Wirtschaftsraum bietet auf jeden Fall Vorteile; er erlaubt eine größere Manövrierfähigkeit. Geduld ist vonnöten, und sie wird auch in den langen Übergangsfristen nahegelegt und vorausgesetzt, die ganz realistisch vorgesehen sind. Nach Jahrhunderten der Eigenstaatlichkeit bedarf die Gewöhnung an supranationales Verhalten mehr als der Beschlüsse von zwei oder drei Jahrzehnten. Der europäische Weg bleibt dabei doch so attraktiv, daß auch das Krisen-Karussell der letzten Jahre weder weitere Länder vom Beitritt abschreckt, noch zahlreiche Assoziierungswünsche mindert. Bezeichnend ist auch die sowjetische Kritik an der Entwicklung der europäischen Gemeinschaft. Aus ihr sprechen Respekt und zugleich Enttäuschung über diesen neuerlichen Aufschub des Zusammenbruchs, dem »der Kapitalismus« nach kommunistischem Dogma längst erlegen sein müßte. Die Haltung Moskaus wandelt sich denn auch rasch von der Beschimpfung und Nichtanerkennung der EWG zum wachsenden Bemühen um industriell-technische und handelspolitische Beziehungen mit demselben Westeuropa.

Als Hauptfragen der künftigen Europapolitik erscheinen die demokratische Parlamentarisierung und die Föderalisierung der Europäischen Gemeinschaft. Soweit der souveräne Nationalstaat den Weg in Freiheit, Volkssouveränität und Demokratie anbahnte, sich also gegen den Universalismus von oben richtete, ist seine Rolle in der Parlamentarisierung, Demokratisierung, Föderalisierung Europas zu bewahren und zu garantieren. Es gibt kein freiheitlich vereintes Europa und keine europäisch legitimierte Außenpolitik ohne diesen demokratisch differenzierten Unterbau. Die lange verzögerten Direktwahlen zum Europäischen Parlament stellen einen vielleicht entscheidenden Schritt zur Verbindung von nationalstaatlicher und europapolitischer Legitimierung dar.

Sie fördern die Annäherung und Zusammenarbeit der verschiedenen nationalen Parteien und Parteiensysteme und verstärken die parlamentsdemokratische Komponente gegenüber den europäischen Bürokratien und Regierungen (Kommission und Ministerrat). Der Weg vom Europa der Technokraten und der Nationalsouveränitäten zu einem demokratischen Bundesstaat, das alte Ziel der Europabewegungen, das auch im Tindemans-Bericht von 1977 anklingt[22] – freilich nur in sehr vorsichtiger und skeptisch stimmender Form –, dies Ziel bleibt noch immer in der Ferne. Wie weit, zeigt auch die wissenschaftliche und politische Diskussion der sogenannten *Disparitäten,* das heißt der inneren und strukturellen Unterschiede zwischen den Mitgliedsstaaten auf den verschiedensten Ebenen der Kooperation.

Große Disparitäten bestehen im Gewerkschaftswesen und im Verständnis von Sozialpolitik und Mitbestimmung, das sehr unterschiedliche Erfahrungen und Lösungsversuche mit sich bringt. Und wenn auch die europäischen Parteiensysteme ähnlich erscheinen, so ist die Rolle konservativer, christlich-demokratischer und liberaler Parteien je nach Land und Tradition verschieden. Vor allem trennen Verständnis und Stellung der sozialistischen und kommunistischen Parteien die politische Kultur und das politische Bewußtsein der Staaten Nord-, West- und Südeuropas: die Frage sozialistisch oder sozialdemokratisch, die Problematik einer Volksfrontpolitik und die Glaubwürdigkeit des Eurokommunismus reißt tiefe Gräben auf. Besonders die volle Einbeziehung des Kommunismus in europäische Parlaments- und Regierungspolitik ist mit äußerster Skepsis zu betrachten. Gradmesser bleibt, ob sich die Partei von dem totalitären Anspruch eines leninistischen Kommunismus löst, ja ob sie dies überhaupt kann. Für den französischen Fall scheint dies noch in weiter Ferne zu liegen. Die Diskussion in Italien mag davon verschieden sein. Aber auch sie muß beachten, daß eine kommunistische Regierungsbeteiligung jeden Fortschritt in der Parlamentarisierung der Europapolitik erschwert: nicht nur aus militärisch-sicherheitspolitischen und ökonomischen Gründen, sondern auch wegen der Kluft, die sie zwischen den Parteilagern und im politisch-ideellen Verständnis der Europäischen Gemeinschaft überhaupt aufreißt.

Andere große Disparitäten betreffen die Regionalpolitik, die Unterschiede in Einkommen und Lebensstandard, in der Regelung der Arbeitsbedingungen und der sozialen Sicherung. Bei den einen dauert die Tradition des Klassenkampfs und die ideologische Polarisierung fort, in anderen Ländern wird demgegenüber die rechtlich-institutionelle Verankerung von Mitbestimmung und Sozialpartnerschaft (wie in der Bundesrepublik) betont. Das behindert im weiteren auch Zusammenarbeit und Zusammenschluß der Gewerkschaften im transnationalen Sinne. Und doch wird man sagen können, daß der Druck der Interessen hier ebenso Fortschritte gebracht hat wie im Falle der Parteien, die durch die Aussicht auf Europawahlen zu engerer Kooperation, ja zu Zusammenschlüssen getrieben wurden.

Perspektiven

Der Straßburger Europarat, der mit seinen heute einundzwanzig Mitgliedern das ganze nichtkommunistische Europa umfaßt, gibt immerhin der Kooperation der Demokratien in Grundsatzfragen eine noch weitere Basis, und mit der Konvention und dem Europäischen Gerichtshof für Menschenrechte hat er erstmals in der Geschichte überhaupt eine verbindliche rechtliche Verpflichtung souveräner Staaten in der Menschenrechtsfrage geschaffen. Die Ansätze, die darüber hinaus in der Helsinkikonferenz (KSZE) für ganz Europa entwickelt wurden, führen in den osteuropäischen Diktaturen zu Dissidentenbewegungen – von Sacharow bis zur Charta 77 –, freilich auch zu harten Abgrenzungsmaßnahmen. Dahinter steht nach wie vor die Frage nach der Zukunft des kommunistisch dominierten Osteuropa, des Verhältnisses von Blockpolitik und Europapolitik, endlich die weitere Perspektive von gesamteuropäischen Lösungen, die jenseits der bipolaren Weltpolitik und der Konfrontation von kommunistischen und westlichen »Systemen« denkbar wären. Es sind hypothetische Fragen, die seinerzeit der Gaullismus – freilich mit antiamerikanischer Spitze – aufgeworfen hat, die aber angesichts der nationalen und europäischen Gefühle in Osteuropa und einer wachsenden innereuropäischen Kommunikation zumal im Kultur-, Sport-, Fernsehbereich nicht für alle Zeiten auszuschließen sind.

So einschneidende Entwicklungen wie die Ölkrise seit 1973 zeigten freilich erneut die Schwäche einer Europapolitik, die vor allem auf dem ökonomischen Nutzen, nicht auch auf zwingenden politischen Entscheidungsprozessen aufgebaut ist. Noch immer bedarf es jedesmal einer kolossalen Anstrengung in Konferenzen und Konsultationen, um eine gemeinsame Plattform zu finden, wenn dies überhaupt gelingt und Westeuropa sich nicht entweder der Stimme enthält oder es mit »alter« Einzelstaatspolitik versucht, wie immer wieder vor allem Frankreich.

Immer wieder erhebt sich die Frage, ob eine weitere Ausdehnung des westlichen »Kleineuropa« möglich sei, und wie sie sich auswirken würde. Auch dies ist eine alte Streitfrage der Deutschland- und Europadiskussion schon aus den vierziger und fünfziger Jahren, die weder der Straßburger Europarat noch der Übergang zum »Europa der Neun« oder der Zwölf löst. Integration Kleineuropas oder Offenhalten für gesamteuropäische Lösungen? diese Frage hat im Problem der Deutschlandpolitik ihren schärfsten Ausdruck gefunden: Provisorium der Bundesrepublik oder Definitivum der zwei deutschen Staaten? Deutsche und europäische Antworten sind in jedem Fall unlöslich miteinander verbunden.

Die Stimme Europas aber, die seiner Wirtschaftskraft und dem Gewicht seiner freiheitlichen Demokratien in einer von Diktaturen überschwemmten Welt entspräche, muß sich noch zu artikulieren lernen: auf andere Weise als in den Jahrhunderten, da Weltpolitik europäische Politik war und das Zeitalter Europas die Weltgeschichte bedeutete. In einer von Unterdrückung und Zerspaltung geplagten Welt kann Europa mit der Autorität seiner geistigen und materiellen Kultur doch noch eine entscheidende Rolle für die Zukunft der Menschheit spielen, wenn es seine Möglichkeiten erkennt und praktiziert, Beispiele zu setzen und Erfahrungen zu vermitteln. Vor allem in zweierlei Hinsicht: als Hort einer voll entwickelten, höchstmöglich freiheitlichen und sozialen Demokratie, in der allein Konflikte friedlich ausgetragen und Fortschritte ohne Unterdrückung vorangetrieben werden können; und als Experiment eines ersten supranationalen Integrationsprozesses, der in Freiheit und Selbstbestimmung erfolgt und eine lange Geschichte imperialer und nationalistischer Auseinandersetzungen abschließt, indem die Lösung außenpolitischer Konflikte durch zwischenstaatliche, supranationale Organe erfolgt. Europa könnte damit einen exemplarischen Beitrag leisten zu der Annäherung ungezügelter staatlicher Machtpolitik an demokratische und rechtsstaatliche Weltinnenpolitik. Wenn Supranationalismus und Föderalismus in einem Kontinent verwirklicht würden, der so verschiedene Sprachen und Strukturen, so eigenständige und konfliktreiche historische Traditionen aufweist, dann müßte das Ausstrahlungskraft auch auf andere Staaten und Regionen der Welt besitzen.

Eine Voraussetzung bleibt allerdings auch in der überschaubaren Zukunft die enge Zusammenarbeit mit den USA und Kanada, solange die gegnerischen Blöcke und Machtkoalitionen fortdauern und die militärisch überlegene Präsenz der Sowjetmacht in Europa ausbalanciert werden muß. Gewiß ist auch die amerikanische Europapolitik nicht frei von Widersprüchen. Einerseits hat sie die Einigungsbestrebungen machtvoll unterstützt und oft genug heftig kritisiert, daß Europa nicht seinen Anteil an der weltpolitischen Verantwortung trage und nun selbst zu jener Isolationspolitik neige, mit der die USA nach dem Ersten Weltkrieg sich ihrer Verantwortung entzogen; Amerika werde dadurch zu einer übermäßigen Ausweitung der Rolle als Supermacht gezwungen. Andererseits pflegt die amerikanische Empfindlichkeit gegen europäische Kritik und Konkurrenz groß zu sein. Die NATO allein ist offenkundig nicht länger in der Lage, in der Zeit der Détente die Koordinierung auch der politischen Interessen des Westens zu leisten. Es bleibt eine Frage an die Zukunft, wie es gelingen kann, das richtige Maß an Kooperation und Selbständigkeit in den Beziehungen zwischen Europa und Amerika zu finden.

Die gegenwärtige Krise in der Weltwirtschaftspolitik, die mit teilweise hohen Inflationsraten und struktureller Arbeitslosigkeit auch das politische System der westlichen Demokratien bedrängt, ist als Folge der Ölpreispolitik zumal der arabischen Staaten zugleich eine Krise der Weltpolitik. Ihre Bewältigung hängt weitgehend von der Koordinations- und Aktionsfähigkeit in den amerikanisch-europäischen Beziehungen ab. Sie bedeutet eine schwere Belastungsprobe und enthält die Gefahr eines Zerfalls des Westens in kurzsichtige nationale Interessenpolitik. Diese Einsicht könnte aber auch einen Impuls für Europa bedeuten, weitere Schritte über die bisherigen Barrieren zwischen ökonomischer und politischer Supranationalität zu tun. Denn die Alternative wäre Rückfall in wirtschaftspolitische Anarchie, soziales Elend, Krise der Demokratie wie seinerzeit 1929–1933.

Dasselbe gilt für die Sicherheitspolitik, die durch die sowjetische Aufrüstung und die gleichzeitigen Abrüstungskampagnen derselben Macht aus der Balance zu geraten droht. Zumal in Skandinavien, Holland und der Bundesrepublik ist eine Überschätzung der Entspannungspolitik verbreitet. Ein so erfahrener Beobachter wie Milovan Djilas, Kontrahent Titos und Stalins in den entscheidenden kritischen Jahren von 1947/48, erklärt dazu[23]: »Ich las gerade, daß ein angesehener Amerikaner[24] gesagt hat, jetzt sei die Situation viel besser als 1947, wir sind jetzt weniger in Gefahr als damals. Das ist nicht richtig. Ich weiß, wie es 1947 war. Ich war damals an der Macht. Ich weiß, wie intensiv wir damals die amerikanische Gefahr empfanden. Dasselbe gilt auch für die Sowjetunion. Das war ein zerstörtes, erschöpftes Land, das absolut unfähig war, in einen neuen Krieg zu gehen – es sei denn, es hätte sich gegen eine neue Invasion wehren müssen. Heute ist die Lage ganz anders, ungünstiger für den Westen. Zwar ist Europa in besserer Verfassung, dafür ist Amerika ungeordneter und in einer schwächeren Position als 1947. Die Sowjetunion dagegen ist unvergleichlich stärker. Das, was Sie vorhin zitierten, kommt aus dem Blickwinkel einer engen, innenpolitischen Perspektive. Die

Leute sehen, daß es in Deutschland gut geht und daß man in Frankreich auch nicht so schlecht lebt, aber wenn man die Dinge global betrachtet, sieht es ganz anders aus.«

Die großen Herausforderungen, vor denen wir stehen, verlangen die weitere Förderung eines europäischen politischen Bewußtseins gegenüber einer bloß einzelstaatlichen Interessen- und Machtpolitik. Nur dann kann das freie Europa die vier großen aktuellen Aufgaben bestehen: die nationalistische Anfechtung von rechts oder links aufzufangen, den antidemokratischen Extremismus und Terrorismus mit neofaschistischen oder kommunistischen Vorzeichen abzuwehren, den fortdauernden Bedrohungen im alten Ost-West-Konflikt standzuhalten und für die wachsenden Probleme des neuen Nord-Süd-Konflikts aufgeschlossen zu sein. Behaupten kann es sich nicht als eine Insel der Privilegierten, sondern nur als ein handlungsfähiger Partner der Weltpolitik.

Europa ist eine alte Idee, die Großes hervorgebracht hat. Es kommt darauf an, ihr neben der erneuerten kulturellen und materiellen Bedeutung auch politischen Ausdruck zu verschaffen. Das heißt: die warnende Erfahrung mit den national-imperialen und totalitären Verirrungen der europäischen Geschichte ernstzunehmen und demgegenüber jene europäischen Ideen des Friedens, der Menschenrechte und der freiheitlichen Demokratie geltend zu machen, die der Westen in einer Welt der Diktaturen glaubhaft und glaubwürdig zu vertreten hat.

Nachbemerkung

Durch den Einmarsch der Sowjetunion in Afghanistan an der Jahreswende 1979/80 stellt sich verschärft die Frage nach der weltpolitischen Lage und Entscheidungsfähigkeit Europas. Führt dies zu weiteren Integrationsfortschritten, so wie einst die sowjetische Aggressions- und Drohpolitik zwischen 1946 und 1963, oder dauern jene Tendenzen einer Renationalisierung Europas fort, die nicht zuletzt eine Frage allzu euphorischer, zunehmend unkritischer Détentepolitik waren? Die Notwendigkeit gemeinsamer, übernationaler Außenpolitik wird stärker, auch im Verhältnis mit Amerika. Die Mittel der Europäischen Politischen Zusammenarbeit auf Regierungsebene (EPZ) und des Europäischen Rats, die seit 1969 und 1974 entwickelt wurden, reichen dafür nicht aus, wenngleich das Zusammenwirken auf der konkreten Ebene der Auswärtigen Dienste in zahlreichen Arbeitsgruppensitzungen einen erheblichen Fortschritt bedeutet. Je mehr sie zur unentbehrlichen Gewohnheit werden, desto eher könnten die internationalen Anforderungen, welche die imperiale Druck- und Drohpolitik der Sowjetunion auch in Mittelost und Afrika an die Handlungsfähigkeit Westeuropas stellt, über die ökonomische, soziale und parteienparlamentarische Europapolitik auch zu außenpolitischen Strukturen der Europäischen Gemeinschaft führen. Dem künftigen Ausbau des Europäischen Parlaments kommt nach seiner historisch erstmaligen Direktwahl (1979) dabei eine zunehmend legitimierende Bedeutung zu.

Für einen realistischen Weg zur »Politischen Union« bleiben freilich zwei Voraussetzungen wesentlich: eine flexible Gestaltung der Zuständigkeitsregeln, die zunächst jedenfalls keine ausschließende Kompetenzzuweisung zuläßt; und ein gleiches Mitwirkungsrecht der Staaten zur Wahrung der nationalen Interessen. Andernfalls ist unvermeidlich, daß einzelne Regierungen aus Sorge um das nationale Wohl, dem sie legitimatorisch verpflichtet sind, der Union entgegenarbeiten – ob diese nun als ein Zwischen- oder ein Endstadium betrachtet wird. Nur eine flexible europäische Staatsform scheint unter diesen Umständen möglich: nicht die dogmatische Festlegung auf einen lehrbuchmäßig konsequenten Bundesstaat, aber doch endgültige Schritte über den bloßen Staatenbund hinaus[25]. Die totalitäre Bedrohung bleibt präsent, aber die Möglichkeiten einer freiheitlichen Europapolitik stehen als demokratische Alternative vor den Augen der Welt.

1 Vgl. K. D. Bracher, Schlüsselwörter in der Geschichte, Düsseldorf 1978, S. 16ff; Wolfgang Bergsdorf, Politik und Sprache, München 1978, S. 48ff.

2 Zu diesem Problem Gerhard Oestreich, Geschichte der Menschenrechte und Grundfreiheiten im Umriß, Berlin 1968, sowie ders., Die Idee der Menschenrechte in ihrer geschichtlichen Entwicklung, Düsseldorf 1951 und Wolfenbüttel 1961, S. 10ff; vgl. Martin Kriele, Einführung in die Staatslehre, Reinbek 1975, S. 149ff; Otto Kimminich, Menschenrechte, München-Wien 1973, S. 17ff; Raphael, Political Theory and the Rights of Man, London 1967; Rudolf Stanka, Die Menschenrechte, ihre Geschichte und ihre Problematik, Wien 1954; Gustav Stein (Hrsg.), Menschenrechte in Israel und Deutschland, Köln 1978, S. 15ff.

3 Als erste Vorahnung kann man schon das frühe antike Asylrecht bezeichnen (vgl. O. Kimminich, a.a.O., S. 18).

4 Vgl. George H. Sabine, A History of Political Theory, London 1966, S. 148ff.

5 Zuletzt Joseph Vogt, »Die Sklaverei im antiken Griechenland« und »Die Sklaverei im antiken Rom«, in: Antike Welt 9 (1978), 2, S. 49ff; Heft 3, S. 37ff mit der Literatur.

6 Zum Zusammenhang mit dem Christentum schon die klassische Darstellung von Ernst Troeltsch, Die Soziallehren der christlichen Kirchen und Gruppen, 3. Aufl. 1923; zur Romidee auch K. D. Bracher, Verfall und Fortschritt im Denken der frühen römischen Kaiserzeit, Diss. Tübingen 1949.

7 Cicero, de publica III, 22.

8 So Hessel E. Yntema, »Le droit comparé et l'humanism«, in: Revue internationale de droit comparé 10 (1958), S. 693ff.

9 Hans Maier, Die Grundrechte des Menschen im modernen Staat, Osnabrück 1974, S. 10ff. Vgl. die Texte in dem Sammelband von Roman Schnur (Hrsg.), Zur Geschichte der Erklärung der Menschenrechte, Darmstadt 1964.

10 Dazu David L. Kleir, The Constitutional History of Modern Britain since 1485, 8. Aufl. 1966. Sir Ivor W. Jennings, Gerhard A. Ritter, Das britische Regierungssystem, 2. Aufl. Köln-Opladen 1970, S. 36ff.

11 So M. Kriele, a.a.O., S. 152.

12 Ebenda.

13 Vgl. Clinton Rossiter, Seedtime of the Republic, New York 1953, S. 185. James Ernst, Roger Williams, New York 1932, S. 205 nannte Williams geradezu den ersten demokratischen Denker Amerikas und einen bedeutenden Vorläufer John Lockes.

14 Zum Hintergrund jetzt Hans R. Guggisberg, Geschichte der USA, Band 1, Stuttgart 1975, S. 33ff; 43ff.

15 Vgl. R. Schnur, a.a.O., S. 38.

16 Dazu jetzt Ulrich Scheuner, »Robert von Mohl: Die Begründung einer Verwaltungslehre und einer staatswissenschaftlichen Politik«, in: 500 Jahre Eberhard-Karls-Universität Tübingen, Tübingen 1977, S. 517; 525; 535ff; Hannah Arendt, »Action and the Pursuit of Happiness«, in: Politische Ordnung und menschliche Existenz (Festgabe für Eric Voegelin), München 1962, S. 1ff.

17 Vgl. K. D. Bracher, »Demokratie als Sendung: das amerikanische Beispiel«, in: Deutschland zwischen Demokratie und Diktatur, Bern-München-Wien 1964, S. 316ff; sowie unter Anm. 19.

18 Jürgen Gebhardt, »The Federalist«, in: Hans Maier u. a. (Hrsg.), Klassiker des politischen Denkens, Bd. II, München 1968, S. 75ff.

19 Grundlegend noch immer: Otto Vossler, Die amerikanischen Revolutionsideale in ihrem Verhältnis zu den europäischen, München-Berlin 1929, S. 7ff; ferner Fritz Hartung, Die Entwicklung der Menschen- und Bürgerrechte von 1776 bis zur Gegenwart, 4. Aufl. Göttingen 1972, S. 11ff.

20 J. L. Talmon, Die Ursprünge der totalitären Demokratie, Köln-Opladen 1961 (engl. 1952), S. 34ff.

21 So Emile Boutmy (1902) in der Kontroverse mit Jellinek, bei R. Schnur, a.a.O., S. 88ff.

22 Vgl. die Artikel von Heinz Rausch, in: Klassiker des politischen Denkens II, a.a.O., S. 221ff; S. 240ff.

23 De l'esprit des lois, besonders Buch XI, Kap. 6.

24 Bernhardt Schickhardt, Die Erklärung der Menschen- und Bürgerrechte von 1789–91 in den Debatten der Nationalversammlung, Berlin 1931, S. 7, mit dem weiteren Satz Rousseaus (Contrat Social I, 6): »Da die Entäußerung rückhaltlos geschieht, ist die Vereinigung so vollkommen wie nur möglich, und kein Assoziierter hat mehr etwas zu fordern.«

25 M. Kriele, a.a.O., S. 164; vgl. auch die historischen Belege bei Hans Maier, Grundrechte, a.a.O., S. 26f.

26 Vgl. jetzt Klaus Scholder, Die Kirchen und das Dritte Reich, Band I, Frankfurt-Berlin 1977, S. 482ff.

27 Zur Entwicklung des sowjet-kommunistischen Diktatur-Konzepts Boris Meissner, »Partei, Staat und Nation in der neuen Verfassung der UdSSR«, in: Osteuropa 28, 1 (1978), S. 6ff.

28 Vgl. auch Michael Wolffsohn, »Linker und rechter Nationalsozialismus«, in: Zeitschrift für Politik 24, 1 (1977), S. 36ff.

29 Die deutsche Staatsrechtslehre pflegt, Jellinek folgend, den Prozeß in drei Stufen zu fassen: Status negativus (Abwehrrechte der

Bürger), status activus (Beteiligungsrechte), status positivus (Leistungs- und Anspruchsstaat).

30 So auch M. Kriele, a.a.O., S. 162.

31 G. Oestreich, Die Idee, a.a.O., S. 32; zur deutschen Entwicklung Gerd Kleinheyer, Grundrechte – zur Geschichte eines Begriffs, Graz 1977, S. 6ff.

32 K. D. Bracher, Stufen der Machtergreifung, Berlin 1974, S. 26; Die Auflösung der Weimarer Republik, 6. Aufl. 1978, S. 52ff; 323ff; Die deutsche Diktatur, 6. Aufl. 1979, S. 184ff.

33 Vgl. M. Kriele, Die Menschenrechte zwischen Ost und West, Köln 1977, S. 26ff.

34 K. D. Bracher, Zeitgeschichtliche Kontroversen, München 1976, S. 33ff; 103ff; Schlüsselwörter, a.a.O., S. 103ff; Manfred Funke (Hrsg.), Extremismus im demokratischen Rechtsstaat, Düsseldorf 1978, besonders S. 335ff; 389ff; Das Parlament 28, I (7.1.78); Der Schutz der Menschenrechte in der Bundesrepublik. Ein Bericht der Bundesregierung. Bonn 1978.

35 Vgl. Egon Schwelb, »Human Rights«, in: International Encyclopedia of the Social Sciences, Band 6, New York 1968, S. 540ff; auch Klaus Schlaich »Religionsfreiheit als Menschenrecht«, in: Evangelische Kommentare 3/1978, S. 138ff.

36 So Felix Ermacora, »Die Menschenrechte: Entwicklung – Stand – Zukunft«, in: Th. Veiter, F. Klein (Hrsg.), Die Menschenrechte, Wien-Stuttgart 1966, S. 1ff. Vgl. Christian Tomuschat, »Menschenrechtsschutz durch die Vereinten Nationen«, in: Vereinte Nationen 6/1976, S. 166ff.

37 Dazu besonders Hans-Peter Schwarz, Zwischenbilanz der KSZE, Stuttgart 1977, S. 33ff; 98ff; Ulrich Scheuner, »Menschenrechte in übernationaler Verantwortung«, in: Politische Meinung 22 (Sept. 1977), S. 87ff.

38 Reinhold Zippelius, Allgemeine Staatslehre, 5. Aufl. München 1975, S. 208f.

39 Vgl. Ulrich Matz, »Zur Legitimität der westlichen Demokratie«, in: Kielmansegg-Matz (Hrsg.), Die Rechtfertigung politischer Herrschaft, Freiburg-München 1978, S. 55ff.

Anmerkungen zu »Demokratie und Machtvakuum«

1 Zur Bedeutung des italienischen Beispiels Adrian Lyttelton, The Seizure of Power. Fascism in Italy 1919–1929, London 1973, S. 77ff; vgl. Ernst Nolte, Die Krise des liberalen Systems und die faschistischen Bewegungen, München 1969; Wolfgang Schieder

(Hrsg.), Faschismus als soziale Bewegung, Hamburg 1976, S. 11ff. Zur Kritik des allgemeinen Faschismusbegriffs jedoch K. D. Bracher, Zeitgeschichtliche Betrachtungen, München 1980[4], S. 13ff; 62ff; Renzo De Felice, Der Faschismus. Ein Interview, Stuttgart 1977, S. 29ff, mit dem Nachwort von Jens Petersen (S. 125ff); vgl. auch Petersens Untersuchung »Die Entstehung des Totalitarismusbegriffs in Italien«, in: Manfred Funke (Hrsg.), Totalitarismus, Düsseldorf 1978, S. 105ff.

2 Die Auflösung der Weimarer Republik, 6. Aufl. Düsseldorf 1979, Teil I: Probleme der Machtstruktur, Teil II: Stufen der Auflösung; zum Machtvakuum auch schon mein Aufsatz »Auflösung einer Demokratie«, in: Faktoren der Machtbildung, Berlin 1952, S. 45ff.

3 Vgl. (mit der Literatur) Karl Dietrich Erdmann, Die Zeit der Weltkriege, Stuttgart 1976, S. 145ff; 327ff; jetzt auch Volker Hentschel, Weimars letzte Monate, Düsseldorf 1978, S. 7ff (mit wichtigen Quellen und Dokumenten).

4 Juan Linz, Alfred Stepan (Hrsg.), The Breakdown of Democratic Regimes, Baltimore 1978 (in 4 Teilen).

5 Vgl. dazu auch Renzo De Felice, Mussolini, 3 Bde. Turin 1965ff; ders., Le interpretazioni del fascismo, Bari 1971.

6 Paolo Farneti, »Social Conflict, Parliamentary Fragmentation, Institutional Shift, and the Rise of Fascism«, in: Breakdown, a.a.O., Teil II, S. 4.

7 Juan Linz, »The End of Democracy«, ebenda, Teil I, S. 75f.

8 Ob dies eine Weimarer Möglichkeit war, wird seit je im Hinblick auf die Rolle Schleichers und Hammersteins an der Jahreswende 1932/33 erörtert, freilich mit negativem Ergebnis: vgl. K. D. Bracher, Auflösung, a.a.O., S. 592ff; 639f; Thilo Vogelsang, Reichswehr, Staat und NSDAP, Stuttgart 1962, S. 335ff; V. Hentschel, a.a.O., S. 79ff.

9 Vgl. Wolfgang Schieder, Christof Dipper (Hrsg.), Der spanische Bürgerkrieg in der internationalen Politik, München 1976, S. 7ff; 55ff (R. Wohlfeil) sowie die großen Darstellungen von Hugh Thomas, Der spanische Bürgerkrieg, 2. Aufl. Berlin 1964, S. 171ff; Raymond Carr, Spain, 1808–1939, Oxford 1966, und R. Carr (Hrsg.), The Republic and the Civil War in Spain, London 1971.

10 Zum Übergang von Guy Mollet zu de Gaulle Gilbert Ziebura, Die V. Republik, Köln-Opladen, 1960, S. 56ff; Pierre Viansson-Ponté, Histoire de la Republique gaullienne, Bd. I, Paris 1970, S. 61ff.

11 K. D. Erdmann, H. Schulze (Hrsg.), Weimar – Selbstpreisgabe einer Demokratie, Düsseldorf 1980, S. 23ff. Anderer Meinung bin

ich nur in 3 Punkten: die Wirkung eines Mehrheitswahlrechts bleibt ungewiß und daher zu Recht umstritten (S. 11f); das »Versagen« der Parteien muß stets im Rahmen des dualistischen Regierungssystems gesehen werden (S. 12); Hindenburg wollte nicht »jederzeit« eine parlamentarische Mehrheitsregierung, wie seine Entscheidung von 1930 zeigt, die ja gerade den abschüssigen Weg markiert (S. 13).

12 So besonders schon Arthur Rosenberg, Geschichte der deutschen Republik, Karlsbad 1935, S. 6, 239.

13 Vgl. K. D. Bracher, W. Sauer, G. Schulz, Die Nationalsozialistische Machtergreifung, 2. Aufl. Köln-Opladen 1962, S. 35ff (Anm. 5); sowie meine Nachbemerkung in: Gotthard Jasper (Hrsg.), Von Weimar zu Hitler 1930–1933, S. 69f.

14 Leopold von Ranke, Vorrede zur Geschichte der romanischen und germanischen Völker von 1494 bis 1514; 3. Aufl. Leipzig 1885, S. V–VIII.

15 Vgl. dazu die Anmerkung 1 zum Kapitel »Gewalt in der Weimarer Republik und in der Bundesrepublik«.

16 In diesen Zusammenhang gehört auch die aktuelle Diskussion zum Problem der Legitimierung und der Regierbarkeit von liberalparlamentarischen Demokratien: vgl. besonders Peter Graf Kielmansegg, Ulrich Matz (Hrsg.), Die Rechtfertigung politischer Herrschaft, Freiburg-München 1978, und Wilhelm Hennis, Kielmansegg, Matz (Hrsg.), Regierbarkeit, 2 Bde., Stuttgart 1977–79, darin vor allem die umfassende historisch-politische Analyse von Rudolf Lill, »Italiens ›Schwerregierbarkeit‹« (Bd. II, S. 334–374).

17 Dies gilt auch für die nach wie vor grundlegenden historischen Studien von Eberhard Kolb (Die Arbeiterräte in der deutschen Innenpolitik 1918–1919, Düsseldorf 1962) und Peter von Oertzen (Betriebsräte in der Novemberrevolution, Düsseldorf 1963), denen eine fast uferlose Literatur gefolgt ist; vgl. dagegen die kritisch-systematische Arbeit, zumal zum jugoslawischen »Modell«, von Paul Kevenhörster, Das Rätesystem als Instrument zur Kontrolle politischer und wirtschaftlicher Macht, Opladen 1974, S. IIIff; 95ff.

18 Zur Problematik des Revolutionsbegriffs überhaupt jetzt Paul Noack, Die manipulierte Revolution, München 1978, S. 23ff; 111ff; zur empirischen Bilanz kritisch F. L. Carsten, Revolution in Central Europe 1918–1919, London 1972, S. 323ff; vgl. dagegen schon Gerhard A. Ritter, Suanne Miller (Hrsg.), Die deutsche Revolution 1918/19, Frankfurt/M. 1968. Die kommunistische Revolutionslegende, die zumal in der ostdeutschen Zeitschrift für Geschichtswissenschaft propagiert wird, widerspricht von vornher-

ein dem parlamentarischen Demokratieverständnis; die ausgedehnte Revolutionsliteratur der DDR leistet daher auch keinen brauchbaren Beitrag zu dieser Frage.

19 Der Begriff der »Reserveverfassung«, der von Hagen Schulze (a.a.O., S. 25) zur Kennzeichnung meiner Auffassung eingeführt wird, charakterisiert allerdings nicht scharf genug das dualistische Nebeneinander von Parlaments- und Präsidialsystem (und dessen letztliches Überwiegen). Schon seit 1923 hat denn auch die staatsrechtliche Diskussion die darin steckende Möglichkeit zur diktatorischen Umwandlung hervorgehoben: so besonders Carl Schmitt, der im Begriff der »Maßnahme« keine an die Verfassung gebundene Rechtsnorm, sondern ein sie »durchbrechendes« Vorgehen des Reichspräsidenten aufgrund des Art. 48 sieht – und rechtfertigt (auch wenn er seine antidemokratische Schwenkung erst Jahre später vollzieht), in: Veröffentlichungen der Vereinigung der deutschen Staatsrechtslehrer 1, Berlin 1924, S. 97ff; vgl. K. D. Bracher, Auflösung, a.a.O., S. 43ff; 325ff; Deutschland zwischen Demokratie und Diktatur, Bern-München 1964, S. 37ff. Sehr treffend zum Zusammenhang von Art. 48, (Selbst-)Ausschaltung des parlamentarischen Systems und NS-Machtergreifung auch Friedrich Karl Fromme, von der Weimarer Verfassung zum Bonner Grundgesetz, Tübingen 1960, S. 122f.

20 M. Rainer Lepsius, in: Breakdown, a.a.O., Teil II, S. 46 – im übrigen eine vorzügliche Zusammenfassung der Probleme im Sinne einer historisch fundierten politischen Soziologie (S. 34ff).

21 Werner Conze, »Die Krise des Parteienstaates in Deutschland 1929/30«, in: Historische Zeitschrift 178 (1954), S. 47ff. Der bedeutende Aufsatz erschien während der Drucklegung meiner »Auflösung«, so daß eine Auseinandersetzung nicht mehr möglich war; seiner scharfen, verkürzenden Kritik meines Buches in der HZ (1957), S. 378ff, die damals viele Historiker übernahmen (z.B. Waldemar Besson, Württemberg und die deutsche Staatskrise, Tübingen 1959, S. 11), ließ Conze eine zweite Rezension (HZ 187, 1959, S. 407f) folgen, die einige offenkundige Fehlbeurteilungen (und Fehlzitate) zurücknahm, freilich sehr viel weniger beachtet wurde; daraus erklären sich die stereotypen Urteile über den angeblich unhistorischen oder gar deterministischen Charakter des Buches, das doch gerade die Offenheit der Entscheidungen bis zum 30. Januar 1933 betont, sich gegen die angebliche »Notwendigkeit« der Entwicklung wendet (so noch auf der letzten Seite 638). In Wahrheit liegt der Unterschied vor allem in der hier behandelten Frage der Alternative von 1930 und ihrer Folgen: diese Kontroverse erscheint mir nach wie vor wichtig und frucht-

bar, unter historischen wie politikwissenschaftlichen Gesichtspunkten.

22 Erdmann-Schulze, a.a.O., S. 81.

23 Max Weber »Parlament und Regierung im neugeordneten Deutschland«, in: Gesammelte politische Schriften, München 1921, S. 184.

24 Vgl. die kritische Beurteilung durch Wolfgang Mommsen, Max Weber und die deutsche Politik 1890–1920, Tübingen 1959, S. 330ff; 379ff.

25 Bezeichnenderweise durchaus auch in der Ära der Normalisierung 1924–29, als von einer Staatskrise nicht die Rede sein konnte: vgl. Michael Stürmer, Koalition und Opposition in der Weimarer Republik 1924–1928, Düsseldorf 1967, S. 78ff; 248ff (»Das unfertige parlamentarische System«).

26 Westarp-Nachlaß, bei K. D. Bracher, Deutschland, a.a.O., S. 42f, und Auflösung, S. 271ff; Erasmus Jonas, Die Volkskonservativen 1928–1933, Düsseldorf 1965, S. 63ff.

27 So damals besonders einflußreich Heinrich Triepel, Die Staatsverfassung und die politischen Parteien, Berlin 1928, S. 33ff.

28 Dieser Sachverhalt wird auch in K. D. Erdmanns abwägender Betrachtung nicht genügend berücksichtigt (Zeit der Weltkriege, a.a.O., S. 314).

29 Zur Haltung der Parteien noch immer grundlegend Erich Matthias, Rudolf Morsey (Hrsg.), Das Ende der Parteien 1933, Neuaufl. Düsseldorf 1979; vgl. Bracher, Auflösung, a.a.O., S. 287ff; 58ff; Sigmund Neumann, Die Parteien der Weimarer Republik, Neuaufl. Stuttgart 1965, S. 96ff; Walter Schlangen (Hrsg.), Die deutschen Parteien im Überblick, Königstein-Düsseldorf 1979, S. 80ff.

30 Zur Brüning-Kontroverse vgl. die verschiedenen Interpretationen bei Rudolf Morsey, Zur Entstehung, Authentizität und Kritik von Brünings Memoiren, Opladen 1975, S. 33ff; Hans Mommsen, »Staat und Bürokratie in der Ära Brüning«, in: G. Jasper (Hrsg.), Tradition und Reform in der deutschen Politik (Gedenkschrift für Waldemar Besson), Frankfurt/M. 1976, S. 87ff; ders., »Heinrich Brünings Politik als Reichskanzler: Das Scheitern eines politischen Alleinganges«, in: Wirtschaftskrise und liberale Demokratie (hrsg. von Karl Holl), S. 16ff; K. D. Bracher, »Brünings unpolitische Politik und die Auflösung der Weimarer Republik«, in: Vierteljahreshefte für Zeitgeschichte 19 (1971), S. 113ff; Werner Conze, »Brüning als Reichskanzler – Eine Zwischenbilanz«, in: HZ 214 (1972), S. 329ff; Gerhard Schulz, Aufstieg des Nationalsozialismus, Frankfurt/M.-Berlin 1975, S. 545ff; 680ff.

31 Vgl. Siegfried Bahme, Die KPD und das Ende von Weimar, Frankfurt/M. 1976, S. 22ff.

32 Am ehesten noch in der Erörterung der Möglichkeiten nach der Septemberwahl 1930, wobei die Haltung Brünings und Otto Brauns sowie der Zentrumspartei im Reich und in Preußen eine Schlüsselrolle zukam, die freilich zunehmend durch Zähmungs- und Koalitionsideen gegenüber der NSDAP überschattet wurde. Vgl. Erich Matthias, in: Ende der Parteien, a.a.O., S. 112ff; zur Entwicklung der Pläne bis 1932 V. Hentschel, a.a.O., S. 32ff, sowie Hagen Schulze, Otto Braun oder Preußens demokratische Sendung, Frankfurt-Berlin-Wien 1977, S. 692ff; 637ff (Widerstand Hindenburgs gegen Aufnahme Brauns in die Brüningregierung).

33 Bracher, Auflösung, a.a.O., S. 471ff.

34 So auch die Einsicht von Brünings engsten Mitarbeitern: »ganz fürchterlich« (Hermann Pünder, Politik in der Reichskanzlei. Aufzeichnungen aus den Jahren 1929–1932, hrsg. von Thilo Vogelsang, Stuttgart 1962, S. 59).

35 Vgl. Josef Becker, »Brüning, Prälat Kaas und das Problem einer Regierungsbeteiligung der NSDAP 1930–1932«, in: Historische Zeitschrift 1964 (1963), S. 81ff; V. Hentschel, a.a.O., S. 31ff; zum Problem der Radikalismusbekämpfung überhaupt Gotthard Jasper, Der Schutz der Republik, Tübingen 1963, S. 286ff.

35a Gerhard Schulz, »Preußenschlag oder Staatsstreich?« in: Der Staat 17 (1978), S. 554; vgl. auch die Aktenedition von Ilse Maurer und Udo Wengst (Bearb.), Staat und NSDAP 1930–1932. Quellen zur Ära Brüning, Düsseldorf 1977.

36 Aus den inzwischen fast uferlosen historisch-politischen und staatsrechtlichen Kontroversen über den 20. Juli 1932 bleibt diese gravierende Tatsache besonders herauszuheben; dazu nach wie vor Erich Matthias, in: Das Ende der Parteien, a.a.O., S. 127ff; ferner Hagen Schulze, Otto Braun, a.a.O., S. 745f.

37 Dazu und zum folgenden K. D. Bracher, Die Technik der nationalsozialistischen Machtergreifung, in: Der Weg in die Diktatur 1918–1933, München 1962, S. 15ff; Die nationalsozialistische Machtergreifung, a.a.O., S. 37ff; Die deutsche Diktatur, 6. Aufl. 1979, S. 193ff; Zeitgeschichtliche Kontroversen, a.a.O., S. 62ff.

38 Vgl. die Nachweise in: Das Ende der Parteien, a.a.O., S. 146ff; 668ff, sowie bei S. Bahne, a.a.O., S. 34ff; 77ff. Abgewogene Diskussion jetzt besonders bei Henry Turner, Faschismus und Kapitalismus in Deutschland, Göttingen 1972, sowie in HZ 221 (1975), S. 18ff; ferner V. Hentschel, a.a.O., S. 102ff.

39 Bei allen Unterschieden der Beurteilung der Parteienstaatstheorie

(Gerhard Leibholz) ist darin der fundamentale Verfassungs- und Demokratie-Konsens der zweiten deutschen Demokratie begründet: Bonn ist nicht Weimar. Vgl. K. D. Bracher, »Demokratie und Parteiwesen zwischen Theorie und Wirklichkeit«, in: Saeculum 21 (1970), S. 274ff; »Der parlamentarische Parteienstaat zwischen Bewährung und Anfechtung«, in: Nach dreißig Jahren, Stuttgart 1979, S. 28ff.

40 In der Überwindung einer isolierten Partei- und Parlamentsanalyse liegt auch der entscheidende Fortschritt bei M. R. Lepsius, in: Breakdown, a.a.O., Teil II, S. 47ff.

41 Vor allem auch im Zusammenhang mit einer politischen Bagatellisierung der Reichstagsbrandaffäre; vgl. dazu jetzt aber die Dokumentation von W. Hofer, E. Calic, Ch. Graf, K. Stephan, F. Zipfel, Der Reichstagsbrand, 2 Bde. 1972 und 1978.

42 Politische Theologie (1922), 2. Aufl., München 1934, S. 11.

Anmerkungen zu »Machtvakuum und Austrofaschismus«

1 Dazu besonders Norbert Leser, Zwischen Reformismus und Bolschewismus. Der Austromarxismus als Theorie und Praxis, Wien 1968.

2 F. L. Carsten, Faschismus in Österreich, München 1977; vgl. aber auch sein Vorwort, S. 7: »... die faschistischen Bewegungen waren eine direkte Reaktion auf die revolutionären Ereignisse dieses Jahres 1918–1919. Doch stellten sie nicht einfach eine Gegenrevolution dar, sondern sie enthielten selbst revolutionäre Züge. Das gab ihnen eine Stoßkraft, die eine rein reaktionäre Bewegung nie besessen hätte.«

3 So grundlegend jetzt (mit Bibliographie) Adam Wandruszka, »Österreich 1918–1970«, in: Handbuch der europäischen Geschichte, Band 7, hrsg. von Theodor Schieder, Stuttgart 1979, S. 842.

4 Vgl. K. D. Bracher, Zeitgeschichtliche Kontroversen. Um Faschismus, Totalitarismus, Demokratie, 4. Aufl. München 1980, S. 13ff. Mit weiterem Faschismusbegriff, doch ebenfalls kritisch gegen seine Ausuferung, Klaus Hildebrand, Das Dritte Reich, München 1979, S. 111ff; K. D. Erdmann, Die Zeit der Weltkriege, Stuttgart 1976, S. 360ff; und jetzt besonders Stanley G. Payne, Fascism. Comparison and Definition, Madison 1980, S. 95ff, 190, 195ff; von italienischer Seite besonders Renzo de Felice, Der Faschismus, Stuttgart 1977, sowie auch Giorgio Amendola, Der

Antifaschismus in Italien, Stuttgart 1977, mit den Nachworten von Jens Petersen.

5 So Wolfgang Schieder, in: Totalitarismus und Faschismus. Eine wissenschaftliche und politische Begriffskontroverse, Institut für Zeitgeschichte, München 1980, S. 48.

6 Vgl. K. D. Bracher, Europa in der Krise. Innengeschichte und Weltpolitik seit 1917, Frankfurt-Berlin-Wien 1979, S. 182ff.

7 Siehe dazu das vorhergehende Kapitel in diesem Buch »Zur Theorie des Machtvakuums«, dort Anmerkung 2.

8 So Peter Huemer, Sektionschef Robert Hecht und die Zerstörung der Demokratie in Österreich, München 1975, S. 213; dazu auch Peter Burian, in: Historische Zeitschrift 229 (1979), S. 459ff. Als juristischer Sektionschef im Heeresministerium hat Hecht die sowohl gegen die Sozialisten als auch gegen die Nationalsozialisten gerichteten Maßnahmen »legalistisch« vorbereitet.

9 Vgl. besonders das Memorandum Hechts vom Herbst 1933, in dem von diktatorischen Maßnahmen »ohne offenen Verfassungsbruch« die Rede war: Huemer, a.a.O., S. 255.

10 Wandruszka, a.a.O., S. 853.

11 Vgl. Adam Wandruszka, »Österreichs politische Struktur«, in: H. Benedikt (Hrsg.), Geschichte der Republik Österreich, München 1954, S. 382ff (Neudruck 1977).

12 Dazu die grundlegenden Arbeiten von Erich Matthias, besonders in: Das Ende der Parteien 1933 (hrsg. von E. Matthias und R. Morsey), Düsseldorf 1960, S. 119ff (Neudruck 1979).

13 Vgl. Andrew G. Whiteside, Austrian National Socialism before 1918, Den Haag 1962, S. 37ff; K. D. Bracher, Die deutsche Diktatur, Köln 1969 (6. Aufl. 1979), S. 53ff; Die nationalsozialistische Machtergreifung, 3. Aufl. 1974, Bd. 1, S. 361ff (2. Aufl. 1962, S. 261ff).

14 Siehe z.B. F. L. Carsten, a.a.O., S. 214: Im September 1933, kurz vor seiner Ablösung wandte sich Vizekanzler Franz Winkel (Landbund) gegen die Pläne der Heimwehr, »daß der Austrofaschismus jene Staatsform zu sein habe, die Österreich anzunehmen hat, d.h. auf deutsch, daß die Heimwehren den Staat und die Staatsführung für sich beanspruchen«.

15 So Walter B. Simon in seinem großen Beitrag zu dem Werk von Linz und Stepan: Breakdown, a.a.O., Teil II, S. 94.

16 Simon, a.a.O., S. 100ff.

17 Wie später (Dezember 1932) in Deutschland die Gewerkschaften vor Schleichers Koalitionsversuchen zurückschreckten. Zu Seipel vor allem Klemens von Klemperer, Ignaz Seipel, Staatsmann einer Krisenzeit, Wien 1976, besonders Kapitel VII.

18 Vgl. Jens Petersen, »Die Entstehung des Totalitarismusbegriffs in Italien«, in: Manfred Funke (Hrsg.), Totalitarismus, Düsseldorf 1978, S. 105ff.

19 So der Titel des Kapitels von Walter B. Simon: »Democracy in the shadow of imposed sovereignty: the first republic of Austria«, in: Breakdown, a.a.O., Band 2, S. 80.

Anmerkungen zu »Gewalt in der Weimarer Republik und in der Bundesrepublik«

1 Mit welchen zweifelhaften Mitteln dabei gearbeitet wird, um die linke Kampagne gegen Berufsverbote abzuschirmen, zeigt der Rowohlt-Band: »Weimar ist kein Argument oder brachten Radikale im Öffentlichen Dienst Hitler an die Macht? Texte zu einer gefährlichen Geschichtsdeutung« (hrsg. F. Duve und W. Kopitzsch), Reinbek 1976. Aus dem Zusammenhang gerissene Texte wurden teilweise ohne Wissen der Verfasser wissenschaftlichen Werken entnommen, die insgesamt zu ganz anderen Ergebnissen kamen. Natürlich *ist* Weimar ein Argument, auch wenn die Bedrohung damals zuletzt vor allem von rechts kam. Aus meinen dort ebenfalls willkürlich zitierten Arbeiten (Die Auflösung der Weimarer Republik, 1955; Die nationalsozialistische Machtergreifung, 1960; Die deutsche Diktatur, 1969) geht hervor, daß es die Republik auf *allen* Gebieten an der nötigen Abwehr gegenüber den Feinden der Demokratie hat fehlen lassen und daß dazu auch der öffentliche Dienst gehörte – der schließlich sogar Hitler als braunschweigischen Regierungsrat aufgenommen hat (1932), um ihm endlich die deutsche Staatsbürgerschaft und die Präsidentschaftskandidatur zu ermöglichen. Systemfeinde und Revolutionäre mit Gehalts- und Pensionsanspruch: auch in diesem Punkt bietet schon Weimar ein durchaus abschreckendes Beispiel. Damit widerspreche ich meinem alten Freund Alfred Grosser: im obigen Band, S. 7ff, sowie in: »Versuchte Beeinflussung«, München-Wien 1981, S. 56; 101; 114.

2 K. D. Bracher, *Die Auflösung der Weimarer Republik,* Villingen 1971, S. 542ff; Richard Bessel, »The Potempa Murder«, in: *Central European History* 10/3 Sept. 1977), S. 241ff; Paul Kluke, »Der Fall Potempa«, in: *VZG* 5 (1957), S. 279ff.

3 Dazu am Beispiel Habermas und Carl Schmitt besonders Wolfgang Jäger, *Öffentlichkeit und Parlamentarismus,* Stuttgart 1973, S. 6ff; vgl. auch Hans Kremendahl, *Pluralismustheorie in Deutschland,* Leverkusen 1977, S. 237ff.

Anmerkungen zu »Terrorismus und Totalitarismus«

1 Vgl. zur Problem- und Forschungslage »Der umstrittene Totalitarismus: Erfahrung und Aktualität«, in: K. D. Bracher, *Zeitgeschichtliche Kontroversen,* München 1976², S. 33ff. Ferner: *Totalitarismus und Faschismus,* München 1980. Zum Fortbestehen totalitärer Strukturen und Wesenszüge in der Sowjetunion vgl. Boris Meissner, *Das Sowjetsystem und seine Wandlungsmöglichkeiten,* Bern 1976, S. 24ff.

2 Man vgl. die plastische Schilderung der Psychologie der Bekehrung zur »Sowjetmythologie« in Arthur Koestlers Memoiren: *Pfeil ins Blaue,* München 1953, S. 302ff.

3 Wie dies in den Augen der Strategen der »Kommunistischen Weltbewegung« vor sich geht, sagt unter ständiger Berufung auf Lenin mit wünschenswerter Deutlichkeit das Buch des stellvertretenden Leiters der Internationalen Abteilung des ZK der KPdSU, Wadim Sagladin (»Die kommunistische Weltbewegung, Abriß der Strategie und Taktik«). Diese Selbstenthüllung wird leider zu wenig zur Kenntnis genommen, obwohl ein von einem sowjetischen Wissenschaftler (Woslenskij) kommentierter Auszug in der Zeitschrift *Osteuropa* (24, 1974, S. 845–59) alles Wesentliche hervorgehoben hat.

4 *Staat und Politik* (Fischer Lexikon 2), Neuaufl. Frankfurt/M. 1964, S. 328ff.

5 Zum Zusammenhang von Marxismus, Stalinismus und Totalitarismus vgl. jetzt auch Leszek Kolakowski, *Leben trotz Geschichte,* München 1977, S. 259ff.

Anmerkungen zu »Fortschritt – Krise einer Ideologie«

1 Literatur zur Fortschrittsidee

Carl Becker, Progress and Power. New York 1949.

Daniel Bell, Die postindustrielle Gesellschaft. Frankfurt/M. 1975.

Reinhard Bendix, Nation-Building and Citizenship. New York 1969.

K. D. Bracher, Verfall und Fortschritt im Denken der frühen römischen Kaiserzeit, Diss. Tübingen 1949.

–, Deutschland zwischen Demokratie und Diktatur. München-Bern 1964 (»Providentia Americana«, S. 313–336).

–, Schlüsselwörter in der Geschichte. Düsseldorf 1978.

E. Burck, Die Idee des Fortschritts, 9 Vorträge über Wege und Grenzen des Fortschrittsglaubens. München 1963.

Ludwig Edelstein, The Idea of Progress in Classical Antiquity. Baltimore 1967.

Erhard Eppler, Ende oder Wende. Stuttgart 1975.

Iring Fetscher, Überlebensbedingungen der Menschheit. Zur Dialektik des Fortschritts. München 1980.

Arnold Gehlen, »Die Säkularisierung des Fortschritts«, in: Säkularisation und Utopie. Stuttgart 1967, S. 63–72.

Wolfgang Harich, in: Technologie und Politik. Aktuell-Magazin Nr. 2, Juli 1975, 109ff.

Robert Heilbronner, Die Zukunft der Menschheit. Frankfurt 1976.

R. Koselleck, Th. Meier, »Fortschritt«, in: Geschichtliche Grundbegriffe, Bd. 2. Stuttgart 1975.

Thomas Kuhn, Die Struktur wissenschaftlicher Revolutionen. Frankfurt 1967.

Karl Löwith, »Das Verhängnis des Fortschritts«, in: Helmut Kuhn, Franz Wiedemann (Hrsg.), Die Philosophie und die Frage nach dem Fortschritt. München 1964.

Herbert Marcuse, Der eindimensionale Mensch. Neuwied-Berlin 1967.

Christian Meier, Die Entstehung des Politischen bei den Griechen. Frankfurt/M. 1980.

R. W. Meyer, Das Problem des Fortschritts – heute. Darmstadt 1969.

John U. Nef, War and Human Progress. New York 1969 (zuerst 1950).

Robert Nisbet, History of the Idea of Progress. New York 1980.

K. E. Paetzold, Kyklos und Telos im Geschichtsdenken des Polybios, in: Saeculum 28 (1977), S. 253ff.

Karl Popper, Die offene Gesellschaft und ihre Feinde, München 1977[5].

Klaus Scholder, »Dialektik des Fortschritts«, in: Frankfurter Allgemeine Zeitung 161 (14. 7. 1979), Beilage.

Leslie Sklair, Die Soziologie des Fortschritts. München 1972.

Oswald Spengler, Der Untergang des Abendlandes(1918), und dazu: H. Stuart Hughes, Oswald Spengler, a critical estimate. New York 1952 und 1975. Neuestens Horst Möller, in: Spengler heute (hrsg. P. Ch. Lodz). München 1980, S. 49–73.

Anmerkungen zu »Geschichte und Medium im Fernsehzeitalter«

1 Vgl. das vorangegangene Kapitel sowie K. D. Bracher, Zwei deutsche Vergangenheiten, in: Die politische Meinung 187 (Dez. 1979), S. 8ff.

Ein jüngstes Beispiel ist der dreiteilige Schweizer Fernsehfilm »Wach auf, Schweizervolk«, zu dessen Darstellung der NS-Zeit in der Deutschschweiz ein informativ kritischer Artikel der Neuen

Zürcher Zeitung (Nr. 24 vom 31. 1. 1980, S. 42) treffend bemerkt: »Gerade unter solchen Gesichtspunkten stellt sich schließlich die Frage nach den Grenzen der Darstellungsmöglichkeiten des Fernsehens. Die Television ist ein bestimmtes Mittel der Massenkommunikation; sie hat, wie jedes Medium, Vorzüge und Schwächen.
2 Die Serie ›Wach auf, Schweizervolk!‹ hat Mängel und Verzeichnungsmöglichkeiten des Fernsehens deutlich demonstriert. Das den Gestaltern zur Verfügung stehende dokumentarische Material, vor allem alte Filme, Wochenschauen usw., war nur in recht unterschiedlicher und zufälliger Auswahl vorhanden. Für einige Bereiche gibt es kaum Brauchbares. Existiert aber irgendwo etwas, beispielsweise ein Film über einen Frontaufmarsch oder ein antikommunistisches Pamphlet, so muß dieses Material fast zwangsweise übernommen werden. Ereignisse, die sich damals am Rand des öffentlichen Geschehens abgespielt haben, erhalten damit in der neuen Optik ein Gewicht, das sie in Tat und Wahrheit niemals hatten.

Hier müßte ergänzend zum Bild das Wort die richtigen Proportionen herstellen. Aber jeder korrigierend eingreifende Kommentar hätte es schwer, gegen die Macht des Bildes anzukommen. Jeder Gestalter unterliegt hier automatisch einem mediengesetzlichen Zwang. Ihm zu begegnen ist nur möglich, wenn das zu gestaltende Thema wirklich fundiert behandelt wird.«

Anmerkungen zu »Europa zwischen National- und Weltpolitik«

1 Sigmund Neumann, »The International Civil War«, in: World Politics (1949), S. 33ff; vgl. ders., Permanent Revolution. Totalitarianism in the Age of International Civil War, 2. Auflage London 1965.

2 Gerhard Leibholz, Ideologie und Macht in den zwischenstaatlichen Beziehungen des 20. Jahrhunderts, in: Strukturprobleme der modernen Demokratie, 3. Auflage Karlsruhe 1967, S. 238; 225ff.

3 Vgl. zum folgenden Karl Dietrich Bracher, Europa in der Krise, Innengeschichte und Weltpolitik seit 1917, Frankfurt–Berlin–Wien 1979.

4 José Ortega y Gasset, Der Aufstand der Massen (1930), Neuaufl. Stuttgart 1947, S. 120.

5 Carlo Mierendorff, in: Sozialistische Monatshefte vom 13. 1. 1933, S. 16.

6 Vgl. Bracher, Europa in der Krise, a.a.O., S. 332ff.

7 Zur Problemdiskussion im historischen Überblick Hans Rothfels, Gesellschaftsform und auswärtige Politik, Laupheim 1951; K. D. Bracher, »Kritische Betrachtungen über den Primat der Außenpolitik«, in: Faktoren der politischen Entscheidung (Festgabe für Ernst Fraenkel), Berlin 1963, S. 115ff; auch in: Deutschland zwischen Demokratie und Diktatur, Bern-München-Wien 1964, S. 337ff. »Über das Verhältnis von Innen- und Außenpolitik«. Vgl. jetzt auch Erhard Forndran u. a. (Hrsg.), Innen- und Außenpolitik unter nationalsozialistischer Bedrohung, Opladen 1977, S. 315ff, sowie Reinhold Meyers, Weltpolitik in Grundbegriffen, Düsseldorf 1979, S. 287ff.

8 Neben seinen grundlegenden Büchern zur Geschichte des Nationalsozialismus seien von Walther Hofer noch erwähnt: Europa und die Einheit Deutschlands, Köln 1970, S. 331ff, sowie seine Auseinandersetzung mit A. J. P. Taylor, in: Staat und Gesellschaft im politischen Wandel (Festschrift Bußmann), Stuttgart 1979, S. 523ff. Von Ernst Fraenkel besonders: The Dual State, New York 1941, sowie: Deutschland und die westlichen Demokratien, Stuttgart 1964. Ferner zur Totalitarismusfrage K. D. Bracher, Zeitgeschichtliche Kontroversen, 3. Aufl. München 1979, S. 33ff; Schlüsselwörter in der Geschichte, Düsseldorf 1978, S. 45ff; 103ff, sowie in diesem Buch Kap. I/7.

9 Zur Aktualität eines totalitären Demokratieverständnisses vgl. besonders auch Wolfgang Mantl, Repräsentation und Identität, Wien 1975.

10 Vgl. die anregende Problemskizze von Michael Stürmer, »Machträson und Massenmarkt – zum Verhältnis von Innen- und Außenpolitik in Mitteleuropa 1848–1914«, in: Politik und Kultur, 1976, S. 46ff.

11 Vgl. Margret Boveri, Der Verrat im 20. Jahrhundert, Hamburg 1956; Werner Rings, Leben mit dem Feind. Anpassung und Widerstand in Hitlers Europa 1939–1945, München 1979.

12 Abgewogenste Darstellung jetzt bei Andreas Hillgruber, Europa in der Weltpolitik der Nachkriegszeit 1945–1963, München 1979, S. 11ff.

13 Dazu die Forschungen von Walter Lipgens: Europa-Föderationspläne der Widerstandsbewegungen 1940–1945, München 1968, und: Die Anfänge der europäischen Einigungspolitik 1945–1950, Teil I, Stuttgart 1977. Ferner Th. Jansen und W. Weidenfeld (Hrsg.), Europa-Bilanz und Perspektive, Mainz 1973.

14 Zur marxistischen Anfechtung der liberalen Demokratie besonders Raymond Aron, Plaidoyer pour l'Europe décadente, Paris

1977 (deutsch 1978). Neuester Stand der Forschung besonders bei Werner Link, Der Ost-West-Konflikt, Stuttgart 1980, S. 54 ff.

15 Vgl. Alexis de Tocqueville, über die Demokratie in Amerika, 2 Bde., Stuttgart 1959 (zuerst 1835).

16 Vgl. Dieter Oberndörfer (Hrsg.), Sozialistische und Kommunistische Parteien in Westeuropa, Opladen 1978, S. 10 ff.

17 Auch im Westen fristet diese Erwartung ein eigentümliches Fortleben, zumal unter (nicht nur kommunistischen) Intellektuellen: so in der stürmischen Erneuerung der Kapitalismusdiskussion seit Mitte der sechziger Jahre. Sie erhält in den Theorien vom »Spätkapitalismus« eine weitverbreitete Verfeinerung und Stilisierung, wozu besonders die Habermas-Welle beiträgt. So modisch sie sich gibt, ist die Spätkapitalismusdiskussion in Wahrheit doch nicht viel mehr als der Aufguß einer links- wie rechtsideologischen Kapitalismuskritik, die schon um die Jahrhundertwende Mode war – Beispiel zugleich für die Affinität von links- und rechtsideologischer Demokratiekritik. Treffend konstatiert Richard Löwenthal (Gesellschaftswandel und Kulturkrise. Zukunftsprobleme der westlichen Demokratien, Frankfurt/M. 1979, S. 83): »Der Begriff des Spätkapitalismus drückt die Enttäuschung der Neomarxisten aller Schattierungen über die Tatsache aus, daß der entwickelte Kapitalismus nicht seit langem an seinen ökonomischen Widersprüchen zugrundegegangen ist und daß insbesondere eine proletarische Revolution im Marxschen Sinne in keinem Industrieland, wo allein sie nach Marx zu erwarten war, stattgefunden hat.«

18 Karl W. Deutsch, Nationenbildung–Nationalstaat–Integration, Düsseldorf 1972; generell Carl Friedrich von Weizsäcker, Der Weltfriede als Lebensbedingung des technischen Zeitalters, in: Universitas 22. Jg., 1967, S. 1121–1132.

19 Beate Lindemann, EG-Staaten und Vereinte Nationen. Die politische Zusammenarbeit der Neun in den UN-Hauptorganen, München 1978, S. 217.

20 Vgl. Reinhardt Rummel, Wolfgang Wessels, Die Europäische Politische Zusammenarbeit. Leistungsvermögen und Struktur der EPZ, Bonn 1978.

21 Vgl. die Rezension von Josef Joffe, Die Zeit, 28. 9. 1979.

22 Bericht von Leo Tindemans, Premierminister von Belgien, an den Europäischen Rat, in: Heinrich Schneider, Wolfgang Wessels (Hrsg.)? Auf dem Weg zur Europäischen Union? Diskussionsbeiträge zum Tindemans-Bericht, Bonn 1977.

23 Rheinischer Merkur, 9. 11. 1979. Die Frage an Djilas lautete: »Wir haben jetzt 35 Jahre Frieden in Europa – und es gibt eine große Zahl von Menschen, die sagen: Bis jetzt haben uns die

Sowjets nichts getan, also werden sie auch in Zukunft nichts tun.«

24 Er meint damit unter Umständen Henry Kissinger, der in einem Vortrag im Oktober 1979 in München das gefährliche politische Vakuum charakterisiert hatte, das durch Amerikas Rückzug nach 1945 zunächst entstanden war.

25 Zu diesen Fragen neuerdings besonders Christian Tomuschat, Der Verfassungsstaat im Geflecht der internationalen Beziehungen, Veröffentlichungen der Vereinigung der Deutschen Staatsrechtslehrer, Heft 36, 1979, S. 7ff; 59ff; Walter Lipgens, Europas Möglichkeiten für eine gemeinsame Zukunft, Die Höhere Schule, 5, 1979, S. 204ff. Für neueste Hinweise danke ich Dr. Karl-Heinz Narjes (MdB), Bonn.

Hinweise

Meiner Frau Dorothee Bracher geb. Schleicher danke ich für die seit dreißig Jahren bewährte kritische Mitarbeit.

Als Vorstudien wurden veröffentlicht:

Gewalt und die Lehren der Geschichte, in: FAZ Nr. 103 (1978), Beilage

Menschenrechte und politische Verfassung, in: Zeitschrift für Politik 26 (1979), S. 109–124

Demokratie und Gewaltenteilung, in: Liberalismus nach wie vor, Zürich 1980, S. 123–134

Totalitarismus und Faschismus, München 1980, S. 10–17, S. 53ff

Demokratie und Machtvakuum, in: Weimar, Selbstpreisgabe einer Demokratie, Düsseldorf 1980, S. 109–134

Austrofaschismus und die Krise der Demokratien, in: Politicum 5, Graz 1980, S. 49–53

Die unerbittlichen Lehren, in: Extremismus, Terrorismus, Kriminalität, Bonn 1978, S. 49–53

Terrorismus und Totalitarismus, in: Der Weg in die Gewalt, München-Wien 1978, S. 201–216

Die Krise Europas und die Aktualität von 1917, in: FAZ Nr. 258 (1977), Beilage

Ende des bürgerlichen Zeitalters? in: Staat und Gesellschaft im politischen Wandel, Stuttgart 1979, S. 156–174

Der parlamentarische Parteienstaat zwischen Bewährung und Anfechtung, in: Nach dreißig Jahren, Stuttgart 1979, S. 28–46

Rückblick auf ein neues Europa, in: Evangelische Kommentare 11/5 (1978), S. 265–270

Julius Leber, in: Der zwanzigste Juli – Alternative zu Hitler? Stuttgart-Berlin 1974, S. 148–156

Wie aus Kritik Widerstand wurde. Dietrich Bonhoeffer im Dritten Reich, in: FAZ Nr. 198 (1979), S. 19

Auf Mittelkurs, in: Konrad Adenauer 1876/1976, Stuttgart 1976, S. 57–62

Fortschritt – Krise einer Ideologie, in: Rückblick in die Zukunft, Berlin 1981

Zwei deutsche Vergangenheiten, in: Die politische Meinung 24/187 (1979), S. 8–21

Geschichte und Medium, in: Beilage zu Das Parlament B 8/80 (1980), S. 3–9, und: Areopag, Pfullingen 1981, S. 22–33.

Über die Schwierigkeit der Demokratie, in: Evangelische Kommentare 14/1 und 2 (1981)

Europa zwischen National- und Weltpolitik, in: Europa – Kontinent im Wandel, Zürich 1980, S. 11–36
Demokratische und totalitäre Eropapolitik, in: Innen- und Außenpolitik, Primat oder Interdependenz? Bern 1980, S. 73–85

Weitere Bücher des Verfassers:

Die Auflösung der Weimarer Republik, 1955 (6. Aufl. 1978)
Die nationalsozialistische Machtergreifung, 1960 (3. Aufl. 1974)
Deutschland zwischen Demokratie und Diktatur, 1964
Die deutsche Diktatur, 1969 (6. Aufl. 1979)
Das deutsche Dilemma, 1971
Zeitgeschichtliche Kontroversen, 1976 (4. Aufl. 1980)
Schlüsselwörter in der Geschichte, 1978
Europa in der Krise, Innengeschichte und Weltpolitik seit 1917, 1976 und 1979

In Vorbereitung für 1982 ist ein Band
über: Moderne Ideologien – Brechungen
des Fortschrittsgedankens